U0816236

马克思主义理论研究和建设工程重点教材

世界经济概论

（第二版）

《世界经济概论》编写组

高等教育出版社
人民出版社

二维码资源访问

使用微信扫描本书内的二维码，输入封底防伪二维码下的20位数字，进行微信绑定，即可免费访问相关资源。注意：微信绑定只可操作一次，为避免不必要的损失，请您刮开防伪码后立即进行绑定操作！

教学课件下载

本书有配套教学课件，供教师免费下载使用，请访问 xuanshu.hep.com.cn，经注册认证后，搜索书名进入具体图书页面，即可下载。

图书在版编目（CIP）数据

世界经济概论/《世界经济概论》编写组编.--2版.--北京：高等教育出版社，2020.8（2025.2重印）
ISBN 978-7-04-053730-7

Ⅰ.①世… Ⅱ.①世… Ⅲ.①世界经济-高等学校-教材 Ⅳ.①F112

中国版本图书馆CIP数据核字（2020）第029828号

责任编辑 赵 鹏　封面设计 王 洋　版式设计 于 婕　插图绘制 邓 超
责任校对 高 歌　责任印制 赵义民

出版发行	高等教育出版社	网 址	http://www.hep.edu.cn
社 址	北京市西城区德外大街4号		http://www.hep.com.cn
邮政编码	100120	网上订购	http://www.hepmall.com.cn
印 刷	北京市白帆印务有限公司		http://www.hepmall.com
开 本	787mm×1092mm 1/16		http://www.hepmall.cn
印 张	25.75	版 次	2011年10月第1版
字 数	420千字		2020年8月第2版
购书热线	010-58581118	印 次	2025年2月第17次印刷
咨询电话	400-810-0598	定 价	51.00元

本书如有缺页、倒页、脱页等质量问题，请到所购图书销售部门联系调换

物 料 号 53730-00

• 马克思主义理论研究和建设工程重点教材 •

马克思主义理论研究和建设工程咨询委员会委员、审议专家

（以姓氏笔画为序）

《世界经济概论》教材编写课题组

首席专家 池元吉　杜厚文　薛敬孝

主要成员（以姓氏笔画为序）

田中景　庄宗明　庄起善　关雪凌
李　晓　李坤望　李俊江　张　兵
张　彬　周茂荣　黄梅波

《世界经济概论》教材修订课题组（第二版）

首席专家 关雪凌　李　晓　李坤望

主要成员（以姓氏笔画为序）

门淑莲　庄宗明　张　兵　盛　斌
黄梅波　程大为

目　录

第二篇 世界经济的运行与治理

绪　论

当今世界正处于大发展大变革大调整的时期。世界深刻变化的根源和基础是世界经济的深刻变化，特别是经济全球化发展趋势引起的一系列新变化。认识当今世界，必须准确把握当代世界经济。世界经济概论是为普通高等学校经济、管理类等专业学生，以及对世界经济问题感兴趣的读者介绍世界经济相关理论和知识的基础课程。学习本课程有助于了解世界经济学科的基本概念、基本理论和基本知识，了解当代世界经济发展的新情况、新特点和新趋势，更好地认识经济全球化大背景下的世界经济和中国经济。

一、世界经济学科的研究对象和研究方法

（一）世界经济学科的概念

世界经济学科主要研究世界经济发展的基本特点和规律，是经济学的一个独立的分支学科。

认识世界经济学科，首先必须认识什么是世界经济。一般认为，世界经济是在国际分工的基础上，通过世界市场将各国各地区经济联结成的相互作用、有机统一的经济体系。世界经济具有以下基本特征。

1. 世界经济是一个历史范畴

世界经济有一个萌芽、形成和发展的历史过程，它是随着人类社会生产力的发展而不断变动和发展的。世界经济萌芽于地理大发现至英国产业革命之前；形成于19世纪末20世纪初第二次产业革命结束及世界被资本主义列强瓜分完毕时；经过20世纪上半叶的剧烈动荡和第二次世界大战（简称二战）后世界经济的迅速发展，于20世纪80年代末90年代初进入以经济全球化为基本特征的新阶段。认识世界经济必须坚持历史的、动态的、发展的观点，将世界经济发展的历史性和时代性有机统一起来。

2. 世界经济是各国各地区经济的有机结合

随着国际分工的扩展、深化及国际经济关系的加强，各国各地区之间的经济联系日益紧密。特别是20世纪90年代以来，随着经济全球化的深入发展，各国各地区之间在贸易、金融、投资等领域的相互合作、相互交融进一步加强，世界经济已发展成为“你中有我，我中有你”的全球性经济体系。但是，

世界经济不是各国各地区经济的简单加总，而是相互联系、相互依存的有机整体。

世界经济的上述特征，表明世界经济学科既具有历史性又具有时代性，既要反映世界经济的整体性又要反映各国各地区经济的区域性。应当把世界经济作为一个发展运动的有机体来研究，着力揭示其发展变化的规律。

（二）世界经济学科的研究对象

世界经济学科主要研究国际分工和世界市场条件下，各国各地区通过商品、服务和各种生产要素的国际流动，使生产、分配、交换、消费在世界范围内作为一个有机整体联系在一起的经济现象和经济规律，主要包括三个方面：国别与地区经济、国际经济关系、全球性经济问题。

1. 国别与地区经济

世界经济由各国各地区经济构成。没有对各国各地区经济的深入了解，就不可能形成对世界经济整体的科学认识。各个国家和地区都有自己特殊的经济制度和经济体制，形成了各具特色的经济体系，因而世界经济学科中对国别与地区经济的研究主要针对各国各地区经济的特点、彼此之间的关系及其对世界经济的影响。

2. 国际经济关系

相对独立的各国各地区经济相互联系、相互作用从而形成世界经济整体，对它们之间联系方式与途径的研究，自然也就成为世界经济学科研究的一个重要内容。各国各地区经济相互联系在一起的方式和渠道，主要包括国际贸易、国际金融、国际投资等。

3. 全球性经济问题

作为有机整体的世界经济有其内在的矛盾、运行规律和面临的全球性问题，如世界经济格局、经济全球化、区域经济一体化、世界经济周期、世界经济的协调机制、世界经济发展不平衡、世界经济的可持续发展等。对这些问题的探讨和研究，是世界经济学科的重要内容。

总之，世界经济学科通过阐述和分析世界经济的形成过程、发展现状和未来趋势，揭示国际经济关系和世界经济的发展变化及其内在矛盾与运行规律。

（三）世界经济学科的研究方法

世界经济学科的基本研究方法，是辩证唯物主义和历史唯物主义的科学方法，同时运用马克思主义经济学的其他研究方法，吸收和借鉴现代西方经济学的某些分析方法。

1. 历史与逻辑相统一的方法

恩格斯（1820—1895）指出："历史从哪里开始，思想进程也应当从哪里开始，而思想进程的进一步发展不过是历史过程在抽象的、理论上前后一贯的形式上的反映；这种反映是经过修正的，然而是按照现实的历史过程本身的规律修正的，这时，每一个要素可以在它完全成熟而具有典型性的发展点上加以考察。"① 历史与逻辑相统一的方法，就是思维逻辑的进程要与历史发展的进程相一致，借助逻辑思维方法再现本质的、具有决定意义和规律性的历史发展进程。世界经济学科注重世界经济的历史、现实和发展趋势，并力图透过各种经济现象把握其本质。要在收集大量翔实资料的基础上，对世界经济问题进行全面深入分析，得出既符合世界经济发展的历史进程，又体现世界经济发展内在规律性的科学结论。

2. 对立统一的辩证方法

世界经济作为各国各地区经济有机结合的统一体，有其统一性和共同性，但其内部也充满着摩擦和斗争，有其矛盾性。在观察和分析世界经济问题时，既要重视其统一性，又必须揭示其矛盾性。矛盾运动是事物发展的动力，事物发展和前进的过程就是不断解决矛盾的过程。世界经济不断解决其内在矛盾的过程，是增加其统一性的过程，也是世界经济不断向前发展的过程。发达国家与发展中国家之间、发达国家内部、发展中国家内部既相互合作又相互竞争，共同促进世界经济的发展。因此，对于世界经济运行中的各种经济关系和经济现象，都需要运用对立统一的辩证方法研究其发展变化的规律性。

3. 比较分析方法

比较分析方法又称对比分析方法，是指按照特定的指标体系（参照系）将客观事物加以比较，以认识事物的本质和规律并作出正确的判断或评价，得出正确的结论。在世界经济学科的研究中，通过把两个或两个以上相互联系的指标进行纵向或横向比较，展示和说明研究对象的规模大小（如人口、国内生产总值、进出口总额等）、水平高低（如人均国内生产总值、工资、贫困线等）、速度快慢（如经济增长率、人口增长率等），进而对世界经济现象有一个准确的了解和把握。

---

① 《马克思恩格斯文集》第 2 卷，人民出版社 2009 年版，第 603 页。

同时，在观察和分析世界经济问题及走势时，不能忽视世界政治因素。世界政治领域发生的各种事件，以及出于各种政治目的的社会舆论，总是或多或少地影响着世界经济的走势和进程。

二、世界经济学科的产生与发展

（一）国外学者对世界经济的研究

进入20世纪以后，国际贸易、国际金融和国际投资迅速发展，国际经济与政治领域的矛盾和冲突层出不穷，影响和制约着各国的生存与发展。这种客观现实日益引起经济学家和社会学家的关注，从而在许多国家出现了大量研究世界经济问题的著作。其中，有代表性的著作主要有德国经济学家卡尔韦尔1906年出版的《世界经济导论》、哈尔姆斯1912年出版的《国民经济与世界经济》，俄国政治家布哈林1915年出版的《世界经济和帝国主义》，日本经济学家作田庄一1933年出版的《世界经济学》，美国经济学家派特逊1947年出版的《世界经济概论》等。苏联学者瓦尔加、民主德国学者库钦斯基、匈牙利学者热拉斯等，也都分别出版了研究世界经济发展变化的大量著作。这些研究成果，都从不同角度对世界经济学科的形成作出了贡献，但他们都只对世界经济某一历史阶段或某些问题作出一些论述，未能建立起独立的世界经济学科。

（二）世界经济学科在中国的形成和发展

世界经济作为一门独立的经济学科，在中国经历了形成、发展和逐步完善的过程。

早在20世纪60年代初，学术界就曾提出过关于世界经济学科建设的问题，并就这一学科的研究对象、研究方法等问题提出了许多见解。但这一良好的开端被“文化大革命”中断了。20世纪70年代末80年代初，学术界重新展开了构建世界经济学科的讨论。1979年召开的全国世界经济学科规划会，提出了“创建和发展世界经济学”的倡议。1980年成立了全国性的学术团体——中国世界经济学会，钱俊瑞发表了《为创建和发展马克思主义的中国世界经济学而奋斗》一文，并组织全国研究世界经济问题的骨干力量编写了《世界经济概论》作为大学教材，为世界经济学科的建设打下了基础。此后，面对世界经济发展的新变化、新问题以及随着中国改革开放事业的扩展和深入，设置世界经济系或国际经济系的高等院校不断增加，全国相继出版了一批世界经济学科的教材和专著，学科建设的步伐不断加快。

（三）经济全球化为世界经济学科的发展提供了重要的历史机遇

揭示世界经济的内在矛盾和运行规律，是世界经济学科的重要任务。在经济全球化深入发展的大背景下，各国各地区的经济联系日益紧密，彼此之间竞争、协调、合作的内容和方式更加复杂多样，碰撞与摩擦更加激烈。这些问题极大地丰富了世界经济学科的研究内容，拓宽了世界经济学科的研究领域，为世界经济学科深入发展提供了重要机遇。

经济全球化也为世界经济学科提出了新的研究任务，那就是如何使广大发展中国家在经济全球化的过程中趋利避害，发挥后发优势，实现经济跨越式发展。从根本上讲，当今世界经济最大的不平衡是南北发展不平衡，世界经济领域最根本的矛盾是发展中国家发展不足。① 世界经济学科要通过深入研究经济全球化，为广大发展中国家充分有效地利用经济全球化带来的各种机遇，最大限度地规避其带来的各种风险和挑战，提供坚实的学理支撑。

三、世界经济学科的理论基础

世界经济学科建立在马克思主义有关世界经济的思想成果之上，因而具有牢固的理论基础。

（一）马克思、恩格斯关于世界经济的重要思想

在 1859 年出版的《政治经济学批判》第一分册的序言中，马克思（1818—1883）第一次正式宣布他的“六册”计划。他写道：“我考察资产阶级经济制度是按照以下的顺序：资本、土地所有制、雇佣劳动；国家、对外贸易、世界市场。在前三项下，我研究现代资产阶级社会分成的三大阶级的经济生活条件；其他三项的相互联系是一目了然的。”② 可见，马克思将对国际经济关系及其形成的世界市场的考察作为一项重要研究内容。遗憾的是，马克思本人没来得及完成其宏伟的经济学研究与写作计划，没能亲自建立其设想的世界经济理论体系。但是，马克思、恩格斯在相关著作中对国际分工、世界市场、世界货币、国际价值规律以及世界经济危机与周期等理论和范畴的深刻论述，为世界经济学科的建立和发展奠定了坚实的理论基础。

---

① 胡锦涛：《展望未来 共享繁荣——在金砖国家领导人第三次会晤时的讲话》，2011 年 4 月 14 日。

② 《马克思恩格斯文集》第 2 卷，人民出版社 2009 年版，第 588 页。

1. 关于国际分工和世界市场的思想

马克思认为，自然条件的差异性和多样性是“形成社会分工的自然基础”①，但社会经济条件对国际分工的影响更大。国际分工体系的形成极大地促进了对外贸易的发展，资本的生产和交换越出国界，就形成了世界市场。“世界市场不仅是同存在于国内市场以外的一切外国市场相联系的国内市场，而且同时也是作为本国市场的构成部分的一切外国市场的国内市场。”② 换句话说，世界市场是在各国国内市场基础上形成的各国国内市场的有机整体，是商品交换关系突破国界扩充到世界范围的结果。世界市场形成的直接动力来自资本的本性。马克思指出：“创造世界市场的趋势已经直接包含在资本的概念本身中。”③ “资产阶级社会的真正任务是建成世界市场（至少是一个轮廓）和确立以这种市场为基础的生产。”④ 只有在世界市场中，才能够真正使资本主义的“一切矛盾都展开了”⑤。

2. 关于世界货币和国际价值规律的思想

马克思、恩格斯研究了世界货币以及国际价值规律问题，指出世界货币“最主要的职能，是作为支付手段平衡国际贸易差额”⑥。“在世界市场上，占统治地位的是双重价值尺度，即金和银。”⑦ “金银又不断往返于不同国家的流通领域之间，这是一个随着汇率的不断变化而产生的运动。”⑧ 恩格斯进一步指出：“汇兑率是货币金属的国际运动的晴雨计。”⑨ 马克思特别注意劳动生产率在不同国家的差别，由此引出商品的国别价值和国际价值的差别。“强度较大的国民劳动比强度较小的国民劳动，会在同一时间内生产出更多的价值，从而表现为更多的货币。”⑩ “生产效率较高的国民劳动在世界市场上也被算做强度较大的劳动”⑪，因而在同一时间内生产出更多的价值。换句话说，生

① 《马克思恩格斯文集》第 5 卷，人民出版社 2009 年版，第 587 页。
② 《马克思恩格斯全集》第 30 卷，人民出版社 1995 年版，第 239 页。
③ 《马克思恩格斯文集》第 8 卷，人民出版社 2009 年版，第 88 页。
④ 《马克思恩格斯文集》第 10 卷，人民出版社 2009 年版，第 166 页。
⑤ 《马克思恩格斯全集》第 30 卷，人民出版社 1995 年版，第 181 页。
⑥ 《马克思恩格斯文集》第 5 卷，人民出版社 2009 年版，第 168 页。
⑦ 《马克思恩格斯文集》第 5 卷，人民出版社 2009 年版，第 167 页。
⑧ 《马克思恩格斯文集》第 5 卷，人民出版社 2009 年版，第 169 页。
⑨ 《马克思恩格斯文集》第 7 卷，人民出版社 2009 年版，第 651 页。
⑩ 《马克思恩格斯文集》第 5 卷，人民出版社 2009 年版，第 645 页。
⑪ 《马克思恩格斯文集》第 5 卷，人民出版社 2009 年版，第 645 页。

产效率较高的国家在同一劳动时间内生产的产品数量较多，按商品的国际价值出售后得到的货币额就多。在国际价值规律的作用下，“不同国家在同一劳动时间内所生产的同种商品的不同量，有不同的国际价值，从而表现为不同的价格”①。

3. 关于世界经济危机和周期的思想

马克思、恩格斯对世界经济危机和周期的性质、根源、物质基础、运行机制及趋势等方面进行了深入研究。他们指出，由于最发达的资本主义国家与世界市场的关系最为密切，因此，这些国家通常是世界经济危机的策源地。“工商业普遍危机……到来的信号，总是来自英国这个欧洲工业在世界市场上的代表。”②“关于进口和出口，应当指出，一切国家都会先后卷入危机”③，这就是说，通过国际贸易的传递会使一国的经济危机转变为世界经济危机。“资产阶级生产的一切矛盾，在普遍的世界市场危机中集中地爆发”④。世界市场作为一国国内市场的延伸和补充，可以缓解国内危机的爆发，但它缓解的作用和空间有限，“随着产品总量的增加，亦即随着对扩大市场的需要的增长，世界市场变得日益狭窄了，剩下可供榨取的新市场日益减少了”⑤，从而使危机越来越频繁和剧烈。

（二）列宁的帝国主义论及其对世界经济学科的指导意义

1. 资本主义经济发展阶段的划分理论

列宁（1870—1924）提出，资本主义自由竞争必然导致垄断。“19 世纪 60 年代和 70 年代是自由竞争发展的顶点即最高阶段”⑥，到 19 世纪末 20 世纪初，“卡特尔成了全部经济生活的基础之一。资本主义转化为帝国主义”⑦。“帝国主义是资本主义的垄断阶段”⑧，也是它的最高阶段。“帝国主义是发展到垄断组织和金融资本的统治已经确立、资本输出具有突出意义、国际托拉斯开始瓜分世界、一些最大的资本主义国家已把世界全部领土瓜分完毕这一阶段的资本

---

① 《马克思恩格斯文集》第 5 卷，人民出版社 2009 年版，第 645 页。
② 《马克思恩格斯文集》第 2 卷，人民出版社 2009 年版，第 614 页。
③ 《马克思恩格斯文集》第 7 卷，人民出版社 2009 年版，第 556 页。
④ 《马克思恩格斯文集》第 8 卷，人民出版社 2009 年版，第 274 页。
⑤ 《马克思恩格斯文集》第 1 卷，人民出版社 2009 年版，第 742 页。
⑥ 《列宁专题文集　论资本主义》，人民出版社 2009 年版，第 112 页。
⑦ 《列宁专题文集　论资本主义》，人民出版社 2009 年版，第 112 页。
⑧ 《列宁专题文集　论资本主义》，人民出版社 2009 年版，第 175 页。

主义。”① 列宁的这些论述是对马克思主义理论的进一步深入和发展，对于分析研究当代资本主义经济仍然具有重要的指导作用。二战结束以来，经济全球化对各国经济和世界经济的发展产生了一系列重大而深刻的影响，当代资本主义经济又出现了新的变化和特征。但垄断是资本主义经济的实质仍然没有改变，只是发展程度和表现形式有所不同而已。列宁指出：“某些资本主义国家之间的差别，例如实行保护主义还是实行自由贸易，只能在垄断组织的形式上或产生的时间上引起一些非本质的差别，而生产集中产生垄断，则是现阶段资本主义发展的一般的和基本的规律。”②

2. 金融资本和资本输出理论

列宁指出，“银行资本和工业资本已经融合起来，在这个‘金融资本的’基础上形成了金融寡头”③，它们不但在其国内而且对于其他落后国家的政治经济也起到支配作用。“垄断既然已经形成，而且操纵着几十亿资本，它就绝对不可避免地要渗透到社会生活的各个方面去，而不管政治制度或其他任何‘细节’如何。”④“金融资本对其他一切形式的资本的优势，意味着食利者和金融寡头占统治地位，意味着少数拥有金融‘实力’的国家处于和其余一切国家不同的特殊地位。”⑤ 英、法、美、德这“4 个最富的资本主义国家”，“约占全世界金融资本的 80%”⑥。“世界上其他各国，差不多都是这样或那样地成为这 4 个国家、这 4 个国际银行家、这 4 个世界金融资本的‘台柱’的债务人和进贡者了。”⑦ 列宁认为，资本主义发展到垄断占统治地位的阶段，资本输出具有了必要性，“在少数国家中资本主义‘已经过度成熟’，‘有利可图的’投资场所已经不够了”⑧，资本输出也具备了可能性，“许多落后的国家已经卷入世界资本主义的流转，主要的铁路线已经建成或已经开始兴建，发展工业的起码条件已有保证等等”⑨。资本输出一方面促进了资本输入国的经济发展，另一方面又

① 《列宁专题文集　论资本主义》，人民出版社 2009 年版，第 176 页。
② 《列宁专题文集　论资本主义》，人民出版社 2009 年版，第 111 页。
③ 《列宁专题文集　论资本主义》，人民出版社 2009 年版，第 176 页。
④ 《列宁专题文集　论资本主义》，人民出版社 2009 年版，第 147 页。
⑤ 《列宁专题文集　论资本主义》，人民出版社 2009 年版，第 148 页。
⑥ 《列宁专题文集　论资本主义》，人民出版社 2009 年版，第 149 页。
⑦ 《列宁专题文集　论资本主义》，人民出版社 2009 年版，第 149—150 页。
⑧ 《列宁专题文集　论资本主义》，人民出版社 2009 年版，第 151 页。
⑨ 《列宁专题文集　论资本主义》，人民出版社 2009 年版，第 151 页。

加强了对输入国的剥削和压迫。通过资本输出，“金融资本的密网可以说确实是布满了全世界。在这方面起了很大作用的，是设在殖民地的银行及其分行。”① 二战结束以来，世界级的金融寡头和规模庞大的跨国公司将其触角伸向全球各地。列宁有关金融资本和资本输出等理论，对分析研究当今国际资本流动、全球资本市场等重大问题具有重要的理论指导作用。

3. 资本主义政治经济发展不平衡规律

列宁指出：“经济和政治发展的不平衡是资本主义的绝对规律。”② 同时他也指出了资本主义各国经济发展不平衡与帝国主义战争之间的必然联系。“在资本主义基础上，要消除生产力发展和资本积累同金融资本对殖民地和‘势力范围’的瓜分这两者之间不相适应的状况，除了用战争以外，还能有什么其他办法呢?”③ 列宁从帝国主义的本质出发通过深入分析所得出的上述结论，已为历史发展所证实。第一次世界大战（简称一战）结束后不久，就爆发了规模更大、损失更惨重的二战。进入21世纪后，不同国家和地区之间的局部战争仍时有发生。可以说，列宁提出的关于资本主义发展不平衡规律的理论对于当今世界政治经济形势的分析仍然具有重要的理论和现实意义。

4. 关于帝国主义的历史地位

列宁指出，“帝国主义就其经济实质来说，是垄断资本主义。这就决定了帝国主义的历史地位”④，“帝国主义是寄生的或腐朽的资本主义”⑤。二战结束以来，一方面，生产社会化和生产资料私人占有的矛盾以不同形式继续发展；另一方面，经济全球化日益深入、科技革命加速发展、产业结构不断升级等，说明资本主义仍有生命力。但资本主义所面临的许多严重的社会矛盾和社会问题，在资本主义制度下无法得到根本解决。“帝国主义是过渡的资本主义，或者更确切些说，是垂死的资本主义。”⑥ 至于这种“垂死”或“过渡”到底会持续多长时间，列宁认为可能要“保持一个比较长的时期，但终究不可避免地要被消灭”⑦。同时，一般垄断在一定条件下会转变为国家垄断，而“国家垄断

---

① 《列宁专题文集　论资本主义》，人民出版社2009年版，第154页。
② 《列宁专题文集　论社会主义》，人民出版社2009年版，第4页。
③ 《列宁专题文集　论资本主义》，人民出版社2009年版，第185页。
④ 《列宁专题文集　论资本主义》，人民出版社2009年版，第208页。
⑤ 《列宁专题文集　论资本主义》，人民出版社2009年版，第210页。
⑥ 《列宁专题文集　论资本主义》，人民出版社2009年版，第211页。
⑦ 《列宁专题文集　论资本主义》，人民出版社2009年版，第212页。

资本主义是社会主义的最充分的物质准备，是社会主义的前阶，是历史阶梯上的一级，在这一级和叫做社会主义的那一级之间，没有任何中间级”①。因此，垄断资本主义为社会主义所替代，这是不以人们意志为转移的客观规律，并终将为历史所证实。

（三）中国共产党有关世界经济的重要论述

新中国成立以后，中国共产党始终关注国际形势，包括世界政治经济形势的发展变化，并结合国情对复杂多变的国际形势作出深刻的分析和判断，提出了许多有关世界经济的重要论述，为世界经济学科的产生和发展提供了新的重要理论指导。

1. 毛泽东思想中有关世界经济的论述

新中国成立以后，以毛泽东为主要代表的中国共产党人，对社会主义道路进行了探索，提出了涉及经济、政治、文化、国防、外交等方面的许多重要观点。其中有关世界政治经济的论述集中体现在对外开放和“向外国学习”思想、和平共处五项原则以及“三个世界”划分的战略思想。

（1）对外开放和“向外国学习”思想。毛泽东思想中包含对外开放的思想，主张在和苏联等社会主义国家进行交往的同时，也要和西方国家恢复、发展贸易，争取它们来华投资。“在准备对苏贸易条约时应从统筹全局的观点出发，……同时要准备和波、捷、德、英、日、美等国做生意。”② “为了利用外国资本以促进中国的工业化，某些事业的和外资合营及成立这种合股公司甚为必要，不独和苏联，和各新民主国家以至和某些资本主义国家还可能在适当条件下订立这种合营合同，甚至租让合同。”③

同时，毛泽东反对盲目排外，主张“向外国学习”，但在学习中要坚持以我为主、“洋为中用”、学中有创、立足于赶超的原则，最终服务于中国社会主义现代化建设。“我们的方针是，一切民族、一切国家的长处都要学，政治、经济、科学、技术、文学、艺术的一切真正好的东西都要学。但是，必须有分析有批判地学，不能盲目地学，不能一切照抄，机械搬用。”④ “我们要学的是

① 《列宁专题文集 论社会主义》，人民出版社 2009 年版，第 125 页。
② 《毛泽东文集》第 6 卷，人民出版社 1999 年版，第 35 页。
③ 《建国以来刘少奇文稿》第 1 册，中央文献出版社 2005 年版，第 615 页。
④ 《毛泽东文集》第 7 卷，人民出版社 1999 年版，第 41 页。

属于普遍真理的东西，并且学习一定要与中国实际相结合。”① “外国有用的东西，都要学到，用来改进和发扬中国的东西，创造中国独特的新东西。”② “我们一定要努力把党内党外、国内国外的一切积极的因素，直接的、间接的积极因素，全部调动起来，把我国建设成为一个强大的社会主义国家。”③

（2）和平共处五项原则。和平共处五项原则是在建立国与国间正常关系及进行交流合作时应遵循的基本原则。“根据互相尊重主权和领土完整、互不侵犯、互不干涉内政、平等互利的原则，社会制度不同的国家是可以实现和平共处的。在保证实施这些原则的基础上，国际间的争端没有理由不能够协商解决。”④ 和平共处五项原则提出和实施后产生了广泛的影响。1955 年万隆会议提出的十项国际关系原则包括了和平共处五项原则的全部内容；1970 年第 25 届联合国大会通过的《关于各国依〈联合国宪章〉建立友好关系及合作之国际法原则之宣言》和 1974 年联合国大会特别会议通过的《建立新的国际经济秩序宣言》中，都明确把和平共处五项原则包括在内；许多国际组织和国际会议的文件中也引用了和平共处五项原则。

（3）“三个世界”划分的战略思想。“美国、苏联是第一世界。中间派，日本、欧洲、澳大利亚、加拿大，是第二世界。”⑤ “亚洲除了日本，都是第三世界。整个非洲都是第三世界，拉丁美洲也是第三世界。”⑥ 中国作为第三世界的一员，永远不称霸，永远不做超级大国。中国坚定地站在第三世界一边，坚决支持第三世界国家维护民族独立，发展民族经济，反对殖民主义、霸权主义、帝国主义的斗争，成为第三世界中不可动摇的力量。“三个世界”划分的战略思想为中国努力建设和发展同第三世界国家及其他类型国家的友好合作关系提供了重要的思想指导。

对外开放和“向外国学习”思想、和平共处五项原则以及“三个世界”划分的战略思想，无论在世界政治经济发展还是在中国对外关系领域，都具有极其重要的理论和实践意义，为中国对外开放和外交政策的制定和调整提供了正确的理论依据，同时也为世界经济学科的建立和发展提供了重要的和新的理论

---

① 《毛泽东文集》第 7 卷，人民出版社 1999 年版，第 42 页。

② 《毛泽东文集》第 7 卷，人民出版社 1999 年版，第 82 页。

③ 《毛泽东文集》第 7 卷，人民出版社 1999 年版，第 44 页。

④ 《周恩来选集》下卷，人民出版社 1984 年版，第 151—152 页。

⑤ 《毛泽东文集》第 8 卷，人民出版社 1999 年版，第 441 页。

⑥ 《毛泽东文集》第 8 卷，人民出版社 1999 年版，第 442 页。

指导。

2. 邓小平理论、“三个代表”重要思想、科学发展观关于世界经济的丰富思想

邓小平理论、“三个代表”重要思想、科学发展观围绕对世界经济形势的判断、中国与世界经济的关系、中国如何参与世界经济等重大问题进行了一系列深刻论述，在实践中发挥了重要的指导作用，也为世界经济学科的发展提供了丰富的思想资源。

（1）关于时代主题和发展道路的认识。和平与发展是当今时代主题，求和平、谋发展、促合作已经成为不可阻挡的时代潮流。努力建设一个持久和平、共同繁荣的和谐世界，符合世界各国人民的共同福祉，是实现世界安全稳定繁荣的必由之路，也是人类社会发展的必然要求。世界上没有放之四海而皆准的发展道路和发展模式，也没有一成不变的发展道路和发展模式，维护世界多样性和发展模式多样性对于促进各国共同发展具有重要现实意义和深远历史意义，应当倡导开放和兼容并蓄的文明观，尊重各自选择的发展道路，相互交流发展经验，彼此借鉴发展模式。中国要始终高举和平、发展、合作的旗帜，坚定不移地走和平发展道路，通过争取和平的国际环境来发展自己，又通过自己的发展来促进世界和平，永远做维护世界和平、促进共同发展的坚定力量。始终不渝地奉行独立自主的和平外交政策，在和平共处五项原则的基础上，同所有国家发展关系，努力营造有利于中国发展的国际环境。

（2）关于对外开放战略。现在的世界是开放的世界，中国的对外开放不是权宜之计，而是一项长期的基本国策。中国要发展、要进步、要富强，就必须进一步扩大对外开放，以更加积极的姿态走向世界，吸收和借鉴一切先进的东西。坚持“引进来”和“走出去”相结合，不断丰富对外开放的形式和内容，不断提高对外开放的质量和水平，积极推进全方位、多层次、宽领域的对外开放，在更大范围、更广领域和更高层次上参与国际经济技术合作和竞争，充分利用国际国内两个市场、两种资源，使对外开放更好地促进国内改革发展。完善内外联动、互利共赢、安全高效的开放型经济体系，形成经济全球化条件下参与国际经济合作和竞争的新优势。在对外开放中，始终注意维护国家的主权和经济安全，注意防范和化解国际风险的冲击，处理好对外开放同独立自主、自力更生的关系，把立足点放在依靠自身力量的基础上。

（3）关于对经济全球化的认识。经济全球化是当今世界经济发展的一个基

本特征。经济全球化使信息、观念、人力、资源、资本和产品以史无前例的规模和速度在全球范围内流动起来，愈来愈深刻地影响着世界各个国家和地区的经济社会发展以及人类的生产生活方式。一方面，经济全球化是社会生产力发展的客观要求和必然结果，有利于生产要素在全球范围内的优化配置，有利于各国各地区加强经济技术合作，有利于世界经济的发展。另一方面，经济全球化也给世界经济带来一些新问题：加剧了南北差距，使发展中国家发展不足；使世界经济中的不确定因素增多，各国宏观经济调控难度加大；加剧了全球环境污染和生态危机，并使围绕环境问题的国际博弈日趋激化。需要指出的是，在经济全球化深入发展和中国全面开放的条件下，中国经济同世界经济的互动日益增多、联系更加紧密。中国经济发展对世界经济增长的贡献越来越大，对国际市场和国外资源的依赖程度也日益提高。当代中国的前途命运已日益紧密地同世界的前途命运联系在一起，必须把坚持独立自主同参与经济全球化结合起来，既坚定不移地坚持独立自主，又勇敢参与经济全球化进程。

（4）关于互利共赢、共同发展主张。必须树立促进各国共同发展的时代思维，更加注重交流合作、相互借鉴，更加注重互利共赢、共同发展。坚持国家不分大小、强弱、贫富一律平等；把维护和发展共同利益作为合作的出发点和落脚点；充分发挥各国比较优势，努力拓展发展空间，互利互惠、取长补短，促进共同发展，实现和谐发展。加强发展中国家同发达国家的对话，建立平等、互利、共赢的新型全球发展伙伴关系。发达国家要切实帮助和支持广大发展中国家加快发展，从体制机制等基础问题入手，改革和完善国际经济、贸易、金融体制，建设可持续发展的世界经济体系、建设包容有序的国际金融体系、建设公正合理的国际贸易体系、建设公平有效的全球发展体系；在减免债务、开放市场、转让技术等方面兑现承诺、付诸行动。发展中国家间要促进合作，不断拓展经贸合作领域，促进合作方式多样化。提倡互尊互鉴，维护世界多样性和发展模式多样化。

（5）关于建立公正合理的国际经济新秩序的主张。国际社会应树立共同责任意识，从人类生存和发展的高度，携手应对全球性重大挑战和威胁。国际社会在政治上应相互尊重、平等协商，共同推进国际关系民主化；经济上应相互合作、优势互补，共同推动经济全球化朝着均衡、普惠、共赢方向发展；文化上应相互借鉴、求同存异，尊重世界多样性，共同促进人类文明繁荣进步；安全上应相互信任、加强合作，坚持用和平方式而不是战争手段解决国际争端，共同维护世界和平稳定；环保上应相互帮助、协力推进，共同呵护人类赖以生存的地球家园。进一步推进建立更加公正合理的国际经济新秩序，保障各国享有平等的发展权利，特别是广大发展中国家的发展权利。要加强国际社会合作，努力建立健全多边国际合作机制。要顺应经济全球化发展趋势，坚持公正互利，实现平衡有序发展，促进各国经济共同发展，使各国特别是广大发展中国家普遍受益。

3. 习近平新时代中国特色社会主义思想关于世界经济的重要论述

党的十八大以来，世界经济发生了许多重大变化，其核心之一就是中国经济的迅速崛起并稳居世界第二位，对世界经济增长的贡献率已高达30%以上；同时，中国在全球经济治理等领域的参与度和影响力不断提升，中国日益走近世界舞台的中央，为国际社会和人类发展作出的贡献越来越大。习近平新时代中国特色社会主义思想，尤其是有关世界经济发展、“一带一路”、人类命运共同体和推动形成全面开放新格局等理论观点，在继承邓小平理论、“三个代表”重要思想、科学发展观的基础上，为新时代中国经济发展指明了前进方向，也为我们研究世界经济问题提供了理论指南。

（1）关于当今时代主题与世界经济发展的总体认知。2008年国际金融危机以来，世界经济政治格局变化明显。一方面是中国经济的迅速崛起，另一方面是国际金融危机后出现了“逆全球化”或“去全球化”迹象。“世界面临的不稳定性不确定性突出，世界经济增长动能不足，贫富分化日益严重，地区热点问题此起彼伏，恐怖主义、网络安全、重大传染性疾病、气候变化等非传统安全威胁持续蔓延，人类面临许多共同挑战。”① 针对这些变化与挑战，中国共产党和中国政府坚定地认为，“世界正处于大发展大变革大调整时期，和平与发展仍然是时代主题。世界多极化、经济全球化、社会信息化、文化多样化深入发展，全球治理体系和国际秩序变革加速推进，各国相互联系和依存日益加深，国际力量对比更趋平衡，和平发展大势不可逆转”②。这些重大理论为新时代世界经济理论研究和世界经济学科的发展奠定了坚实的理论基础。

（2）提出了新时代中国对外关系的新理念。面临纷繁复杂的世界政治经济

① 习近平：《决胜全面建成小康社会　夺取新时代中国特色社会主义伟大胜利——在中国共产党第十九次全国代表大会上的报告》，人民出版社2017年版，第58页。

② 习近平：《决胜全面建成小康社会　夺取新时代中国特色社会主义伟大胜利——在中国共产党第十九次全国代表大会上的报告》，人民出版社2017年版，第58页。

形势，依据上述对时代主题与世界经济发展的总体认知，习近平在党的十九大上明确阐明了新时代中国对外关系的新理念。第一，坚定奉行独立自主的和平外交政策，尊重各国人民自主选择发展道路的权利，维护国际公平正义，反对行使霸权；第二，积极发展全球伙伴关系，扩大同各国的利益交汇点，推进大国协调与合作，构建总体稳定、均衡发展的大国关系框架，按照亲诚惠容理念深化同周边国家关系，秉持正确义利观和真实亲诚理念加强同发展中国家的合作；第三，坚持对外开放的基本国策，积极促进“一带一路”国际合作，增加对发展中国家尤其是最不发达国家的援助力度，支持全球多边贸易体制，推动建设开放型世界经济；第四，秉持共商共建共享的全球治理观，倡导国际关系民主化，继续发挥中国负责任大国的作用，积极参与全球治理体系改革和建设，不断贡献中国智慧与中国力量。①

（3）为解决人类问题贡献中国智慧与中国方案。伴随着中国经济的崛起，中国对全球治理，尤其是世界经济领域国际规则的影响力日益提升，中国经济发展的道路也为其他国家尤其是广大发展中国家实现现代化提供了全新的选择。党的十九大报告指出，新时代“是我国日益走近世界舞台中央、不断为人类作出更大贡献的时代”。这主要是因为：第一，在实践上，“中华民族迎来了从站起来、富起来到强起来的伟大飞跃，迎来了实现中华民族伟大复兴的光明前景”；第二，在思想理论上，“科学社会主义在二十一世纪的中国焕发出强大生机活力，在世界上高高举起了中国特色社会主义伟大旗帜”；第三，在发展道路上，中国特色社会主义道路“拓展了发展中国家走向现代化的途径，给世界上那些既希望加快发展又希望保持自身独立性的国家和民族提供了全新选择，为解决人类问题贡献了中国智慧和中国方案”。②

（4）以“一带一路”建设为重点，推动形成全面开放新格局。针对当今世界格局的重大变化及其挑战，以及中国经济发展进入“新常态”和推进“供给侧结构性改革”的现实需求，2013 年 9 月 7 日，习近平在哈萨克斯坦发表的重要演讲中首次提出了共同建设“丝绸之路经济带”的战略倡议；2013 年 10 月 3 日，习近平在印度尼西亚国会发表重要演讲时明确提出愿同东盟国家共同建

① 参见习近平：《决胜全面建成小康社会　夺取新时代中国特色社会主义伟大胜利——在中国共产党第十九次全国代表大会上的报告》，人民出版社 2017 年版，第 59—60 页。

② 习近平：《决胜全面建成小康社会　夺取新时代中国特色社会主义伟大胜利——在中国共产党第十九次全国代表大会上的报告》，人民出版社 2017 年版，第 10 页。

设“21 世纪海上丝绸之路”。习近平的这两个重要倡议被概括为“一带一路”(The Belt and Road，B&R)，其核心内容是“五通”，即政策沟通、设施联通、贸易畅通、资金融通、民心相通。2015 年 3 月 28 日，国家发展和改革委员会、外交部、商务部联合发布了《推动共建丝绸之路经济带和 21 世纪海上丝绸之路的愿景与行动》。2017 年 5 月 14—15 日和 2019 年 4 月 25—27 日，首届和第二届“一带一路”国际合作高峰论坛分别在北京举行，向全世界展示了“一带一路”倡议自提出以来所取得的丰硕成果。“一带一路”倡议旨在促进经济要素有序自由流动、资源高效配置和市场深度融合，推动沿线各国实现经济政策协调，开展更大范围、更高水平、更深层次的区域合作，共同打造开放、包容、均衡、普惠的区域经济合作架构，建立一个包括欧亚非大陆在内的陆海内外联动、东西双向开放，世界各国政治互信、经济融合、文化包容的利益共同体、命运共同体和责任共同体。这是中国对经济全球化的重大贡献。2018 年 11 月 5—10 日，中国举办了首届国际进口博览会。这是世界上首个以进口为主题的大型国家级展会，是中国坚定支持贸易自由化和经济全球化、主动向世界开放市场的重大举措，有利于促进世界各国加强经贸交流合作，推动开放型世界经济发展。正如党的十九大报告所指出的，“开放带来进步，封闭必然落后。中国开放的大门不会关闭，只会越开越大。要以‘一带一路’建设为重点，坚持引进来和走出去并重……形成陆海内外联动、东西双向互济的开放格局”，并提出了“推进贸易强国建设”“实行高水平的贸易和投资自由化便利化政策”“优化区域开放布局”“探索建设自由贸易港”“创新对外投资方式”和“加快培育国际经济合作和竞争新优势”等一系列具体政策措施。①

（5）关于推动构建人类命运共同体。依据对时代主题和中国与世界发展的综合判断，习近平开创性地提出了推动构建人类命运共同体。在 2013 年 3 月于莫斯科国际关系学院发表的演讲中，习近平首次向世界传递了他对人类文明走向的基本判断：“这个世界，各国相互联系、相互依存的程度空前加深，人类生活在同一个地球村里，生活在历史和现实交汇的同一个时空里，越来越成为你中有我、我中有你的命运共同体。”2017 年 1 月 18 日，习近平在联合国日内瓦总部演讲时，对世界未来作出了如下描绘：“让和平的薪火代代相传，让发

① 习近平：《决胜全面建成小康社会 夺取新时代中国特色社会主义伟大胜利——在中国共产党第十九次全国代表大会上的报告》，人民出版社 2017 年版，第 34—35 页。

展的动力源源不断，让文明的光芒熠熠生辉，是各国人民的期待，也是我们这一代政治家应有的担当。中国方案是：构建人类命运共同体，实现共赢共享。”构建人类命运共同体倡议可以概括为建设“五个世界”，即建设“持久和平、普遍安全、共同繁荣、开放包容、清洁美丽的世界”①。自构建人类命运共同体倡议提出以来，已经得到了联合国和各国各界人士的高度认同。2017 年 2 月，构建人类命运共同体倡议被写入联合国文件；2017 年 10 月被写入《中国共产党章程》，成为习近平新时代中国特色社会主义思想的重要内容；2018 年 3 月 11 日，第十三届全国人民代表大会第一次会议通过了《中华人民共和国宪法修正案》，推动构建人类命运共同体被写入《中华人民共和国宪法》。构建人类命运共同体倡议，代表着新时代的中国对美好世界的向往和追求，是中国为应对人类面临的共同挑战和全球性问题提供的中国智慧和中国方案，是中国对世界未来的信念，也是中国对世界的责任。

四、学习世界经济概论的意义和方法

（一）学习世界经济概论的意义

学习世界经济概论课程，对于深入了解世界经济的总体形势及其发展趋势和规律、学习和掌握认识世界经济问题的理论和方法、更好地认识和推动新时代中国特色社会主义实践的发展都具有重要意义。

1. 有助于深入了解世界经济的总体形势及其发展趋势和规律

世界经济概论对世界经济形成的历史发展、现实状况和未来趋势进行了全面系统的研究和阐述，揭示了世界经济发展的内在规律，为我们观察和认识世界经济问题提供了更为广阔的视野。当今世界正处于大发展大变革大调整时期，学习世界经济概论，有助于我们深入了解世界经济的总体发展形势和发展趋势，更好地把握世界经济发展的内在规律，从而能够认清世界经济发展过程中不断出现的各种新现象、新特点和新问题的本质，对复杂且深刻变化的世界经济作出正确判断，做到趋利避害。

2. 有助于学习和掌握认识世界经济问题的理论和方法

世界经济概论坚持以马克思主义的理论和方法为指导，运用辩证唯物主义

---

① 习近平：《决胜全面建成小康社会　夺取新时代中国特色社会主义伟大胜利——在中国共产党第十九次全国代表大会上的报告》，人民出版社 2017 年版，第 58—59 页。

和历史唯物主义观察和研究世界经济的发展规律。学习世界经济概论，有助于学习和掌握马克思主义分析和研究世界经济问题的理论和方法，使我们在纷繁复杂的世界经济现象和世界经济矛盾中抓住根本，在不断发展变化的世界经济形势中把握正确方向，进而不断提高认识和把握世界经济发展规律的能力。

3. 有助于更好地认识和推动新时代中国特色社会主义实践的发展

为了实现党的十九大提出的从 2020 年到 21 世纪中叶的两阶段目标，建设现代化经济体系，必须研究和借鉴发达国家的经验，利用国外资金、技术、资源和市场，把握世界经济运行脉搏和规则，避免或减轻各种国际经济风险的冲击，尤其是提高抵抗货币金融风险的能力，积极参与全球经济治理，提高中国在世界经济中的作用和话语权。这些都要求我们认真学习世界经济概论，了解和把握世界经济运行的基本特点和规律，学习和掌握参与世界经济的规则和要求，研究和借鉴国外经济发展经验和教训，更加积极地推动改革开放、更加主动地参与世界经济，更好地推动新时代中国特色社会主义实践的发展。

（二）学习世界经济概论的方法

世界经济概论是世界经济学科的一门重要基础课程，学好这门课程必须掌握正确的学习方法。

1. 要注重把握基本概念、理论体系和逻辑主线

基本概念是学科和课程的基础，也是理论思维的基础。世界经济概论包含着逻辑结构严密、系统而丰富的内容，其基本概念包含丰富的理论内涵，体现了实践经验和理论研究的高度凝结。学习和掌握这些基本概念，做到融会贯通、学以致用，是学好世界经济概论的基础和关键。学习这门课程，要注重从整体上把握基本概念、理论体系和逻辑主线，学会从全局视角深刻认识经济全球化对世界经济的影响，深刻认识新形势下世界经济发展的规律，从而不断提高认识世界经济的能力。

2. 要学习掌握贯穿其中的马克思主义立场、观点和方法

马克思主义是迄今为止最科学、最严谨、最有生命力的理论体系。世界经济概论坚持运用辩证唯物主义与历史唯物主义观察和研究世界经济的发展规律，体现了马克思主义在世界经济领域的基本立场、基本观点和基本方法。因此，学习世界经济概论是学习掌握马克思主义的基本立场、观点和方法的重要途径。要通过课程学习，深入了解运用马克思主义观察、研究和分析世界经济问题的方法，进一步提高思想理论水平和运用所学理论知识研究解决实际问题

的能力。

3. 要紧密联系党和国家对外开放战略思想和方针政策

党和国家确立的关于推动构建人类命运共同体、“一带一路”倡议以及新时代中国对外关系的新理念，既来源于实践又指导实践，是世界经济概论所包含的基本原理和基本知识在实践中最直接、最生动的体现。在学习世界经济概论的过程中，要养成关注了解党和国家对外开放战略思想和方针政策的习惯，把专业理论学习与方针政策学习有机结合起来，深入领会党和国家对外开放战略思想和方针政策的形成与制定，在学习中不断深化对世界经济基本理论的理解和掌握。

4. 要紧密联系世界经济发展的历史和现实背景

世界经济概论全面系统地研究世界经济的形成和发展过程，揭示世界经济发展的内在规律。因此，在学习过程中要紧密联系世界经济发展的历史和现实背景，只有这样才能弄清世界经济基本理论的真实出发点和实际意义，也才能真正理解和掌握世界经济概论的基本理论和主要内容。

5. 要紧密联系中国改革开放和新时代中国特色社会主义现代化建设的实践

世界经济概论既有很强的理论性，也具有一定的应用性，其基本内容和主要结论都来自于对世界经济发展变化实践的概括和总结。学习世界经济概论，最重要的目的就是为中国改革开放和新时代中国特色社会主义现代化建设服务。因此，在学习过程中必须充分联系中国改革开放和新时代中国特色社会主义现代化建设的实践，把所学的世界经济理论知识自觉运用到实践中去，并在实践中不断检验所学理论，进而深化理论学习。只有通过理论联系实际，才能真正做到融会贯通、学以致用。

第一篇 世界经济的形成、发展与变化

本篇是全书的基础篇，主要阐述世界经济形成与发展的历史进程，为以后各篇的展开和分析提供历史背景和理论基础。国际分工和世界市场是世界经济产生与发展的前提条件。经过地理大发现和两次产业革命，世界经济最终形成。经历了20世纪上半叶的剧烈动荡及二战后的恢复、发展与调整，20世纪80年代末90年代初，世界经济进入以经济全球化为基本特征的新阶段，区域经济一体化也成为世界经济发展的新趋势。科技革命和市场经济分别为世界经济的进一步发展提供了物质和体制基础。

第一章　世界经济的形成与发展

国际分工是世界经济运行的基础，世界市场是连接各国经济的纽带。经过地理大发现、英国工业革命和第二次产业革命，至 19 世纪末 20 世纪初，在国际分工和世界市场产生和发展的基础上，世界经济经历了萌芽期、初步形成期之后得以最终形成。整个 20 世纪上半叶，世界政治经济多种矛盾错综复杂，冲突不断，受一战、1929—1933 年大危机和二战的重大影响，世界经济的发展一直处于剧烈动荡之中。20 世纪下半叶至 90 年代初，世界经济进入相对成熟的发展时期。

第一节　世界经济形成与发展的基础

一、国际分工

国际分工是社会生产力发展到一定阶段的产物，是国内社会分工向国际领域扩展的结果，即社会分工超越国界而形成的各国国民经济之间的劳动分工，它是世界市场和世界经济赖以形成、发展的基础和先决条件。

（一）制约和影响国际分工的主要因素

国际分工的产生和发展受一定的自然条件和社会经济条件的制约与影响。其中，自然条件包括国土面积、自然资源、气候和地理位置等，社会经济条件包括生产力发展水平、人口规模、国内市场的大小和社会经济结构的差异等。

1. 自然条件

自然条件是人类进行经济活动的基础，同时也对国际分工产生重要影响，特别是对社会经济落后、经济发展水平较低的国家影响更大。自然条件的差别虽是国际分工产生的重要条件，但不是决定性条件。有利的自然条件并不能保证某种生产活动一定能够进行，还需要具备能够连接各国不同生产领域的交通、市场等媒介，从而形成国际分工。

2. 社会经济条件

社会经济条件，特别是生产力的发展，是产生国际分工的决定性因素。在生产力低下的社会经济条件下，很多自然资源无法有效利用。只有生产力得到一定程度的发展，这些资源才有可能被开发出来，变成可供人们消费和出口的产品，才有可能形成把各国不同生产领域联系起来的媒介。当一国国内某种产品的生产规模超过国内市场容量，其原料在国内不能充分供应，不得不到海外寻找销售市场和原料来源时，国际商品交换才会发展起来，并成为相关国家社会再生产不断进行的必要条件。于是，国际分工便发生了。

因此，自然条件是国际分工产生的必要条件，而社会经济条件，特别是生产力和科学技术的发展，是国际分工产生的最终决定因素，即自然条件只有同发展到一定水平的社会生产力联系起来，才有可能形成生产的国际分工。

（二）国际分工的发展

国际分工是一个历史范畴，是历史发展到资本主义阶段即工业社会阶段的产物。

国际分工形成的起点是 18 世纪 60 年代开始的英国工业革命（后来又逐渐扩展到法国、德国、美国以及西欧的其他一些国家），其最突出表现是一系列重大技术革新与发明。在这次工业革命中，由于各项机械的不断改良和广泛应用，英国率先从手工工具时代过渡到机器大工业时代，从而使生产力得到了前所未有的发展，为国际分工奠定了物质基础。工业革命使工业和农业相分离，工业成为独立的生产部门，工业内部分工也不断细化。科技的快速发展和分工的细化，使得国际分工得以形成、规模不断扩大，从而逐渐形成了一种同机器大工业生产相适应的国际分工体系，这一国际分工体系基本上以英国为中心。正如马克思所说：“由于机器和蒸汽的应用，分工的规模已使脱离了本国基地的大工业完全依赖于世界市场、国际交换和国际分工。”①

开始于 19 世纪 70 年代的第二次产业革命，推动了国际分工的深化，促使社会生产力又一次快速发展。在这次产业革命中，重工业逐步取代轻工业而居于工业的主导地位。在生产力发展的同时，自由资本主义逐渐过渡到垄断资本主义，资本输出成为资本对外扩张的重要手段。这些都推动了国际分工的进一步发展。卷入国际分工体系的国家进一步增多，生产的国际专业化趋势进一步加强，从而使世界各国对国际分工的依赖进一步加深。

（三）国际分工在世界经济形成与发展中的作用

国际分工促进了生产和交换的日益国际化，打破了各个国家和地区闭关自

---

① 《马克思恩格斯文集》第 1 卷，人民出版社 2009 年版，第 627 页。

守和自给自足的自然经济状态，把整个世界引向工业文明。同时，国际分工促进了生产的社会化和国际专业化，必然导致世界范围内社会劳动的节约和劳动生产率的提高，使全世界的各种资源得以有效地利用，有利于发挥分工参与国的比较优势，形成规模经济，并把这种优势转化为世界范围社会生产力的提高和经济的增长，从而成为加速各国经济和世界经济发展的重要因素。

同时必须看到，截至二战结束，国际分工的形成和发展始终是在资本主义的主导下进行的，它体现了资本主义国家对殖民地半殖民地国家所进行的剥削和掠夺。资本主义占主导和支配地位的国际分工体系也有其不利于世界经济的整体发展，甚至阻碍和破坏世界经济发展的一面。

二战后，随着科技革命和世界经济的快速发展，国际分工不断深化，从产业间分工延伸至产业内分工，并进一步深入到产品内分工。国际分工的不断深化推动了国际贸易和投资的快速发展。这一过程为许多发展中国家提供了发展机遇，推动世界经济发展进入一个新的阶段。

二、世界市场

（一）世界市场的形成与发展

世界市场是各国国内社会分工发展为国际分工的产物，是商品交换关系突破国家和地区界限而扩展到整个世界的结果。因此，它是一个与空间和地理相联系的经济范畴。从狭义上说，世界市场是世界各国相互间进行商品交换的场所或领域；从广义上说，世界市场是指国际流通领域包括商品、资本、技术、劳务等各种交换关系的总和。世界市场的形成与发展有赖于多方面的条件。

1. 机器大工业的发展

通过商品销售市场和原料供应市场这两方面的需求，机器大工业将商品交换关系推向整个世界市场。工业革命及由此带来的机器大工业体系的确立，对世界市场的形成起着决定性的作用：一是促使世界市场的商品结构发生变化。机器大工业使英、法等国生产出大量质优价廉的工业制成品，这些商品的出口彻底瓦解了殖民地自给自足的自然经济。工业制成品以及与其相关的原材料商品结构的确立，成为统一的世界市场形成的一个重要标志。二是促使世界市场的价格机制发生重大变化。在机器大工业体系确立之后，由于英、法等国工业制成品实现了规模生产，成本大幅度降低，逐步形成了以国际价格为核心的等价交换机制，这标志着世界市场进入了一个相对有序的发展轨道。当然，等价交换在当时来看是相对的，并且等价交换并不等同于平等交换。由于对商品的需求弹性存在差异等原因，在世界市场上，工业制成品的价格形成机制相对于原材料价格的决定往往更为有利，因而统一的世界市场中仍然存在大量的不平等交易现象。

2. 资本主义生产方式的确立

资本主义生产方式推动了世界市场的形成。所谓资本主义生产方式，是指以社会化的机器大生产为物质条件、以生产资料的资本家私有制为基础、以资本剥削雇佣劳动为主要特征的社会经济制度。它的确立必须具备两个基本条件：一是大批有人身自由但丧失一切生产资料的无产者，二是开办企业所必需的大量货币财富。资本主义生产不同于以往建立在手工劳动基础上的生产，而是建立在机器大工业基础上的社会化大生产。生产社会化极大地提高了工艺、技术水平和劳动生产率，使社会生产以空前的速度迅猛向前发展。生产社会化与资本主义私人占有之间的矛盾，是资本主义生产方式的基本矛盾。资本家对利润最大化的追逐及其面临的巨大竞争压力，使得资本主义生产本身就具有不断向外扩张的动力。资本主义生产方式本身所固有的内在矛盾迫使其不断开拓国外市场，将矛盾转嫁给其他国家。所以，资本主义生产方式的确立是世界市场形成的内在动力。

3. 交通运输和通信业的发展

交通运输和通信业是商品国际流通的载体和信息传播的媒介。19 世纪交通工具的变革，为国际分工领域的扩大及世界市场的初步形成提供了物质手段。从 1825 年英国建成世界上第一条铁路起，铁路就迅速地在欧美大陆普及。1837 年，英国人又发明了有线电报，这种电报很快在铁路通信中获得应用。1838 年，轮船横渡大西洋成功。随着铁路的延伸、电报的应用和远洋帆船吨位的增加，商品的运载量不断增加，周转速度明显加快，运输时间大大缩短，运输费用大幅度降低，从而极大地促进了商品在世界市场上的频繁流转，并把各大洲的地方性、区域性市场同世界贸易中心联结起来。“交通运输工具的发展会缩短一定量商品的流通时间，那么反过来说，这种进步以及由于交通运输工具发展而提供的可能性，又引起了开拓越来越远的市场”①。英国资产阶级挟持着机器大工业的廉价商品，凭借快速的交通工具，利用便捷

① 《马克思恩格斯文集》第 6 卷，人民出版社 2009 年版，第 279 页。

的通信设施，往来奔走于世界各地，冲破一道道闭关自守的重重阻力，把越来越多的殖民地半殖民地国家卷入世界市场，并将其纳入资本主义国际分工体系中来。

4. 世界货币的出现

19 世纪，黄金逐渐演变为单一的世界货币，各主要资本主义国家相继过渡到金本位制。世界货币的产生是国际贸易发展的必然结果，同时它本身也有助于世界市场的稳定。“金银帮助了世界市场的形成，因为金银在自己的货币概念中已经预示着世界市场的存在。”① 早期的世界货币是黄金白银并用，称为复本位制。1816 年，英国最早过渡到单一金本位制。接着从 19 世纪 50 年代到 70 年代，除美国之外的主要资本主义国家都实行了金本位制，并逐渐形成一个以英镑为中心、以黄金为唯一基础的国际金本位制度。由于居于世界市场中心国家的货币都有了确定的含金量，它们之间存在着固定的比价，所以便利了国际支付和国际结算，促使世界市场汇率保持稳定，市场机制更加完善，各国之间经济联系更加密切。

19 世纪末 20 世纪初，世界市场最终形成。

（二）世界市场对世界经济形成和发展的作用

二战结束以前，世界市场对世界经济的形成与发展起到了两个方面的作用：一方面，世界市场加强了世界各国以国际分工为基础的经济联系和相互依赖关系。“资产阶级，由于开拓了世界市场，使一切国家的生产和消费都成为世界性的了。……过去那种地方的和民族的自给自足和闭关自守状态，被各民族的各方面的互相往来和各方面的互相依赖所代替了。”② 另一方面，在资本主义制度下，这种相互依赖关系使许多殖民地半殖民地国家逐渐丧失了经济上和政治上的自主性和独立性，变为资本主义工业强国的经济附庸，成为这些国家工业资本剥削对象的殖民地半殖民地，形成了少数资本主义工业强国剥削和掠夺广大殖民地半殖民地国家的世界经济格局。

二战后，随着国际分工的日益深化，国际贸易和投资增长迅速，国际金融市场急剧扩张，世界市场的广度和深度得到进一步提升。在此过程中，发展中国家的经济发展出现了分化，一部分发展中经济体通过融入世界市场，积极参

---

① 《马克思恩格斯全集》第 31 卷，人民出版社 1998 年版，第 547 页。
② 《马克思恩格斯文集》第 2 卷，人民出版社 2009 年版，第 35 页。

与国际分工，取得了巨大成功，亚洲“四小龙”、“金砖国家”等是其中的典型代表。

第二节 世界经济形成与发展的历史进程

一、地理大发现与世界经济的萌芽

地理大发现是15—18世纪（又称大航海时代）葡萄牙、西班牙等国航海者开辟新航路和“发现”新大陆的通称，对早期国际分工的产生、世界市场范围的扩大和世界经济萌芽的出现产生了巨大影响。

（一）引发欧洲商业革命

欧洲商业革命是指新航路开辟后西欧商业经济领域的一次重大变革，具体表现为贸易区域和商业资本流通范围迅速扩大，对外贸易量和商品种类急剧增加，商业的性质和经营方式发生深刻变化。美洲新大陆的发现促使当时仅在美洲才有的作物，如玉米、土豆、可可、烟草和棉花等，输往欧洲、非洲和亚洲。此后，欧洲、亚洲和非洲也向美洲输出了小麦、水稻、甘蔗、香蕉和咖啡等作物。这些变化使得世界各国的经济往来更加密切，从而使由于自然条件、民族传统和国民经济差异而产生的地域分工有了新发展，出现了早期世界市场的雏形。同时，地理大发现引起的西欧殖民者在世界各地的领土扩张和掠夺，极大地推动了资本主义工场手工业的发展，加速了殖民国家资本的原始积累和海外贸易的扩展，形成了早期资本主义国际专业化分工的萌芽，为世界经济的形成提供了必要准备。

（二）大量金银流入西欧，加强了资产阶级的力量

地理大发现促使金银大量流入西欧，导致西欧各国物价大幅上涨，加强了资产阶级的力量，削弱了封建贵族地主的势力，有力地推动了资本主义关系的发展。同时，为了积累财富和防止金银外流，西欧国家还借助于商人资本大力推行重商主义政策，积极鼓励发展航海业和对外贸易，这就加快了以出口为目的的国际分工的产生和发展。

（三）带动了欧洲经济中心的转移和世界市场范围的扩大

地理大发现之后，欧洲与外界的联系由地中海扩展到大西洋，并进一步扩展到印度洋和太平洋。贸易区域囊括了欧洲、亚洲、非洲、美洲，全球形成了

太平洋和大西洋两大贸易圈，即欧洲与亚洲贸易圈和欧洲与美洲、非洲贸易圈，世界市场真正扩大到世界范围。

从地理大发现到英国工业革命之前的近300年，是人类历史上一个关键时期。正是在这一时期，葡萄牙、荷兰凭借其在海外活动中的领先地位崛起为全球霸主，从而形成一种全新的世界性经济关系，即历史上第一次出现了大规模的国际分工，出现了比较繁荣的三角贸易①：欧洲人将盐、布匹、枪炮及其他金属制品运到非洲，在非洲换取奴隶并将其运到美洲，在美洲换成蔗糖、烟草和金银后再运回欧洲，在欧洲制造成商品后再运往非洲换取奴隶……但是，如前所述，当时那种以手工工场作为物质基础的国际分工所体现的只是宗主国与殖民地之间的一种带有强制性的特殊分工，是西欧资本主义国家进行资本原始积累的一种手段，严格说来还不是真正意义上的国际分工。这种早期的国际分工和世界市场的出现，标志着世界经济的萌芽逐渐形成。

二、英国工业革命与世界经济的初步形成

以蒸汽机的发明和应用为主要标志，英国工业革命完成了工场手工业向机器大工业的过渡，使社会生产力出现了一次质的飞跃。在机器大工业基础上，国际分工体系的建立和世界市场的开拓成为世界经济初步形成的主要标志。英国工业革命在促进世界经济初步形成中的作用主要体现在以下几个方面。

（一）推动了国际分工体系的建立

这一时期，由于机器的广泛采用，分离出许多专门从事原料、生产资料和消费资料生产的相对独立的工业部门。马克思指出：“这些工业所加工的，已经不是本地的原料，而是来自极其遥远的地区的原料；它们的产品不仅供本国消费，而且同时供世界各地消费。”② 社会分工迅速向国际领域扩展，把经济发展水平不同的国家或多或少地纳入国际分工之中。原料取自世界市场，产品输往世界市场，世界市场成为资本主义再生产过程必不可少的条件。于是，机器大工业把越来越多的国家的社会生产吸引到国际分工体系中。一方面，质优价廉的机器工业产品，使外国的消费者不得不购买，从而打开了商品的

---

① 在欧洲西部、非洲几内亚湾附近、美洲西印度群岛之间，航线大致构成三角形状，所以称为三角贸易。由于被贩运的是黑人，故又称“黑三角贸易”。三角贸易从16世纪开始历时400年之久。

② 《马克思恩格斯文集》第2卷，人民出版社2009年版，第35页。

销售市场。另一方面，外国消费者要购买质优价廉的工业品，又不得不出卖自己生产的原料和初级产品，从而使这些国家变为工业国的原料供应地。所以，到 19 世纪中期，由机器大工业引起的国际分工基本上形成了世界城市与农村既相互对立又相互依存的国际分工体系，并以英国占支配地位为主要特征。

（二）促进了世界市场的形成

国际分工体系的建立，标志着世界市场进入一个新的历史发展阶段。经过工业资本近一个世纪的开拓，到 19 世纪 60 年代，一个区别于早期世界市场的、具有新的物质基础和经济条件的世界市场形成了。它的形成是资本主义生产方式向国际领域扩展的集中体现，也是工业资本取代商业资本在世界市场上占据统治地位的集中体现。

世界市场的产生和发展是资本主义生产方式发展的结果，它随着地理大发现而产生，随着机器大工业的出现而形成。正如马克思和恩格斯所说："大工业建立了由美洲的发现所准备好的世界市场。"①

1. 机器大工业成为资本主义在世界范围内进行扩张的锐利武器

机器大工业以其雄厚的物质基础和巨大的生产能力，对开拓世界市场具有势不可挡的威力，大工业带来的技术进步成为资本主义在世界范围内进行扩张的锐利武器。机器大工业本身就是一种世界性的生产。同时，在竞争规律的作用下，它也需要不间断地扩大再生产，从而要求一个不断扩大、尽可能广泛的市场。竞争必然驱使它从国内走向国外，到海外寻找新市场。

2. 机器大工业使世界市场的范围不断扩大

机器大工业不仅需要不断扩大海外销售市场，同时也需要日益扩大海外原料供应。大工业本身已成为农业原料和矿产原料的巨大销售市场。当这些原料在国内市场不能充分供应或完全不能供应时，便越来越多地转向世界市场，特别是到经济落后但资源丰富的国家去购买。同时，机器大工业用商品生产征服一切产品生产，用廉价商品摧毁落后国家的手工产品，从而使这些国家不得不依赖于强加给它们的国际分工，变成工业国的棉花市场、羊毛市场、黄麻市场、咖啡市场等。资本主义的机器大工业不仅把它的工业品销售到世界市场，而且把它的原料产地也卷入到世界市场中来。

① 《马克思恩格斯文集》第 2 卷，人民出版社 2009 年版，第 32 页。

3. 机器大工业使世界市场的内容不断丰富

随着机器大工业对世界市场的开拓，进入世界市场的商品数量和种类也大幅增加。过去仅限于欧洲手工业产品和热带农产品交换的世界市场，此时已让位给种类繁多的大宗商品交换的世界市场，使资本主义各国的生产过程同世界市场紧密地联系在一起。世界市场供求关系和行情的任何变动，对于世界各国的经济生活都会发生不同程度的影响。正如恩格斯所描述的那样，“单是大工业建立了世界市场这一点，就把全球各国人民，尤其是各文明国家的人民，彼此紧紧地联系起来，以致每一国家的人民都受到另一国家发生的事情的影响”①。一旦商品在世界市场上的流通受到阻碍，资本主义的再生产过程就不能顺利进行，商品的价值就不能顺利实现。因此，这一时期的世界市场已成为资本主义再生产的必不可少的条件，也是它区别于早期世界市场的本质特征之一。

综上所述，随着资本主义国际分工体系的建立和世界市场的发展，到 19 世纪 60 年代，在自由资本主义发展到顶点时，人类历史上第一次初步形成了以国际分工和世界市场为纽带的世界各国生产、交换、分配融为一体的世界经济或资本主义世界经济体系。这里需要强调两点：第一，苏联出现以前的世界经济的形成与变化基本是和资本主义的产生与发展同步推进的，所以资本主义经济体系在当时就是世界经济体系。第二，这一时期世界经济的形成还是初步的，一方面，这一时期世界上还有相当多的国家和地区仍处在闭关自守甚至是与世隔绝的状态，商品经济和资本主义生产方式的触角还没有深入殖民地半殖民地国家的内地；另一方面，各国经济的直接联系渠道还主要是商品交换，资本的国际流动还十分有限。

三、第二次产业革命与世界经济的最终形成

从 19 世纪 70 年代开始，资本主义世界发生了以电的发明和应用为主要标志、以内燃机和电动机为核心、以重化工业为经济发展中心的第二次产业革命。在这次产业革命的推动下，资本主义国家的社会生产力得到了迅速发展，生产组织形式和企业组织形式也发生了重大变化，工业垄断资本与银行垄断资本结合形成金融资本，而金融资本通过资本输出的方式，将资本主义的生产方式向全世界渗

---

① 《马克思恩格斯文集》第 1 卷，人民出版社 2009 年版，第 687 页。

透，最终将整个世界纳入资本主义的生产体系，标志着世界经济最终形成。第二次产业革命在促进世界经济形成中的作用主要表现在以下几个方面。

（一）促进了重化工业及交通运输和通信业快速发展

第二次产业革命的最大特点是工业重心从轻纺工业转向重化工业，多个新兴工业部门发展迅速，为国际生产提供了重要的物质基础。

内燃机的发明引起了交通运输业的巨大变革，世界进入火车、轮船、汽车与飞机的时代。到19世纪末，铁制的轮船最终代替了木制的帆船，成为远洋航行的主要交通工具。20世纪初，铁路由欧美国家开始向经济落后国家和地区转移，在南美大陆、南亚次大陆以及远东地区形成建设铁路的高潮。国际交通运输体系的建立，为沟通世界各国的生产、流通和消费提供了基础设施，为世界经济的最终形成铺设了畅通无阻的国际经济交往的纽带。“由于一切生产工具的迅速改进，由于交通的极其便利，把一切民族甚至最野蛮的民族都卷到文明中来了。”①

通信业的发展进一步加强了世界各国的经济联系。到1874年，先后有四条横跨大西洋和印度洋，连接欧洲、北美、南美和亚洲的海底电报电缆铺设成功并投入运营。电报的应用使电汇取代了汇票，便利了国际贸易和国际支付。19世纪70年代，电话开始在欧美国家应用，此后迅速向其他国家普及。这一切使得全世界各个国家和地区都以主要大城市为中心，以电报、电话等为媒介，在全球范围内把生产和消费联系了起来。

总之，交通和通信业的革命就像一座桥梁把越来越多经济发展水平不同的国家联结起来，使之共同进入世界经济体系之中。

（二）促使资本主义从自由竞争进入垄断阶段

第二次产业革命带来的生产力发展和技术进步，使各资本主义国家企业生产规模空前扩大，生产与资本的积聚和集中在短时期内达到了相当的高度，并在此基础上形成了在当时的经济力量中占统治地位的垄断组织。“资本家的垄断同盟卡特尔、辛迪加、托拉斯，首先瓜分国内市场，把本国的生产差不多完全掌握在自己手里。”② 与此同时，受到工业资本集中的推动，各国银行业资本的集中得到迅速发展，银行业中的垄断也相继产生和发展。银行业垄断资本反过来又加速了工业资本的集中，加快了垄断组织的产生。而二者的相互促进、

① 《马克思恩格斯文集》第2卷，人民出版社2009年版，第35页。

② 《列宁专题文集　论资本主义》，人民出版社2009年版，第155页。

相互结合、相互渗透，使其界限难以划分，形成了一种新的、最高形态的垄断资本即金融资本。金融资本的形成及其统治地位的建立，标志着资本主义已经从自由竞争资本主义过渡到垄断资本主义阶段。

（三）推动了国际分工的深化和世界市场的完善

资本输出虽在自由竞争时期就已出现，但那时数量和规模都不大。第二次产业革命以后，主要资本主义国家的大垄断组织迅速聚敛起巨额资本输往国外。资本输出一方面深化了国际分工，推动了生产的国际化。特别是对外直接投资的发展，使资本主义国家的生产过程从国内向国际扩展，加强了各国对国际分工的依赖性，从而促进了资本主义国际分工体系的形成，为世界经济的最终形成奠定了基础。另一方面，资本输出也扩大了世界市场的内涵。原来世界市场主要是指世界商品市场，此时世界市场不仅包括世界商品市场，还包括国际资本市场。世界市场上两大国际流通领域——国际商品流通领域和国际资本流通领域的交织，使世界市场运行机制更加完善。

（四）加剧了各资本主义国家对外经济扩张的竞争

随着生产的社会化和国际化的发展，各资本主义国家为了获得更多的利润，纷纷在世界范围内围绕原料来源地、商品销售市场以及资本输出地等方面展开激烈的竞争。采取的主要手段就是在世界范围内瓜分市场，扩展自己的势力范围，控制殖民地国家的经济命脉，建立自己的原料供给市场、产品销售市场和资本投资市场。

第二次产业革命所引起的生产力进步，推动了国际分工和世界市场的深化。到19世纪末20世纪初，世界市场消除了地理界限而涵盖了整个世界。而且，随着国际商品贸易的日益发展和资本输出的增多，国际货币金融体系形成并日益完善。至此，国际商品交换、资本输出与货币金融体系相互交融，形成了覆盖世界的经济网络，世界经济得以最终形成。

第三节　二战以前的世界经济

一、一战对世界经济的影响

19世纪末20世纪初，在资本主义政治经济发展不平衡规律的作用和影响下，主要帝国主义国家围绕着争夺世界霸权和殖民地展开了激烈的斗争，终于酿成1914—1918年的一战。一战给人类带来空前浩劫，对世界经济造成严重冲击，主要表现在以下几个方面。

（一）生产力遭到极大破坏，世界工业生产全面下跌

一战极大地破坏了社会生产力。首先，它急剧削减了社会生产劳动力的数量。战争致使参战国数百万人伤亡，或死于因战争引发的饥荒和疫病。其次，对生产力的破坏还表现在生产设备、建筑和基础设施等的大规模损毁。这次战争使生产力遭到极大的破坏，对生产活动造成毁灭性的打击，严重阻碍了世界经济的发展。

（二）国际贸易严重萎缩，国际金本位制瓦解

一战期间，国际贸易额下降了40%。更为严重的是，20世纪初，以英镑为中心建立起来的国际金本位制在一战中陷于崩溃，各国纸币停止兑换黄金，禁止黄金自由输出，交战国政府普遍利用大规模借款和印发纸币资助战争，从而引发了严重的通货膨胀。一战结束以后，各国持续严重的通货膨胀使货币购买力和外汇行市急剧下跌①，国际金融关系混乱。20世纪20年代起，主要国家先后进行了货币制度改革，英、法等国采取金块本位制，德、奥、意等国采取金汇兑本位制。这些改革虽然在一定程度上暂时稳定了通货，但削弱了货币制度的稳定性。

（三）主要资本主义国家在经济实力上发生了显著变化

一战期间，美国的经济地位空前上升。由于其本土并未受到战争破坏，借着英、德、法等经济大国暂时退出世界贸易和投资市场竞争的良机，以及战时各国对商品和资金的巨大需求，美国获得了扩张经济的机遇。美元成为坚挺的国际货币，英镑地位开始下降，国际金融中心由伦敦开始逐渐向纽约转移；美国一跃成为世界最大的债主。另外，日本也在战争中获利，利用战争掠夺殖民地，扩张海外市场，造成日本前所未有的经济繁荣。与美国、日本大发战争财促使经济实力显著增强形成鲜明对照，英国、法国、德国的综合经济实力遭到严重削弱。一战结束后协约国惩处德国的极端政策②，进一步加剧了各帝国主

---

① 例如，1918年德国签署停战协议时，4德国马克可兑换1美元，而到1923年11月，4.2万亿德国马克才能兑换1美元。1923年2月，0.5千克黄油的价格是3 400德国马克，而到11月份已经涨到2 800亿德国马克。

② 1919年6月，英、法、美、日、意等战胜国与战败国德国签订了《凡尔赛和约》，其内容包括德国必须割让国土，其全部殖民地被瓜分，其全部国外投资被没收，向协约国交付巨额实物赔偿和战争赔款，其基础设施和税收、海关等交由协约国直接管理和掌控，等等。

义国家之间的矛盾，成为引发二战的原因之一。

二、苏联社会主义制度的建立及其对世界经济的影响

一战的爆发导致占世界陆地面积 1/6 的俄国摆脱了资本主义体系，建立了社会主义制度，使世界政治和经济关系发生了深刻的变化。

（一）苏维埃俄国的建立及其意义

在一战中，欧洲各参战国的经济遭到严重破坏，各国阶级矛盾激化，政治危机十分严重。特别是俄国，在战争中工农业生产的下降和军费开支的急剧增加，使得国内商品严重短缺，粮食供应不足，税负加重，大批工人失业，阶级矛盾和民族矛盾空前激化。俄国人民不得不拿起武器，走上了推翻沙皇制度和资产阶级统治的革命道路。1917 年 10 月，俄国无产阶级在列宁和布尔什维克党的领导下举行了武装起义，推翻了资产阶级临时政府并夺取了全国政权，建立了世界上第一个社会主义国家——俄罗斯苏维埃联邦社会主义共和国（简称苏维埃俄国或苏俄）。俄国十月革命的胜利和世界上第一个社会主义国家的建立，在人类社会历史上具有划时代的意义。它从根本上改变了 19 世纪末 20 世纪初形成的统一的资本主义世界经济体系，使得资本主义一统天下的世界经济体系被打开了一个巨大的缺口，资本主义世界经济体系囊括全球的时代至此终结。

（二）苏联经济的发展对世界经济的影响

1922 年，苏维埃社会主义共和国联盟（简称苏联）正式成立。自建立社会主义制度后，苏联不断遭到欧美国家的武装干涉和经济封锁等打击，但依靠其高度集中的计划经济体制和优先发展重工业的发展战略，经济增长很快。1928—1937 年的两个五年计划期间，苏联在世界工业生产中的比重先后超过法国、英国和德国，成为仅次于美国的世界第二工业强国。苏联的成立及其经济的快速发展对世界经济产生了重大的影响。

1. 引起了国际政治经济关系的深刻变化

在列宁和布尔什维克党提出的和平共处、平等互利、大小国家一律平等、尊重领土完整和国家主权等国际政治经济关系的新原则下，到 1938 年苏联已同 50 余个国家建立了外交关系，广泛发展对外经济贸易。在新原则的影响下，加之被压迫民族要求民族平等的呼声高涨，反对帝国主义和殖民主义的斗争日益激烈，帝国主义国家被迫调整其对外经济关系，收敛其以强欺弱等众多不公正

做法。这意味着苏联社会主义制度的建立和新原则的执行，开始引起国际关系的深刻变化，标志着世界人民建立国际政治经济新秩序斗争的开始，为世界经济的发展提供了新的动力。

2. 促进了世界经济的发展

在新的国际经济环境下，苏联经济得到了扩展的空间，特别是对外贸易取得了长足的进步。1924 年以后，苏联同一些国家签订了贸易条约，此后苏联的对外贸易获得空前发展。特别是在 1929—1933 年大危机及其后来的一段时期，世界市场急剧萎缩，只是由于苏联大量进口机器设备、燃料和原材料，资本主义国家的相当部分过剩商品才找到了销路，对资本主义国家的经济恢复和世界经济的发展起到了积极的促进作用。

3. 促进了资本主义国家社会经济体制的调整与变革

苏联社会主义制度是人类历史上全新的社会制度，尽管帝国主义不断对它进行经济封锁和武装干涉，但社会主义的生命力依然充分显现，尤其是在 20 世纪 70 年代以前。事实上，苏联社会主义制度取得的成就在一定程度上也促进了发达资本主义国家社会经济体制的调整与变革，如对社会经济生活的全面干预、社会福利制度、保护劳工权利等。

总之，世界上第一个社会主义国家即苏维埃俄国的建立以及后来苏联的成立，开辟了一条世界政治经济发展的新方向和新道路，揭开了世界经济发展史的新篇章，世界经济的发展从此进入两种社会经济制度并存和相互竞争的时代。

三、1929—1933 年大危机对世界经济的冲击

20 世纪上半叶，频繁地发生了 1920—1921 年、1929—1933 年和 1937—1938 年三次世界性经济危机。其中 1929—1933 年的世界经济危机冲击了整个资本主义世界，是资本主义历史上最深刻、最持久的一次危机（简称大危机）。大危机对世界经济产生了严重的影响，其主要表现如下。

（一）激化了资本主义社会的各种矛盾

大危机使整个资本主义世界损失了 2 500 亿美元的财富，整个工业生产水平下降 40% 以上。1933 年，资本主义世界的贸易额缩小到 1919 年前的水平。工业生产和贸易额的缩小导致了严重的大规模失业，大大降低了各国的生活水平，悲观绝望的气氛笼罩资本主义世界。资产阶级通过削减工资、提高税收等

手段，千方百计地把危机后果转嫁到广大劳动人民身上，大大激化了阶级矛盾，罢工、示威游行以及农民斗争不断出现。

（二）美、英、法等国加强了国家对经济的干预，德、意、日则走上了法西斯道路

大危机导致自由放任的市场经济走到了尽头。美国政府为了摆脱大危机，由罗斯福总统倡导并推行了一系列社会经济政策，史称罗斯福新政。根据政策重点的不同，罗斯福新政的制定和实施可分为 1933—1935 年和 1936—1939 年两个阶段。罗斯福新政的内容涉及整顿财政金融、调节工农业生产、改善民众困境、举办公共工程、建立社会安全保障制度等各个方面。罗斯福新政是国家全面干预经济的大规模试验，其实质是在不触动资本主义私有制的前提下，运用国家机器干预社会再生产，对国民收入进行再分配，对发展国民经济的重要环节予以促进，对不利于总体经济发展的明显弊病进行改革。罗斯福新政标志着混合经济①的开端。英、法等国为挽救危机，也加强了国家对经济运行的干预和调节，为二战之后的混合经济体制在主要资本主义国家的全面确立打下了基础。

德国、意大利、日本面对日益加重的危机及其所导致的国内矛盾的空前激化，采取了专制残暴的法西斯统治，不仅使这些国家的人民，而且使世界人民遭受了它们发动的二战所带来的深重苦难。

（三）国际经济秩序遭到严重破坏

首先，国际贸易秩序遭到严重破坏。各国为了转嫁和摆脱危机，加紧争夺销售市场和原料产地，从而出现了空前激烈的贸易战。1930 年 5 月，美国国会通过了对 890 种商品提高进口关税的法案，此举遭到了其他国家的报复，各国纷纷提高关税，致使国际贸易无法正常进行。其次，国际金融秩序遭到破坏。在大危机之前，大多数资本主义国家采取金本位制，但 1931 年 9 月，世界上最早实行金本位制的国家英国，却被迫首先放弃金本位制，使英镑贬值近 1/3，其他资本主义国家也纷纷宣布放弃金本位制而促使本币贬值。1931 年 11 月，英国和英联邦国家陆续联合组成了英镑集团，随后美国联合一些国家组成美元集团。至 1935 年，世界大部分地区被分裂为英镑集团、美元集团、法郎集团和日元集团。

---

① 混合经济是指既有市场调节，又有政府干预的经济。具体来说，通过市场机制即“看不见的手”的自发作用，解决生产什么、生产多少和如何生产的基本问题，而在市场机制出现失灵时，则通过政府干预即“看得见的手”提高资源使用效率，增进社会平等，保持经济稳定和增长。

1929—1933 年大危机后，整个资本主义世界经济复苏乏力，陷入长时间的萧条之中。为尽快从大萧条中摆脱出来，美、英、法等国加强了国家对经济生活的宏观干预和调节，而德、意、日则采取了法西斯统治，由此导致世界各主要国家之间政治经济矛盾日益尖锐，进而导致二战的爆发。

第四节 二战以后的世界经济

一、美国经济霸权地位的确立和两极格局

（一）二战后初期美国经济霸权地位的确立

二战是人类发展史上迄今规模最大、损失最惨重的战争，给世界经济带来了巨大打击和极其深远的影响。二战结束时，作为战前主要资本主义强国的德、意、日战败，战胜国中的英、法也元气大伤，自英国工业革命以来形成的欧洲中心地位不复存在。美国远离战场使其免受战火的破坏，同时其生产力在战争中迅速膨胀。到 1945 年，美国占资本主义世界工业生产总值的 60%，占对外贸易总额的 32.5%以及黄金储备总量的 59%。这为美国建立世界经济领域的霸权地位提供了坚实的物质基础。

基于强大的经济实力，美国在二战后初期分别在货币、金融、贸易等领域建立了由其主导的制度和规则体系。1944 年 7 月，在美国召开了“联合国和联盟国家国际货币金融会议”，会议通过的《布雷顿森林协定》使以美元为中心的国际货币体系得以确立。1945 年年底，在华盛顿成立了国际货币基金组织（International Monetary Fund，IMF）和国际复兴开发银行（International Bank for Reconstruction and Development，IBRD），后者即世界银行（World Bank），两者均实行按缴纳资金份额多少决定投票权大小的规则，美国凭借其雄厚的资金实力控制了这两个国际金融组织。1947 年，在美国主导下，筹建了关税与贸易总协定（General Agreement on Tariffs and Trade，GATT，简称关贸总协定），主张逐步削减关税及其他贸易障碍，推动贸易自由化，构建全球多边贸易体制，为二战后资本主义世界经济的发展创造了良好环境，同时也使美国在世界经济领域的霸权地位得以确立。

（二）两极格局的形成

所谓两极格局，是指以美国和苏联两个超级大国为主导的国际经济政治格

局。二战后期，雅尔塔体系的建立加速了世界反法西斯战争胜利的进程，结束了欧洲国家作为世界中心的国际政治格局，为两极格局的形成奠定了基础。

二战后初期，为推动欧洲经济恢复和强化资本主义世界的经济联系，美国对西欧和日本分别实施了“马歇尔计划”和“道奇路线”的援助计划。对亚非拉民族独立国家，美国采取新殖民主义的做法。1949 年 1 月，杜鲁门（1884—1972）提出了援助和开发落后地区的“第四点计划”，通过对亚非拉的政治经济渗透，抑制共产主义的影响，扩展美国的势力范围。与此同时，美国对社会主义国家则实行经济和技术封锁，遏制社会主义国家的发展，挑起两极对峙。1947 年 12 月，美国国家安全委员会决定，立即无限期地停止向苏联及其有关国家出口所有美国短缺物资和有助于增强军事潜力的物资。1949 年 2 月，美国国会制定《出口管制法》，确立了对社会主义国家的贸易管制制度。1950 年 1 月，在美国的主持下，西方国家成立“对共产党国家出口管制统筹委员会”①。至 1952 年 6 月，对社会主义国家的禁运物资总数达 285 种。为了应对美国在世界政治和经济领域的霸权和对社会主义国家的遏制，苏联等社会主义国家采取了针锋相对的措施，在社会主义国家内部签订贸易协定和双边条约，并在 1949 年年初成立了“经济互助委员会”②。至此，以美国和苏联为主导的、以相互并行与对峙为基本特征的两极格局形成，使世界被人为地划分成两大部分，形成了两个平行的世界市场的格局。

二、发达资本主义国家的新变化及其深层矛盾

（一）发达资本主义国家的经济发展

从二战结束到 21 世纪初期，发达资本主义国家的经济发展大体上经历了

① 因总部设在美国驻巴黎大使馆，该委员会简称“巴统”。创始国为美国、英国、法国、意大利、比利时、荷兰，后来有卢森堡、挪威、丹麦、加拿大、联邦德国、葡萄牙、日本、希腊、土耳其、西班牙和澳大利亚加入，共有 17 个正式成员国。1994 年 4 月，“巴统”正式解散。

② 该委员会简称经互会。1949 年 1 月，由苏联与保加利亚、罗马尼亚、波兰、匈牙利、捷克斯洛伐克等东欧国家一同成立。其最初宗旨是：协调各成员国的经济发展计划，交流经济管理工作经验，制定有关科技合作和技术援助方面的措施，实行原料、机器设备等方面的相互协作，等等。此后，阿尔巴尼亚、民主德国、蒙古国、古巴和越南加入。阿富汗、安哥拉、埃塞俄比亚、老挝、莫桑比克、民主也门和中国以观察员的身份参加活动。经互会成立初期，对打破西方国家的经济封锁，解决当时各成员国的经济困难起到了积极作用。以后通过经济合作，对各成员国的经济发展也起到了积极的促进作用。1991 年 6 月，经互会解散。

五个阶段。

1. 经济恢复时期

从二战结束到20世纪50年代初是西欧国家和日本的经济恢复时期。战争结束时，生产衰退、燃料短缺、食品匮乏等成为日本和西欧国家普遍的社会经济问题。随后，发达资本主义国家开始了战后的经济恢复工作。1950年西欧各国已完全恢复到二战前水平，而日本大约到1955年恢复到二战前水平。

2. 高速增长时期

20世纪50年代到1973年第一次石油危机为止，是发达资本主义国家经济增长的“黄金时期”。其突出特征是：第一，主要发达资本主义国家的经济增长速度超过历史上任何时期；第二，经济增长的主要动力是科技革命推动下的劳动生产率快速提升；第三，发达资本主义国家间的经济发展出现了不平衡，其中日本增长最快，联邦德国和法国次之，美国和英国较慢。

3. “停滞膨胀”及其后的缓慢增长时期

1973年爆发的世界经济危机，中断了发达资本主义国家长达20多年的经济高速增长，使其进入了前所未有的“停滞膨胀”（简称滞胀）时期，主要表现为生产停滞（或低速增长）、失业增加和物价暴涨并存。滞胀的出现标志着发达资本主义国家经济高速增长的“黄金时期”成为过去，暴露出经济高速增长背后所隐藏的一系列问题和矛盾。从此，发达资本主义国家经济进入一个缓慢增长的时期。

4. “新经济”及此后的经济调整时期

1991年4月至2001年3月，美国实现了长达120个月的持续经济增长。在这次经济增长过程中，出现了与以往不同的特点，即伴随着低失业率、低通货膨胀率和低财政赤字的高经济增长，而且这次经济的持续增长还引起了美国经济增长方式、经济结构和经济运行规则的某些改变，并从美国开始在全世界掀起了一场“新经济”① 浪潮。在此期间，所有发达资本主义国家的经济发展都不同程度地受到信息技术快速发展的推动。2001年，受信息技术产业发展降温（互联网泡沫破灭）及美国“9·11”事件等的影响，以美国为首的发达资本主义国家经济发展进入调整期。

---

① “新经济”是指在信息技术出现重大突破和一系列制度创新的基础上，由经济全球化推动的经济结构调整，促进了劳动生产率的提高，形成了微观经济和宏观经济良性互动的新的经济增长方式。

5. 国际金融危机及此后的经济恢复时期

2007 年美国次贷危机的爆发引发了 2008 年国际金融危机，这是自 1929—1933 年大危机以来最严重的金融危机。2009 年年底，以希腊主权债务危机为导火索的欧债危机爆发，世界经济受到极大冲击。为应对危机，以美国为首的发达资本主义国家采取了以“量化宽松”货币政策为核心的一系列措施，这虽然在一定程度上缓解了危机的冲击与蔓延，但世界经济增长乏力，进入一个漫长的恢复阶段。

（二）发达资本主义国家的新变化

1. 生产资料所有制的变化

在资本主义发展的初期，个体资本所有制是占主导地位的所有制形式。19 世纪末 20 世纪初，随着股份公司成为主要的企业组织形式，私人股份资本所有制成为占主导地位的所有制形式。二战后，国家资本所有制形成并发挥重要作用。国家资本所有制是指生产资料由国家占有并服务于垄断资本的所有制形式，在整个资本主义经济中所占的比重并不大，但是由于其主要存在于基础设施和公共事业部门，对整个社会经济的发展有着重要的影响。法人资本所有制是资本主义生产资料所有制发展的新形式，是法人股东化的产物。法人股东凭借手中集中化的控股权干预甚至直接参与公司治理，监督和制约管理阶层的经营行为，使公司资本的所有权与控制权重新趋于统一。资本主义所有制经过这些形式的演变，在一定程度上适应了生产社会化的发展要求。

2. 劳资关系和分配关系的变化

二战后，随着经济的恢复和发展，特别是一批社会主义国家的出现，资本主义国家内部工人阶级同资产阶级的斗争有了新发展。发达资本主义国家为了缓和矛盾，避免社会剧烈冲突和动乱，采取了一些措施改善劳资关系和分配关系。一是职工参与决策。按照这种制度，有的国家在企业的监事会中，劳资双方各占一半席位，对企业重大问题共同进行决策。二是职工持股。该制度旨在通过使职工持有一部分本公司的股份来调动工人的生产积极性，在生产中努力提高劳动生产率。三是建立社会福利制度。上述措施在一定程度上缓解了社会矛盾，扩大了消费需求，刺激了经济增长。

3. 社会阶层、阶级结构的变化

在当代资本主义生产关系中，社会阶层、阶级结构发生了新的变化。一是资本家的地位和作用已经发生很大变化。随着大公司内部资本所有权与控制权的分离，拥有所有权的资本家一般不再直接经营和管理企业，最终成为以“剪息票”为生的食利者。二是高级职业经理成为大公司经营活动的实际控制者。他们拥有丰富的专业知识和很强的管理能力，享有优厚的薪金和职务津贴、企业董事所得利润等，与企业的资本所有者的利益高度一致，成为企业决策的实际控制者。三是知识型和服务型劳动者的数量不断增加，劳动方式发生了新变化。随着工人阶级受教育水平和科技文化素质的显著提高，工业和农业等物质生产部门就业人数相对减少，服务业就业人数大幅度上升。同时，从事体力劳动的蓝领工人越来越少，而从事脑力劳动的白领工人不断增加，越来越多的工人在生产过程中从事监督者、调节者和操作者的工作，实现了从传统劳动方式向现代劳动方式的转变。

4. 经济调节机制的变化

随着国家垄断资本主义的形成和发展，虽然市场机制依然在资源配置过程中发挥着基础性调节作用，但国家对经济的干预在不断加强。国家对经济的调节包括两个方面：一是对微观经济活动进行调节。即对国民经济中某些产业部门中的企业乃至全社会所有企业，在进入和退出市场的资格、产品和服务的质量及价格、企业与企业之间的垄断与竞争关系等方面进行规制。二是对宏观经济运行进行调控。即国家借助于国有经济，以巨大的资本供应者和大量商品的供应者及采购者的身份参与社会经济活动，在与私人垄断资本的结合中，直接调节社会再生产过程中的各种比例关系；通过财政政策、货币政策、收入分配政策、产业政策等总量及结构调节政策，间接地调节社会再生产过程中的局部比例与宏观比例。在二战后的70多年里，伴随着科技革命和经济发展，主要发达资本主义国家对经济生活的干预、调节机制也在发生相应的变化。总体来看，这一变化经历了凯恩斯主义、新自由主义以及2008年国际金融危机爆发后对新自由主义的反思与调整阶段。

（三）发达资本主义国家面临的深层次矛盾

二战后，与资本主义经济的发展和变化相伴随的，是经济生活中频繁出现失调、失衡、动荡、停滞和危机，其主要表现有以下几方面。

1. 结构性经济失衡加剧

二战后特别是20世纪70年代以后，资本主义国家的结构性失衡问题日益突出，对资本主义经济发展的影响越发严重。经济结构性失衡的表现主要有：一是能源对资本主义经济构成严重制约，国际市场石油价格的剧烈波动严重干扰资本主义国家经济的稳定运行；二是传统工业部门的衰落和产业“空心化”日益加剧，发达资本主义国家的经济竞争力和出口能力受到严重削弱；三是各资本主义国家政府赤字连年扩大，政府债务不断加重，债务危机频发；四是金融体系与实体经济严重脱节，虚拟金融资本过度膨胀，引发严重金融危机。

2. 失业率居高不下

马克思在论述资本主义积累的一般规律时说：“社会的财富即执行职能的资本越大，它的增长的规模和能力越大，从而无产阶级的绝对数量和他们的劳动生产力越大，产业后备军也就越大。……官方认为需要救济的贫民也就越多。这就是资本主义积累的绝对的、一般的规律。”① 马克思在这里所说的产业后备军就是失业人口。二战后，发达国家曾宣称，要把充分就业②作为政府宏观管理的目标之一，然而该目标并未真正实现。1974 年后，各发达资本主义国家的失业率几乎都超过了 5%。到 20 世纪 80 年代，虽然通货膨胀得到了抑制，但失业率仍然居高不下。90 年代，失业现象进一步加重，特别是欧洲国家的失业情况达到空前严重的程度。1995 年，经济合作与发展组织（Organization for Economic Co-operation Development，OECD）25 个成员国的平均失业率高达 8%。1997 年，欧盟国家平均失业率高达 10.6%。2010 年，欧元区国家失业率平均高达 10.1%，美国的失业率一直处于接近 10%的高位。严重的失业问题迫使发达资本主义国家不得不采取一系列措施，也取得了比较积极的效果。2018 年，欧元区国家平均失业率降为 8.5%，美国的失业率降至 10 年来最低水平，为 3.9%。

3. 贫富差距扩大

20 世纪五六十年代，发达资本主义国家经济高速增长，工人的工资收入和社会福利都有所增加，生活状况得到改善。但是到了 70 年代，这些国家经济陷入滞胀，工人阶级生活状况普遍恶化。80 年代，通货膨胀率虽然下降，但这些国家普遍推行新自由主义，导致了社会收入不均，贫富差距拉大。90 年代这种现象进一步加剧。以美国为例，20 世纪五六十年代至 70 年代，按个人或家庭

---

① 《马克思恩格斯文集》第 5 卷，人民出版社 2009 年版，第 742 页。

② 西方经济学把所有愿意接受现行工资水平的求职者都能找到工作的状态称为充分就业，认为这是一种理想经济状态。但由于总会有一部分人不愿意接受这种现行工资水平而不去工作，这就是所谓“自愿失业”。此外，由于季节变化、生产过程调整等，也会有一部分人暂时失业。美国经济委员会于 20 世纪 60 年代以 4%的失业率为充分就业的标准，70 年代又提高为 5%。

收入划分，美国的中产阶层一度扩大，工人收入增加。但是自80年代以来，这种情况发生逆转，中等收入阶层减少，社会收入和财产占有越来越悬殊，贫富差距日益扩大。2017年，生活在贫困线以下的人口占美国全部人口的12.3%。这种情况在欧盟和日本等其他发达资本主义国家也普遍存在。

发达资本主义国家经济发展所面临的上述问题，归根结底是由资本主义基本矛盾决定的。资本主义制度是建立在生产资料私有制和雇佣劳动基础上的剥削制度，无止境地追求最大限度的剩余价值是资本主义制度的基本规律。只要生产资料私有制和雇佣劳动还存在，只要生产剩余价值的规律还发生作用，资本主义生产关系的根本性质就不会发生变化。从当代资本主义发展的实际情况来看，生产资料私有制依然是资本主义的基本经济制度，作为资本主义生产方式本质特征的资本雇佣劳动的制度依然存在并运行着。资本追逐剩余价值的本性并没有改变，改变的只是获取剩余价值的方式和方法。只要资本主义经济制度没有发生根本变化，资本主义基本矛盾就无法克服，由基本矛盾所决定的一系列问题就不可能得到解决。2008年国际金融危机是资本主义基本矛盾尖锐化及由此决定的一系列结构性经济失衡等问题长期积累的产物，是社会生产按比例发展的内在规律在资本主义条件下强制发挥作用的体现。危机期间资本主义国家所采取的经济刺激措施暂时缓和了资本主义经济矛盾，并没有根本解决矛盾和危机产生的根源，资本主义的发展过程仍将是充满矛盾、冲突、波动和危机的过程。

三、殖民体系的瓦解与发展中国家的形成与发展

二战后，亚非拉殖民地半殖民地和附属国掀起民族解放运动的浪潮，殖民体系在汹涌澎湃的民族解放运动的猛烈冲击下被摧垮，被压迫民族纷纷取得独立。由于独立前长期处于资本主义列强的殖民统治之下，经济结构单一，生产力水平低下，虽已取得政治独立，但经济发展水平依然相对落后，面临着经济发展问题，所以这些获得民族独立的国家又被称作发展中国家。发展中国家和地区地域辽阔，人口众多，自然资源丰富，在世界经济发展中具有十分重要的地位和作用，对世界经济格局的发展和演变有着深刻的影响。

（一）独立之后的经济政策

1. 经济制度的选择

由于社会历史条件的差异和所处国际环境的不同以及独立进程的差异，发

展中国家选择了不同的政治和经济制度，走上了不同的经济发展道路。其中少数国家选择了社会主义政治经济制度，并一度模仿苏联高度集中的计划经济体制；而绝大多数国家在民族资产阶级领导下，选择了资本主义政治经济制度。前者被称为发展中的社会主义国家，后者被称为民族主义发展中国家。

2. 消除外国对本国的经济控制

为维护主权并消除其他国家对本国经济的控制，发展中国家采取了一系列措施，包括收回海关权和货币发行权、接管原殖民政府的财产、废除外国资本的租借地和采矿权等。其中影响最大的举措是对外国资本实行国有化。这为发展中国家巩固政治独立、发展民族经济创造了有利条件。

3. 实施土地制度改革

土地制度的改革是发展中国家独立后为了摧毁旧的经济基础、推动社会结构现代化、促进农村市场经济发展而普遍采取的一项重要措施。在亚洲，印度早在1948年就已制定了土改法，泰国、马来西亚、菲律宾、印度尼西亚等国也在20世纪50年代开展了土地改革；在非洲，各国主要是在原有的村社土地公有制基础上推行合作化政策；在拉丁美洲，到20世纪60年代中期为止，有15个国家颁布了土地改革法或土地垦殖法，通过法律正式废除了各种奴役性的租佃关系，同时征收私人土地、开垦公有土地。各国的土地改革虽然并不彻底，但都在不同程度上改变了农村封建的或原始的社会结构和经济结构，为农业生产力的发展和农村市场经济的形成开辟了道路。

（二）发展中国家的经济成就

1. 发展速度较快，经济实力有很大增强

总体来看，发展中国家的经济发展速度比较快。例如，1994年以来，发展中国家国内生产总值的年均增长率达到5.5%以上，比发达国家快1倍以上。在全球生产总值及世界出口和进口总值中，发展中国家所占的比重不断攀升。一些国家和地区，如新加坡、韩国、墨西哥和土耳其等，已步入中等发达国家和地区的行列。

2. 农业比重下降，工业比重不断上升，畸形经济结构有所改善

独立以后，发展中国家大力发展工业，改变了以农业为主的经济结构。20世纪60年代以来，在亚洲、拉丁美洲出现了一批新兴工业化国家和地区。这些国家和地区经济发展迅速，工业化和现代化程度显著提高，人民生活水平得到很大改善。亚洲“四小龙”，即中国香港、中国台湾、新加坡和韩国，用了25

年左右的时间完成了发达国家过去用100年时间完成的工业化进程。拉丁美洲的巴西、墨西哥、阿根廷以独具特色的“拉美模式”完成了从发展中国家向新兴工业化国家的转变。中东的石油出口国在农业、轻工业、炼油、化工和钢铁工业诸方面取得了长足进展。

3. 在世界经济中的比重增大，科技水平不断提高

二战后初期，发展中国家经济在世界经济中的比重很低。经过多年的快速发展，2016年发展中国家经济在世界经济中的比重已上升到38.7%，在世界制成品贸易中的份额已从20世纪90年代初的23%上升到2016年的41%。在高科技产品的生产领域，发展中国家也实现了突破性发展。一些发展中国家已经掌握了长期被发达国家所垄断的电子技术、原子技术和航天技术，科技水平有了长足发展。

（三）发展中国家经济发展面临的问题

1. 债务问题

资金短缺是制约发展中国家经济发展的重要瓶颈因素。为了克服资金不足对实现工业化的约束，发展中国家纷纷实行了吸引外资和举借外债的发展政策。从20世纪50年代起，发展中国家就开始大量举借外债，以后随着经济的发展，借债规模越来越大。借债本来是为了发展经济，可是过大的债务规模超出了发展中国家的承受能力，转而成为压在发展中国家身上的沉重负担。为了还债付息，发展中国家不得不减少投资，压缩进口，结果又导致生产停滞，经济萎缩，人民生活水平下降，从而陷入债务危机和经济衰退的恶性循环中。

2. 粮食问题

长期以来，发展中国家虽然在提高粮食产量上做了大量努力，但是农业生产力水平低下、粮食不足的状况没有根本改变。由于粮食供给不足，发展中国家不得不大量进口粮食，即便如此，仍有相当多的人口长期处于饥饿状态。而随着发展中国家对粮食进口需求的不断增大，世界粮食价格也呈现不断上涨趋势，这反过来又大大限制了发展中国家的粮食进口能力，使已经恶化的粮食供给形势更为严峻。

3. 人口问题

独立后，随着经济的发展、生活水平的提高和医疗卫生事业的进步，发展中国家人口死亡率大幅下降，但人口出生率仍保持较高水平。过快的人口增长严重阻碍了发展中国家的经济发展，如生产性投资和教育投资难以增加，粮食

短缺更加严重，人均资源占有量减少，生存环境不断恶化，失业现象更为严重。同时，人口的过快增长也引发了一系列社会问题。

20 世纪 90 年代以来，随着经济全球化的深入发展，许多发展中国家开始调整发展战略和经济发展政策，以应对经济全球化的需要，努力解决自身面临的各种问题，加快推进现代化建设。这将使发展中国家在世界经济中的地位不断提升，对世界经济格局也将产生越来越大的影响。

四、社会主义国家的经济成就与发展的曲折性

二战后，社会主义在多国取得胜利，以苏联、中国、东欧国家为主的社会主义阵营得以形成，这不但掀开了人类进步事业发展的新篇章，也对世界经济的发展产生了不可估量的巨大影响，世界经济格局由此发生新的深刻变化。

（一）社会主义在多国胜利的历史意义

1. 开创了社会主义与资本主义并存的时代

二战后，社会主义国家的诞生结束了资本主义一统天下的时代，形成了社会主义与资本主义两大阵营并存的局面。社会主义已经成为世界经济格局的重要力量，对世界经济发展发挥着重要的作用。

2. 建立了一种新型的社会制度

社会主义制度是符合社会发展规律的先进社会制度。社会主义的本质是要解放生产力，发展生产力，消灭剥削，消除两极分化，最终达到共同富裕，因而具有比资本主义更大的优越性。社会主义的出现为人类认识资本主义的局限性，克服和解决资本主义发展面临的矛盾和问题指明了方向。社会主义通过不断排除前进道路上的种种困难和障碍，努力进行自我完善以实现发展，代表了人类社会发展的方向。

3. 为解放和发展生产力提供了制度保障

社会主义国家建立了社会主义公有制经济，使千百万劳动者的政治经济地位发生了根本性变化，极大地推动了社会生产力的发展。苏联、中国等社会主义国家原先的发展水平都非常落后，但在社会主义制度确立以后，经济增长迅速，取得了巨大的发展成就，充分显示了社会主义制度的优越性，同时为世界经济的发展做出了重要贡献。

4. 成为推动民族独立、维护世界和平的重要力量

二战后，一系列社会主义国家的兴起，极大地鼓舞、支持和促进了亚非拉

民族解放运动的蓬勃发展，先后有100多个殖民地国家获得了民族独立，使帝国主义的殖民体系彻底崩溃。社会主义国家反对霸权主义和强权政治，推动构建国际政治经济新秩序，是维护世界和平的重要力量。

（二）社会主义国家取得的成就

二战后，东欧和亚洲一批国家走上了社会主义道路，世界经济从此进入不同社会制度国家之间共存、竞争、合作的新阶段。到1949年年底，社会主义国家的人口占世界人口的35.5%，土地面积占世界的25.9%。这批新成立的社会主义国家，大都是生产力十分落后的农业国，战争又使各国经济遭到严重破坏，但它们依靠先进的社会制度，动员各方面力量并相互支援，在20世纪50年代初就基本上完成了经济恢复，并开始了以实现工业化为核心的全面的大规模社会主义建设，取得了巨大发展成就，经济面貌发生了深刻变化。其主要有如下表现。

1. 经济增长速度高于发达资本主义国家

20世纪50年代至80年代初，社会主义国家的经济增长速度快于绝大多数发达资本主义国家。1950年，苏联的国民收入和工业产值仅为美国的31%和30%，而到1982年则分别上升为美国的67%和80%。如表1-1所示，1950—1984年，苏联国民收入增长9.9倍，超过了除日本之外的所有发达资本主义国家。苏联在石油、钢铁、水泥、化肥、棉布等产量上也已超过美国。

表1-1　1950—1984年苏联和东欧社会主义国家与发达资本主义国家国民收入增长倍数比较

单位：倍

国家	国民收入增长倍数	国家	国民收入增长倍数
苏联	9.9	美国	1.8
保加利亚	14	英国	1
匈牙利	5.1	法国	2.9
民主德国	7.6	联邦德国	3.4
波兰	5.9	意大利	3.1
罗马尼亚	17	日本	10

资料来源：宋则行、樊亢：《世界经济史》下卷，经济科学出版社1994年版，第111页。

2. 经济结构发生显著变化

二战前，工业在苏联国民经济中已占据主导地位，二战后这一比重继续提高。二战前东欧国家多数是农业国。20世纪50—80年代，东欧国家的工业结构和经济结构得到很大改善，这些国家从无到有建立或扩建了一系列对国民经济技术改造具有重要意义的重工业部门，如钢铁、电力、化工和机器制造等，为社会主义现代化建设奠定了坚实的物质技术基础。

3. 科学、教育、文化和体育事业迅速发展，人民生活得到了显著改善

社会主义国家大力发展教育、科技、文化和体育事业，造就了一大批科学技术人才，人民的科学文化水平迅速提高。人民在健康状况、营养水平、平均寿命、成人识字率等生活质量的标准方面，接近或达到中等收入国家或者世界的平均水平。社会主义国家的劳动人民普遍享受着医疗、养老等良好的社会保障。

（三）社会主义在曲折和探索中发展

社会主义制度是全新的社会制度，社会主义的发展没有现成的模式，只能在摸索中前进和发展，不可避免会出现失误甚至挫折。社会主义在多个国家取得胜利后，大部分国家移植了苏联高度集中的计划经济体制。从 20 世纪 50 年代初到 70 年代中期，社会主义国家凭借该体制取得了令人瞩目的成就。但是，由于社会主义国家对于如何巩固和发展社会主义制度，如何加快现代化建设，如何在坚持社会主义制度下加强同资本主义国家的经济交往等缺乏经验，因而不同程度地遇到困难和挫折。在经济方面，从 20 世纪 70 年代末到 1991 年 12 月苏联解体，苏联、东欧部分社会主义国家经济发展处于停滞状态，在与西方发达资本主义国家的竞争中落在后面。

造成社会主义国家经济发展停滞的原因主要有以下几方面：一是在基本经济制度上。社会主义公有制符合社会化大生产的要求，反映了生产力发展的需要，是决定社会主义社会基本性质和发展方向的根本因素。但任何所有制都必须与生产力发展的状况和要求相适应，社会主义公有制确定以后，还需要选择合适的所有制结构和形式。然而，长期以来一些社会主义国家都人为地普遍推行单一公有制，使经济缺乏活力，严重制约了社会主义国家经济的发展。二是在经济管理体制上。社会主义国家普遍实行高度集中的计划经济体制，排斥市场，限制商品货币关系的发展，整个社会生产活动都靠自上而下的行政命令进行管理，企业缺乏生产经营的自主权，管理和生产效率低下。三是在经济发展战略上。一些社会主义国家片面强调发展重工业，轻视农业和轻工业，造成产业结构比例失调，人民日常生活必需品供应不足，市场供应紧张。四是在对外关系上。由于资本主义国家的长期封锁，更由于一些国家对加强国际交流与合

作的认识不充分，致使许多社会主义国家长期局限于经互会封闭式的合作框架内，脱离世界经济和科技发展大潮，经济技术水平严重落后。

针对发展中面临的问题，社会主义国家先后不同程度地对传统苏联模式进行了改革，力图走出一条新的社会主义现代化建设和发展道路。比如，改革计划管理体制，减少中央下达的指令性计划指标，扩大企业自主权，引入市场机制，等等。这些改革措施在一定程度上取得了成效，企业的活力有所增强，劳动者的生产积极性有所提高。但是，这些改革没有触及传统计划经济体制的根本问题，即单一所有制形式、排斥市场经济的指令性计划和对外经济关系的封闭半封闭性，因而没有找到摆脱经济停滞、实现经济协调稳定健康发展的正确道路，致使经济和社会发展陷入动荡和危机。从深层次看，苏联、东欧国家在理论上把计划经济等同于社会主义，把市场经济等同于资本主义，就必然只能对传统体制做细枝末节的修修补补。更为严重的是，在改革的关键时刻，苏联、东欧国家放弃了马克思主义的指导思想，放弃了共产党的领导地位，放弃了社会主义经济体制改革的基本原则，使改革出现了逆转。1991 年，经互会、华约和苏联先后解体，两极格局、两个平行市场的局面最终结束。

与苏联、东欧国家不同，中国在总结社会主义革命和建设正反两方面经验教训之后，在坚持社会主义改革方向的前提下，解放思想，实事求是，探索符合自身国情的社会主义发展道路，取得了举世瞩目的发展成就，给社会主义发展带来了新转机，使社会主义对世界发展产生了新的深远影响。党的十九大报告指出：“经过长期努力，中国特色社会主义进入了新时代，这是我国发展新的历史方位。”可以说，中国特色社会主义进入新时代，不仅在中华民族发展史上具有重大意义，而且在世界社会主义发展史上也具有重要影响。

本章小结

1. 国际分工作为世界经济运行的基础，其形成与发展受到各国自然条件和社会经济条件的影响。世界市场作为连接各国经济的纽带，囊括了全球性的商品交换关系。

2. 经过地理大发现、英国工业革命、第二次产业革命，至 19 世纪末 20 世纪初，在国际分工和世界市场产生和发展的基础上，世界经济经历了萌芽期、初步形成期之后得以最终形成。整个 20 世纪上半叶，世界经济的发展受到一战、1929—1933 年大危机和二战的重大影响而一直处于剧烈动荡之中。

3. 俄国的十月革命及苏联社会主义制度的建立，开辟了一条世界政治经济发展的新方向和新道路，揭开了世界经济发展史的新篇章。二战后，世界上诞生了一批社会主义国家，标志着资本主义体系统治全世界的历史终结，世界经济发展从此进入多种社会经济制度并存与竞争的时代。

4. 二战结束至 1991 年苏联解体之前，世界政治经济处于两极格局。二战后，发达资本主义国家经济走过了比较曲折的发展历程，从总体来看仍在向前发展，但仍受各种深层次的矛盾所困扰。随着殖民体系的瓦解，发展中国家取得了程度不同的发展成就，但仍与发达国家存在相当大的差距。二战后出现了一批社会主义国家，这些国家虽在独立之后的几十年里在计划经济体制下取得了巨大发展成就，但随后暴露出许多问题，纷纷转向了市场经济体制。中国特色社会主义市场经济进入新时代，不仅在中华民族发展史上具有重大意义，而且在世界社会主义发展史上也具有重要影响。

思考题：

1. 国际分工和世界市场的产生与发展各自取决于哪些条件？
2. 简述 1929—1933 年大危机对世界经济的冲击。
3. 两次世界大战对世界经济造成了哪些影响？
4. 试述俄国十月革命及苏联社会主义制度的建立对世界经济产生的影响。
5. 二战后发达资本主义国家的经济发展中有哪些深层次矛盾？

▶ 自测习题及参考答案

第二章　科技革命及其对世界经济的影响

科学技术是社会生产力发展的基础。二战后，以信息技术、新材料技术和生物工程技术为核心的科技革命，在世界范围内蓬勃发展和不断扩展，其发展速度之快、规模之大和影响之深是前所未有的，对世界经济的发展变化产生了深刻影响。

第一节　科技革命概述

一、科技革命的主要内容

（一）科技革命的内涵

科技革命是科学革命和技术革命的总称。科学革命是指自然科学基础理论的重大突破和对自然界客观规律的重要发现，即人们在认识客观世界上的质的飞跃，如哥白尼的日心说、达尔文的进化论、爱因斯坦的相对论等；技术革命是指人类改造自然界的手段和方法的重大发明和突破，即人们在改造客观世界上的质的飞跃，如电力技术、计算机技术、激光技术、生物技术等。工业革命（也称为产业革命）是指人类工业生产方式的变革，它引起工业生产体系、组织结构以及产业结构的深刻变革。

一般来讲，科学革命是技术革命的基础与理论前提，而科技革命是工业革命的引线。科技革命是科学技术系统基本特征的原理、结构、功能、规范的根本性转变，科技革命通过影响和作用于劳动对象、劳动资料、劳动者而形成巨大的生产力，促使生产方式和组织形式产生重大的变革，当这种变革积累到一定程度，由量变到质变，最终导致工业革命到来。

习近平曾论述过科学理论、科技革命和产业变化的关系，他指出："历次产业革命都有一些共同特点：一是有新的科学理论作基础，二是有相应的新生产工具出现，三是形成大量新的投资热点和就业岗位，四是经济结构和发展方式发生重大调整并形成新的规模化经济效益，五是社会生产生活方式有新的重要变革。"① 这里，科学理论是技术革命的基础，技术革命演变成工业革命的重

---

① 《习近平关于科技创新论述摘编》，中央文献出版社 2016 年版，第 24 页。

大标志是新工具、新的投资热点和就业出现，经济结构和发展方式、生产生活方式发生变化。

一般认为，人类历史上，已经发生了三次科技革命①，正在步入第四次科技革命。第一次科技革命发生在 18 世纪后半叶，以蒸汽机和纺织机的发明和应用为主要标志，实现了机器生产代替手工工场的生产方式的转变，使人类开始进入蒸汽时代，轻工业得以发展。第二次科技革命发生在 19 世纪末 20 世纪初，电力的发明及流水线作业引发了第二次科技革命。随着信息化、计算机的发展及其在生产生活中的应用，第三次科技革命在 20 世纪后半叶发生。当前正处于第四次科技革命的开端。第四次科技革命始于 20 世纪与 21 世纪之交，是在第三次科技革命的基础上发展起来的，其特点是：同过去相比，物联网变得无所不在，移动性大幅提高，与此同时，人工智能和机器学习也开始崭露锋芒。随着第四次科技革命的来临，智能制造将成为新的生产范式。

（二）当代科技革命的蓬勃发展

在第三、第四次科技革命的浪潮中，当代蓬勃发展的科技革命主要在如下六大领域展开。

1. 信息技术

信息技术在科技革命中处于核心和先导地位，广泛渗透于各个新技术领域。在信息技术中，具有关键性质的技术突破主要发生在微电子、计算机、通信、自动化、激光等领域。近年来，数字制造、人工智能、3D 打印等技术逐步成熟，已经给产业形态、产业组织方式带来变化。中国科技人员于 2016 年成功发射世界首颗量子科学实验卫星“墨子号”，使我国在世界上首次实现卫星与地面的量子通信。

2. 新材料技术

新材料技术是通过科学方法制造的替代天然材料的技术。新材料包括金属材料、非金属材料和复合材料。新材料技术的发展是技术革命最为重要的方面之一。例如，2017 年中国研发出基于共格纳米析出强化的新一代超高强钢，这一技术在航空航天、交通运输、先进核能以及国防装备等国民经济重要领域发挥支撑作用，而且也是未来轻型化结构设计和安全防护的关键材料。

---

① 历史上对科技革命有不同的称谓，如工业革命、产业革命和科技革命。本章统一称为科技革命。

3. 新能源技术

新能源主要是指太阳能、生物能、风能、海洋能、核能和地热能等不易枯竭和可再生的能源。新能源具有清洁环保、可永续利用等特点，代表着能源未来发展的方向，是解决自然资源和能源短缺、应对全球气候变化问题的根本途径。

4. 生物工程技术

生物工程技术是分子生物学与现代科学技术相结合所形成的变革生物品种和促进生物转化、生长的技术。生物工程技术主要有基因重组、细胞融合、细胞培养、生物反应和发酵等技术，其对生物的进化过程产生了深刻的影响。

5. 空间开发技术

空间开发技术是以信息技术和新材料技术为基础的开发利用空间的新技术。一般包括空间通信、遥测遥感、空间军事、空间运输和空间工业等技术。空间开发综合利用各种新技术，又为各种新技术的发展开辟了新领域。

6. 海洋工程技术

海洋工程技术包括海底能源和资源开发、海洋空间利用、海洋环境保护、水产资源开发、海洋救捞、海底施工等技术。20 世纪 70 年代以来，许多国家在海上油气的开采、海上养殖、海洋资源提取和海洋勘探等方面都取得了重大突破。

科技革命的范围和内容都十分广泛，除上述六大领域外，与其直接或间接联系或派生出来的新技术，如生命工程、光纤通信、超导与纳米等新技术，也正在蓬勃发展，这就是 21 世纪初科技革命的发展趋势。以数字制造、人工智能、3D 打印、工业机器人等技术为代表的新兴生产工具改变了生产制造方式，对工业生产方式和生产力的提高产生了重大的影响。例如，3D 打印机已经成为新的生产工具，促进了个性化制造生产范式的出现。正如习近平所指出的，“当今世界，新一轮科技革命蓄势待发，物质结构、宇宙演化、生命起源、意识本质等一些重大科学问题的原创性突破正在开辟新前沿新方向，一些重大颠覆性技术创新正在创造新产业新业态，信息技术、生物技术、制造技术、新材料技术、新能源技术广泛渗透到几乎所有领域，带动了以绿色、智能、泛在为特征的群体性重大技术变革，大数据、云计算、移动互联网等新一代信息技术同机器人和智能制造技术相互融合步伐加快，科技创新链条更加灵巧，技术更新和成果转化更加快捷，产业更新换代不断加快，使社会生产和消费从工业化向自动化、智能化转变，社会生产力将再次大提高，劳动生产率将再次大飞跃。”①

二、历次科技革命的基本特点

（一）第一次科技革命

第一次科技革命发生于18世纪60年代的英国，19世纪中叶结束，它以蒸汽机和纺织机的发明与应用为主要标志，实现了机器生产代替手工工场的生产方式的转变，使人类开始进入蒸汽时代。从此，自然力开始替代人力并在生产中发挥重要作用，同时随着近代机器制造业的兴起以及交通运输业的发展，人类开始从工场手工业时期进入机器大工业时代，完成了第一次科技革命。

第一次科技革命极大提高了生产力。蒸汽机发明和使用后，铁制机器取代了木制机器，人类社会进入了用机器制造机器的工业化时代，使得社会生产从手工业的羁绊和旧生产方式的束缚中完全解放出来。在蒸汽机的推动下，不仅纺织业，而且机械制造业、冶金采矿业、交通运输业、机械化农业都发展起来。马克思、恩格斯在1848年写道：“资产阶级在它的不到一百年的阶级统治中所创造的生产力，比过去一切世代创造的全部生产力还要多，还要大。自然力的征服，机器的采用，化学在工业和农业中的应用，轮船的行驶，铁路的通行，电报的使用，整个整个大陆的开垦，河川的通航，仿佛用法术从地下呼唤出来的大量人口——过去哪一个世纪料想到在社会劳动里蕴藏有这样的生产力呢?”②

从社会关系来说，科技革命使得工业资产阶级和工业无产阶级逐步形成和壮大，资本主义制度最终得以确立。第一次科技革命还大大加强了世界各地之间的联系，改变了世界的面貌，最终确立了资产阶级对世界的统治地位。率先完成工业革命的英国成为世界霸主。

（二）第二次科技革命

19世纪70年代开始的第二次科技革命，以电的发明及广泛使用为主要标志。电力成为新能源，进而推动了第二次科技革命的发生，使资本主义国家进入了电气化时代。电力的广泛使用使资本主义的产业结构发生了重大变化，即

---

① 习近平：《为建设世界科技强国而奋斗——在全国科技创新大会、两院院士大会、中国科协第九次全国代表大会上的讲话》，人民出版社2016年版，第7—8页。

② 《马克思恩格斯文集》第2卷，人民出版社2009年版，第36页。

由轻工业型转变为重工业型，由劳动密集型转变为资本密集型。

第二次科技革命的另一项重大成就是内燃机的创新和使用。19 世纪七八十年代，以煤气和汽油为燃料的内燃机相继诞生，90 年代柴油机创制成功。内燃机的发明解决了交通工具的动力问题，推动了汽车、远洋轮船、飞机等产业的发展。

第一次科技革命首先发生在英国，而第二次科技革命几乎同时发生在美、德等几个先进的资本主义国家，新的技术和发明超过一国的范围，其规模更加广泛，发展也比较迅速。19 世纪 70 年代，美国人贝尔发明了电话，使信息传递更为方便。在德国，工程学家和企业家西门子发明了电动机、发电机、有轨电车和指针式电报机，提出平炉炼钢法，革新了炼钢工艺。1910 年，德国已有 195 家电气公司，德国电气制造业规模在欧洲是最大的。

在第二次科技革命的推动下，资本主义经济开始发生重大变化，资本主义生产社会化的趋势加强，推动了企业间竞争的加剧，促进生产和资本的集中，少数采用新技术的企业挤垮大量技术落后的企业。生产和资本的集中到一定程度便产生了垄断，主要资本主义国家进入帝国主义阶段。

（三）当代科技革命

从 20 世纪 50 年代开始，以原子能、计算机、空间技术和生物工程的发明和应用为主要标志的当代科技革命对人类的社会经济生活产生了巨大影响。20 世纪末的计算机技术和 21 世纪的人工智能、3D 打印等技术加速了工业革命的进程，人类社会相继进入第三、第四次科技革命阶段。当代科技革命具有如下几个特点。

1. 涉及领域和参与国家更加广泛

科技革命几乎囊括了所有学科、领域和部门，从生产要素上革新了劳动工具和劳动对象，从空间上涉及海、陆、空，从部门上深入到工业、农业、能源、交通、服务等所有领域。而且，在当代科技革命中，许多科学技术间相互交叉、相互移植和相互渗透，出现了史无前例的大综合现象。另外，以往的科技发展，基本上考虑的是生产力发展的需要，而当代科技革命在促进生产力迅速发展的同时，也在重视保持和改善人类的生存条件和环境，避免对自然资源的浪费和生态环境的破坏。

科技革命具有世界性或全球性的特点。近代发生的两次科技革命，源于英、美等少数国家，其成果也基本上被少数国家所垄断和享用。而当代科技革命中，虽然美国在一些领域处于首创和领先的地位，但以微电子技术为主导的一系列新兴技术，几乎在所有发达国家同时兴起，并很快席卷了包括发展中国家在内的全世界，成为世界范围的科技革命。

2. 科技革命和军事发展密切相关

二战及随后的冷战格局是科技革命产生和发展的一个重要背景，科技革命和各国军事发展密切相关。首先，军事需求直接刺激了相关领域科学技术的发展，推动了整体科技水平的提升。其次，军事技术和民用技术相互融合发展，即通过军事科技的需求引领民用科学技术的发展，同时通过民用科学技术的发展促进军事科技的进步，两者交替扮演着“创新供方”与“创新需方”的角色。二战后，大量军民融合技术成果出现，其中包括互联网、GPS 等一批影响巨大的军民两用技术。最后，军事战争使各国努力争夺更多的科技人才，带动本国的人才培养，促进了人才流动和集约使用，最终推动了科学和技术的发展。

3. 科学革命和技术革命同步发展，并形成“科学—技术—生产”一体化

科技革命明显地表现为科学指导下的技术革命和技术革命基础上的科学发展，二者融为一体，密不可分，成为统一的变革过程。所以，科技革命既不是单纯的科学革命，也不是单纯的技术革命，而是两者相互渗透和促进的名副其实的科技革命。

不仅如此，在科技革命中，科技成果转化为直接生产力的过程，即在生产中实际应用的时间周期大大缩短，明显地表现出“科学—技术—生产”一体化的趋势。据统计，蒸汽机从发明到生产运用的时间大约为 80 年，电动机为 65 年，电话为 50 年，真空管为 33 年，飞机为 20 年，原子弹为 6 年，晶体管为 3 年，而激光器仅为 1 年。科学技术发展的这一现象，有力地证明了科学技术和生产力有加速发展的趋势。这一规律在现代科学技术革命条件下表现得日益充分。

4. 科技发展及其在生产中的应用得到了政府的有力支持

以前的科学研究、技术革新多为个人或企业的行为，政府很少参与。二战后的科学技术发展，具有技术新、难度大、耗资多，人、财、物集中等特点，并承担着日益增大的风险，需要政府出面进行投资、组织和协调。同时，各国政府都认识到，当代各国之间的经济贸易的竞争，归根到底是科学技术的竞争。因此，二战后许多重大科学技术的发现和发明，都是在有关国家政府的统

一组织和大力资助下进行和完成的。

5. 信息成为重要的生产要素，信息产业发展迅速

信息作为一种生产要素，具有如下特点：第一，信息具有强大的渗透性，可以渗入一切生产要素和经济活动中，增加各生产要素的知识或技术含量，可以使各生产要素实现现代化配置和组合，从而实现内涵式的扩大再生产。第二，信息是一种在使用中不但不受损失，而且收益递增的生产要素。迄今为止，经济增长大都是资源依赖型的经济增长，经济增长总是伴随着资源消耗的增加。而信息和知识是可以不断积累、不断复制、不断传递、反复使用的生产要素，其成本不断下降，报酬不断递增。第三，信息是一种最具流动性的生产要素。它不受地域、国别、空间的限制，可以跨地区、跨国界地直接流动。当今世界各个角落几乎都被信息流构成的密网所覆盖。信息本身所具有的上述特点，使其成为促进各国经济发展的重要生产要素。

20 世纪 90 年代以来，以微电子技术为基础，以计算机和通信技术相结合为主要特征，以信息高速公路为代表的信息化革命席卷全球。信息化已成为推动经济增长和社会进步的重要力量，信息产业也成为带动世界经济发展的支柱产业。

三、21 世纪科技革命的发展趋势

（一）科技创新出现集群突破态势

尽管当代科技的构成不同、功能各异，但是它们相互联系，彼此渗透交叉，整个科技群体构成了协同发展的复杂体系。对社会系统、经济系统、生命系统、生态系统、网络系统的研究，将对社会、经济、人与自然的协调发展和科技进步本身产生重大影响。许多高新技术产业集群迅速崛起壮大，成为经济发展的主要推动力。

（二）重大创新更多地出现在学科交叉领域

首先，科学与技术之间的高度融合，是当代科学技术发展的一个基本特征。科学和技术的结合与相互作用、相互转化更加迅速，逐步形成统一的科学技术体系。在这个统一体系中，一方面，基础科学的作用日益增强，不断为技术进步开辟新的方向，并且以更快的速度向应用开发和产业化转移；另一方面，技术发展又为科学发展提供了有效手段，许多大科学工程越来越依赖于技术装备的突破。其次，数学和定量化方法的广泛应用是当代科学技术发展的又

一个基本特征，标志着人类对自然的认识已从定性阶段全面进入定量阶段。最后，自然科学和人文社会科学的相互渗透，极大地改变着人类的生活方式。未来重大创新将更多地出现在学科交叉领域，学科之间、科学与技术之间的相互融合、相互作用和相互转化将更加迅速，并逐步形成统一的科学技术体系。

（三）科技创新、转化和技术更新速度不断加快

目前，科研成果转化为现实生产力的周期越来越短，技术更新速度也日益加快。科技创新、转化和产业化的速度不断加快，原始科学创新、关键技术创新和系统集成的作用日益突出。技术和产品更新换代速度加快说明经济竞争已前移到原始性创新阶段。原始创新能力、关键技术创新和系统集成能力已经成为国家间科技竞争的核心，成为决定国际产业分工地位的基础条件。

（四）国际科技交流与合作日益广泛

科学无国界，技术的发展也必须着眼于全球竞争与合作。在经济全球化时代，任何一个国家都不能长期独享一项科学技术成果，也不可能独自封闭发展并保持科技先进水平。另外，随着经济全球化的迅速发展，人们面临的许多问题也越来越显示出明显的全球特征，如全球环境问题、气候变暖、生物多样性保护和传染病的防治等问题，都需要全球的交流与合作。但是，随着全球竞争的加剧，也有些国家从泛化国家安全概念出发，滥用科技出口管制措施，干涉、限制企业之间正常的交往与合作。

第二节 科技革命对世界经济的影响

一、科技革命对生产力发展的推动作用

（一）生产力实体要素的变革

生产力要素可归纳为两大类：一是实体要素，有劳动者、劳动资料、劳动对象和能源；二是非实体要素，包括科学技术、信息、管理等。科技革命对生产力发展的推动作用首先体现在实体要素的变化上。

1. 劳动者日益智力化

科技革命，特别是计算机的广泛使用对生产产生了很大影响。一方面，看管、操纵、控制等劳动在越来越大的程度上变成了自动控制系统的职能，体力劳动获得了更大程度的解放。从业队伍中的主要成分，已不是一般的体力劳动

者，而是技术人员、专业人员和管理人员，也就是说，“白领工人”的比重迅速上升，而“蓝领工人”的比重下降。另一方面，诞生了越来越多的高技术产业，即“知识密集型产业”，它们所需要的劳动者，一般要有足够的科学知识和专业技能。因此，科技革命的发展，使劳动者智力因素的地位和作用日益提高，体力因素的地位和作用明显下降，呈现出劳动者智力化的趋势。

2. 劳动工具日趋自动化

劳动工具是生产力发展水平最重要的标志。计算机的不断改进和广泛应用，使机器增加了自动控制系统，从而使机器生产实现了由手工操纵向自动化转变，机械化生产转为自动化生产。这是机械化之后的又一生产工具的革命。

在一系列自动化及其系统迅速发展的基础上，20 世纪 80 年代以来，发达国家开始把计算机作为中枢工具，组成了各类数控机床与其他机器、监测设备形成的自动化生产系统、自动化仓储系统、自动化输出系统，并由计算机信息系统统一指挥和管理，建立起“自动化车间”和“自动化工厂”。现在，发达国家的工厂自动化，正在从机械加工、组装领域向电子、汽车、钢铁、医药、食品、建筑材料和服务业等众多生产和服务领域扩展。

3. 劳动对象日趋非天然化

二战后，塑料、复合材料、合成纤维材料和金刚石膜等一系列非天然材料的发展，已成为当代科学技术和社会生产发展的物质基础。在新材料的发展中，非晶质金属（用非晶质硅制成的太阳能电池已广泛应用于手表和计算器）、新型精细陶瓷（用于汽车发动机、核聚变反应堆、汽轮机、航天飞机）、功能性高分子材料（高效率分离膜材料、导电性高分子材料、反应性高分子材料等，用于海水淡化、制造机器和精密仪器等）、新合金（记忆型合金、高性能结晶控制合金等）、新型纤维（碳纤维、光导纤维、无机纤维等）、超导材料（用于电力输送系统、磁悬浮列车、核聚变和高速计算机等）等新材料尤其引人注目。这些新材料不仅质量极高，而且都具有特殊功能，为社会经济发展提供了全新的劳动对象。

（二）生产力非实体要素的强化

1. 科学技术成为第一生产力

二战后，科学技术产业化和生产过程的科学技术化的循环加速，不仅使科学技术成为直接生产力，而且成为第一生产力，成为生产力发展的决定性因素。科学技术武装了劳动者，提高了劳动技能和管理水平。科学技术运用到生产过程，产生新机器、新设备和新工艺。科学技术运用到资源开发上，产生新能源和新材料。所有这些充分说明，科学技术是生产力各个实体要素发生变革和提高效率、效能的决定性因素。

2. 教育成为现代生产力中重要的强化性要素

在资本主义机器大工业体系确立之前，教育基本上是作为提高人们的文化和道德修养的社会公共事业来发展的。自机器大工业体系确立以后，特别是在科技革命的条件下，科学技术对生产力发展的推动作用日益增强，科技知识已经成为一个庞大的体系，其继承、积累、传授和发展成为教育的基本任务，成为智力开发和科技进步的重要基础与推动力量。

3. 管理成为现代生产力中重要的整体组合性要素

这里所说的管理，是指生产管理，即对生产过程所进行的决策、计划、组织、指挥、监督和调节等各种职能的总称。它贯穿于生产活动的全过程，对其他生产力要素具有重要的组合功能，即它把众多的劳动者、劳动工具和劳动对象等生产力实体要素，按合理的比例和形态组合起来，形成系列的整体，以较少的投入获得较大的产出，取得社会生产力的最大效应，增加社会生产力总量。二战后，发达国家生产进入了自动化时代。随着科学技术的迅速发展，特别是计算机的应用和迅速普及，管理理论和管理技术不断发展，使管理内容、方式、组织和手段进一步革新，管理在国民经济中的地位和作用日益增强。

4. 信息成为现代生产力中重要的运筹性要素

信息是物质、能量、资金、人员和环境的结构、状态、特征的具体描绘或“映像”。信息是无形的，它必须通过一定的物质载体，如纸、声、光、磁带等，被人们收集、加工、传递、存储和处理。任何决策、计划、活动都必须以信息为其前提条件。信息在生产力形成和运行过程中发挥着日益重要的作用，是人们从事生产、经营管理和决策的重要依据和手段。

二、科技革命与产业结构升级

（一）农业结构升级

在科技革命的推动下，发达国家在20世纪50—70年代实现了农业现代化。一是农业机械化。二战后，发达国家的农业机械大幅增加，农业机械化进展加快。不仅田间的主要作业实现了机械化，辅助作业也实现了机械化。二是农业化学化。随着石化工业的迅速发展，化肥的产量和使用量大幅增加。农药和化肥作为防治病虫害、保证农业增产的一项重要措施，使全世界农业生产每年可减少数百亿美元的损失。此外，随着石化工业和塑料工业的发展，越来越多的国家在农业中广泛使用塑料制品，用来帮助农作物增产和减少病虫害。三是农业良种化。发达国家利用现代生物技术成果，采用科学方法培育、精选和加工农产品种子，大力推广种子杂交化；采用人工授精和冷冻精液等技术，选育和推广畜禽良种。由于实现了良种化，大大缩短了农牧业生产时间，提高了农牧业产量。四是农业工业化。二战后，随着现代科学技术和生产社会化的发展，农业生产也步入了工业化阶段。农业生产的许多环节逐渐从农业中分离出来，成为独立的工业部门。农牧业生产本身的某些行业和环节，已日益采用工业生产的方法和工艺，使农业生产工厂化。

（二）工业结构升级

二战后，重化工业占据工业主导地位并成为工业结构重心，资本主义工业化达到了一个新的高度。重化工业用先进的原材料和技术武装了其他产业部门，带动了许多新兴产业的发展，使整个工业和国民经济的机械化和现代化程度不断提高。但是，重化工业的大发展，使世界资源和能源的消耗急剧增大，造成了能源危机和资源短缺，也造成了环境的污染和生态恶化，从而迫使发达国家开始大力发展节省资源与能源的技术和知识密集型产业。而以微电子技术为中心的新技术革命的兴起，又为技术和知识密集型产业的发展开辟了道路。技术和知识密集型产业即高技术产业，主要指技术高度集中的研究开发产业（计算机、遥控机械、航空、原子能开发与利用、集成电路、精密化学、新合成化学、新金属材料、海洋开发等），以机械工业为中心的高加工产业（通信机械、办公机械、数控机械、防止公害机械、空调机械、医疗与教育器械、高级成套设备、大型建筑机械等），以及知识产业（信息处理服务、情报服务、系统工程、咨询服务等）。这些产业一般都具有资源消耗少、劳动用量少、公害少但需要高科技知识、深加工并形成高附加价值的特点。20 世纪 70 年代以来，重化工业中的许多部门，如煤炭、造船、钢铁、有色金属、石化等这些传统部门出现了衰退的趋势，失去了往日的主导地位，而高技术产业却在迅速蓬勃兴起，逐步形成了以电子技术为中心的新技术群和新产业群，并正在成为发达国家工业发展的主导力量。

总的来说，发达国家的工业重心正在从重化工业转为高技术工业，从劳动和资源密集型产业转向知识和技术密集型产业，科技投资和智力投入大幅度提高，整个工业正在向自动化、高技术化、智能化发展。

（三）第三产业结构升级

现代社会产业结构变化的最大特点是第三产业的大发展及其在国民经济中的地位和作用的提高。第三产业的大发展不仅是以物质生产部门的发展为前提的，也是为物质生产部门服务的，有些本身就是生产过程的组成部分。同时，第三产业的内部结构，随着科学技术的发展和生产社会化、专业化的发展，也在发生巨大的变化。一是作为第三产业重要组成部分的交通运输业，是社会生产力的有机组成部分，是社会化大生产的动脉，被马克思称为“第四个物质生产领域”①。随着科技进步，现代交通运输发生了革命性的变化，已发展为铁路、公路、水路、航空和管道等多种运输方式。二是作为第三产业中比重最大的商业，出现了超级市场、商业街、连锁商店、邮购商店、自动售货机和互联网购物等更加方便居民购物的新的商品销售方式，百货商店这种比较传统的商业形式日益受到排挤。三是科研、信息、咨询、设计等行业已成为发达国家第三产业的主导发展方向，并成为重要的生产力。四是银行、保险业在现代市场经济中的地位和作用日益重要，成为整个国民经济运行的枢纽和风险承担者。五是文娱、体育、旅游、教育等也是第三产业中发展较快的部门。

在人们劳动时间日益缩短，对人们的素质要求日益提高的情况下，这些部门的发展，既能满足人们文化和精神方面的需求，又能在提高人们身体和文化素质上发挥重要作用。

（四）产业结构重心的转移

随着社会生产力的发展，产业结构是不断发展变化的。从历史上看，产业结构已经发生了两次重大变化，或者说，产业的重心发生了两次大转移。

第一次是重心由农业向工业的转移，也就是从第一产业向第二产业转移。直到 18 世纪中叶，产业结构一直以农业为中心，农业是国民经济的主导部门，农业产值占国民生产总值的一半以上，劳动人口的大多数从事农业生产，整个人口的大多数居住在农村。18 世纪后半叶，英国率先发生了工业革命，随后扩展到欧美其他国家，机器大工业发展起来，产业结构的重心迅速从农业向工业转移，人口从农村向城市转移，农业产值和农业就业人口在整个国民生产总值

---

① 《马克思恩格斯文集》第 8 卷，人民出版社 2009 年版，第 419 页。

和就业人口中的比重下降，工业产值和工业就业人口的比重上升。这个过程由于 19 世纪末的第二次科技革命而加速。

第二次是重心由第二产业向第三产业转移。二战后发达国家产业结构变化的基本特点是：第一产业在国民经济中的比重急剧下降，第二产业的比重从停滞转为逐渐下降，而第三产业的比重则迅速上升。从 20 世纪 80 年代中后期开始，以信息产业为代表的高新技术产业迅速发展，使主要资本主义国家经历了二战结束以来较大规模的结构调整。美国比其他发达国家更早进入后工业时代，1980 年，农业产值占 GDP 的比重约为 2.5%，2016 年下降为 1.1%。同期，工业产值比重约为 33.4%，2016 年下降为 19.4%；服务业产值比重约为 64.1%，到 2016 年上升为 79.5%。

三、科技革命对世界经济的影响

科技革命给世界经济带来了重大而深远的影响，主要表现在以下几方面。

（一）加速了经济全球化进程

1. 国际经济交往的成本和交易费用大大降低

交通运输业的飞速发展，计算机、通信技术在市场交换等经济领域的应用，极大地降低了商品、资本、劳动及其他生产要素跨境交易与流通的费用，降低了经济信息获得的成本，使得经济全球化有了强大的硬件支持。技术进步不仅降低了交易成本，而且创造了新型的交易方式。随着互联网的飞速发展，电子商务大量增加，网络成为社会信息沟通的基本工具和国际贸易的重要手段。资金、货物和服务的数字化交付，大大地推动了经济全球化的发展。

2. 信息产品和信息服务的国际贸易迅速崛起

这些贸易包括计算机、通信设备和其他信息设备及其硬件与软件贸易，专利许可证和技术贸易，经贸信息服务、咨询服务、技术人员和专家服务，等等。因此，信息产品国际贸易为原来的一般性国际贸易注入了新的内容。而且，任何一个国家要想参与经济全球化进程，加速经济进步，都离不开信息技术和信息产品的国际贸易。这就使得各国经济的相互联系更加紧密，全球经济的相互依存度进一步加深。

3. 为生产国际化或生产经营的跨国化创造了便利条件

一个明显的趋向是：由于互联网能够在瞬间快速传递大量的经济与技术信息，利用互联网可以完成生产的统一组织和与生产有关的任何业务，信息技术的发展已使全球经济没有国界和空间障碍。因此，生产国际化进一步深化了国际分工，并使发达国家的生产力向全球扩散。这对于全球生产力的总体发展和提高，对于加速经济全球化进程，无疑具有十分重要的推动作用。

4. 为金融全球化提供了有利的发展环境

信息技术和现代通信技术的发展与进步推动了货币电子化和金融系统网络化的进程，从而使国际资本流动速度大大加快，跨越国界的资金流量增大，巨额金融资本的国际转移可以在瞬间完成。这就为金融全球化奠定了一个新的基础，提供了有利的发展环境。

（二）促使国际分工进一步深化

科技革命的全面性、广泛性和技术集群性，使一个企业、一个国家很少能够独立开发、生产某种产品，因此有必要进行产品研发和生产的国际合作。在这种国际合作中，各国之间的分工越来越细，专业化程度越来越高，各国之间同一生产过程的相互联系达到了前所未有的高度。

1. 产业内和产品内分工快速发展

在科技革命的背景下，国际分工的一个明显特点是发达国家之间工业部门的内部更深层次的分工占据主导地位。发达国家间相似的优势形成了产业内部的分工，可以达到规模经济效益，因此水平型分工比垂直型分工更重要。20世纪90年代以来，国际分工进一步向纵深发展，逐步形成以工序和服务外包为对象的新型产品内分工，进而形成全球价值链。这种分工的结果进一步导致产品的差异化和零件生产的专业化与标准化。

2. 一些产业由发达国家向发展中国家转移

科技革命的新成果在发达国家中产生了一大批新兴产业，发达国家在将资金、人才向新兴的高科技产业集聚的过程中，逐渐将传统产业向发展中国家转移。发达国家重点在高科技领域研制新技术、开发新产品，而将劳动密集型和资源密集型甚至污染严重的传统产业转移到发展中国家。如纺织业、皮革加工业、钢铁业等纷纷向发展中国家迁移。

（三）对世界市场产生了深刻的影响

1. 世界市场上的商品结构发生了重大变化

科技革命的一系列成果产生了许多新兴的工业，并且原有生产工具、生产方法的改善，极大地提高了生产效率，加上产业内分工的不断深化，发达国家的工业部门迅速发展，生产成本降低，生产能力增强，工业产值增加。在国际贸易中表现为初级产品比重下降，工业制成品比重上升，并且后者超过前者。在初级产品中，农业原料、矿产原料和食品所占比重下降明显。

2. 世界市场的范围和规模扩大

科技革命促进了生产力的发展，计算机和人工智能将人类带入了电子时代。通信设备的快速发展，交通运输工具的改进，使得世界各地的人们在第一时间内沟通交流、传递信息成为可能。在此基础上形成的电子商务、电子银行等极大地丰富了国际贸易的方式与方法。沟通的及时和交通的便利在技术上把世界各地紧密地联系起来，世界市场的范围和规模的扩大以及国际贸易的发展速度都超过了以往任何一个时期。

（四）推动了世界经济格局的演变

1. 科技革命为发展中国家追赶发达国家带来了机遇

随着科学技术的发展和世界各国经济相互依存、联系的日益紧密，科学技术的竞争在国际经济竞争中的地位也日益重要。国与国的竞争，说到底是综合国力的竞争，关键是科学技术的竞争。发展中国家可以利用科技革命的机会吸收先进的技术并消化、改进和创新，努力推广先进技术，使之形成新的社会生产力，实现跨越式发展，赶超先进国家。科技立国、科技兴国、科技强国日益成为许多发展中国家的国策。中国等一批发展中国家通过参与国际分工、加强科技投入获得了经济起飞的机会。根据《中国统计年鉴》的数据，1978 年改革开放伊始，中国的国内生产总值仅有 3 679 亿元，而到 2018 年，已经高达 90. 03 万亿元，成为世界第二大经济体。新一轮科技革命将影响世界各国特别是大国之间的实力对比，可能重塑各个国家竞争力在全球的位置，进而引发未来世界经济政治格局的进一步调整。

2. 总体上扩大了发达国家与发展中国家的差距

由于科技革命主要发生在发达国家，因此对发达国家之间以及发达国家与发展中国家之间的经济关系产生了极其深刻的影响。在发达国家之间，通过技术上的交流与合作，促进了工业生产领域的水平分工，各国之间相互投资形成了平等合作的关系，而且这种合作关系随着科技的发展变得越来越紧密。整体来看，发展中国家经济仍然落后。被联合国确认的最不发达国家，它们基本上仍是农业国或矿业国，制造业在经济中所占比重在 10%以下，而且这些制造业主要是传统的轻工业。在发达国家与发展中国家之间，科技革命往往使发展中国家的贸易条件不断恶化，经济依赖于发达国家，给其带来一系列新的问题：

（1）发达国家大力发展信息和高技术产业，发展中国家即使发展现代制造业也仍落后于发达国家。当多数发展中国家还把实现工业化作为奋斗目标时，发达国家已布局新一轮工业革命。随着新一轮工业革命的到来，一些发展中国家面临从农业经济向工业经济的转型，一些具有工业基础的发展中国家既要完成传统的产业革命，又要迎接新技术的挑战。

（2）发达国家的一部分制造业转向发展中国家，另一部分将进行技术改造，从而赢得更高的劳动生产率。发展中国家在与发达国家竞争中处于弱势地位。

（3）发达国家大力发展新工艺和新材料，从而进一步减少了对发展中国家的原材料的依赖，造成即使原材料价格上升，发展中国家也得不到多少收益。

（4）技术进步率对经济增长率的贡献越来越大，使发达国家的优势越来越明显，发展中国家对发达国家产生新的依赖。发展中国家的人才外流现象更加剧了这一过程，使其可能长期处于技术上落后的被动地位。科技革命为发达国家凭借其雄厚的科技基础和强大的科技力量剥削广大发展中国家提供了有利的客观条件，进一步扩大了发达国家与发展中国家的经济差距。

本章小结

1. 科学革命是指自然科学基础理论的重大突破和对自然界客观规律的重要发现，即人们在认识客观世界上的质的飞跃；技术革命是指人类改造自然界的手段和方法的重大发明与突破，即人们在改造客观世界上的质的飞跃。科技革命是科学革命和技术革命的总称。

2. 科技革命是工业革命的引线。科技革命是科学技术系统基本特征的原理、结构、功能、规范的根本性转变。科技革命通过影响和作用于劳动对象、劳动资料、劳动者而形成巨大的生产力，促使生产方式和组织形式产生重大的变革，当这种变革积累到一定程度，由量变到质变，最终导致工业革命到来。第一次科技革命发生在 18 世纪，以蒸汽机和纺织机的发明与应用为主要标志，实现了机器生产代替手工工场的生产方式的转变，使人类进入蒸汽时代，轻工业得以发展。第二次科技革命发生在 19 世纪，以电力的发明及广泛使用为主要标志，促使产业结构发生了改变，由轻工业型向重工业型过渡。20 世纪后期计算机技术和21世纪的人工智能、3D打印等技术加速了科技革命的进程，人类社会相继进入了第三、第四次科技革命阶段。

3. 当代科技革命主要在信息、新材料、新能源、生物工程、空间开发、海洋工程六大领域展开。当代科技革命的基本特点包括：科技革命涉及领域和参与国家更加广泛；科技革命和军事发展密切相关；科学革命与技术革命同步发展，形成了“科学—技术—生产”一体化；科技发展及其在生产中的应用得到了政府的有力支持；信息成为重要的生产要素，信息产业快速发展。

4. 科技革命的直接结果是社会生产力获得了空前的巨大发展，生产力结构发生了空前的巨大变化。

5. 由科技革命带来的世界产业结构优化升级，有力地提高了资源利用率和综合要素生产率，降低了资源和能源的消耗强度，减缓了资源枯竭和环境污染速度，使经济增长的集约程度和可持续性进一步增强。

6. 科技革命对世界经济发展的影响非常深远，它不仅加深了国际分工，促进了生产国际化，扩大了世界市场的广度，加强了各国贸易往来的深度，加速了经济全球化进程，而且推动了世界经济格局的调整。

思考题：

1. 试述科技革命的主要内容。
2. 简述历次科技革命的特点。
3. 试述产业结构的变化趋势及影响。
4. 试述科技革命对世界经济的影响。

▶ 自测习题及参考答案

第三章　不同类型市场经济体制的形成与变迁

市场经济是世界经济发展最基本、也是最重要的体制基础。世界各国在发展工业化的过程中先后选择并确立了市场经济体制。由于历史传统、经济条件和工业化所处阶段不同等各种原因，发达国家和发展中国家，以及转型经济体的市场经济体制形成与变迁的进程和特点各有不同。

第一节　世界各国市场经济取向的改革

一、当代世界各国经济运行的市场取向

当代世界经济运行的基本取向是市场化。从本质上说，市场是人与人通过物品与服务的等价交换而形成的一种交换关系，市场经济则是市场机制成为资源配置基本手段的国民经济运行方式。在工业化及其向全球扩散的过程中，各国经济发展基本上是以市场为取向的，市场经济是当代工业化、信息化和全球化发展的基本前提和体制基础。根据目前经济学界通行的分类标准，当前世界存在两种基本类型的经济体，即发达经济体和发展中经济体，后一群体中实际上也包括大量的新兴经济体和转型经济体。

（一）发达经济体经济发展的市场取向

发达经济体是指工业化进程已经完成、科学技术水准和生产力水平高、市场经济成熟的国家和地区。在当今的世界经济格局中，发达经济体占有绝对优势，它们经济实力雄厚、科技水平领先，主导着世界经济的发展。自英国工业革命发生直至当代工业化在全球扩散和深入展开，发达经济体都是采用以市场机制为资源配置基本手段的国民经济运行方式，即主要生产资源是通过市场，按照价值规律的要求在各个生产部门和企业之间进行分配，而消费者也是作为独立的市场参与者分散决策并完成市场交易。发达经济体的商品经济高度发达，因而其市场体系也相对成熟，而且直接影响着世界其他国家和地区市场经济的发展。

（二）发展中经济体经济发展的市场取向

目前世界上归类于发展中经济体的国家和地区数量最多，分布在美洲、亚

洲、非洲和大洋洲，如巴西、印度、南非等。发展中国家的概念是由77国集团在1964年联合国第一届贸易和发展会议上首先提出的，它是指摆脱殖民统治、取得政治独立，并以此为基础正在致力于社会经济发展的经济体。这部分国家和地区虽然经济发展起点差异很大，发展路径也有区别，发展成效更是千差万别，但它们中的绝大部分都选择了市场经济体制作为自己工业化的基本模式。尤其是20世纪70年代末期以来，以中国为代表的一部分原先实行计划经济体制的发展中国家也逐渐通过改革和开放，不断向市场经济体制过渡，其他原实行计划经济体制的国家也先后实行市场取向的改革，从而市场经济体制在世界范围内普遍确立。

（三）转型经济体经济发展的市场取向

20世纪80年代末90年代初，随着东欧剧变和苏联解体，世界经济中出现了一个新的国家群体，即转型经济体或转轨国家。作为发展中经济体的重要组成部分，转型经济体①主要分布在亚洲和欧洲两个地区，包括中东欧国家和以俄罗斯为代表的独联体国家。1989年以后，转型经济体分别采用激进和渐进两种方式开始了从公有制为基础的计划经济向私有化为基础的市场经济的转型，具体措施包括：把放开价格作为经济转轨的启动步骤，以价格自由化为经济转轨的近期目标；把私有化视作经济转轨的关键步骤，以形成私有制为主体的混合所有制为经济转轨的中期目标；进行财政税收和银行体制改革，建立适应市场经济需要的宏观调控体系，形成包括自由的金融体系和资金市场在内的市场体系；对外经济关系自由化、市场化等。从目前情况看，转型经济体的市场经济体制已经确立，但市场经济的规范运行还存在不少问题。这也在一定程度上说明了市场经济的确立是一个渐进的过程，而“激进”和“渐进”只具有经济转型的起点意义。

（四）社会主义市场经济体制

在新中国成立后的一段时期，中国学习苏联模式并结合自身国情，实行了高度集中统一的计划经济体制，对当时历史条件下中国的经济建设发挥了重要

① 根据国际货币基金组织的分类包括以下三组：第一组为俄罗斯；第二组为中欧和东欧国家组18国，包括原属苏联欧洲地区的6国（爱沙尼亚、拉脱维亚、立陶宛、白俄罗斯、乌克兰和摩尔多瓦）以及南斯拉夫、捷克斯洛伐克分裂后的中东欧12国；第三组为外高加索和中亚国家组9国，包括原苏联亚洲部分的8国（格鲁吉亚、亚美尼亚、阿塞拜疆、哈萨克斯坦、土库曼斯坦、吉尔吉斯斯坦、塔吉克斯坦和乌兹别克斯坦）和蒙古国。

作用。但是，随着经济和社会的发展，计划经济体制不利于资源优化配置、束缚生产力进一步发展等弊端逐渐显现。

1978年，随着改革开放战略决策的实施，中国经济体制改革也拉开了帷幕。经过40余年的探索和努力，社会主义市场经济体制逐步建立并不断完善。社会主义市场经济体制有如下突出特点：在所有制结构上，实行以公有制为主体、多种所有制经济共同发展；在市场和政府的关系上，坚持市场在资源配置中起决定性作用和更好地发挥政府作用相结合；在分配制度上，实行以按劳分配为主体，多种分配方式并存，效率优先、兼顾公平，在促进经济发展中实现社会公平与公正；在中国经济与世界经济的关系上，坚持在积极参与经济全球化过程中保持经济的自主性和独立性。社会主义市场经济体制把社会主义基本原则和制度优势与市场经济的一般原则和配置资源的长处有机结合起来，既有助于实现市场经济运行的自发性和自觉性的统一，又有利于实现社会公平与经济效率的统一，是中国的伟大创造，具有重要的历史意义。

二、市场经济体制的多样性

市场经济体制，在本质上是一套有关资源配置的制度安排，由正式制度（显性制度）和非正式制度（隐性制度）所组成。正式制度表现为一整套法律制度和规则，对市场经济活动的参与者具有强制性约束；非正式制度则表现为一定的文化传统、习惯、行为方式以及价值、伦理规范、意识形态等，也对市场经济活动的参与者具有约束性。由于不同国家的经济发展水平、基本经济制度、政治制度、历史文化传统等存在很大差异，因此构成市场经济体制的正式制度和非正式制度也就不同，从而使市场经济体制呈现出多样性。具体来说，造成市场经济体制多样性的原因主要有以下几方面：

第一，生产力发展水平的差别。生产力发展水平反映一个社会的科技进步水平、物质生产能力以及人们的物质文化生活水平。一般来讲，生产力发展水平越高的社会，用于进行交换的商品越丰富，市场规模也就越大，市场经济的发展水平就越高；相反，一个社会的生产力发展水平越低，市场交换的规模也就越小，市场经济的发展水平也就越低。所以，在世界各国的经济发展水平还存在较大差距的时候，各国的市场经济发展水平和形态也就必然呈现出很大差异和多样性。

第二，经济制度的差别。经济制度规定着一定社会生产、分配和交换的基本原则，规定着该社会生产关系的性质。市场经济体制作为一种经济体制，是一定经济制度所采取的具体组织形式和管理体系，反映社会经济在组织生产、交换、分配过程中采取的资源配置方式。经济制度是经济体制的基础，决定经济体制的根本性质和主要特点，规定着它的发展方向，无论选择何种经济体制，都不能背离经济制度的要求。在现实经济生活中，经济制度的差别主要表现为生产资料所有制结构的差别。不同国家的生产力发展水平不同，生产资料所有制结构就不同，经济制度也就不同，这种差别必然要通过与之相适应的经济体制反映出来，由此决定了不同国家市场经济体制的特点和差异，决定了市场经济体制的多样性。

第三，政治和法律制度的差别。政治和法律制度属于上层建筑的范畴。一个社会的上层建筑通常是由该社会的经济基础决定的，同时又对经济基础发生反作用，或者维护经济基础，或者阻碍经济基础的变化和发展。市场经济体制是一个社会的经济基础的具体实现形式，它的法律基础是由该社会的政治上层建筑奠定的，并得到其保护。市场经济体制的建立和发展不能脱离政治上层建筑，有什么样的政治上层建筑，就有什么样的市场经济体制。目前，世界各国的上层建筑并不是整齐划一的，由于经济发展水平的差别和基本经济制度的差别，各国的上层建筑的形态各不相同，这就决定了各国建立的市场经济体制也具有各自的特点，彼此间存在很大的差异。

第四，社会文化传统的差异。社会文化传统包括伦理、道德、风俗习惯、意识形态等，是一个社会用来调节人与人、人与社会之间关系的重要行为规范。社会文化传统是一个社会在长期的历史发展过程中逐渐形成的，集中反映了一个社会的精神面貌和价值追求，是一个国家和民族区别于别的国家和民族的最显著的标志。市场经济体制不仅仅以一定的法律制度为基础，而且也是以一定的社会文化传统为基础的。不同的社会存在着不同的文化传统，基于这种不同的文化传统建立的市场经济体制也就呈现很大差别。市场经济体制的建立和发展不可能脱离本国的文化传统，只有符合并反映本国文化传统特点的市场经济体制才能有效地规范人们的市场行为，才能有效地运行。

市场经济体制存在多样性是合乎经济和社会发展规律的，它反映了不同国家社会生产力发展的差异性，以及不同国家政治和社会文化传统的特殊性，具有客观必然性。市场经济体制的多样性意味着市场经济体制并不存在唯一的模式，建立市场经济体制不能简单地模仿和移植别国模式，必须从本国实际出发，探索和建立符合本国生产力发展水平、基本经济制度的性质、政治和社会文化传统的市场经济体制，只有这样，所建立的市场经济体制才能富有生命力，才能很好地发挥优化配置资源、实现经济发展、提高人民物质文化生活水平的作用。

三、全球性市场经济的形成对世界经济的影响

市场经济的形成与发展经历了一个漫长的过程，世界各国的市场经济发展历程、水平和模式也各不相同。从二战结束至 20 世纪 80 年代，冷战的存在使得整个世界市场被划分成所谓的“两个平行市场”。但从 1978 年中国改革开放，尤其是 20 世纪 80 年代末 90 年代初开始，苏联和东欧国家也加入到市场经济改革的进程中来。总体来看，世界各国市场经济取向的改革，导致了全球性市场经济的形成，为经济全球化深入发展提供了重要的体制条件。

第一，全球性市场经济的形成使世界各国经济紧密联系在一起。市场经济是一种利益导向经济，其深刻动因就是资本在运动中不断增殖。资本为了实现其自身价值的增殖，为了在激烈的竞争中取得利润，就必须使自己的活动范围跨越国界，推动商品、资本、技术、劳动力在国际上流动和转移，使世界各国之间形成相互联系、相互依赖的关系，从而将整个世界经济紧密联系在一起。

第二，全球性市场经济的形成使资源在世界范围内进行配置成为可能。全球性市场经济的形成打破了资源配置的地域界限，冲破了民族国家的种种限制，使商品、服务和各种要素在世界范围内可以更加自由地流动，各国可根据各自的比较优势将资源配置到最有效的用途上。

第三，全球性市场经济的形成使世界绝大多数国家的市场实现了国际化。由于市场经济的推动，世界各国的商品交换突破民族国家界限扩展到世界范围。而且这种扩展不仅仅限于技术、资金、商品等物的流通的某种程度的国际化，同时还突出地表现为市场经济原则和其他经济技术规范的全球化。从某种意义上讲，世界市场的发展过程就是在世界范围内形成统一的、规范的市场经济的过程。只有市场经济充分发展了，一个真正意义的无所不包的世界市场体系才会最终形成。

第四，全球性市场经济的形成使既竞争又合作的国际经济关系成为必然要求。全球性市场经济的形成使市场经济的竞争规则扩展到整个世界经济，各国在世界市场上的竞争不断激化，有力地推动了世界经济的发展。同时，全球性

市场经济的形成使各国之间的经济利益错综复杂，相互之间的依赖性不断加强。

第二节 发达国家市场经济体制的确立与调整

一、古典经济学与早期自由放任市场经济

作为古典经济学的起点，斯密（1723—1790）于1776年出版的《国民财富的性质和原因的研究》在评述、批驳重商主义观念与政策的基础上，首次探讨了工业化条件下市场经济发展的特点，揭示了其内在运行机制，并探求了增加财富的途径和方法过程。在构筑古典经济学理论体系的过程中，斯密提出了“看不见的手”的著名论断，认为当每个人在追求各自的经济利益时，受着一只“看不见的手”的指导，结果以谋取私利为目标的个人利益与为促进人类福利为目标的公共利益之间将达到自然均衡。由此，斯密主张实行自由放任的经济制度和自然平衡的经济秩序，反对国家干预。

进入大机器生产以后，资本主义市场经济发展所面临的问题与斯密时代又不尽相同，以李嘉图（1772—1823）为代表的经济学家进一步侧重于从利益分配机制以及银行信用功能对经济发展的影响等角度，深入分析自由市场经济的特点与原理，不断完善和发展古典经济学。直至20世纪30年代以前，以马歇尔（1842—1924）为代表的新古典学派，其全部理论分析仍然建立在自由放任的假设基础之上。因此，对市场机制自发调节功能的充分肯定，是当时工业化国家经济生活和经济管理中存在的一个基本事实的反映。

与此相对应的自由市场经济体制时期，大致也相当于18世纪初到20世纪30年代大危机之前这较长的一个历史时期。在这个阶段中，自由企业制度是市场经济运行的主体，股份资本所有制成为大多数企业的基本组织形式，市场机制是调节自由市场经济中资源配置的主要甚至是唯一的方式。

英国工业革命过程中建立的市场经济体制，以及直接从英国移植并发展起来的美国市场经济体制，都是这一时期经济思想和理论在体制确定过程中重要而典型的体现。

（一）英国市场经济体制的确立

在历史上英国曾是第一个进行工业革命的国家，也是世界上第一个形

成资本主义市场经济的国家。列宁说过："英国资本主义发展最早，在很长时间内这个国家曾经是世界的'工厂'。"① 英国早期市场经济体制具有以下特点：

一是自由企业制度。在由工场手工业过渡到大机器生产和工业革命的过程中，英国政府不断地去除重商主义的影响和限制，实行自由经营体系，企业规模不大但社会分工却相当深入，以此作为市场经济运行的微观基础，几乎可称完全竞争型市场经济的典型代表。

二是自由贸易政策。英国在建立国内统一市场的同时，更加依赖于拓展国外市场及主导国际分工，其市场经济具有高度的外向性。作为"世界工厂"的英国，无论是进口原料还是出口加工产品，都需要有自由贸易的环境。到1860年，保护关税的一切措施都已被废除，自由贸易政策彻底获胜，从而也表明英国自由主义市场经济至此已完全建立起来。

三是现代财政与金融体制。英国较早地建成了一个以税收和公共信贷为核心的近代国家财政体制，1694年成立的英格兰银行作为中央银行构筑起一个坚固而有效的金融运作机构，并创建了由信贷、投资、公共开支三者相互有机联系的现代金融体制。

四是社会保障制度。英国的社会保障制度是其市场经济体制的重要组成部分，为市场经济的稳定发展提供了安全保障和稳定器。为了稳定社会秩序并安置贫、伤、老、病、残和失业者，1601年英国政府颁布了人类历史上第一个具有社会保障性质的《济贫法》。在此后的社会经济发展过程中，社会保障制度也在逐渐演变，并在二战后趋向完善。

（二）美国市场经济体制的确立

摆脱英国的殖民统治独立后，美国逐步发展成为世界上最发达的市场经济国家。以1929—1933年大危机为界限，美国市场经济体制分为两个阶段，前期以自由放任为其显著特点。1789年，美国宪法的诞生标志着美国作为一个国家的开始，也标志着其市场经济体系的形成，为其自由竞争的经济体制的形成和发展奠定了法律基础。

美国市场经济的运行基础是私有制和经济自由。和其他资本主义国家一样，美国经济是以私有制为基础。1890年，美国国会通过《保护贸易及商业以

---

① 《列宁全集》第22卷，人民出版社1990年版，第135页。

免非法限制及垄断法案》[①]（简称《谢尔曼反托拉斯法》），进一步限制垄断，保护自由竞争的经济环境。经济自由主要包括经济资源私有、生产者自由和消费者自由。由于地处新大陆并拥有独特的背景和建国历程，美国具有不同于其他国家的特殊自然环境和文化传统，这些都在一定程度上强化了经济自由的运行要求。经济自由作为美国自由主义文化传统的一个重要组成部分，成为美国市场经济运行模式的哲学基础。美国在早期市场经济体制的设计过程中，并没有突出政府主导社会保障的重要性。济贫扶弱的功能主要由社会团体、教会组织或家庭个人来独立承担，这一局面直到1935年罗斯福新政期间才得以改变。

二、20世纪30年代凯恩斯主义的兴起与国家干预经济

（一）自由市场经济体制的转型

19世纪晚期开始，各主要发达国家先后由自由竞争进入了垄断资本主义时代。随着企业规模的扩大和生产社会化程度的提高，传统体制模式的弊端不断呈现，并最终以经济大危机的形式首先在美国爆发并扩散至整个资本主义世界。

1929—1933年大危机的爆发，使市场经济理论与体制都发生了重大变化。1936年，凯恩斯（1883—1946）出版了《就业、利息和货币通论》，提出了系统的就业理论和国家干预经济政策主张，这标志着古典学派的自由主义经济理论让位于必须进行国家调节的凯恩斯主义。此后几十年，凯恩斯主义对整个资本主义世界的经济发展产生了重要影响，西方各国普遍将凯恩斯关于实行国家干预和进行宏观调节的理论运用于实践之中，采取了一系列宏观经济政策，包括：扩大政府职能；设法提高消费倾向，扩大消费；增加投资，弥补由于消费不足而留下的缺口，尤其是追求充分就业、扩大财政开支、实行“赤字”财政，等等。

在美国，罗斯福新政正式宣告了市场经济体制中国家干预时代的到来。美国政府对经济的干预和调节主要以市场经济体系中各种法律法规的制定为程序基础，而财政政策和货币政策则是最基本的宏观调控手段。由此，美国在传统私有制和自由经营的基础上辅以大范围政策调控，政府对就业、经济增长、通

---

① 该法是美国国会制定的第一部反托拉斯法，主要规定凡以托拉斯形式订立契约、实行合并或阴谋限制贸易的行为均属违法。这部法律奠定了反垄断法的坚实基础，至今仍然是美国反垄断的基本准则。

货膨胀以及国际收支平衡等重要的宏观经济指标承担起重要责任。

（二）其他主要发达国家的市场经济体制

1929—1933 年大危机后，尤其是二战以后，西方主要发达国家的市场经济发展到了现代市场经济阶段，其突出特点是国家干预下的市场经济。但是，由于各国经济发展水平、社会政治结构以及历史文化和意识形态各不相同，政府干预的途径、方法和程度在不同的国家也很不相同，这就使现代市场经济表现为政府与市场关系有不同组合并各具特色的模式。除了英国和美国市场经济体制外，以法国、德国、日本和瑞典为代表的市场经济体制也很有特色。

在战后重建的过程中，法国政府选择了适合其国情的计划指导型市场经济体制，在西方各国的市场经济中独具特色。首先是市场经济基础上的双重调节机制。法国在二战后确立了以市场机制和计划机制共同引导资源合理配置的经济体制，认为市场机制并不能自动导致宏观经济趋于平衡，因此要求国家成为经济和社会生活中的积极行动者，用国家的力量使社会经济在稳定中协调发展。其次是国民经济宏观计划调节。实行宏观调控是西方市场经济共有的特征，但是制定全国性的指导性计划并有效地实施，却是法国市场经济独有的特征。指导性计划是一种间接性计划，计划内容只规定某些总量经济指标和优先发展的部门或项目，不涉及企业本身的经营决策。计划对大多数企业不具有强制力，政府只是通过一些间接手段如提供信息、投资优惠、价格补贴等来引导企业参与计划的实施。法国的宏观经济计划具有广泛的社会协商性。再次是国有企业在国民经济中占有相当大的比重。法国国有企业分布的部门和经营范围很广泛，它们的建立和发展为国家调节宏观经济提供了物质基础。国家不干预国有企业的内部管理，而是通过计划合同方式把国有企业的行为纳入国家宏观经济管理轨道。

联邦德国在美、英、法主导下的战后重建过程中选择了社会市场经济体制。针对自由放任市场经济会引起垄断、分配不公和社会不稳定等问题，社会市场经济体制的指导思想是有效的竞争秩序、政府的有限干预和社会公平原则，致力于在国家和法律的制约下，限制垄断、实现竞争，促进社会公平、稳定和有效率。

二战后日本的市场经济体制是政府主导型模式的典型代表。所谓政府主导，就是政府具有制定社会经济计划和经济政策的决策权，对企业决策实行引导。在日本政府主导型的市场经济中，国家干预与市场机制协调统一，努力做到既发挥竞争原理和私人企业的活力，又发挥政府各种行政限制和政策导向的作用。

北欧的瑞典、挪威和丹麦同属于福利国家的市场经济体制类型，经济发展水平也颇为接近，但其中体制结构最为典型、理论体系最为完整、影响也最大的当属瑞典。瑞典模式以社会改良为标志，力求保持资本主义私有制为基础的经济效率，又希望通过分配制度改革来消除资本主义的弊端。瑞典福利国家市场经济体制的主要特点有三个方面：一是资源配置方式以市场为基础，私有制企业是经济微观运行主体；二是市场竞争机制和秩序较完备，在市场功能正常发挥的同时，又有国家计划为指导；三是致力于福利国家建设，国家对经济生活进行全面干预，以分配作为中心环节，以法律手段、经济手段作为主要实施措施建立系统而完备的社会福利设施和社会保障体系。

三、20 世纪 80 年代以来新自由主义思潮及其政策表现

（一）新自由主义思潮的内涵

新自由主义是相对于古典自由主义而言的。古典自由主义是英国经济学家亚当·斯密等人在 18 世纪创立的西方经济学理论，主张经济自由，强调市场机制是推动经济发展的“看不见的手”，反对封建制度和重商主义的国家干涉政策。新自由主义产生于 20 世纪 20—30 年代，并于 20 世纪 70 年代末 80 年代初在英美等西方国家占据主流经济学地位，是依据新的历史条件对古典自由主义加以改造形成的更加强调市场化、自由化和私有化的经济理论与政策主张。新自由主义包括众多学派，但影响较大的是以英国的哈耶克为代表的伦敦学派和以美国的弗里德曼为代表的现代货币学派、以卢卡斯为代表的理性预期学派和供给学派等。

现代货币学派是新自由主义的典型代表。该学派继承了经济自由主义传统，在“货币”的重要性和作用等问题上同凯恩斯主义存在严重分歧，认为在经济生活中货币是最为重要的因素。该学派从“自然失业率”等理论出发，坚持自由市场经济，强调自由放任、自由竞争，重视均衡增长的自然状态，反对国家过度干预，同时把资本主义经济发展中矛盾的问题外生化。

此外，理性预期学派是当代西方新自由主义思潮中影响力甚广的又一重要学派。该学派也接受“自然失业率”假说，同时更强调预期的作用。在他们看来，政府预定的政策效果，会被理性预期所抵消，因此极端地说，任何形式的

国家干预经济的政策，归根结底都是徒劳无益、甚至有害的。

供给学派是20世纪70年代中期在美国兴起的又一个经济学流派。它是作为凯恩斯主义对立面和批判者而出现的。供给学派的理论特点主要有：第一，它全面否定凯恩斯主义的理论与政策，认为它是美国经济滞胀的直接制造者；第二，这一学派在强调生产率提高的基础上，重新肯定萨伊定理，重视市场机制作用；第三，该学派要求降低税率，刺激供给。

综观20世纪60年代后出现的新自由主义思潮，它们具有一些共同的特点。一是反对凯恩斯主义式的过度国家干预；二是夸大自由市场经济体制的自身出清能力和运行效率；三是试图验证自由主义逻辑的正当性与合理性；四是通过宣扬自由化、市场化和私有化等政策主张，试图进一步影响正处于工业化和经济转型进程中的发展中国家。

（二）新自由主义思潮的主要政策表现

进入20世纪70年代，由于二战后实行凯恩斯主义积累下来的矛盾集中爆发，资本主义经济陷入滞胀，货币主义和其他新自由主义领域的政策主张又渐趋活跃，其具有代表性的是英国撒切尔政府的改革和美国里根政府的改革。

1979年，以撒切尔夫人为首相的保守党政府上台后，就开始了英国历史上规模最大、范围最广的私有化运动。政府分阶段逐步出售包括英国石油和英国电信在内的大型国有企业、公共服务部门等，在增加财政收入和弥补财政赤字的同时，促使国家的经济职能从直接干预转向间接干预。

20世纪80年代初，美国经济面临的主要问题仍然是经济滞胀。里根在1981年当选总统后的第一次就职演说中就曾明确提出，“在当前这场危机中，政府不能解决问题，政府本身就是问题”。这一论断不仅表明了他对“凯恩斯革命”的反对立场，而且阐明了他的政策取向，并体现在执政期间的政府经济政策实施过程中。其主要政策内容首先是降低个人所得税和企业税，实行“税制改革”，其中个人所得税最高税率逐步由1980年的70%降至1987年的28%。其次是试图削减联邦政府支出以减少财政赤字。同时，里根政府还放松了对企业管制的许多法令和规章，提高企业自由化程度以促进投资。里根政府的供给学派政策虽然在一定程度上帮助美国缓解了滞胀并促进了经济增长，但政府高赤字和高债务的问题却愈益严重。

20世纪80年代，在绝大多数拉美国家深陷通货膨胀及债务危机双重打击的背景下，1989年，曾任职于世界银行的经济学家威廉森执笔写了《华盛顿共识》，系统地提出指导拉美国家经济改革的各项主张，包括实行紧缩政策防止通货膨胀、削减公共福利开支、金融和贸易自由化、统一汇率、取消对外资自由流动的各种障碍，以及国有企业私有化、取消政府对企业的管制等，得到世界银行的支持。由于这些思想坚持斯密自由竞争的经济思想，与西方自由主义传统一脉相承，后来有人将这些观点称为“新自由主义的政策宣言”。

进入 20 世纪 90 年代以后，以欧盟为代表，更多的发达国家开始了强调市场化、提高效率性方向的经济体制调整，并且伴随着经济全球化的深入，这种调整出现趋同性日益增强的特点。

（三）2008 年国际金融危机与新自由主义的破产

进入 21 世纪前后，以“华盛顿共识”为代表的新自由主义影响力不断扩大。然而 2007 年 8 月美国次贷危机突然爆发，尤其在 2008 年 9 月雷曼兄弟公司破产倒闭，美国五大传统投资银行纷纷难以为继之后，金融风暴更是席卷全球，世界经济被拖入自 20 世纪 30 年代以来最严重的金融危机。这场全球性金融危机给之前盛行的新自由主义经济理论和经济政策带来沉重打击。新自由主义在本质上继承了资产阶级古典自由主义经济理论的自由竞争、自由经营、自由贸易等思想，并走向极端。在宣扬自由化、私有化和市场化的过程中，一味反对任何形式的国家干预，而这已经被证明是不合理、也行不通的。在应对危机的过程中，西方各国的经济政策也经历了不同程度的调整。

国际金融危机之后，世界各国采取了史无前例的合作态度与方式主动应对，确立了以二十国集团①（G20）为平台的全球性合作与对话机制，以及以干预为主旨的联合政策调控。二十国集团领导人从 2008 年 11 月 15 日的华盛顿金融峰会，至 2009 年 4 月 2 日的伦敦金融峰会，提出要采取积极的财政政策、运用适当的货币政策和加强国际协调合作。世界各国大多出台了大规模的财政支出性“救市计划”，通过降息、注入货币流动性和政府托管、增加持股等举措，来刺激经济复苏。

总之，国际金融危机的爆发证明，在市场经济体制之下，纯粹的自由放任和自由竞争无法带来持久经济繁荣，世界范围内经济联系的密切，必然要求私

---

① 二十国集团是一个国际经济合作论坛，成立于 1999 年 9 月 25 日，由八国集团（美国、日本、德国、法国、英国、意大利、加拿大、俄罗斯）和 11 个国家（中国、阿根廷、澳大利亚、巴西、印度、印度尼西亚、墨西哥、沙特阿拉伯、南非、韩国和土耳其）以及欧盟组成。

有部门和国有部门、市场机制和国家调节，以及自由经营和国家干预相结合的制度。同时，由于各国的政治、经济等条件不同，自由市场和国家干预相结合的方式必然不同；在不同的时期，自由市场和国家干预相结合的程度也会有差异。

第三节 发展中国家市场经济体制的建立与发展

一、发展中国家市场化取向的经济改革和战略选择

发展中国家数量众多、物产资源丰富，具有发展经济的巨大潜力。它们的经济发展水平总体较发达国家低，经济实力相对薄弱，大多是在二战以后获得民族独立，并主要分布在亚非拉广大地区。这些国家始终致力于发展民族经济，一方面努力发展生产力，以改变原来生产力水平低下的状况；另一方面，在发展经济的过程中逐步建立了市场经济体制。自 20 世纪 60 年代以后，发展中国家内部出现了分化。以亚洲“四小龙”为代表的部分发展中经济体实现了快速的经济腾飞，经济与技术发展水平甚至已经跻身世界先进行列；其他如拉美国家，以及稍后发展起来的东盟国家、南亚国家等，也都以自己独特的发展路径，成为世界经济格局变化中引人注目的焦点。本节主要介绍拉美模式和东亚模式。

（一）拉美模式

拉美地区的各个国家从 19 世纪初普遍获得民族独立之后，就走出了一条独特的发展道路。依据经济形态的差异，大致经历了初级产品出口导向发展模式、进口替代工业化模式、20 世纪 80 年代的债务危机和 90 年代的经济改革四个阶段。与此相对应，拉美的经济发展模式经历了从进口替代工业化模式向以出口导向发展模式的转换。

从 20 世纪五六十年代起，拉美地区一些已经在政治上取得独立的国家以发展民族经济为核心，强调在民族保护主义的基础上，采取加强政府干预、实行企业国有化和增强基础设施建设等手段，经历了一个经济高速增长的时期。各国的经济实力显著增加，工业化水平极大提高。20 世纪 70 年代末 80 年代初，这些国家的人均国民生产总值已达到了中等发达国家和地区的水平，从而被认为是新兴工业化经济的代表，其中首推巴西、墨西哥和阿根廷这三个新兴

工业国。

一般认为，拉美模式的主要特征包括：在实施市场经济的基础上，政府对经济活动进行全面而有力、有时甚至是过度的干预；国内市场和民族企业受到过度的保护，从而使其国际竞争力得不到快速的提高；依靠丰富的自然资源，以初级产品出口支持工业化；国内资本积累能力较低，对外资的依赖性较强；重工轻农现象比较严重，农业发展的潜力未能得到充分发挥；分配不均现象突出，等等。这也是一种非常典型的进口替代工业化模式。

传统拉美模式是以进口替代为其主要发展战略。该战略又称内向型经济发展模式，是指发展中国家和地区有意识地推动国内和地区内工业的建立，以本国和本地区生产的工业制成品取代原来依靠进口的产品，以满足本国和本地区市场的需求，并逐步实现工业化。

就具体政策而言，拉美的进口替代工业化也主要是通过国家对经济的直接干预，利用关税、优惠汇率、低息贷款、税收激励、管制和国有化等政策，依靠国家力量在高度保护下发展民族工业。进口替代工业化发展模式使拉美经济实现了长达 30 年的稳定增长，创造了拉美发展奇迹。但其内在的缺陷对发展的可持续性形成了挑战，进口替代发展战略所带来的内需不足也抑制了经济增长。历史上形成的社会财富分配不公和工业化过程中收入分配日益集中的趋势，都加剧了社会分化和结构性矛盾。由于受到石油危机和发达国家经济滞胀的影响，20 世纪 70 年代中期至 80 年代初期拉美工业化进程放缓，拉美各国普遍走上了举债发展的道路并进而促发债务危机，引起了经济的持续衰退，以致 80 年代成为“失去的 10 年”。

20 世纪 90 年代之后，拉美国家继续在发展战略和经济政策上进行改革，这次改革在一定程度上也受到了新自由主义思潮的影响。尽管各国启动改革有先后之分，改革力度也有大小之别，但改革内容却基本相同，主要集中在以下几个方面：第一，改变传统的进口替代发展战略，其内容包括对外贸易自由化、国民经济外向化、国有企业私有化和经济体制市场化。第二，减少国家对经济的直接干预，放松政府对劳动力市场的控制，放开利率，取消对信贷机制的监督，为本国资本及外国资本进入金融市场提供便利。第三，更加重视同世界经济的联系，更加重视技术创新的作用。

虽然 20 世纪 90 年代拉美的经济改革取得了一定的成效，如经济实现了恢复性增长、财政失衡的现象有所减缓等。但从内部看，其整体就业状况依然在恶化，尤其是收入分配不公和贫困化问题突出。从外部看，过早开放资本项目和不成熟的金融自由化增加了金融风险，导致危机频发。这些状况的存在严重降低了相关国家的整体竞争力，甚至导致“拉美陷阱”的出现。从2008年国际金融危机中也可看出，拉美经济依然脆弱，受到外部冲击的可能性同样很大。

（二）东亚模式

二战后东亚经济的复兴和崛起首先从日本开始，随后又扩散到亚洲“四小龙”和东盟四国等。这些国家和地区的经济发展起步虽然晚于拉美新兴工业国，但从20世纪60年代中期起，它们利用有利的国际经济条件，取得了经济的高速增长。其增长速度之快、持续时间之长，在世界范围内绝无仅有，这些经济体在西太平洋地区已呈现增长的梯度扩散效应，从而创造了举世瞩目的“东亚奇迹”。

世界银行于1993年发表了题为《东亚奇迹》的研究报告，首次提出了东亚模式的概念。认可度较高的共同特征主要包括：高经济增长率，这是东亚模式最主要的标志之一；实行政府主导型的市场经济，强调政府在经济发展中的协调、指导和参与作用；高储蓄率和高投资率，通过高储蓄率形成国内的快速资本积累，通过大规模的投资推动国内经济的迅速发展；国民经济的外向度高，尤其是实行“出口导向型”的经济发展战略；积极引进、吸收和追赶国外先进技术，注意国内产业结构升级换代；构筑阶梯型产业分工，地区内经贸联系紧密，区域内发展形成良性互动，等等。

东亚模式主要特征之一是出口导向型经济发展战略。它对东亚国家经济发展具有举足轻重的意义，也是许多后起发展中国家的共同赶超路径。出口导向型经济发展战略着重发展出口导向工业，从而使工业品代替初级产品成为出口的主要项目。这一经济发展战略的基本内容可以概括为：建立以出口贸易为中心的经济体系，把经济活动的重心由以本国和本地区市场为主转向以国际市场为主，在扩大工业品出口、参与国际竞争中，由外向型制造业发展来带动产业结构的升级，由此带动整个国民经济的发展。

东亚模式的另一个根本特征就是政府在经济运行和发展中起着十分重要的主导作用。政府的宏观干预和市场机制有效结合，从而形成一种政府主导型市场经济体制。但是在不同经济体和不同时期，东亚各国和地区政府干预经济的程度和方式很不相同，发挥市场机制的作用也不同。

1997 年亚洲金融危机爆发后，传统意义上的东亚模式开始调整。虽然东亚各发展中国家和地区的经济发展战略与政策调整因国情差异而有所不同，但总结危机过后的东亚模式，还是能发现一些共同而基本的变化，主要表现在以下几个方面：第一，更加注重政府干预的节奏和效率，尊重市场机制的自身规律以及强调政府的监管职能；第二，从实施稳健的宏观经济政策，刺激内需、促进经济增长，转向出口导向和内需拉动“双配合”的战略；第三，进一步注重国民经济各部类以效益为中心的平衡发展，并进而转移到以人为中心的社会经济综合发展以及以与环境相协调为中心的可持续发展道路上来；第四，优化工业内部的产业结构，为培育和提升企业的创新能力和竞争实力创造良好环境；第五，调整金融和贸易体制，加快对外开放步伐，尤其重视区域内部的合作与协调发展。

二、发展中国家经济现代化面临的困难及前景

过去，发展中国家多为西方列强的殖民地半殖民地，在世界经济中处于完全的依附和从属地位。而今，随着发展中国家的独立及其经济的发展，它们在世界经济中的地位日益提高，并作为世界经济中的新兴和高速成长经济体，在取得自身发展成就的同时，也在影响着世界经济格局的变迁。

与发达国家相比，目前发展中国家的困难与问题较为突出。在人均 GDP、工业化程度、劳动生产率、科技与创新能力、生活质量以及教育、文化、卫生水平等各方面，都还远远落后于发达国家。在现存的国际分工中，发展中国家虽然地位有所提升，但总体上还是集中于中低端产品尤其是劳动密集型产品的加工和生产；发达国家仍然通过国际贸易、国际投资和技术控制等渠道，影响、甚至控制着发展中国家。并且，现行的国际经济秩序仍以发达国家为中心，发展中国家的影响力相对较小。此外，发展中国家在发展的过程中，更面临着日益严峻的环境、能源与气候等问题，无论从资金还是技术上讲，发展中国家还急需得到发达国家在低碳环保领域的支持。

但也应该看到，发展中国家的经济发展前景总体还是比较乐观的。第一，20 世纪 80 年代以来，发展中国家不断对市场经济体制进行调整与优化，增强了自身的经济活力，也为进一步对外交流、合作与竞争打下了基础。第二，90 年代之后经济全球化的深入发展以及国际资金流向变动，为发展中国家大量引进外资提供了有利机遇。第三，区域经济合作日趋加强，区域内贸易和投资迅

速增长，带动了经济增长。第四，内部需求提升加快。21 世纪以来发展中国家和地区持续加快工业化进程，汽车等传统支柱产业与其他新兴产业的发展都十分强劲，基础设施的建设也发展迅速，加上人均收入增长后日益繁荣的消费品市场所提供的巨大需求，都刺激了经济发展。

第四节　俄罗斯和东欧转型国家的市场化改革

一、二战后的经济管理体制及其改革

（一）社会主义时期计划经济体制的成就

计划经济体制是指中央政府直接控制各种生产资料并按照其自身目标配置资源，以计划指令方式组织生产和分配剩余产品的一种体制。20 世纪 20 年代末 30 年代初，计划经济体制首先在苏联建成，20 世纪 40 年代以后，东欧各国均仿照苏联模式建立了自己的计划经济体制。计划经济体制呈现出如下特点：一是作为生产资料的所有者和经营者，国家机关代表整个国家行使经济管理的权力，直接管理全国宏观和微观经济运行，企业仅仅是国家机关的附属物；二是主要依靠国家指令性计划来维持国民经济的运行，从根本上排斥了市场机制的调节作用；三是国家主要以行政手段管理国民经济。

传统的计划经济体制在历史上曾对苏联和东欧国家的经济发展起过积极的促进作用。首先，由于社会主义初创时期内外政治经济条件恶劣，物质基础和产业部门薄弱，劳动力和商品市场不发达，企业的经营管理水平较低，因此，高度集中的计划经济体制适应了当时社会生产力发展的要求。其次，在高度统一和高度集中的计划经济体制下，国家能够有效地集中一切经济资源和生产能力，不仅保障有计划、有步骤地实施国家既定的各项战略任务和目标，而且当面对突然变化的政治经济局势时，高度集中的计划经济体制充分体现了它在集中调配、统一指挥等方面的优越性。最后，以部门管理为主的计划经济体制，对于实施统一的经济政策、促进部门内部的专业分工和科学化管理、提高部门产品质量和产量、降低生产成本和提高劳动效率，具有十分重要的指导作用。

从实践上来看，自十月革命胜利到二战前这段时间里，苏联凭借高度集中的计划经济体制，较快地发展了重化工业和国防工业，迅速建立起飞机、汽车、仪表和新兴化学工业等现代产业部门，从而一跃成为世界第二大工业强

国。在1928—1937年的苏联工业化时期，苏联经济以年均16%的高速度发展，与西方发达国家相比居于明显优势地位。与苏联工业化时期取得巨大成就形成鲜明对照的是，1929—1933年大危机使资本主义世界的工业生产下降了44%。二战期间，尽管苏联在国民经济和社会领域遭受了巨大的损失，但依靠高度集中的计划经济体制的有效运作，取得了反法西斯战争的伟大胜利。二战后，苏联迅速医治了战争创伤，20世纪50年代其经济增长速度仍明显高于西方发达国家，60年代苏联国民生产总值仅次于美国而领先于日本和其他西方主要发达国家。正是苏联社会主义建设的巨大成就，使社会主义具有强大的生命力。在近半个世纪美苏对抗的格局中，苏联之所以能够长时期与美国抗衡，其中一个重要的原因就在于经济建设方面取得的巨大成就为苏联奠定了坚实的物质基础。二战前，苏联国民生产总值仅为美国的1/4，到20世纪70年代中期已达到美国的2/3。应该肯定，高度集中的计划经济体制对二战后东欧各国经济的恢复和发展也起了一定的积极作用。

（二）社会主义时期计划经济体制出现的问题及其改革

计划经济体制在苏联及东欧各国经济发展和社会建设过程中发挥促进作用的同时也出现了诸多问题。从20世纪50年代中期开始，尤其是进入20世纪60年代以后，随着社会经济条件的变化，高度集中的计划经济体制暴露出自身难以克服的缺陷和弊端，主要有如下表现。

第一，决策效率低。当经济规模较小、部门结构简单和企业较少时，经济决策权高度集中于国家尚且基本上能够实现完整的信息控制，制定比较合理的计划，实行有效的决策管理；但当经济规模扩大、部门结构复杂和企业大幅度增加后，决策权的高度集中往往会使信息不正确或不完整或过时，这会导致国家的决策效率低，表现为计划偏离了原有的宗旨，即从有目的、有计划地实现国民经济的有计划按比例发展，变成了解决已经出现的各种问题的“事后调节”。

第二，经济效益差。由于国有企业的软预算约束机制，国有企业完全可以在“高投入、低产出”的状态下正常运转，结果是亏损企业越来越多，经济效益越来越差。

第三，劳动者缺乏积极性和主动性。由于否认对个人物质利益的追求是劳动者从事经济活动的动因之一，经济运行长时间是以行政命令、行政约束和教育动员等因素为基础，严重挫伤了广大劳动者的切身利益和积极性，导致生产力中最积极、最活跃的因素日趋枯竭，经济增长率连续下降，高度集中的计划经济体制的弊端日益凸显。

苏联从20世纪50年代中期开始探索改革高度集中的计划经济体制。比较重大的经济改革有三次，即1957年的工业和建筑业的改组、1965年的全面经济改革和1979年的“完善经济机制”。在南斯拉夫、匈牙利、捷克斯洛伐克、波兰等东欧国家，也先后掀起了经济体制改革的热潮。这些改革特点各异，但都是在坚持社会主义基本制度的前提下进行的改革。但由于理论上的教条等多种原因，苏东国家的历次经济体制改革都是在计划经济体制框架内采取一些修补措施，一些束缚生产力发展的生产关系环节没有得到必要的调整，经济改革的成效不显著。

1985年，戈尔巴乔夫接任苏共中央总书记以后，提出要进行“根本改革”。在“民主化”“公开性”及“人道的民主的社会主义”等“新思维”的指导下，1988年苏共第十九次代表会议以后，“根本改革”的概念逐渐清晰——将改革的目标从高度集中的计划经济体制转向社会主义制度本身，明确提出将生产资料的社会主义公有制变为资本主义私有制。20世纪80年代末90年代初，错误的政治路线使苏联陷入了政治、经济和社会的全面危机中，国家面临分裂的现实威胁。与此同时，东欧国家政局急剧变化，各国共产党丧失执政地位，经济陷入危机，社会严重动荡。随着东欧剧变和苏联解体，苏东国家的概念不复存在，取而代之的是转型国家，持续了几十年的苏东国家社会主义经济体制改革演变成俄罗斯和东欧转型国家以私有制为基础的市场化改革。

二、“休克疗法”与社会经济混乱、倒退

（一）“休克疗法”的含义及主要内容

“休克疗法”是一个医学术语，在经济学中本来是指针对恶性通货膨胀而采取的激进治理方法。按照这种方法，为了遏止恶性通货膨胀，稳定宏观经济，政府采取紧缩性货币政策和财政政策、放开物价、实行货币自由兑换等措施，这些政策措施的实施在短期内会造成经济剧烈震荡，仿佛病人进入休克状态。进入20世纪90年代以后，“休克疗法”成为俄罗斯和东欧国家向市场经济转型的重要政策工具，这些国家希望以短暂的“休克”之剧痛来换取宏观经济的稳定，实现经济体制和经济制度快速转型，直接进入资本主义市场经济。这样，“休克疗法”就成为激进经济转型方式的代名词。

作为一种激进的经济转型方式，“休克疗法”的主要内容包括稳定化、自由化和私有化三个方面。稳定化是指宏观经济的稳定，它是向市场经济过渡的先决条件，主要通过紧缩的货币政策和财政政策来实现。自由化就是释放在计划经济条件下被扼制的市场力量，主要包括价格自由化、企业经营自由化和对外经济活动自由化等。私有化既包括把国有企业的资产转为私人所有，也包括把它转为法人（股份公司、集体企业）所有①，它是有效的市场经济的基础。

（二）“休克疗法”实施的后果

俄罗斯和东欧转型国家实行激进的“休克疗法”进行经济转型，本想在最短的时间内实现经济稳定，进而通过经济转型实现富裕和繁荣，然而，事与愿违，“休克疗法”给俄罗斯和东欧国家人民带来的是社会制度的巨大倒退、生产力的严重破坏、人民生活水平的大幅度下降和综合国力的严重削弱。

1. 经济自由化措施不仅没有实现经济运行机制的顺利转型，反而造成了经济秩序的更加混乱

价格自由化是俄罗斯价格改革的目标，也是“休克疗法”中最为激进的步骤。1992 年 1 月，俄罗斯放开了 85%的生产资料和 90%的消费资料的价格，随后又相继放开了石油、天然气和粮食等商品的价格，由此引发了连续几年居高不下的通货膨胀。恶性通货膨胀大大阻碍了俄罗斯市场化转型进程，价格信号的严重失真使市场机制远远不能成为资源有效配置的基础力量；恶性通货膨胀打击了企业的投资积极性，助长了囤积居奇和投机倒把，使整个经济生活陷入混乱；恶性通货膨胀还降低了居民的储蓄倾向，使很多人过去几十年的积蓄短时间内化为乌有，从而失去了人民对改革的支持。

俄罗斯的企业经营自由化，使企业从原来的计划执行单位变成了拥有完全经营自主权的经济实体，但在企业经营机制没有转型、企业适应市场经济的能力还没有培育起来的情况下，不仅企业经营自由的优越性没有表现出来，反而产生了极其严重的消极影响。例如，面对价格自由化所造成的严重的通货膨胀，企业不是采取积极的措施消化涨价因素，相反却采用削减生产、囤积居奇、哄抬物价的方式谋求眼前利益，从而使生产急剧下降。此外，对外经济活动自由化使企业从事对外经济活动的积极性明显提高，但也出现了出口竞相杀

① 从实践来看，私有化的内容更为广泛。既包括把国有资产转为私人所有，也包括把它转为非国有成分法人所有；既包括国有企业全部资产或大部分资产的转让，也包括小部分资产的转让；既包括国有资产的产权重组，也包括国有经济实现形式的变化。

价、进口毫无秩序的情况，落后的经营方式、支付手段和管理制度等严重制约了对外经济活动的进一步发展，并使民族工业陷入危机，国家的经济安全受到严重威胁。

2. 私有化不仅没有提高企业的经济效益，反而造成了国有资产的大量流失和金融工业集团的形成

私有化是俄罗斯“休克疗法”的重要内容之一，实行私有化的目的是形成富有活力的私人企业，为市场经济体制建立微观基础。从俄罗斯已经实现私有化的企业来看，这个目的并未很好地实现。证券私有化①只是从法律和形式上改变了企业的地位，企业的经营机制、管理方法并未发生相应变化，企业效益和产品竞争力也没有得到提高。私有化实际上成为一些国有优势企业的“大拍卖”，成为对国有资产的“大分割”。由于俄罗斯私有化进程杂乱无章，国有资产被廉价出售，原来国有的 12.5 万家企业仅以每家企业 1 300 美元的平均价格被卖到私人手中。俄罗斯约有 500 家大型企业被以 72 亿美元的低价出售，而这些企业的实际资产要达 2 000 多亿美元。结果，在 1992—2002 年的“私有化”过程中，占俄人口总数 10%的最富有阶层的收入占全民总收入的 32.9%，而 10%的最贫困居民收入仅占全民总收入的 2.3%。因此，俄罗斯私有化只不过为“资本向少数人手中集中”提供了依据，成为将国有财产变成私人财产的手段。

在俄罗斯大规模的证券私有化过程中，出现了一种金融资本与工业资本相互渗透、不断融合的经济组织形式——俄罗斯金融工业集团。金融工业集团并不是完全自发地产生的，而是官僚资本与私人资本相融合的产物。从 1993 年俄罗斯第一个金融工业集团出现以来，其数量迅速增加，经济实力日益增强。金融工业集团的形成在本质上是金融资本与工业资本、官僚资本与私人资本的联姻，其目的不但是为了个人聚敛财富和加强对经济的控制，而且也是为了维护自己的经济利益，左右俄罗斯的政治过程。

3. 宏观经济稳定化措施存在着内在矛盾，没有达到稳定宏观经济的目的

从俄罗斯“休克疗法”设计的宏观经济稳定化措施看，其本身就存在着内在矛盾。一是稳定经济与减少赤字之间的矛盾。财政政策要同时实现稳定经济

① 1992—1994 年俄罗斯实施的私有化方式之一，即每位俄罗斯公民获得 10 000 卢布私有化证券以参加私有化进程。

和减少赤字几乎是不可能的，因为实现这两个目标所采取的措施是相反的。二是企业生产发展的动力与增加企业税收之间的矛盾。增加税收虽然可以达到减少国家预算赤字的目标，但企业发展生产的动力同时会受到损害。三是宏观经济目标的实现与中央银行贷款巨额增加的矛盾。苏联解体后，俄罗斯中央银行给独联体国家发放的贷款大量回流到俄罗斯境内实现商品的购买，货币总量的迅速增加必然给通胀以巨大推动力，这就大大削弱了以抑制通胀为主要内容的宏观经济稳定化目标的实现。

以自由化、私有化和稳定化为主要内容的“休克疗法”一直持续到 1998 年俄罗斯金融危机爆发，此后俄罗斯的市场化改革政策被迫做了适当调整。但是，经过“休克疗法”，20 世纪 90 年代成为俄罗斯政治、经济乃至整个社会深陷危机的 10 年。10 年间，俄罗斯政坛跌宕起伏，社会政治矛盾激化，民族分离主义泛滥，国家主权和领土完整面临现实的威胁，所有这一切都对市场化改革和经济发展起了巨大的破坏作用，突出表现为经济大滑坡、人民贫困化和综合国力严重衰弱。1999 年与 1990 年相比，俄罗斯 GDP 减少了 56%，大中型工业企业产值下降了 60%，农业总产值下降了 50%，基本建设投资下降了 75%，职工的平均工资减少了 52%，1/3 的居民生活在贫困线以下。如此严重的经济危机在世界经济发展史上是极为罕见的，其危机程度已超过 1929—1933 年大危机时期。不仅如此，这场深重的经济危机也是俄罗斯经济发展史上的悲剧，其对生产力的破坏程度远远超过了苏联卫国战争时期和反法西斯战争时期，使国家的经济实力和人民的消费水平倒退了数十年。10 年深重的经济危机使俄罗斯的经济实力一落千丈，在国际经济和政治格局中的地位迅速下降。东欧转型国家在实施“休克疗法”后的几年里，经济也出现大幅度滑坡，大部分转型国家都呈现两位数的负增长。

（三）“休克疗法”在俄罗斯失败的原因

1998 年 8 月的金融风暴再次冲击了俄罗斯，酿成了一场严重的经济、政治和社会危机，同时也证明了俄罗斯政府 1992 年以来执行的以“休克疗法”为中心的市场化改革的彻底失败。主要原因在于以下几个方面：

第一，“休克疗法”原本是控制通货膨胀的一揽子政策措施，但运用到俄罗斯之后却发生了质的变化。最初意义上的“休克疗法”是在市场经济前提下控制恶性通货膨胀的一揽子激进治理措施，而俄罗斯却试图通过“休克疗法”建立市场经济体制并彻底改变社会主义经济制度。从建立市场经济体制看，市场体系的形成和发育，市场主体的塑造，与市场经济相适应的政府机构、社会保障体系、法律制度的建立和健全，都需要一个漫长的过程。通过“休克疗法”来实现由计划经济体制向市场经济体制过渡，必然造成旧体制不再起作用，而新体制又一下子建立不起来，形成“体制的真空”，一切经济活动都无章可循，从而使经济陷于混乱。而试图通过“休克疗法”建立资本主义经济制度的基础——私有制，更是违背了生产力发展的客观要求，使俄罗斯民族矛盾激化，社会动荡加剧，社会生活的各个领域一片混乱，整个社会呈现无序状态。

第二，试图通过“休克疗法”建立脱离俄罗斯国情的市场经济模式。俄罗斯市场化改革的目标是建立以私人资本和自由竞争为基础的市场经济体制，但是“休克疗法”既没有形成真正意义上的私人资本，也没有建成真正意义上的自由竞争环境。俄罗斯转轨的初始条件是：高度集中的计划经济体制长期运转，国有经济的比重相当高（1991 年国有经济仍占 GDP 的 90%以上），经济的垄断程度也很高。为了迅速形成自由市场经济的基础——私人资本，俄罗斯在非常短的时间内推行了大规模的私有化。为了解决原始资本不足的问题，俄罗斯在 1992—1994 年发放私有化证券，到 1996 年年底，非国有经济的产值已占 GDP 的 70%以上。但由于俄罗斯私有化的无偿性和优惠性，私有化不仅没有带来资金的投入和技术的进步，反而造成了国有资产的大量流失和金融工业集团的形成，而金融工业集团又垄断了俄罗斯主要的经济部门，这就很难创造出自由竞争的条件。

第三，俄罗斯采取“休克疗法”实行市场化改革，与其说是经济上的需要不如说是为了达到政治上的目的。叶利钦（1931—2007）在执政之初，其主要意图并非真正快速解决俄罗斯的社会经济问题和提高人民生活水平，而是想在最短的时间内打破原有的政治经济体制，使俄罗斯的资本主义化不可逆转。实质上，私有化进程与俄罗斯经济健康化没有直接关系。私有化只是改变所有制形式，为资产阶级政权奠定经济基础，同时寻得国际支持，保住自己的统治地位。在此目的下，“休克疗法”必然使俄罗斯经济走向崩溃。

三、转型国家市场经济体制的特点及面临的问题

经过近 30 年的市场化改革，俄罗斯和东欧转型国家的市场经济框架已初

步确立并且具有自身的一些特点。但是，距离有效稳定的市场经济体制还有艰难漫长的路程。

（一）俄罗斯市场经济体制的特点及面临的问题

1999年年底，普京发表《千年之交的俄罗斯》，提出了一条新的改革和发展道路，这标志着俄罗斯经济改革进入到一个新的发展时期。在此后的8年中，伴随着不断攀升的世界石油价格，俄罗斯也连续保持了5%~6%的GDP增速。然而，这一增长势头最终还是被2008年的国际金融危机打断，俄罗斯经济又一次陷入了深度调整中，并且再次暴露了俄罗斯市场经济发展中的诸多问题。这主要表现为以下几个方面。

1. 市场经济的“制度质量”有待提高

从本质上看，从计划经济向市场经济的转轨是一个渐进的过程。经过近30年的经济转轨，俄罗斯市场经济的基本框架已经确立，相关的法律法规也已基本完善，但市场经济的运行能力还没有培育起来，即市场经济的“制度质量”有待提高。低水平的“制度质量”反映出俄罗斯缺乏公平竞争的营商环境，而工作效率偏低、相关政策的不确定以及政府官员腐败是造成这种状况的重要原因。因此，提高工作效率、增加政策稳定性和严厉打击腐败是俄罗斯经济体制完善中最严峻的任务。

2. 不少企业缺乏创新动力

作为微观经济运行的主体，企业是从事生产和经营的基本单位，是重要的市场竞争主体，也是创新动力和创新成果的重要来源。经过近30年的经济转轨，以非国有制为主导的多元化所有制体系为基础的市场经济框架逐步形成。但迄今仍未培育出真正的市场竞争主体，没有形成具有创新精神的企业家阶层，严重制约着俄罗斯经济的健康可持续发展。从大型企业来看，俄罗斯多数大型企业目前还缺少变革力量和创新动力，这种情况“主要是由资源依赖型经济发展模式最大受益人——俄罗斯现代精英造成的。这些精英缺少改革的动机，他们在俄罗斯的地位非常巩固，甚至作为权力上层牢固地控制着局势”①。尤其严重的是，一些大型企业并非将利润投到新企业的创建方面，而是将这些资金大量地移往国外，或者以其他方式进行违法交易。由于在市场准入、获取

① В. Иноземцев：Модернизация россии в контексте глобализации // Мировая экономика и международные отношения，2010，No. 2。

资源和资金等方面存在严重障碍，俄罗斯中小型企业始终处于市场竞争的弱势地位，主要表现为管理水平落后和创新能力不足。

3. 人力资本质量偏低

人作为生产力中最积极、最活跃的因素，是经济发展的重要源泉，是国家间竞争的主要资本，是一国实现经济社会发展的最重要因素。经济转轨以来，俄罗斯一直面临着与发展人力资本相关的一系列问题。例如，人口数量逐年递减，特别是处于劳动年龄段的人口死亡率高以及人口老龄化等，致使俄罗斯劳动力资源匮乏。同时，由于教育、卫生和社会领域的改革进展缓慢，俄教育质量特别是基础教育质量明显下滑；缺乏具备专门知识和熟练技能的劳动力；劳动力的性别和年龄结构不合理；大量酒精中毒带来早亡、工伤和日常事故增加，没有能力进行有规律的体力和脑力劳动。这些情况不仅严重制约俄罗斯经济的可持续发展，而且削弱了国家的综合竞争力。现在，俄罗斯政府明确意识到，卫生、社会领域和教育体系的效率不足，是恶化人力资本发展条件和发展动因的因素之一，但相关投资的落实取决于很多因素，投资真正发挥作用也需要相当长的时间。

（二）东欧国家市场经济体制的特点及面临的问题

对于东欧国家而言，融入欧洲是其向市场经济转型的共同目标。自放弃“休克疗法”之后，东欧各国在欧盟帮助下进行了一系列的政治和经济体制改革，积极推进转型。

1. 形成了以私有制为主体的所有制结构

建立以私有制为主体的所有制结构是东欧国家加入欧盟的重要条件之一。为此，东欧国家主要通过鼓励新建私营经济和国有企业私有化两种途径来进行所有制改造。政府解除了对发展私营经济的各种限制，新企业进入市场的自由度和数量大幅度上升。东欧国家根据自身的情况制定了不同的私有化计划和措施，主要有公开出售、无偿分配、内部购买等形式。由于各个国家在市场化初期的经济基础和政治情况不同，私有化的方式和速度也不同。近几年东欧国家在入盟的压力下纷纷加快了私有化步伐，到2004年，东欧国家已经基本上完成私有化目标，私营部门产值占国民生产总值比例达70%~80%。

2. 市场经济体制框架已初步形成

为了使市场经济体制符合欧盟的要求，东欧国家采取了一系列措施，主要包括：价格市场化；向欧盟财政体制靠拢，大幅度削减生产性财政补贴，统一所得税，设置增值税，简化税率；短期内完全取消欧盟工业品的进口关税；放松对资本进出的限制；逐步实现货币国内可完全自由兑换制度和管理式自由浮动汇率体制。经过几年的实践，东欧国家特别是波兰、匈牙利和捷克等国已经建立起市场经济体制的基本架构。

3. 加入欧盟后面临的问题

中东欧八国于 2004 年 5 月 1 日加入欧盟。罗马尼亚和保加利亚也在 2007 年 1 月加入欧盟。加入欧盟之后，东欧各国作为欧盟经济发展的生力军保持了继续增长的良好势头，经济增长速度整体上快于欧盟原成员国，并且吸引了大量外资。不过，在 2008 年国际金融危机中，东欧国家成为重灾区，暴露出东欧国家在经济增长模式、银行业对外资依赖过度以及面临欧元区“趋同标准”的严格考验等方面的问题。

本章小结

1. 市场经济是世界经济发展最基本、也是最重要的体制基础，市场经济发展是当代世界经济的基本特点。由于生产力发展水平、经济制度、政治和法律制度以及社会文化传统上的差异，市场经济体制的选择存在多样性。全球性市场经济的形成对世界经济产生了深远影响。

2. 发达国家市场经济体制的调整和演变，与现代经济学主流理论的发展关系紧密。其中，英国市场经济体制是工业化以来第一个市场经济体制，美国自由市场经济体制在 1929—1933 年大危机后经历了深刻的转型，而法国计划指导型市场经济体制、德国社会市场经济体制、日本政府主导型市场经济体制和瑞典福利国家市场经济体制在发达国家中都颇具代表性。

3. 发展中国家数量众多且经济发展潜力巨大。它们的经济发展水平总体较低，但在发展经济的过程中逐步确立了市场经济体制。其中，拉美模式和东亚模式在发展中国家的体制选择上具有典型性。

4. 传统的计划经济体制在历史上曾对苏联和东欧国家的经济发展起过积极的促进作用，但也存在严重弊端。俄罗斯和东欧转型国家在 20 世纪 90 年代推行市场化改革时都选择了以“休克疗法”为核心内容的改革方案，均未获得成功。

思考题：

1. 简述市场经济体制多样性的原因。
2. 试述全球性市场经济的形成对世界经济的影响。
3. 简述新自由主义的理论、思潮与政策主张。
4. 试述罗斯福新政在美国市场经济体制演变过程中的主要作用。
5. 以俄罗斯和东欧转型国家为例，简述“休克疗法”的实施后果。

▶ 自测习题及参考答案

第四章　经济全球化与世界经济发展

20 世纪 80 年代末 90 年代初以来，经济全球化深入发展，各国各地区之间的经济联系空前密切，人们的生产、生活方式不断发生变化。经济全球化不仅使世界各种类型国家的经济都受到深刻影响，也使世界经济格局和原有的国际经济秩序经历着巨大改变，国际竞争与合作呈现出新的特点，世界经济发展进入了新阶段。

第一节　经济全球化的形成与表现

一、经济全球化的内涵

“经济全球化”一词在 20 世纪 80 年代中期被首次提出，此后很多学者都从各自的立场和角度对其加以诠释。经济合作与发展组织认为，经济全球化可以被看作一种过程，在这个过程中，经济、市场、技术与通信形式都越来越具有全球特征，民族性和地方性在减少。国际货币基金组织认为，经济全球化是指“跨国商品与服务交易及国际资本流动规模和形式增加，以及技术的广泛迅速传播使世界各国经济的相互依赖性增强”①。综合而言，经济全球化的内涵是指，在科技革命尤其是信息技术革命的推动下，通过国际贸易、国际金融、国际投资以及技术和人员的国际流动，世界各国各地区的经济越来越紧密地结合成一个高度相互融合、相互依存的有机整体的过程。要把握经济全球化的内涵，必须注意以下四点。

（一）经济全球化是世界经济发展的新阶段

经济全球化是一个历史范畴，它是在世界科技革命和经济体制变革的推动下，在各国经济日益国际化的基础上形成的。马克思和恩格斯早在《共产党宣言》中就已指出：“不断扩大产品销路的需要，驱使资产阶级奔走于全球各地。它必须到处落户，到处开发，到处建立联系。”“资产阶级，由于开拓了世界市

---

① 国际货币基金组织：《世界经济展望》，中国金融出版社 1997 年版，第 45 页。

场，使一切国家的生产和消费都成为世界性的了。”① 在资本主义历史上的两次产业革命和二战后科技革命的推动下，以国家主权为背景和特征的资本主义经济国际化不断发展。20 世纪 80 年代兴起的信息技术革命及其成果的广泛应用，大大缩短了全球各经济主体之间的时空距离。70 年代末中国实行改革开放政策，加强了与世界各国的经济联系。80 年代末 90 年代初，苏联解体及东欧剧变使原来两极格局导致的两个平行的互相对立的世界市场被打破，在世界范围内逐步形成了统一的世界市场和各种类型的市场经济体制，这不仅使全球范围内组织生产、流通的成本大幅下降，更使得经济国际化进程发生了质和量的变化，最终使世界经济发展到经济全球化的新阶段。

（二）经济全球化使世界经济真正成为一个有机整体

为适应社会生产力高度发展的需要，各国不断消除商品、劳务、资本、技术和人员跨国流动的障碍，使得国际贸易、国际金融、国际投资以及国家之间的技术和人员的流动更加自由，正是通过这些渠道，才使各国经济出现了“你中有我，我中有你”的高度相互融合、相互依存的局面，以致有人用“地球村”或“全球经济网络”来加以形容。在这一高度相互融合、相互依存的有机整体中，各国各地区的生产、流通、交换、消费等经济活动都不过是这一有机整体中的一环。经济全球化作为世界经济发展史上的一个新阶段，与以往的历史阶段相比较，其最主要、最鲜明的两大特征是高度的对外开放和全面的相互依存。

（三）经济全球化既是一个过程，也是一种状态，更是一种发展趋势

经济全球化是逐步发展而形成的，所以它是一个过程。只是到了 20 世纪 80 年代末 90 年代初，在一系列因素的作用下，才使得人们更加强烈地感受到它在世界范围内影响的广度和力度，因而把这一时期作为世界经济进入以经济全球化为主要标志和特点的新阶段。但经济全球化绝不会止步于现有状态，作为一种趋势，无论其内涵还是外延都还将不断发展变化。

经济全球化是社会生产力发展的客观要求和必然结果，具有推动社会生产发展的历史进步性。经济全球化的过程是生产社会化程度不断提高的过程。在经济全球化进程中，社会分工得以在更大的范围内进行，资本、技术等生产要素可以在国际范围流动和配置，由此可以带来巨大的分工利益，推动世界生产

① 《马克思恩格斯文集》第 2 卷，人民出版社 2009 年版，第 35 页。

力的发展。同时也要看到，到目前为止，经济全球化是在发达资本主义国家主导下发展的，同资本主义生产关系向全球扩展有密切的联系，这意味着经济全球化的发展过程必然伴随着资本主义基本矛盾在全球范围内深化的过程，必然伴随着发展中国家与发达资本主义国家的一系列矛盾和冲突过程。对各国各地区来讲，经济全球化既带来机遇，又带来挑战。

（四）经济全球化必将在曲折中不断向前发展

经济全球化是全球向一个更加一体化和相互依存的世界经济体系的转变，它既不是一个具体的经济政策，更不是某一个或几个国家的战略，而是一些国家的社会生产力和科技水平发展到一定高度后必然出现的历史产物。那些生产力水平最高的发达国家，在面对国内市场饱和、投资需求不足时，必然会积极开拓海外市场，进行海外投资，随后其他的发达国家和发展中国家也纷纷加入，资本、人才、技术和信息在国家间广泛而自由地流动，经济全球化就自然而然地产生了。

经济全球化从来不是一帆风顺的，而是在曲折中不断向前发展。尽管“经济全球化”一词出现在20世纪80年代中期，但人类历史上的全球化最早出现在19世纪末，是通信和运输领域变革的结果。20世纪30年代的大萧条使得全球范围内的保护主义甚嚣尘上，全球化进程突然中止。20世纪80年代末90年代初，市场全球化和生产全球化不断深入发展，世界各国经济紧密联系、相互依存，掀起了新的全球化大潮。2007年美国发生的次贷危机迅速蔓延，引发了2008年的国际金融危机。此次金融危机使得世界各国间的关系出现了微妙的变化，在西方国家内部保护主义、孤立主义和民粹主义抬头，抵制大规模移民潮运动愈发强烈，经济全球化出现了倒退的趋势。与此同时，新兴市场和发展中国家迅速崛起，逐渐成为后危机时代世界经济发展的主要动力，避免了世界经济从危机走向萧条。近年来，世界经济呈现回暖向好态势，全球贸易和投资有所回升，国际金融市场相对稳定。由此可见，经济全球化并不是自出现以来便一直向前发展的，而是有过停滞、甚至倒退，但总体趋势是不断向前的。

总而言之，经济全球化是以市场经济为基础，以高新技术为手段，以发达国家为主导，以跨国公司为载体，以经济效益最大化为目标，通过分工、贸易、投资和要素流动等，实现各国市场分工与协作并相互融合的过程。经济全球化作为一个过程，本身就是动态的、发展的，各个时代的经济全球化呈现出不同的特点，在不同时期其发展速度可能出现放缓，规则可能有所改变，但它是当今世界经济最重要的特征之一，也是世界经济发展的必然趋势。

二、经济全球化的动因

经济全球化加速发展的根本原因，是世界各国对本国利益最大化的追求，其中特别是主导着经济全球化发展的发达国家的垄断资本追求利润最大化的本质冲动。马克思指出，资本的“这种不可遏止的追逐利润的狂热，这种对可诅咒的金的欲望，始终左右着资本家”①，使其处于“无休止的运动”② 之中。为了在全球范围实现资源的优化配置以实现利润最大化，它们必然要求突破民族国家疆域的限制，使商品、劳务、资本、技术等要素尽可能不受限制地在全球范围内自由流动。可以说，正是这种对利益最大化的追求和冲动才使经济全球化趋势获得了不断向前发展的根本动力。从 20 世纪 80 年代末 90 年代初开始，经济全球化呈现加速发展的趋势，世界经济进入经济全球化的新阶段，科技革命、全球范围的市场化改革、跨国公司的全球扩张、区域经济一体化以及冷战结束等因素也发挥了重要的作用。

（一）当代科技革命尤其是信息技术的迅速发展为经济全球化提供了物质基础和现实可能

二战后科技革命一直在不断发展，进入 20 世纪 80 年代以后，随着微电子技术的发展，计算机与现代通信技术的结合引发了一场全球范围的信息技术革命，互联网的问世更使人类社会真正步入了信息时代，把人与人之间几乎没有时空限制的便捷联系进一步扩及人与物、物与物之间，实现了人类生产的精细化和实时动态管理。这不但提高了资源利用的效率和生产力水平，而且还使得分布在全球各地的生产活动可以通过互联网远程、迅速完成。通信、运输、交易成本的大幅下降，使人类的生产、生活方式发生了革命性变化，客观上为经济全球化的发展提供了物质基础和现实可能。

（二）全球范围内的市场化改革为经济全球化创造了体制条件

从 20 世纪 70 年代末 80 年代初开始，世界各国经济都进入了大变革、大调整时期。首先，70 年代末中国作出实行改革开放的关键抉择，深入推进以建立社会主义市场经济体制为导向的经济改革，冲破了束缚生产力发展的体制障

① 《马克思恩格斯全集》第 32 卷，人民出版社 1998 年版，第 235 页。
② 《马克思恩格斯文集》第 5 卷，人民出版社 2009 年版，第 179 页。

碍，形成了对外开放的全新格局，为经济全球化的深入发展注入了强大活力。其次，发达资本主义国家陷入经济滞胀的困境，为了摆脱长期实行凯恩斯主义带来的弊端，美、英等国开始进行经济政策和经济结构的大调整，“里根经济学”和“撒切尔主义”总的趋向是减少政府对经济生活的干预，使资本主义市场经济体制进一步在全球拓展。再次，随着20世纪80年代末90年代初东欧剧变和苏联解体，这些国家的中央计划经济体制开始向市场经济体制转型，二战后长期存在的两个平行的互相对立的世界市场格局被打破。最后，从20世纪70年代后期开始，发展中国家也普遍开始进行以市场经济为取向的改革。所有这些都在很大程度上消除了商品、劳务及各种生产要素跨国流动的障碍，为经济全球化发展提供了体制条件。

（三）跨国公司的全球扩张是经济全球化的主要载体和推动力量

二战后，跨国公司持续快速扩张，数量不断增加，规模越来越大。20世纪80年代以来，为了适应国际经济环境的变化，发达国家的跨国公司有两大变化尤其引人瞩目：一是跨国并购急剧增加，成为推动国际直接投资增长的主要动力；二是跨国公司纷纷通过建立战略联盟来实现强强联合，以实施其全球经营战略。与此同时，为更有效地参与国际竞争，许多发展中国家的跨国公司也在迅速成长。随着跨国公司实力的空前膨胀，它们不仅有需要而且完全有能力突破民族国家疆域的限制，根据自己经营战略的需要将不同地区和不同国家的生产要素加以优化组合，在全球范围内建立生产、供应和销售网络，其结果是将国际分工和国际贸易变成了跨国公司的内部分工和内部贸易，进而在客观上极大地推动了国际贸易、国际金融以及国际直接投资的发展。显然，跨国公司是经济全球化的微观层面的具体组织者和主要驱动力量，它们的全球生产、经营活动成为经济全球化的主要载体，客观上推动着经济全球化不断向前发展。

三、经济全球化的主要表现

（一）贸易自由化

贸易自由化是指通过降低或消除贸易壁垒促使商品和劳务在全球范围内自由流动的过程。二战后，经过关贸总协定主持下的多轮多边贸易谈判，贸易自由化程度不断提高，全球贸易额的增长一直快于全球生产。20世纪80年代以来，一方面得益于现代科技发展，通信、运输更为便捷，贸易手段日趋先进，交易成本大幅下降，使更多的商品和服务转而成为“可贸易品”；另一方面得益于各国政府纷纷采取更为开放的贸易政策，使全球贸易的规模能以更快的速度持续增长，对外贸易在各国国民经济中的地位和作用进一步提高，以致成为许多国家经济增长的“引擎”。在国际贸易规模扩大的同时，贸易结构也发生重大变化，服务贸易、技术贸易以及产业内贸易、跨国公司内部贸易在全球贸易中的比重不断上升，加工贸易在许多发展中国家甚至超过了传统贸易。此外，贸易自由化也表现为国际贸易体制和规则更为规范，随着“乌拉圭回合”的结束和世界贸易组织（World Trade Organization，WTO，简称世贸组织）的建立，其对国际贸易规范的范围和作用趋于扩大，即使在经历了2008年国际金融危机的情况下，贸易自由化仍是各国贸易政策的主导取向。显然，贸易自由化已成为当今经济全球化的重要表现。

（二）金融全球化

金融全球化是指各国各地区在金融业务、金融政策等方面相互交往和协调、相互渗透和扩张、相互竞争和制约，从而使全球金融市场日趋开放、金融体系日趋融合、金融交易更加自由的过程。20世纪80年代初，发达国家以放松金融管制为主要内容的金融自由化浪潮的兴起，以及信息技术在金融领域的广泛使用，导致金融创新日新月异，金融衍生工具层出不穷，使得全球金融市场、金融交易和金融机构融为一体的速度越来越快，世界各大金融中心和金融市场已成为一个有机的整体，金融交易的时空差异、货币差异已被降到最低限度，制度障碍、政策障碍也越来越低。由于全球金融市场的高度一体化，大规模的资金流动可以在瞬间完成，使得国际金融资本在全球范围大规模快速流动，国际金融市场上“热钱”的规模日益庞大。

（三）生产国际化与全球价值链

生产国际化是指从事跨国经营的企业在全球范围内建立分支机构，并借助母公司与分支机构之间各种形式的联系，在组织和管理体制上突破民族国家疆域的限制，逐步建立以价值增值为基础的跨国生产体系的过程。20世纪90年代以来，跨国公司进一步充分利用在资金、管理、营销网络、专有技术等方面的优势，将其与东道国自然资源、劳动力和市场等要素优势相结合，进行跨国生产和经营，实现生产要素的最佳配置和利润最大化。跨国公司的国际直接投资规模成倍增加，生产国际化程度不断提高，全球生产、销售网络逐渐形成。

20世纪90年代以来，随着现代科技的迅速发展和跨国公司全球产供销网络的形成，国际分工进一步深化，其形式和格局都发生了显著变化，其中最突出的是水平型国际分工越来越倾向于同一产品的不同型号的分工，同一产品不同零部件之间的分工，甚至于同一零部件的不同加工工艺和加工流程之间的国际分工。在这种全球范围的国际分工体系当中，生产过程的各个环节通过跨国生产网络被组织起来，使各国各地区的生产成为跨国公司全球价值链上的一个环节。进入21世纪，跨国公司在全球范围内的生产要素配置有了更进一步的深化和发展，国际新型生产网络和全球价值链不断发展壮大。

第二节 经济全球化对世界经济的影响

一、经济全球化对发达国家的影响

发达国家是经济全球化的主导者，这种主导作用取决于它们较早完成了工业化革命，并通过对外侵略与掠夺实现扩张，经济实力雄厚，生产力发展水平较高，以及它们在当代先进科技尤其是信息技术上具有明显优势。此外，经过数百年的发展，发达国家已经拥有较为成熟的市场经济体制。正是凭借这些因素，发达国家在国际经济关系中居于主导地位，从而成为经济全球化的主导者和最主要的受益者。

（一）经济全球化对发达国家的积极影响

第一，经济全球化使发达国家通过对外贸易和投资渠道获取了巨额经济利益。经济全球化使全球范围内的贸易自由化进程加快，为发达国家扩大出口贸易提供了更为广阔的国际市场。它们不仅继续在全球贸易总额中居于支配地位，而且通过具有更高附加价值的制造业产品尤其是高科技产品以及服务、技术专利等的出口获益更多。经济全球化发展带来的投资自由化，使发达国家对外投资急剧扩大，不仅为其国内过剩资本找到了获取高额垄断利润的投资场所，也带来了资本品和技术出口贸易的扩大，使其跨国公司得以充分利用国外的自然资源和廉价劳动力，实现全球资源的优化配置，获取更大的市场份额，从中获取多重经济利益。

第二，经济全球化过程中的主导地位为发达国家对外经济扩张带来了更为广阔的活动空间和潜在利益。由于发达国家是经济全球化的主导者，自然成为经济全球化游戏规则的制定者。当今世界最具影响力的国际经济组织，如国际货币基金组织、世界贸易组织等，都被以美国为首的发达国家所主导。发达国家常常以此为活动舞台，以其强大的经济实力为后盾，垄断国际经济规则的制定权，谋求在国际经济活动中的潜在利益。例如，要求发展中国家不顾国情和经济承受能力对其开放服务贸易市场，提出不切实际的知识产权保护要求，采取各种手段迫使部分国家货币快速升值，等等，其目的都是获取更多的贸易、投资利益，并长期维持不公正、不合理的国际经济秩序。

第三，经济全球化加快了发达国家的产业结构升级，使其获得国际分工深化的巨大利益。经济全球化的不断深化，使广大发展中国家成为发达国家转移劳动密集型产业以及高能耗、高污染产业的目的地，这些产业在发展中国家所生产的大量产品，又由前来投资的跨国公司返销到发达国家。这既为发达国家消费者提供了价廉物美的产品，满足了其生产、生活所需，也使其节约了资源，避免或减轻了对环境的污染，更使其得以将更多经济资源投入到具有更高附加价值的资本密集型和技术密集型产业尤其是金融业中，从而实现了产业结构的升级。进入21世纪以来，随着经济全球化的加速发展，发达国家还对发展中国家积极开展服务外包，旨在进一步利用发展中国家服务行业劳动力价格低廉的好处，使其自身的经济结构进一步高级化。

第四，经济全球化有助于发达国家引进人才。经济全球化所造成的科技全球化和人员流动全球化，为受过良好教育、具有高技能的劳动力的跨国流动创造了条件，而人力资源已经成为当前最重要的资源和各国争夺的焦点。利用各种条件吸引全球科技前沿和产业高端的高层次人才，既大大节省了发达国家高素质人才的培养成本，也成为发达国家特别是美国提高科学技术水平与产业国际竞争力的最重要手段。

（二）经济全球化对发达国家的消极影响

第一，经济全球化加大了发达国家的金融风险。随着金融全球化的不断扩展和深化，全球金融资本的流动速度加快，规模不断增大，使巨额资金的调度更为便捷，一方面很容易造成发达国家资金的充溢和流动性泛滥，另一方面又由于国际资本特别是国际“热钱”的过度投机使金融市场的不稳定性增强，风险加大，对金融活动实施有效监管的难度增加。在金融全球化使国与国之间的金融联系更加紧密的条件下，一国金融市场的波动，极有可能通过各种传导机制扩大为国际金融危机，进而将所有国家都不同程度地卷入其中。2007年开始的美国次贷危机最终演变成一场全球性金融危机，充分证明了金融全球化所蕴含的巨大风险。

第二，经济全球化使部分发达国家出现产业“空心化”。所谓产业“空心化”，是指以制造业为中心的物质生产部门的资本和企业向国外转移，使得这些部门的就业减少，其在国民经济中的地位明显下降的过程。欧美发达国家之所以会出现产业“空心化”，根本原因是资本追逐更高的投资利润，经济全球化则加速了这一进程。由于经济全球化加速发展，发达国家的经济结构不断调整，对外投资迅速扩大，使得发达国家的制造业特别是其中以劳动密集型产业为代表的传统制造业成为所谓“夕阳产业”而迅速外移，以致整个制造业在国民经济中的比重日趋下降，由此也带来这些行业的就业职位的流失。表 4-1 反映了 1980—2018 年美国制造业在全国 GDP 及私人非农业就业中所占比例下降的情况。显然，产业“空心化”和制造业职位的流失会在一定程度上加剧这些国家的失业状况，因此发达国家的部分工会成员往往对经济全球化持否定态度。

表 4-1 1980—2018 年美国 GDP 结构及就业结构的变化

年份	在全国 GDP 中所占比例（%）*			在私人非农业就业总人数中所占比例（%）		
	私人服务生产部门	私人物质生产部门	其中：制造业	服务生产部门	物质生产部门	其中：制造业
1980	56.0	30.2	20.0	67.3	32.7	25.3
1990	62.0	24.1	16.7	74.0	26.0	19.4
2000	66.8	21.0	14.2	77.8	22.2	15.6
2010	68.5	18.0	11.7	83.5	16.5	10.7
2018	69.9	17.9	11.4	85.7	14.3	8.3

* 因不含政府部门，故总和不为 100。

资料来源：1980 年、1990 年数据根据《美国总统经济报告》（2011 年）整理得出。2010 年数据根据《美国总统经济报告》（2012 年）整理得出。2018 年数据根据美国商务部经济分析局网站数据整理得出，以 2009 年为基期。

二、经济全球化对发展中国家的影响

对于广大发展中国家而言，经济全球化从来就是一把“双刃剑”，在给发展中国家带来重要发展机遇的同时，也使它们面临诸多风险与挑战。

（一）经济全球化给发展中国家带来的机遇

第一，参与经济全球化为发展中国家充分利用国内国外两种资源、两个市场实现经济现代化提供了可能。由于历史和现实原因，发展中国家普遍面临着发展经济以及尽快实现经济现代化的紧迫任务，而要实现经济现代化就必须要有资金、技术和先进的管理经验，同时还要有市场。在当今世界经济中，发达国家占据绝对主导地位，这些资源以及市场等要素绝大部分都为发达国家所拥有，发展中国家如果不参与经济全球化便不可能获得实现经济现代化所必需的资源，也不可能获得商品销售所必需的市场。

第二，经济全球化为发展中国家带来了显著的贸易、投资利益，使其得以发挥比较优势，实现更快的经济发展。其一，通过吸引外资，大大缓解了发展资金匮乏的瓶颈约束，同时也引进了先进技术和管理经验。跨国公司在发展中国家投资设厂，带动了所在地的经济发展，扩大了就业，提高了居民收入，增加了税收，促进了地区经济的发展，加快了工业化、城镇化的进程。其二，贸易和投资自由化有助于发展中国家发挥劳动力资源丰富的比较优势，提高了自然资源的利用效率。其三，贸易自由化为发展中国家的加工贸易产品赢得了不断扩大的销售市场，在增加外汇收入的同时，也为发展中国家进入发达国家的市场提供了机会。其四，通过承接发达国家对外产业转移和服务外包，有助于发展中国家通过学习效应，提升自己的技术能力，为发展中国家发挥后发优势、实现经济起飞和更好更快发展创造了条件。

（二）经济全球化对发展中国家的负面影响

由于不公正、不合理的国际经济秩序的存在，经济全球化在给发展中国家带来经济发展机遇的同时，也带来了冲击和负面影响。

第一，发展中国家的经济主权和经济安全受到挑战。经济全球化以经济市场化、贸易自由化、生产和投资跨国经营为基础，而市场经济的发展要求资金、技术、劳动力等生产要素在全球范围内自由流动；金融自由化要求各国开放金融市场，减少对外汇市场和金融资本流动的限制；跨国公司的全球战略目标是追求垄断利润，其本能要求是不受任何民族国家边界的约束。由于发展中国家经济发展水平较低、市场经济体制不够完善，上述这些都会对其宏观经济管理和控制能力构成挑战。国际分工的深化，全球生产网络的形成，使一国贸易收支差额等指标的经济含义变得模糊，经济收益的核算更加困难；现代网络通信技术的发展则使发展中国家的权力受到侵蚀和削弱。加之国际经济组织影响力的增强以及发达国家跨国公司的无孔不入，都对发展中国家的经济安全构成严峻挑战。

第二，国际资本加速流动，加大了发展中国家的金融风险。金融全球化条件下，大量资本流入发展中国家，虽有推动发展中国家经济发展的积极作用，但也会使其面临着巨大的金融风险，尤其在发展中国家金融体制尚不健全、监管能力不强的情况下，如果盲目地、过快地开放国内金融市场，放松监管，将促使金融风险暴露甚至酿成金融危机。20 世纪 80 年代以来发展中国家频繁发生的金融危机，使其蒙受巨大经济损失。尤其是 1997 年发生的亚洲金融危机，一度使其中部分国家长期快速经济增长积累的成果丧失殆尽，损失惨重。

第三，盲目承接发达国家的产业转移容易损害经济可持续发展能力。发展中国家在承接发达国家劳动密集型、高能耗、高污染产业转移时，往往易患“投资饥渴症”，导致盲目、重复引进，甚至不惜以免费或廉价提供土地、任由外资企业排污、压低工资、提供各种超国民待遇等为条件，其结果是资源过快枯竭，环境受到污染，本土企业发展受到抑制。另外，发展中国家为吸引外资还常常采取“以市场换技术”策略，但因其具体实施过程失当，往往未能引进真正的先进技术，所引进的只是在发达国家已经过时、淘汰的技术或设备，同时却让发达国家的跨国公司占领了本国市场，造成本国民族品牌的消失、本国产业萎缩或为外资所占领。如果发展中国家盲目引进外资，不但不能加快产业结构升级，反而会对本国经济的可持续发展能力造成严重损害。

第四，经济全球化会使发展中国家的国家安全受到威胁。由于经济全球化由发达国家主导，发达国家在对发展中国家输出资本、技术和先进管理经验的同时，也极力推销西方的意识形态、价值观念以及文化和社会制度。为了借经济全球化之机，实现资本主义的“一统天下”，某些敌对势力甚至不惜挑起发展中国家的社会动乱，以达到其不可告人的目的。实际上，社会稳定与经济发展是相辅相成的，没有社会的稳定就不可能带来经济的发展，任何社会动乱都会严重伤害发展中国家的经济发展，所以在经济发展的同时必须高度注意解决社会矛盾，为经济的长期稳定发展提供有力保障。

面对经济全球化所带来的种种负面影响，发展中国家不应因噎废食。必须看到，经济全球化是全球范围内社会生产力发展的客观要求，只有适应这一客观要求，采取正确的政策趋利避害、妥善应对，才能抓住机遇更好地发展。任何抵制、排斥经济全球化大趋势的做法，都是于事无补的，只能使自己丧失发展的机遇。

三、经济全球化进程中世界经济面临的新问题

（一）经济全球化加剧了南北差距，使发展中国家面临“发展赤字”

发展中国家与发达国家原有的经济发展差距巨大，而各自从经济全球

化中得益又极不平等。在经济全球化过程中，发达国家在国际分工中处于价值链的高端，它们获取了贸易自由化所带来的绝大部分利益，发展中国家通过对外贸易获取的大量外汇储备流入了美国等发达国家，发展中国家发展经济急需的大量优秀人才也被吸引到了西方发达国家，这些都使经济全球化带来的利益大部分为发达国家所获得。随着经济全球化的加速发展，发展中国家发展速度缓慢、经济社会发展落后成为当今世界最根本的矛盾，尤其是最不发达国家在经济全球化过程中日益被“边缘化”和“外围化”。此外，从全球范围看，发展领域仍面临巨大融资缺口，落实联合国《2030年可持续发展议程》任重道远。正如表 4-2 所表明的，2018 年高收入国家的人口虽然只占全球的 15.9%，但其 GDP 却占全球的 63.1%，商品出口占 66.3%，国际直接投资净流入占 56.9%。与之相对应，占全球人口 49.1%的低收入和中低收入国家却只拥有全球 GDP 的 8.5%、商品出口的 6.9%，国际直接投资净流入占比更是微乎其微。而就人均 GDP 来衡量，两者之间的差距扩大更明显，《世界发展报告》数据显示，1984 年，低收入国家的人均 GDP 为 260 美元，相当于当时高收入国家人均 GDP 的 1/44，而到 2018 年其人均 GDP 虽提高为 811 美元，但却只相当于同期高收入国家的 1/55。[①] 根据联合国制定的标准，1970 年世界上的最不发达国家为 25 个，而到 2018 年却增加为 47 个。显然，南北发展的不平衡是世界经济最大的不平衡。南北差距的显著扩大会使南北矛盾加剧，并造成世界上各种对立和冲突。同时，在经济全球化加速发展的条件下，一部分贫穷国家的居民看不到希望所在，很容易为国际恐怖主义所利用。

表 4-2　2018 年世界人口与收入等指标的比较

（表中各栏的括号内数据为所占百分比）

	人口（亿）	GDP（万亿美元）	商品出口（万亿美元）	国际直接投资净流入（亿美元）
全世界	75.94（100.0）	85.82（100.0）	19.19（100.0）	10 718.55（100.0）
低收入国家	7.05（9.3）	0.57（0.7）	0.08（0.4）	15.58（0.1）
中低收入国家	30.23（39.8）	6.71（7.8）	1.24（6.5）	438.01（4.1）

① 世界银行网站。

续表

	人口（亿）	GDP（万亿美元）	商品出口（万亿美元）	国际直接投资净流入（亿美元）
中高收入国家	26.56（35.0）	24.43（28.5）	5.15（26.8）	4 165.69（38.9）
高收入国家*	12.10（15.9）	54.11（63.1）	12.72（66.3）	6 099.27（56.9）

*其中包括少数几个高收入的石油输出国。

资料来源：世界银行网站。

（二）经济全球化使世界经济发展的不确定因素增多，各国宏观经济调控难度加大

在经济全球化背景下，世界经济发展之所以具有更多不确定性，更易引起经济的动荡不安，根本原因在于市场经济体制在全球的扩展。在市场经济体制下，市场机制对生产和流通的调节具有一定的盲目性，经济运行易于发生波动，总供给和总需求的严重失衡还会导致周期性经济危机。更重要的是金融自由化、全球化的发展使金融资本流动加速，规模更大，投机性加强。尤其是金融创新日新月异，金融衍生产品层出不穷，规模庞大的国际“热钱”和对冲基金使金融交易与实体经济活动几乎完全脱节，成为纯粹的金融赌博，这对那些金融体制有缺陷、监管不力的国家来说，风险和动荡在所难免。此外，在贸易自由化条件下，商品与要素的大规模自由流动，也极易受到国际市场风云变幻的影响，国际游资在国际市场上对大宗商品和战略物资的恶意炒作，使其价格大起大落，全球股市、汇市、期市更是变化莫测，大大加剧了世界经济的动荡与不安，对各国政府的宏观经济管理和调控构成严峻挑战。

经济全球化已使得各国经济开放度大为提高，一国经济的对内均衡与对外均衡已紧密相连并互相制约，外部冲击对一国经济的稳定运行的作用变得更加重要。面对有可能随时变化的剧烈外部冲击，为确保本国宏观经济稳定运行，各国政府的经济政策经常陷入两难境地。

（三）经济全球化加剧了全球环境污染和生态危机，威胁人类社会可持续发展

人类发展与自然环境之间的矛盾由来已久，现代工业在给人类带来物质文明的同时也带给人类各种环境问题。恩格斯早就发出过告诫：“我们不要过分陶醉于我们人类对自然界的胜利。对于每一次这样的胜利，自然界都对我们进

行报复。每一次胜利，起初确实取得了我们预期的结果，但是往后和再往后却发生完全不同的、出乎预料的影响，常常把最初的结果又消除了。”① 针对二战后许多国家片面追求经济增长对环境造成破坏的现象，国际社会从 20 世纪 70 年代初开始关注环境问题，并在 80 年代后期提出“可持续发展”理念。随着经济全球化的深入，环境污染和生态环境破坏也很快跨越国界向全球扩展。发达国家出于提高其自身生活环境质量和降低环保成本的需要，将原有的高能耗、高污染的产业转移到发展中国家。这种做法使发达国家减少了对环境保护的投入，获得了高额的利润，结果却造成了高污染、高能耗产业的跨境转移与全球生态环境的破坏。此外，一些发达国家为了减少处理有害垃圾的费用和避免污染本国环境，还借贸易自由化之机千方百计把大量危险废物和有害垃圾出口到发展中国家。从发展中国家来看，为了加速本国工业化进程以适应经济全球化发展的需要，往往只顾眼前利益而不顾环境保护和资源的承受能力，结果是发达国家居民享受到了来自发展中国家的物美价廉的产品，而污染却留在了生产这些产品的发展中国家。

值得注意的是，由于近年来生态环境破坏的后果日趋严重，特别是因温室气体排放致使全球气候加速变暖，导致诸如冰川加速融化、海平面快速上升、土地荒漠化加剧、极端天气增多、物种加速灭绝等全球性恶果，围绕气候变化问题的国际博弈日趋激烈。美国等发达国家力图抛开《联合国气候变化框架公约》所确立的“共同但有区别的责任”原则，一方面以种种借口推卸其减排责任，并拒绝向发展中国家提供用于减排的资金和技术，另一方面又胁迫发展中国家接受强制减排任务，否则便试图以征收“碳关税”相威胁。事实上，在经济全球化加速发展过程中，类似气候变化这样的全球环境问题，需要世界各国平等协商，按照“共同但有区别的责任”原则加以解决，作为具有更大历史和现实责任的发达国家毫无疑问应该承担起更大的责任。

（四）经济全球化深入发展的同时，反全球化和逆全球化势力不断抬头

反全球化开始是左翼社会运动，最早可以追溯到 20 世纪末。1999 年 12 月，世界贸易组织第三次部长级会议在美国西雅图召开，试图发起新一轮的对话以减少各国间的贸易与投资壁垒。会议期间有 4 万名全球化的抗议者阻断了西雅图的街道，企图阻止会议的召开，此次示威游行活动迅速演变为一场全面

---

① 《马克思恩格斯文集》第 9 卷，人民出版社 2009 年版，第 559 页。

骚乱。反全球化的代表是劳工、环保、学生、人权和宗教组织以及左翼社会团体等。他们声称，全球化对他们的就业造成了巨大冲击，导致收入分配不平等，非熟练工人工资下降，环境恶化等严重问题。西雅图会议混乱收场的消息迅速传遍全球，此后，反全球化的抗议者们在世界银行、国际货币基金组织、欧盟、七国集团等全球机构和组织定期召开的重大会议上都会举行大规模的集会、游行和抗议活动，并时常引发暴力冲突。

反全球化的抗议和游行并没有阻断全球化继续前进的脚步。2001 年以后，反全球化的呼声渐渐弱化，经济全球化进一步发展。2008 年国际金融危机后，以右翼民粹主义为代表的逆全球化势力逐步兴起。2016 年 6 月，英国“脱欧”公投以 51.9%对 48.1%获得通过，掀起了逆全球化的大潮。紧接着，2016 年 11 月，美国总统大选尘埃落定，新一届美国政府全面实施保护主义、单边主义和本国优先主义政策，成为逆全球化的急先锋。2016 年 12 月，意大利修宪公投失败，宪法修正案被否决，极力反对全球化的反修宪阵营获得胜利，这次事件再次助长了逆全球化的趋势。与 20 世纪末的反全球化相比，逆全球化的代表是发达国家的产业工人、农民、社会弱势群体，他们的共性是低收入与低教育程度。此轮逆全球化的特征表现为各主要发达经济体对经济全球化、贸易投资自由化、区域经济一体化的态度发生了逆转性的变化；美英等“盎格鲁-撒克逊式”的自由竞争资本主义国家成为逆全球化的主要推动者。此次逆全球化产生的主要原因有以下两点：

第一，收入分配恶化是逆全球化现象的根本动因。伴随着经济全球化的发展，不仅发达国家与发展中国家的贫富差距不断拉大，在发达国家内部也出现了两极分化现象，使得越来越多的人加入逆全球化的阵营之中。2016 年，英国最富有的 1%人口占有的财富是最贫穷的 20%人口财富总和的 20 倍，法国 1%的富人占有全国财富的 22%，10%的德国富人占有全国 52%的财富。美国有一部分人没有受过很高的教育，也没有直接从经济全球化中获益，相反由于产业升级，一部分工人失去了工作。他们并不关心经济全球化带来的长远利益，只在乎自己的工作和收入，因此他们选择了支持逆全球化的举措。另有数据表明，支持英国“脱欧”的人中，中老年蓝领工人占据大多数，他们只看到外国移民抢走了他们的工作，降低了福利水平，没看到欧盟给国家带来的整体利益。

第二，经济危机以及复苏乏力是逆全球化现象的直接动因。2008 年国际金融危机和2009年欧债危机使得全球经济受到严重冲击，之后发达国家陷入结构性持续低迷状态，尽管采取了量化宽松货币政策等手段，但经济复苏依然迟缓，且各国经济恢复的速度差异也很大，特别是欧洲国家经济一蹶不振。同时，随着中东、北非政治与安全形势的恶化，大量移民涌入发达国家，对其国内治安、就业和福利水平带来了诸多负面影响，使得普通民众对全球化与开放政策产生了较强烈的质疑情绪，对经济全球化与一体化的不信任感迅速增强。

正如习近平所说："经济全球化是不可逆转的历史大势，为世界经济发展提供了强劲动力。"① 虽然逆全球化势力来势凶猛，但可以确定的是，经济全球化给世界经济带来的正面影响大于负面影响，经济全球化必然在曲折中不断向前发展。逆全球化现象的出现将促使国际社会反思和正视经济全球化的负面影响，更加重视解决经济全球化所带来的各种经济与社会问题，通过改善国内治理体系与加强国际合作，积极推动经济全球化朝着均衡、普惠、共赢方向发展。

经济全球化背景下，要解决上述世界经济发展过程中面临的新问题，实现世界经济强劲、平衡、包容、可持续发展，需要各国携手合作，共同努力。首先，要坚持创新驱动，打造富有活力的增长模式。世界经济正处于动能转换的换挡期，传统增长引擎对经济的推动作用明显减弱，而新的经济增长点还未形成。世界经济需要新的增长动力，而创新是发展的第一动力。我们要勇于创新，在创新中寻找新的经济增长点，以突破全球经济发展的瓶颈。其次，要坚持协同联动，打造开放共赢的合作模式。每个国家在谋求自身发展时，不能以损害他国的利益为代价。各国应共同努力，发展开放型世界经济，在开放中分享利益和机会，实现多方互利共赢。再次，要坚持与时俱进，打造公正合理的治理模式，提高全球经济治理水平。世界上所有国家，都是国际社会上地位平等的成员，应该平等地享受权利、履行义务以及参与决策。要打破霸权主义，根据国际经济力量和世界经济格局的变化，赋予发展中国家更多话语权和决策权。最后，要坚持公平包容，打造平衡、普惠的发展模式。要使发展更加平衡，发展机会更加均等，发展成果人人共享，就必须完善发展模式和发展理念，提升发展的有效性、公平性及协同性，这样才能解决发展中国家与发达国

---

① 习近平：《共建创新包容的开放型世界经济：在首届中国国际进口博览会开幕式上的主旨演讲》，人民出版社2018年版，第3页。

家之间、发展中国家与发达国家内部存在的收入分配不平等问题，以满足各国人民对美好生活的期望。

第三节 世界经济发展的新阶段

一、世界经济格局的新变化

世界经济格局是指世界经济中具有不同经济发展水平和特点的各组成部分（各国各地区）所处的地位、状态及其相互关系。一个国家或地区在世界经济格局中的地位和作用，主要取决于它的经济发展水平、经济规模以及对世界经济发展的影响力。

20 世纪 80 年代末 90 年代初，随着苏联解体、东欧剧变和经互会解散，二战结束时所形成并曾长期存在的两极格局宣告结束。美国是 20 世纪 80 年代兴起的信息技术革命和经济全球化的主导者，因此也成为从中获益最多者。这为其在 20 世纪 80 年代实现二战后持续时间最长的经济增长，以及 20 世纪 90 年代中后期形成“新经济”提供了条件。正是经过这两次创纪录的长期经济增长，美国的经济实力重新有了提升，成为世界经济中的唯一超级大国。进入 21 世纪以来，世界经济格局发生了翻天覆地的变化。具体来说，世界经济格局的变化主要体现在以下三个方面：

第一，美国的世界霸主地位受到挑战。尽管美国的经济总量居世界第一位，然而在经济全球化条件下，各国经济高度相互融合、相互依存，单个国家已不可能主宰世界经济，世界上的各种重大政治经济问题，诸如反对恐怖主义、应对全球气候加速变暖等问题并非一个国家倚靠经济强权就能解决，美国已不具备这种综合实力。另外，日本、西欧的经济实力已较二战后初期大为增强，特别是欧盟作为一个经济集团，依靠一体化带来的集合力量在经济上已经具有与美国相竞争的实力。

第二，新兴市场和发展中经济体崛起。进入 21 世纪以来，以“金砖国家”为代表的新兴市场和发展中经济体紧紧抓住了经济全球化所带来的发展机遇，实现了经济较快发展。从长远来看，这些新兴市场和发展中经济体蕴藏着更大的发展潜力，其经济增长速度远大于老牌资本主义发达国家，代表了世界经济未来的发展趋势，也是世界经济增长的新引擎。此外，新兴市场和发展中经济体在迅速发展的同时，也会辐射和带动其他发展中国家经济的增长，在经济全球化中互利共赢，逐渐打破过去几十年由西方主导的世界经济秩序，力图构建全球普惠、共赢与包容发展的全球经济治理体系。

第三，中国经济力量不断壮大。在改革开放初期，中国是世界最贫穷的国家之一。1980 年中国的 GDP 总量仅占世界的 2.8%，美国高达 26.2%。而 2015 年中国的 GDP 总量占世界的 14.8%，美国则下降到 24.3%。2012—2017 年，中国 GDP 年均增长 7.1%，占世界经济比重从 11.4%提高到 15%左右，对世界经济增长贡献率超过 30%。

在美国的世界霸主地位面临挑战、欧洲老牌资本主义强国经济增长乏力的同时，作为新兴市场和发展中经济体的代表，中国经济快速增长，积极参与全球治理，在世界政治经济舞台上扮演着越来越重要的角色。

二、国际经济秩序面临的新挑战

现行国际经济秩序是在二战后初期广大发展中国家处于基本无权地位的情况下，按照发达资本主义国家的意志和需要建立起来的，是发达国家在国际生产和流通领域的垄断地位的体现。随着经济全球化的加速发展，现行国际经济秩序的缺陷暴露无遗。

首先，现行国际货币体系的缺陷主要表现在：其一，美元既是美国的主权货币又是国际主导储备货币，必然会产生所谓“特里芬难题”①。只要这一难题存在，美国经常项目逆差和外部世界顺差几乎不可避免，从而使世界经济失衡无法根本解决。其二，美国依靠美元的国际本位货币地位而成为国际货币体系的“中心国”和“准世界中央银行”。凭借该特权，美国一方面向发展中国家“征收”铸币税，让大量实体资源从发展中国家流向美国；另一方面又向世界输出货币，将汇率调整与经济调整的责任转嫁给发展中国家，加剧了南北两极分化。其三，美元与黄金脱钩以后，美国可以无约束地对外倾销其货币，金融垄断资本可借金融创新之机创造出各种衍生金融产品，致使国际游资越滚越

① 特里芬难题是由美国经济学家特里芬提出来的，其含义是指以一国货币作为国际货币必然面临国际货币供给充足性和国际货币稳定性之间的冲突。一方面，世界经济的发展要求国际货币供给不断增加，但是这会恶化该国的国际收支逆差从而危及国际货币的信用基础；另一方面，为保持国际货币的币值稳定而不能持续逆差，否则将会造成国际储备资产供给不足从而影响世界经济的发展。

多。储备货币多元化后，由于美元信用动摇，汇率发生剧烈波动，国际投机加剧，进一步造成金融市场动荡，致使金融危机频发，严重冲击和危害发展中国家金融稳定。其四，现行国际货币体系缺乏民主性和平等性，美国在国际货币基金组织决策中拥有绝对否决权，在国际经济交往中掌握着控制权，广大发展中国家的利益被忽视，只能处于被控制地位，失去经济自主权。其五，现行国际货币体系缺乏有效的国际收支调节机制，调节渠道有限，国际货币基金组织在对发展中国家提供援助时，常常附加种种苛刻条件甚至干涉其内政。

其次，就国际贸易体制来看，虽然以关贸总协定和世界贸易组织为核心的多边贸易体制在推动贸易自由化进程、规范世界贸易行为准则、解决贸易争端等方面发挥了重要作用，但其缺陷也十分明显。主要体现在，发达国家掌握话语权，主导着贸易自由化进程，对发展中国家提出各种不切实际的开放市场要求，而发展中国家的要求又受到忽视，利益被损害；发达国家频频使用反倾销、反补贴、保障措施等贸易救济手段对发展中国家出口产品进行限制，严重损害发展中国家贸易利益。另外，在现行国际分工体系中，发达国家处于国际价值链高端，获取了国际贸易的主要利益，而发展中国家只能从事简单的加工装配，始终未能摆脱所谓“微笑曲线”① 效应，其结果是发展中国家出口数额很大，但实际获益甚少。

总之，在现行国际经济秩序下，西方发达国家长期垄断着国际经济规则的制定和相关国际组织的话语权，发展中国家只能处于被动地位。这是造成经济全球化发展过程中各国受益不均、南北差距显著扩大的最重要原因，改革势在必行。只有通过改革，建设公平、公正、包容、有序的国际货币金融体系，增加新兴市场和发展中经济体在国际货币金融体系中的发言权和代表性，同时建设公正合理的国际自由贸易体系，反对各种形式的贸易保护主义，加强多边贸易体制，才能确保在经济全球化过程中建立起全球普惠、共赢与包容发展的国际经济新秩序。

三、经济全球化进程中的国际竞争与合作

经济全球化是世界经济发展的新阶段，它在对世界经济格局及其运行机制

① 微笑曲线是一条描述产品附加价值形成的U形曲线。曲线左侧代表产品研发、品牌、零部件等环节的附加价值，右侧代表产品的品牌运作、营销等环节的附加价值，曲线底部指劳动密集型的中间制造与装配环节的附加价值。由于中间的制造与装配环节技术含量低、利润空间小，而且市场竞争激烈，因此成为整个价值链中附加价值以及获利最少的部分。

带来深刻影响的同时，也极大地影响和改变了世界各国经济发展的内外部环境和条件。经济全球化在促使各国间竞争日趋激烈的同时，国际合作显得更为重要。

经济全球化进程中各国之间竞争激烈的主要原因是：首先，经济全球化使市场经济体制在全球范围内扩展。市场经济本质上就是竞争经济，通过竞争达到优胜劣汰。其次，虽然经济全球化使各国经济高度相互融合、相互依存，但是各国经济主权依然独立，各国之所以参与经济全球化，根本目的在于实现本国利益的最大化，相互利益的碰撞不可避免。再次，经济全球化使各国开放程度大为提高，国家边界的保护作用下降，各国企业都将会面对来自国外竞争对手的激烈竞争，在竞争对手和竞争手段更多、竞争更加激烈复杂的情况下，只有不断提高效率、增强竞争能力才能使自己立于不败之地，否则就将遭到淘汰。最后，科技进步使得各国时空距离缩小、要素流动更为快捷和便利，促使国际竞争日趋激烈。

在经济全球化背景下各国间竞争日趋激烈的同时，也需要加强国际经济合作，主要是因为：首先，应本着求同存异的原则，切实尊重各国主权和选择发展道路、发展模式的权利，尊重文明多样性，营造支持各国根据本国国情实现和平、稳定、繁荣的国际环境，努力使各国在交流借鉴、取长补短中相得益彰、共同进步，坚持通过对话和协商，以和平方式解决国际争端。其次，应坚持国家不论大小、强弱、贫富都是国际社会平等一员，以民主、包容、合作、共赢的精神实现共同安全，坚定不移地奉行多边主义和国际合作，推进国际关系民主化。最后，努力提升发展中国家特别是新兴经济体在国际经济事务中的话语权，改变由少数发达国家决定国际经济事务的状况，充分利用联合国、二十国集团、“金砖国家”等各层次的多边合作机制，开展务实有效的合作。

本章小结

1. 经济全球化是指在科技革命尤其是信息技术革命的推动下，通过国际贸易、国际金融、国际投资以及技术和人员的国际流动，将世界各国各地区的经济越来越紧密地结合成为一个高度相互融合、相互依存的有机整体的过程。

2. 经济全球化的根本动因是各国对利益最大化的追求以及当代科技革命尤

其是信息技术的迅速发展，全球范围内的市场化改革，跨国公司的全球扩张。经济全球化的表现包括贸易自由化、金融全球化、生产国际化、国际分工进一步深化。

3. 经济全球化对发达国家和发展中国家分别带来了不同的积极与负面影响，同时也给世界经济带来一些新问题：加剧了南北差距，使发展中国家发展不足；使世界经济中的不确定因素增多，各国宏观经济调控难度加大；加剧了全球环境污染和生态危机，并使围绕环境问题的国际博弈日趋激化。

4. 在经济全球化进程中，世界经济格局正在发生新变化，现行国际经济秩序面临新挑战，国际竞争与合作出现新趋势。

思考题：

1. 简述经济全球化的动因与主要表现。
2. 试述经济全球化对发达国家和发展中国家所带来的正面与负面影响及对世界经济带来的新问题。
3. 简述经济全球化背景下世界经济格局的主要变化。
4. 简述现行国际经济秩序的主要缺陷。
5. 试述经济全球化背景下国际竞争加剧、合作加强的原因。

▶ 自测习题及参考答案

第五章　区域经济一体化与世界经济发展

区域经济一体化是二战后世界经济中出现的新现象和新趋势之一。区域经济一体化的发展促进了成员国商品的自由流动和贸易的增长，加速了成员国对外直接投资，区域经济一体化正在改变世界经济格局。

第一节　区域经济一体化的类型及其与经济全球化的关系

一、区域经济一体化的内涵和类型

区域经济一体化，是指两个或两个以上的国家或地区通过达成某种承诺或者签订条约和协议，在成员间逐步取消贸易壁垒和生产要素流动障碍，形成区域性经济合作组织的过程。①

20 世纪 90 年代中期以来，区域经济一体化迎来一轮新的发展高潮。根据世界贸易组织网站的数据，已经生效的区域贸易协定数量不断增加，如图 5-1 所示。1958 年时生效的区域贸易协定为 2 个，1973 年增至 12 个，1990 年为 25 个；经过 20 世纪 90 年代的大发展，到 2000 年增至 94 个，2001 年为 106 个；到 2018 年年初，已经增至 455 个。可见，从二战结束到 20 世纪 90 年代，全球贸易体系以多边为主，随着多边贸易谈判发生困难等问题的出现，区域经济一体化成为多边贸易体系的一种补充。

根据一体化发展的程度与层次的不同，区域经济一体化的类型大致有特惠关税区、自由贸易区、关税同盟、共同市场、经济联盟等形式。

（1）特惠关税区。特惠关税区亦称特惠贸易安排或特惠贸易协定，是指成员国之间对全部或部分商品规定较为优惠的关税，但各成员国保持其独立的对非成员国的关税和其他贸易壁垒。这是区域经济一体化中层次最低和最松散的组织形式。

（2）自由贸易区。自由贸易区是指各成员国之间取消关税及其他贸易壁垒，各成员国有权对非成员国设定关税和数量限制。为了防止非成员国商品通

---

① “经济一体化”这一概念大概最早出现在 20 世纪 30 年代。1931 年，赫克歇尔在其《重商主义》中将经济一体化看作国家间的贸易融合到一个更大区域的过程。

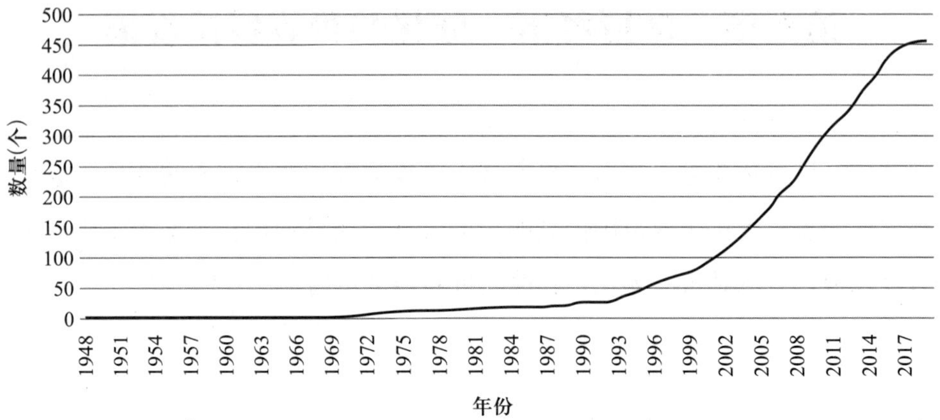

图 5-1 已生效的区域贸易协定数量

资料来源：根据世界贸易组织网站的数据整理。

过关税较低的成员国进入关税较高的成员国，成员国之间仍然设有海关，并实行商品原产地规则。自由贸易区是当今世界区域经济一体化过程中最常见的组织形式。

（3）关税同盟。关税同盟除了具有自由贸易区的特征之外，它还要求成员国采取共同的关税及共同的对外贸易政策。

（4）共同市场。共同市场除了具有关税同盟的特征之外，还要求允许劳动力、资本等生产要素在成员国之间自由流动。

（5）经济联盟。在共同市场的基础上，经济联盟的成员国在包括财政、金融、货币、农业、工业和社会政策在内的各个领域实行统一的经济政策，并对涉及本地区发展的重大经济事项采取共同立场。经济联盟还常与货币联盟结合在一起，货币联盟的形式有很多种，其最高形式要求发行统一货币和实行统一货币政策。

以上几种类型的区域经济一体化组织的共同特征是：其一，对内实行程度不同的自由贸易；其二，对外实行差别待遇；其三，具有某种形式的制度安排，即具有一项由政府通过谈判达成的条约或协定，对各成员在集团内的权利和义务作出规定，以确保经济的正常运行和分享集团组建的经济利益，防止相互之间的利益损害。

二、区域经济一体化发展的动因

区域经济一体化的产生和广泛发展绝不是偶然的，它是在经济全球化的背景下生产力和生产关系发展的必然结果，有其深刻的经济、社会和政治的原因。

（一）国际分工的深化

二战后，随着科技革命的发展，世界范围内的生产社会化不断深入，国际分工和生产专业化日益加深，商品、资本、劳动力、科学技术以及其他生产要素越来越多地进入世界市场，不同国家之间生产、交换和分配的相互依赖性日益增强。这是区域经济一体化的客观基础。

（二）经济发展不平衡和世界经济多极化

二战后的一段时间里，资本主义世界形成了美国、西欧、日本三足鼎立的局面。在这一过程中，美、日、欧之间的经济贸易摩擦不断扩大。20 世纪 50 年代后期出现的欧洲经济共同体（此后发展为欧盟）的重要动力之一，就是要摆脱美国的控制，增强西欧国家内部的凝聚力，提高其在世界经济中的地位。欧洲力量的增强和经济一体化的不断发展，促使美国在 20 世纪 90 年代组建了以自己为核心的北美自由贸易区。对发展中国家来说，积极推进区域经济一体化的目的是加强区域内合作，提升在世界经济中的地位。

（三）寻找有利的贸易条件和投资环境

二战后，特别是 20 世纪 90 年代初冷战结束以来，各国之间的经济竞争日益加剧。各国都在寻求进一步消除贸易壁垒、提高国际竞争力、缓解国家之间的经济摩擦和矛盾的途径，而建立区域经济一体化组织，正是实现这一目标的重要途径。特别是广大发展中国家，虽然各自处境不同，但在现行的国际经济秩序之下均处于不利的地位。它们为了促进本国经济的稳定发展，寻求有利的贸易条件和投资环境，一方面积极与其他发展中国家组建层次不同的区域经济一体化组织，另一方面也积极地向发达国家的区域经济一体化组织靠拢。

（四）寻求经济效益

区域经济一体化组织建立后，通过各成员国间关税和非关税措施的特殊优惠安排，使各成员国货物和服务进入彼此市场的机会增加，从而使成员间专业化分工向广度和深度拓展，比较优势得到进一步发挥，区域内资源配置将更趋优化，消费者的选择范围将大为提高。区域经济一体化使成员国国内市场向统一的区域大市场转换，贸易创造效应明显。区域经济一体化还可以促进区域内技术和人才的流动，通过技术外溢和管理外溢来促进整个区域科学技术水平的提高。

（五）WTO主导的全球多边贸易体系陷入困境

以WTO为主导的多边贸易体系是实现贸易自由化的主要渠道，但WTO成员众多，不仅发达国家和发展中国家之间存在严重的利益冲突，即便是发达国家和发展中国家内部也存在较多矛盾和分歧，协调和达成共识的难度极大，多边贸易谈判屡次陷入困境。在多边贸易谈判进程受阻的情况下，区域经济一体化组织成为一种占优的制度选择。

（六）地缘竞争的手段

区域经济一体化通过更加优惠的贸易和投资条件，在融合成员方经济利益的同时又加强了其政治、外交关系，进而加强地缘竞争能力，成为地缘战略合作与竞争的重要手段。当年欧洲经济一体化的主要目的就是为了增强与美国、苏联的抗衡实力，而北美自由贸易区则是美国、加拿大和墨西哥对欧洲经济一体化所带来的挑战的应对。

三、区域经济一体化与经济全球化的关系

（一）区域经济一体化和经济全球化的联系

第一，经济全球化促进区域经济一体化发展。经济全球化条件下，生产力高度发展，必然要求打破民族国家边界的限制，以在全球范围内实现要素自由流动和资源的优化配置。但每个民族国家都有自己的边界和不同的利益追求，正是这一矛盾促使那些有着更多共同利益的国家通过组建区域性经济一体化集团以在更大范围内实现资源的优化配置，同时也可通过经济集团的组建，对集团外产品实行差别待遇以应对来自非成员国产品的竞争。

第二，区域经济一体化和经济全球化的发展过程是相互融通的。区域经济一体化的起步阶段，多以自由贸易区或关税同盟为主要形式，基本目标是解决一定范围内的贸易自由化问题；经济全球化的初期阶段多以追求贸易自由化作为核心内容。当经济全球化进入生产国际化和金融全球化阶段时，区域经济一体化的发展开始涉及国际直接投资、跨国公司以及加强政府宏观经济政策协调等问题，区域经济一体化的内涵不断丰富。

第三，区域经济一体化和经济全球化的实践过程是相互促进的。从某一个角度来看，区域经济一体化与经济全球化所追求的目标基本上相同，即实现规模经济、提高经济运行效率和增强产品的市场竞争力，但其达到相关目标的手段和范围大小有一定差异。区域经济一体化通过集团内部的商品、劳务及生产

要素的自由流动，实现资源的优化配置，深化成员国之间的专业化分工，在推动集团内经济发展的同时也推动了全球生产、贸易和投资的发展进程。经济全球化则推动了世界各国之间的多边合作机制的建立和发展。在世界贸易组织、世界银行、国际货币基金组织等国际组织的协调和管理下，区域经济一体化和国际竞争正朝着更加规范有序的方向发展。

（二）区域经济一体化和经济全球化的区别

第一，区域经济一体化具有背离经济全球化趋势的效应。主要是因为，二战后的区域性经济集团虽然在降低集团内贸易壁垒的同时并不提高对集团外产品的壁垒，但由于它只将集团贸易自由化的好处提供给集团内产品，实际上背离了关贸总协定的最惠国待遇原则，造成了对集团外产品的差别待遇，保护了集团内产品，有碍于产品的自由流动，因而具有与经济全球化趋势相悖的一面。

第二，在区域经济一体化和经济全球化过程中，主权国家扮演着不同角色。区域经济一体化是区域内各国突破主权限制，通过签订政府间协议而建立起来的一种国际经济一体化组织，通常以主权国家让渡部分经济权力为代价，有时甚至还让渡部分政治权力。而经济全球化通常是由市场力量推动，国家在其中一般并不承担强制义务。

第三，区域经济一体化与经济全球化的发展动力不同。区域经济一体化主要是由国家推动，通过政府间双边或多边协定建立地区性经济一体化组织。经济全球化是由市场力量推动的生产、贸易、投资、金融等经济行为在世界范围内的大规模活动，是资本和劳动等要素在全球范围内的配置与重组。因此，可以认为，跨国公司是经济全球化的微观主体，经济全球化在很大程度上是由跨国公司主导的经济活动。

第二节　区域经济一体化的发展及其现状

一、欧洲经济一体化的形成与发展

（一）欧洲经济一体化的历史发展

1949 年，当时的欧洲委员会建议在西欧地区的钢铁行业建立超国家的高级机构，以协调管理西欧各国的钢铁工业。法国在 1950 年提出了“舒曼计划”。

法国、联邦德国、意大利、比利时、荷兰、卢森堡六国于1951年4月签订了为期50年的《欧洲煤钢共同体条约》。1957年3月，上述六国在罗马签署了《欧洲经济共同体条约》和《欧洲原子能共同体条约》（统称《罗马条约》）。1958年1月1日，《罗马条约》生效，欧洲经济共同体和欧洲原子能共同体正式成立。1967年7月，欧洲煤钢共同体、欧洲原子能共同体与欧洲经济共同体合并，组建欧洲共同体（European Communities，EC，简称欧共体），又称欧洲共同市场。

1972年7月，欧共体六国与欧洲自由贸易联盟①（European Free Trade Association，EFTA）七国在布鲁塞尔签订协议，共同组建欧洲自由贸易区。1973年，英国、爱尔兰和丹麦加入欧共体。1979年，欧洲货币体系诞生，内容包括欧洲货币单位（European Currency Unit，ECU）、欧洲汇率机制和欧洲货币基金。1981年，希腊加入欧共体。1986年，葡萄牙和西班牙加入欧共体。1991年10月，欧共体与欧洲自由贸易联盟达成协议，决定共同建立欧洲经济区，在欧洲经济区内实行商品和生产要素的自由流动。

1991年12月，欧共体马斯特里赫特首脑会议谈判达成了《欧洲经济联盟条约》，亦称《马斯特里赫特条约》（简称《马约》），同意建立欧洲中央银行，发行统一货币，确定了分三阶段实现欧洲经济与货币联盟的时间表。《马约》在1993年11月1日正式开始生效，从而宣告了欧洲联盟（European Union，EU，简称欧盟）的产生。1994年1月，欧洲经济与货币联盟建设进入第二阶段。1995年1月，奥地利、芬兰和瑞典加入欧洲联盟，成员国数增至15个。1998年6月，欧洲中央银行在德国法兰克福正式成立。1999年1月，欧元正式启动，欧元区内各国货币与欧元的汇率被锁定。2002年1月1日，欧元正式发行并投入流通。2004年5月，匈牙利、波兰、捷克、斯洛伐克、斯洛文尼亚、爱沙尼亚、立陶宛、拉脱维亚、马耳他和塞浦路斯10国加入欧盟，成员国数从15个增至25个。2007年1月，保加利亚和罗马尼亚加入欧盟，使其成员国从25个增至27个。2007年12月，欧盟各国首脑签署了《里斯本条约》，2009年12月1日，《里斯本条约》生效，这意味着欧盟在欧洲一体化道路上又迈出了坚实的一步。2013年7月1日，克罗地亚正式成为欧盟第28个成员国。

---

① 欧洲自由贸易联盟成立于1960年，由奥地利、丹麦、挪威、葡萄牙、瑞典、瑞士和英国七国组成。

但是，欧盟的发展并非一帆风顺。2016 年 6 月 24 日，英国通过全民公投，宣布退出欧盟，相关程序正在进行中。

（二）欧洲经济一体化的三大支柱

1. 关税同盟

关税同盟是欧洲经济一体化的基础和起点。关税同盟的主要内容是取消成员间贸易的关税及数量限制，并对外实行统一关税和共同贸易政策。按《罗马条约》的规定，欧洲经济共同体的关税同盟应从 1958 年 1 月 1 日起分三阶段、经过 12 年过渡期而逐步建成，但实际却在 1968 年 7 月 1 日即提前一年半得以建立起来。关税同盟的建立促进了共同体内的国际分工和生产专业化，扩大了成员之间的贸易和投资，加速了生产和资本的集中。关税同盟自建立以来，不断巩固和扩大，现已成为欧洲经济一体化的重要支柱。

2. 单一市场

单一市场又称内部大市场，是指欧洲主要国家按照法律的规定实现商品、劳务、资本、人员无国界地自由流动，让资源流入最有效率的部门。欧共体及其成员国为建成内部大市场先后采取了 282 项立法措施，克服了有形的、技术的和财政的三大障碍，终于在 1992 年年底基本建成了内部大市场。在内部大市场建设过程中，为了适应内部边界取消、生产要素无国界自由流动而带来的更为激烈的竞争，各成员国的企业和政府都采取了许多有针对性的重大举措，如企业纷纷增加投资，改善管理，加强研发，努力把自己建成“欧洲型企业”，政府则实行税制改革，推动跨国并购，加大科技投入等，这就给欧共体各国经济注进了新的活力，使各国的经济增长速度明显加快。显然，单一市场已成为欧洲经济一体化的又一重要支柱。

3. 经济与货币联盟

早在 1969 年年底，欧共体就已确立了建设经济与货币联盟的目标，但由于条件不成熟致使其在 20 世纪 70 年代初遭受了挫折。随着 20 世纪 80 年代后期内部大市场的即将建成，出于巩固和扩大其建设成果的需要，欧共体再次将经济与货币联盟建设作为正式目标。在随后谈判达成的《马约》中，经济与货币联盟建设成为其中规定得最为具体也最为重要的内容。

《马约》不仅详细规定了分三阶段实现经济与货币联盟的目标、任务、步骤与基本框架，而且还就一国能否进入经济与货币联盟第三阶段规定了四项“趋同标准”：第一，通货膨胀率不高于成员国中通胀率最低三国平均数 1.5 个百分点；第二，政府财政赤字不超过本国 GDP 的 3%，累积公共债务不超过本国 GDP 的 60%；第三，长期利率不超过上述三国长期利率平均水平 2 个百分点；第四，该国货币在前两年的汇率波动不超过欧洲货币体系规定的幅度，且未发生贬值。

1998 年 5 月，欧盟首脑会议确认奥地利、比利时、法国、德国、芬兰、荷兰、卢森堡、爱尔兰、意大利、葡萄牙、西班牙 11 国已达到四项“趋同标准”，可以进入经济与货币联盟第三阶段，也就是率先进入欧元区。1998 年 6 月，欧洲中央银行在法兰克福宣告成立，1999 年 1 月 1 日，欧元正式启动，标志着经济与货币联盟建设顺利进入最后的第三阶段。2002 年 1 月 1 日，欧元正式发行，与成员国货币一道在成员国流通，同年 3 月 1 日以后成员国货币退出流通，欧元成为欧元区唯一法定货币。随着希腊（2001 年）、斯洛文尼亚（2007 年）、塞浦路斯和马耳他（2008 年）、斯洛伐克（2009 年）、爱沙尼亚（2011 年）、拉脱维亚（2014 年）和立陶宛（2015 年）的先后加入，截至 2018 年年底，欧元区成员国已由最初的 11 个增加至 19 个。事实说明，欧元诞生以来取得了巨大的成功，它已成为当今世界仅次于美元的第二大国际货币，在国际贸易、国际投资及国际储备中的使用比重不断上升，在某种程度上对美元的国际主导货币地位构成了现实挑战。

2007 年美国次贷危机引发国际金融危机后，自 2010 年起，希腊、爱尔兰、葡萄牙、西班牙等欧元区成员国先后发生了主权债务危机，主要表现为政府财政赤字和累积债务总额远远超出欧元区四项“趋同标准”规定，政府信用评级下降，融资成本上升，政府深陷偿债困境，不得不寻求国际救助。

（三）欧洲经济一体化发展的动因

1. 政治联盟与经济合作相互促进，共同推动欧洲经济一体化运动向前发展

历史地看，两次世界大战的爆发使得欧洲统一成为欧洲政治家们的理想。20 世纪 50—60 年代，在美苏冷战格局下欧洲完成了经济重建的任务。70 年代中期至 80 年代初，在经济滞胀背景下欧洲经济一体化陷入低潮。进入 90 年代，冷战结束、两德统一以及东欧剧变、苏联解体又给欧洲经济一体化发展带来新的机遇。经济一体化是欧洲各国政治联合的重要基础，而政治联盟的建设与发展成为经济一体化进一步深化的重要动力。

2. 法德是欧洲经济一体化的核心推动力量

法国和德国对于欧洲经济一体化运动的成功与否具有关键性的影响。尽管

法德两国在一些问题上仍存在较大分歧，但它们都希望欧洲强大，并坚信欧洲能够实现经济一体化以及未来政治社会一体化。在二战以后西欧一体化发展过程中，法德两国一直发挥着核心作用，这不仅有助于欧洲地区的和平与稳定，而且有助于推动欧洲经济一体化不断向前发展。法德两国共同的经济和政治目标对于促进欧洲经济一体化进程的顺利实施具有十分重要的意义。

3. 欧元的产生对推进欧洲经济一体化具有极其重要的影响

作为欧元区国家的单一货币，欧元能够降低成员国之间的交易成本，减少汇率波动带来的风险，促进贸易和投资的发展；欧元的诞生有助于稳定币值，稳定物价，从而有效防止和应对通货膨胀；欧元的问世进一步增强了欧洲的综合实力，提高了欧盟与美、日等国的谈判地位。欧元对于提高欧元区各国的经济增长率，并进一步促进政治一体化进程具有重要作用。欧元的产生实质上反映了欧洲经济一体化进程中更深层次的政治和社会联合目标，货币统一已成为欧洲经济一体化的象征与其政治凝聚力的标志。

不过，作为货币一体化的产物，欧元的成本和代价还是比较明显的。首先，欧元区成员国之间节约交易成本以及促进就业和经济增长的效果，并没有预想的显著。其次，为了减少财政赤字以达到四项“趋同标准”的要求，部分成员国的失业问题雪上加霜，并导致社会不稳定甚至政治动荡。再次，在货币联盟中，一个欧元区国家发生的经济危机很容易通过传导机制对其他成员国乃至欧盟经济和政治产生连锁冲击。欧元区各国让渡了本国货币主权，因此面临危机时它们就只能依靠财政政策来应对，这削弱了欧元区各成员国政府调控宏观经济的能力。

（四）欧洲经济一体化所面临的问题与挑战

欧洲经济一体化所面临的问题与挑战包括：一是一体化的预期收益与严峻经济现实之间的矛盾。2008 年国际金融危机爆发后，欧盟成员国经济增长缺乏活力，失业率长期居高不下，与一体化的预期收益形成了巨大的反差。二是成员国的主权让渡与所获政治经济利益之间的矛盾。成员国只有经过仔细权衡，确认主权让渡所获利益大于或至少等于所付代价的情况下，才愿意推进一体化。三是一体化的深化与扩大之间的矛盾。为了地缘政治的需要和寻求在更大的范围内优化资源的配置，欧盟希望不断扩大一体化，但新加入成员往往在经济发展水平上与原有成员存在差距，因而为深化一体化带来更多困难。四是决策者与普通民众对一体化认同之间的差距。决策者们希望通过推进一体化加强欧洲在世界政治经济格局中的地位和作用，而普通民众则更多关注就业、工资和物价。

（五）英国“脱欧”

2016 年 6 月，英国举行“脱欧”公投，“脱欧”派赢得了公投。2017 年 3 月 16 日，英国女王伊丽莎白二世批准“脱欧”法案，授权英国政府正式启动“脱欧”程序。2017 年 3 月 29 日，英国致函欧盟，正式开启英国“脱欧”程序，开启“脱欧”谈判，并于 2018 年 3 月就英国退出欧盟后为期两年的过渡期条款达成广泛协议。2018 年 11 月 25 日，欧盟通过了英国“脱欧”协议草案。然而，英国下议院多次否决“脱欧”协议。2019 年 7 月，新任首相鲍里斯·约翰逊宣布英国将努力在 2019 年 10 月 31 日脱离欧盟，并一度与欧盟达成新协议。然而，约翰逊的努力因受到议会的阻挠未见成效，欧盟同意英国“脱欧”期限延至 2020 年 1 月 31 日。截至 2019 年 11 月，英国“脱欧”仍充满不确定性。

英国“脱欧”的原因可以概况为以下几点：第一，进入 21 世纪后，中东政治经济动荡加剧，涌向欧洲的难民越来越多。在欧盟现有的难民政策体系下，英国的难民政策受欧盟的约束，英国接纳了约 16.8 万名难民，给英国带来了沉重的经济负担。第二，利益分歧是英国选择退出欧盟的最重要原因。欧盟从最初的西欧扩大到整个欧洲，意味着富裕的西欧、北欧国家必须对相对贫穷的中欧、东欧和南欧国家做出利益让步，对其中的一些经济困难国家伸出援手，英国不愿意承担更多的负担。第三，英国每年向欧盟支付 100 亿英镑的成员国费用，英国认为欧盟成员国的地位过于昂贵。

总之，欧盟作为当今世界一体化程度最高的区域经济一体化组织，其一体化实践为欧洲大陆带来了半个多世纪的和平与繁荣。但近年来，在经济危机、难民危机和英国“脱欧”等冲击下，欧盟成员国各自为战，暴露出欧盟治理结构方面的诸多缺陷。

二、美洲区域经济一体化的发展

（一）美加自由贸易区的建立

在二战以后的很长一段时间，当区域经济一体化在欧洲、拉美和非洲蓬勃开展时，美国和加拿大对开展双边自由贸易并无兴趣，两国都希望通过多边贸易自由化来获取更大利益。但进入 20 世纪 80 年代以后，由于国际经济条件的改变，美国和加拿大两国从 1986 年 5 月开始就建立美加自由贸易区展开双边谈判，并在 1987 年 10 月宣告谈判成功。经过两国议会的批准，《美加自由贸易协定》于 1989 年 1 月 1 日正式生效。

（二）北美自由贸易区的建立和发展

1990 年 6 月，墨西哥提出与美国开展自由贸易协定谈判的要求。美国和墨西哥的自由贸易谈判提上日程后，加拿大为维护自己与美国开展双边自由贸易所获利益，也要求参加这一谈判。1992 年 12 月，美、加、墨三国签署了《北美自由贸易协定》，协定于 1994 年 1 月 1 日生效，北美自由贸易区（North American Free Trade Area，NAFTA）正式成立。

美、加、墨三国成立自由贸易区的原因主要包括：首先，从这三个国家之间的相互关系来看，一个美国领导的、加拿大和墨西哥为南北两翼的政治结构，以及美国和加拿大为核心、墨西哥为辅助的经济格局，符合三个国家相互合作和共同发展的愿望。其次，美、加、墨三国出于自身利益考虑，希望通过合作来共同应对外部压力，尤其是来自欧洲经济一体化运动不断发展的挑战。再次，北美自由贸易区是世界上第一个由发达国家和发展中国家一起参与组成的“南北型”区域经济一体化组织。它的成功实践开辟了发达国家与发展中国家进行区域经济一体化运动的新路。

2017 年，美国政府提出重新进行自由贸易协定谈判。美国的主要目标是要减少美国对加拿大和墨西哥的贸易逆差，要让美国农产品、畜牧产品和服务业更多地出口到北美其他国家。重新启动谈判反映了美国贸易保护主义倾向加剧。2018 年 9 月 30 日，美、墨、加三国自由贸易协定（USMCA）重新签署。

（三）南美洲区域经济一体化进程

南美洲区域经济一体化的历史可以追溯到 1826 年南美民族独立解放运动领袖玻利瓦尔（1783—1830）“美洲联邦”的理想和追求。但是由于世界大环境以及南美诸国各自的特殊情况，直到二战结束后，该地区的区域合作运动才重新回到发展的轨道。1969 年，《卡塔赫纳协定》（即《安第斯条约》）签订，安第斯集团①宣布成立。该组织成员国包括玻利维亚、哥伦比亚、厄瓜多尔、秘鲁。

---

① 1995 年该集团改为安第斯一体化体系，1996 年更名为安第斯共同体（Comunidad Andina de Naciones，CAN），简称安共体。

20 世纪 80 年代，拉美国家普遍陷入了严重的债务危机，作为应对危机的措施之一，区域经济一体化再次被提上议事日程。1980 年，拉丁美洲一体化协会通过了《蒙得维的亚条约》，旨在促进多边贸易，推动区域经济一体化，实现建立拉美共同市场的目标。1989 年，安第斯集团签署了《卡塔赫纳宣言》，呼吁成员国取消阻碍自由贸易区进程的措施，加紧推广区域性货币——比索，同时不断加强与非安第斯集团国家之间的合作，促进拉丁美洲地区的区域经济一体化进程的发展。1989 年，墨西哥、哥伦比亚和委内瑞拉组建“三国集团”，并同意在 1994 年前建立自由贸易区。

20 世纪 90 年代，随着经济全球化的不断发展，南美洲区域经济一体化进程掀起了新的浪潮。1991 年，阿根廷、巴西、巴拉圭和乌拉圭四国签署了《亚松森条约》，1995 年 1 月 1 日，南方共同市场（MERCOSUR）正式启动。2006 年，委内瑞拉正式成为南方共同市场的成员国。

进入 21 世纪，南美洲区域经济一体化发展进入新的高潮。2004 年，南美地区最重要的两个区域组织——南方共同市场和安第斯共同体签署了自由贸易协定。同年 12 月，第三届南美洲国家首脑会议通过《库斯科宣言》，一个建立在南方共同市场和安第斯共同体基础上的、南美地区真正意义上的区域性经济一体化组织——南美洲国家共同体正式宣告成立。目前该组织成员国有 12 个，分别为阿根廷、巴西、巴拉圭、乌拉圭、委内瑞拉、玻利维亚、哥伦比亚、厄瓜多尔、秘鲁、智利、圭亚那、苏里南。南美洲国家共同体的成立是南美洲区域经济一体化进程中的一个重要里程碑，意味着拉美地区向“美洲联邦”的目标迈出了实质性的一步。2007 年 4 月，南美洲国家共同体改名为南美洲国家联盟（UNASUR，简称南美联盟）。2007 年 12 月，南方银行成立，南美洲区域经济一体化进程上了一个新的台阶。这标志着南美洲国家朝着摆脱以美元为主导的国际金融货币体系，实现金融和经济独立的目标迈出了坚实的一步。2008 年，南美洲国家联盟特别会议通过了《南美洲国家联盟宪章》，这是南美洲区域经济一体化进程中的又一个里程碑。

2011 年，秘鲁、智利、墨西哥和哥伦比亚四国成立了太平洋联盟（Pacific Alliance）。太平洋联盟奉行“自由贸易”的路线，确立了三大目标：第一，地区深度一体化，促成商品、服务、资本和人员的自由流动；第二，推动成员国快速发展经济，克服社会经济不平等现象，促进社会包容，以使各国民众获得更多福利；第三，将联盟打造为面向世界尤其是亚太地区的合作平台，推进各成员国经贸一体化。2016 年，太平洋联盟实现了成员国间 92%的货物和服务贸易零关税。目前，太平洋联盟的候选联系国有 4 个（加拿大、澳大利亚、新西兰、新加坡），观察员国已达 52 个，其吸引力可见一斑。

（四）美洲区域经济一体化的现状及发展前景

1994 年年底，西半球 34 个国家首脑在美国迈阿密聚会，时任美国总统克林顿提出建立美洲自由贸易区的建议，从此建立一个包括南北美洲在内的全球最大自由贸易区的进程宣告开始。然而美洲自由贸易区的建设十分缓慢，在建立美洲自由贸易区问题上，美国和拉美国家既有共同利益，又存在着一些显著的分歧。一方面，美国不会轻易放弃霸权主义的战略思维，在拉美地区的表现同样如此；另一方面，在许多问题上拉美国家自身之间也存在着许多分歧。2017 年上台的新一届美国政府表达了对自由贸易协定的审慎态度，给美洲自由贸易区谈判增加了更大的不确定性。

三、亚太区域经济合作的逐步发展与深化

（一）亚太经济合作组织的建立和发展

亚太经济合作组织（Asia-Pacific Economic Cooperation，APEC，简称亚太经合组织）从亚洲和太平洋地区的一个区域性经济论坛和磋商机构起步，经过 30 年的发展，已逐渐发展为亚太地区一个重要的经济合作论坛，在推动区域贸易和投资自由化、加强成员间经济技术合作等方面具有不可替代的作用。

1989 年 11 月，澳大利亚、美国、加拿大、日本、韩国、新西兰和东盟 6 国在堪培拉举行了亚太经济合作组织第一届部长级会议，宣告了亚太经济合作组织的成立。1991 年 11 月，中国以主权国家身份、中国台北和中国香港以地区经济体名义正式加入亚太经合组织。截至 2014 年 9 月，亚太经合组织共有 21 个正式成员和 3 个观察员。

从本质上说，亚太经合组织并非区域经济一体化组织，而仅仅是太平洋东西两岸和太平洋内经济体讨论本地区重要经济问题的官方论坛，迄今为止它没有一项强制性的条约或协定，其宗旨和目标是：相互依存，共同受益，坚持开放性多边贸易体制和减少区域内贸易壁垒。

（二）东南亚国家联盟的发展及“10+1”“10+3”机制

东南亚国家联盟（Association of Southeast Asian Nations，ASEAN，简称东盟）的前身是 1961 年 7 月由马来西亚、菲律宾和泰国 3 国组成的东南亚联盟。

1967 年 8 月，印度尼西亚、新加坡、泰国、菲律宾和马来西亚 5 国在泰国首都曼谷召开会议，发表了《东南亚国家联盟成立宣言》，东南亚国家联盟正式成立，并取代原来的东南亚联盟。1976 年 2 月，东盟第一次首脑会议在印度尼西亚的巴厘岛举行，会议签署了《东南亚友好合作条约》和《东南亚国家联盟协调一致宣言》。此后又有 5 个国家先后加入东盟，即文莱（1984 年）、越南（1995 年）、老挝和缅甸（1997 年）、柬埔寨（1999 年）。至此，东盟共有 10 个成员国。

2002 年 1 月 1 日，东盟自由贸易区正式宣布启动。东盟自由贸易区以促进东盟的国际竞争力、消除成员国之间关税与非关税壁垒、推动本地区的经济一体化为宗旨。2004 年 11 月，东盟国家签署了《万象行动计划》，决定将《东盟宪章》的制定作为东盟一体化的首要目标。2007 年 11 月，东盟成员国首脑在新加坡签署了《东盟宪章》和《东盟经济共同体蓝图宣言》等重要文件，会议决定在 2015 年之前建成东盟经济共同体。2008 年 12 月 15 日，《东盟宪章》正式生效。

从东盟近半个世纪的历史来看，该组织已经发展成为东南亚地区乃至亚太地区的一个重要的区域经济一体化组织。随着经济实力和国际地位的不断提升，东盟在地区和国际事务中扮演着愈来愈重要的角色。20 世纪 90 年代，东盟首先倡议东亚地区的合作与一体化，在此基础上东亚地区的经济一体化进程以东盟为核心逐步拉开帷幕。1994 年 7 月，东盟地区论坛成立。东盟与东亚三国（中国、日本、韩国）的“10+3”以及东盟分别与中、日、韩三国的“10+1”合作机制已经成为东亚合作的主轴。2001 年 11 月，东盟与中国政府领导人在文莱首都斯里巴加湾市举行会议，双方就建立中国-东盟自由贸易区达成了一致的意见。2003 年，中国与东盟宣布建立战略协作伙伴关系，中国成为第一个加入《东南亚友好合作条约》的非东盟国家。2009 年 5 月，东盟 10 国和中、日、韩三国财长在巴厘岛举行会议，决定在 2009 年年底启动规模达 1 200 亿美元的亚洲区域性外汇储备库，这个区域性外汇储备库可以被视为“亚洲货币基金”的雏形。2009 年 8 月，中国和东盟签署了中国-东盟自由贸易区的《投资协议》，这标志着中国-东盟自由贸易区的主要谈判已经完成。2010 年 1 月 1 日，中国-东盟自由贸易区已正式建成。

（三）《跨太平洋伙伴关系协定》

《跨太平洋伙伴关系协定》（TPP）的前身是由新西兰、新加坡、智利和文莱四国于2005年签订的《跨太平洋战略经济伙伴关系协定》(P4)，协议规定各成员就货物贸易、服务贸易、投资等方面加强合作，给予彼此一定优惠。2008年，美国提出全面加入TPP，2009年，美国正式加入，提出扩大跨太平洋伙伴关系计划。截至2012年，TPP的成员国扩大到11个，增加了澳大利亚、越南、秘鲁、马来西亚、墨西哥和加拿大。2013年，日本加入TPP谈判，成员国增至12个。2016年年初，12个成员国正式签署《跨太平洋伙伴关系协定》。根据协定文本的第30章第5条，TPP将在所有成员通过其国内法律批准程序结束后的60天内生效，但如果在签字后的2年内未能满足这一条件，则将在至少6个初始成员国（其GDP超过所有初始成员国的85%）批准协议后生效。这就意味着，如果美国这样的大国不批准，TPP就无法生效。美国新一届政府上台后，提出了“美国优先”的施政理念，退出了TPP。

在美国缺席的情况下，日本成为TPP谈判的最大经济体，表达了继续谈判的愿望，其他国家积极呼应，11个成员国于2018年3月签署了新版协定，称为《全面与进步跨太平洋伙伴关系协定》(Comprehensive and Progressive Agreement for Trans-Pacific Partnership，CPTPP)。

（四）《区域全面经济伙伴关系协定》

为应对亚太经济一体化趋势，2011年，东盟10国领导人在东盟峰会上正式批准《区域全面经济伙伴关系协定》(RCEP)。2012年，东盟10国与中国、日本、韩国、澳大利亚、新西兰、印度就RCEP问题达成共识，RCEP“10+6”成员国形式正式形成。RCEP谈判自启动以来，截至2019年8月已经举行了2次领导人会议、15次部长级会议和27轮谈判。谈判正在加速推进，货物、服务、投资等市场准入领域已经进入要价谈判的冲刺阶段。规则领域已经完成了七个章节，另外还有三个章节也已经基本接近结束。

东盟力推RCEP的主要原因有：一是巩固和发展东盟在区域合作中的主导作用，这一主导作用关系到东盟的发展和稳定，关系到东盟国际地位的提升和在国际事务中发挥更大的作用。二是整合和优化东盟与中、日、韩等国已签署的自由贸易协定，以建成一个高质量的自由贸易区。三是应对TPP及CPTPP带来的新变化。RCEP成员国与CPTPP成员国存在交叉，这些国家分别是越南、新加坡、文莱、澳大利亚、新西兰、日本、马来西亚，各国对RCEP的态度不一致。中国认为，在RCEP成员国间建立一个整体的自由贸易区不仅能够整合亚太地区各种自贸区，而且可以突破合作瓶颈，提高当前东亚经济合作的水平。

四、非洲区域经济一体化的进展

（一）非洲联盟的建立和发展

早在20世纪60年代非洲国家独立之初，非洲大陆就开始了经济一体化进程。成立于1963年5月的非洲统一组织（简称非统）是非洲颇具影响力的区域性组织，成立的目的是团结广大的非洲国家，促进当时的民族独立解放运动，并在非洲大陆上形成一个统一的声音。在非洲统一组织的许多重要文件中，包括《非洲统一组织宪章》《拉各斯行动计划》《非洲经济共同体条约》等，都对非洲经济一体化做了设计，但是由于经济发展落后等原因，非洲经济一体化的进展比较缓慢。

2000年7月，非洲统一组织第36届首脑会议召开。会议审议并通过了《非洲联盟章程草案》。2002年7月，非洲统一组织宣布非洲联盟（African Union，AU，简称非盟）正式成立，并取代非洲统一组织，总部设在埃塞俄比亚首都亚的斯亚贝巴。截至2011年8月，非盟共有54个成员国，是一个集政治、经济和军事于一身的综合性一体化组织。效仿欧洲联盟，非洲联盟计划最终将实现统一的货币、联合军队以及非洲议会等目标。

非盟的成立是非洲大陆经济一体化进程的关键一步。未来的非盟将是一个组织形式更高、更加富有效率和权威，并且拥有更广泛民众基础的非洲一体化组织，它对于非洲大陆更好地应对全球化的挑战、实现本地区的发展与复兴具有重要意义。非盟与非统相比，非统松散、无权，仅具有协商职能，而非盟是集政治、经济、军事等为一体的全洲性政治实体，具有更大的权力和权威性。非统强调非洲国家的主权，而非盟则淡化单个国家意识，强化非洲统一目标。非盟比非统更加重视非洲经济一体化。

（二）非洲主要经济一体化组织的建立和发展

1. 东非共同体

东非共同体（East African Community，EAC）是由肯尼亚、乌干达、坦桑尼亚、布隆迪和卢旺达5国组成的非洲大陆东部地区的一个区域经济一体化组织。东非共同体的宗旨是加强成员国在经济、社会、文化、政治、科技、外交等领域的合作，协调产业发展战略，共同发展基础设施，实现成员国经济和社会可持续发展，逐步建立关税同盟、共同市场、货币同盟，并最终实现政治联盟。2005 年 1 月 1 日，东非共同体关税同盟正式启动。

东非共同体的建立和发展标志着东非地区乃至整个非洲在经济一体化进程中迈出了坚实的一步。但是东非共同体的发展尚处于起步阶段，各成员国经济发展水平普遍较低，基础设施薄弱、贸易保护主义等问题比较突出，实现区域经济一体化的各项目标还存在许多的困难。

2. 东部和南部非洲共同市场

东部和南部非洲共同市场（Common Market for Eastern and Southern Africa，COMESA，简称东南非共同市场）成立于 1994 年 12 月，现有 21 个成员国①，是非洲大陆最大的区域经济一体化组织。

在推进经济一体化方面，东南非共同市场走在所有非洲区域性经济组织的前面。2000 年，东南非共同市场决定正式启动自由贸易区。这是非洲大陆第一个自由贸易区。2009 年，东南非共同市场宣布正式成立关税同盟。东南非共同市场的最终目标是建立货币联盟，发行共同货币。

3. 南部非洲发展共同体

南部非洲发展共同体（Southern African Development Community，SADC，简称南共体）成立于 1992 年 8 月，现有成员 16 个②。南共体的宗旨是消除成员国之间的关税和非关税壁垒，促进贸易和投资的自由化，逐步统一关税和货币政策，最终实现南部非洲地区的经济一体化。

2008 年，南共体自由贸易区正式启动。除安哥拉和刚果民主共和国外，当时的其他成员国决定加入自由贸易区。南共体自由贸易区的建立在南部非洲地区形成一个巨大的统一市场，它极大地促进了成员国之间的商品和服务贸易，推动了本地区的经济发展。

4. 三方自由贸易区

2008 年 10 月，非洲大陆的区域经济一体化进程取得了重大突破。东非共同体、东南非共同市场和南共体三个区域经济组织在乌干达首都坎帕拉举行了首届三方首脑会议，决定着手创建单一经济共同体以最终实现建立非洲经济共

① 它们分别是埃塞俄比亚、布隆迪、吉布提、津巴布韦、科摩罗、肯尼亚、卢旺达、马拉维、毛里求斯、斯威士兰、苏丹、乌干达、赞比亚、利比亚、马达加斯加、厄立特里亚、塞舌尔、刚果民主共和国、埃及、突尼斯、索马里。

② 它们分别是安哥拉、博茨瓦纳、科摩罗、马达加斯加、津巴布韦、莱索托、马拉维、莫桑比克、纳米比亚、斯威士兰、坦桑尼亚、赞比亚、南非、毛里求斯、刚果民主共和国和塞舌尔。

同体的目标。会议责成三方为创建单一经济共同体制定具体的行动计划和时间表，并决定尽快成立由三方成员国组成的自由贸易区，最终建立共同市场。2011 年 6 月，东非共同体、东南非共同市场和南共体三方宣布启动非洲最大的自由贸易区谈判，目标是建立一个涵盖非洲 26 国、人口近 6 亿的统一大市场。三方寻求建立超大贸易区，对于非洲联盟推动实现非洲经济共同体各项目标有着重要的示范作用。2015 年 6 月，《三方自由贸易区协定》（TFTA）在埃及正式签署。

非洲地区经济一体化的发展进程是大势所趋，但也面临着诸多困难和挑战。首先，非洲国家数目众多，经济发展水平差异较大，不少国家之间存在着许多历史遗留问题，这对区域经济一体化的顺利实施构成现实上的障碍。其次，一体化政策必然导致国家对部分权力的让渡，而非洲各国在经济、社会和文化政策方面缺乏一致性的深层次原因就起源于它们在主权问题上的敏感性。再次，非洲区域合作在地域上存在一定的重叠问题，成员国身份重叠往往会影响到政策实施过程中的连贯性和一致性。

五、中国参与区域经济一体化进程

中国是区域经济一体化的积极参与者和推动者。

首先，中国积极参与有关区域经济一体化的谈判进程。截至 2019 年 10 月，中国已签协议的自贸区有 19 个①，中国正在谈判的自贸区有 12 个②，中国正在研究的自贸区有 8 个③。

其次，中国逐渐在区域经济一体化及规则制定中发挥参与者和引领者作用。习近平指出：“加快实施自由贸易区战略，是我国积极参与国际经贸规则制定、争取全球经济治理制度性权力的重要平台，我们不能当旁观者、跟随

---

① 中国–马尔代夫、中国–格鲁吉亚、中国–澳大利亚、中国–韩国、中国–瑞士、中国–冰岛、中国–哥斯达黎加、中国–秘鲁、中国–新加坡、中国–新西兰、中国–智利、中国–巴基斯坦、中国–东盟、中国–毛里求斯、内地与港澳更紧密经贸关系安排、中国–东盟升级、中国–新加坡升级、中国–智利升级、中国–巴基斯坦第二阶段。

② 中国–海合会、中国–挪威、中国–以色列、中日韩、《区域全面经济合作伙伴关系协定》（RCEP）、中国–斯里兰卡、中国–新加坡自贸协定升级谈判、中国–新西兰自贸协定升级谈判、中国–摩尔多瓦、中–韩自贸协定第二阶段谈判、中国–巴勒斯坦、中国–秘鲁自贸协定升级谈判。

③ 中国–哥伦比亚、中国–斐济、中国–尼泊尔、中国–巴布亚新几内亚、中国–加拿大、中国–孟加拉国、中国–蒙古国、中国–瑞士自贸协定升级联合研究。

者，而是要做参与者、引领者，善于通过自由贸易区建设增强我国国际竞争力，在国际规则制定中发出更多中国声音、注入更多中国元素，维护和拓展我国发展利益。”① 在亚太地区，为应对 RCEP 和 TPP 的地缘竞争，中国在积极参与 RCEP 的同时，2014 年在 APEC 北京峰会上提出了推动亚太自由贸易区（FTAAP）的建议，制定了《APEC 推动实现 FTAAP 北京路线图》。围绕北京路线图，APEC 成员就 FTAAP 达成的共识与多边贸易进程是互补的，其性质是全面、高质量、涵盖下一代贸易投资议题的。推动 FTAAP 谈判，展示了中国参与国际规则制定的能力。

最后，中国坚持开放的区域主义，倡导平等协商、广泛参与、普遍受益的区域合作框架，帮助发展中成员更多从国际贸易和投资中获益。中国强调周边区域国家，无论强弱、大小、贫富，一律平等、相互尊重、互利共赢并且求同存异，不是传统西方强国的零和博弈，更不是以强凌弱。中国主张建立利益共同体、责任共同体、命运共同体。

第三节　区域经济一体化的经济影响

一、区域经济一体化对成员国经济的影响

对成员国而言，区域经济一体化可以带来更多的贸易和投资机会，随着内部分工的专业化和劳动生产率的提高，成员国在合作与协调一致的基础上不断提高国际竞争力。但是区域合作也会对成员国国内某些经济或产业部门带来较大的冲击，同时区域经济一体化也意味着成员国必须让渡部分经济权力。

（一）促进成员国商品的自由流动和贸易的增长

区域经济一体化促进了成员国贸易的自由化和经济增长。在区域经济一体化组织内部，随着阻碍国际贸易的关税和非关税壁垒不断减少和消除，各国贸易政策和规则逐步协调和统一，成员国间商品、服务及生产要素能够不同程度地得到自由流动和配置，交易成本不断下降，这必然促使成员国之间的经贸往来和合作增加，进而促进成员国的经济增长。

（二）加速成员国对外直接投资的发展

区域经济一体化加速了成员国资源的集中和重新配置。随着一体化程度的

---

① 《习近平谈治国理政》第 2 卷，外文出版社 2017 年版，第 100 页。

深入，成员国之间的市场边界逐步消除，各国企业可以凭借自身的优势和影响，结合区域经济一体化所带来的制度性保障加大对外投资。

（三）促进成员国内部分工及合作的发展

区域经济一体化进程正在不断推动成员国内部的生产分工、专业化协作及国际技术合作。区域经济一体化直接影响着各成员国的产业部门结构，促进新工业部门的发展，淘汰旧的生产方式。在经济全球化和科技革命飞速发展的背景下，各成员国能够集中有限的资源，运用先进的生产技术，优先发展在国际市场上具有竞争能力的产业部门，并在区域集团内部保持资源共享、优势互补的格局，极大地提高了劳动生产率，促使整体经济快速增长。

（四）对成员国的不利影响

区域经济一体化组织通常具有不同程度的"贸易转移效应"。区域经济一体化使成员国对外实施统一关税，对其他国家的歧视可能会导致外部进口减少，转为从区域内成员国进口，从而贸易方向发生转变，产生贸易转移。由于原来从外部市场进口成本低，贸易转移使成员国进口成本增加，福利减少。另外，各国的经济发展水平不平衡，各国的发展目标和承受能力不同，在很大程度上限制了各成员国在区域经济一体化组织内相互协调经济政策的空间，区域合作的各种摩擦与冲突不断。英国"脱欧"、美国重新签署 USMCA 就是对区域经济一体化的反思和调整。

二、区域经济一体化对区域外经济的影响

（一）推动区域外国家区域经济合作的进程

一方面，区域经济一体化能够为成员国带来诸多好处，这对区域外国家而言就产生了示范效应；另一方面，区域经济集团对区域外产品的差别待遇，也会使其在与集团内产品的竞争中处于不利地位，从而阻碍了非成员国利益的实现。因此，在竞争效应的作用下，其他国家另行组建区域经济集团势在必行。

（二）对区域外国家的歧视

区域经济一体化的一些规则促使区域内生产者倾向于在区域内配置原材料或中间产品，资源配置的方向会偏离国际贸易的比较优势原则。区域经济一体化组织虽然保护了区域内部产业的发展，但对于区域外却无疑是一种歧视性的存在。如果区域经济一体化覆盖的产品范围越广、差异性越大，则对区域外的

歧视程度就越高，从而阻碍全球范围内的贸易自由。

（三）改变着区域间的经济格局

区域经济一体化的发展导致国家集团或者国家联盟的形成，这必然改变地缘经济面貌。随着区域经济一体化的进程，原先的一国市场如今扩大为数个国家的共同市场，经济和贸易政策也在逐步实现统一，那些没有加入区域经济组织的国家，则面临被孤立和被边缘化的局面。现在，无论是欧洲还是美洲、非洲或者亚洲，都在经历重新整合以及联合发展的过程，也就是地区经济格局日益变化的过程。

三、区域经济一体化对世界经济的影响

区域经济一体化通过促进区域内部经济增长、实现贸易和投资自由化、提高竞争与效率等渠道，促进了世界经济的发展。二战后国际贸易、国际金融的大发展以及跨国公司的全球运作，均与区域经济一体化有着密切联系。不过，也应当清醒地认识到，区域经济一体化也会给世界经济带来负面冲击，并产生日益严重的集团冲突和不平等竞争等问题。

（一）区域经济一体化对世界经济的积极作用

区域经济一体化的兴起和发展极大地促进了世界范围内的资源配置效率的提高以及生产专业化、社会化和国际化的发展。贸易、投资的自由化以及科技革命的发展改变了国际分工的格局，推动了世界经济结构的调整和变化。国际分工正在不断深化，区域经济一体化的发展进一步加速了专业化大生产和国际分工的进程。越来越多的商品、劳务、资本在跨国自由流动，资源的有效配置和市场竞争推动了经济全球化和区域经济一体化的共同发展。

（二）区域经济一体化对世界经济的负面影响

区域经济一体化也具有一定的负面效应。首先，区域经济一体化的发展会加剧世界经济发展不平衡，大国经济发展对区域经济集团具有决定性的作用。从欧洲和北美各自经济一体化的进程来看，美、日、欧及新兴市场国家和地区之间的经济不平衡现象并没有实质性的改变。其次，区域经济一体化具有一定程度的排他性，这将加剧各地区之间的对抗。尽管这些对抗的基础局限在经济竞争的领域，但很难保证经济利益的变化不会导致政治冲突和安全隐患。最后，国家主权是区域经济一体化发展过程中无法回避的问题。区域经济一体化的代价之一就是成员国要让渡部分国家权力。在享受区域经济一体化带来的利

益时，国家主权往往会受到来自外部的影响或侵蚀。因此，如何平衡和处理区域经济一体化与国家主权之间的关系，对于民族国家以及国际政治经济关系的发展具有重要意义。

本章小结

1. 根据一体化发展的程度与层次不同，区域经济一体化有特惠关税区、自由贸易区、关税同盟、共同市场、经济联盟等类型。

2. 二战结束特别是20世纪90年代以来，区域经济一体化迅猛发展，其主要原因是：国际分工的深化，经济发展不平衡和世界经济多极化，寻找有利的贸易条件和投资环境，寻求经济效益，WTO主导的全球多边贸易体系陷入困境以及地缘竞争的需要。

3. 世界范围内主要区域经济一体化组织包括欧洲联盟、北美自由贸易区、亚太经济合作组织、东南亚国家联盟、南美洲国家联盟和非洲联盟等。

4. 中国积极参与区域经济一体化进程，不但积极参与自贸区谈判，而且逐渐在区域经济一体化及规则制定中发挥引领作用。

5. 区域经济一体化的发展对成员国经济的影响表现在促进成员国商品的自由流动和贸易的增长，加速成员国对外直接投资的发展，促进成员国内部分工及合作的发展。区域经济一体化的发展提高了区域经济一体化组织的整体实力和经济影响，推动了其他区域经济一体化组织合作的进程，并正在改变世界经济格局。区域经济一体化的发展对世界经济的影响表现在改变了国际分工和专业化格局，同时也对国际经济秩序造成冲击和影响。

思考题：

1. 什么是区域经济一体化？区域经济一体化有哪些主要类型？
2. 区域经济一体化的动因是什么？如何理解区域经济一体化与经济全球化的关系？
3. 试分析欧盟、北美自由贸易区、亚太经合组织等主要区域经济合作组织的发展与现状。

4. 区域经济一体化对世界经济有哪些影响?

▶ 自测习题及参考答案

第二篇 世界经济的运行与治理

世界经济是由各国各地区经济相互融合、相互依存形成的有机整体。世界经济的运行渠道主要有国际贸易、国际金融和国际投资。经济全球化也通过这些渠道不断深化。国际货币基金组织、世界银行和世界贸易组织等是全球经济规则的制定者和世界经济运行机制的协调者；跨国公司作为生产国际化和国际直接投资的重要载体，对经济全球化的形成与发展发挥了重要作用。2008 年国际金融危机的爆发，反映出世界经济运行和协调机制存在严重缺陷，全球经济治理问题日益受到各国政府高度关注。

第六章　国际贸易与多边贸易体制的发展

国际贸易是世界各国商品和劳务的交换活动，它是在国际分工的基础上形成和发展起来的。国际贸易是国家间进行经济交往最早和最主要的渠道，直接体现着各国国民经济的相互依赖关系和世界经济的运行状况，也是世界经济的重要推动力量。二战后，特别是20世纪90年代以来，国际贸易的规模、结构、特征以及国际贸易政策和体制都发生了重大变化，极大地影响了世界经济的发展。

第一节　国际贸易的发展与作用

一、二战以前的国际贸易

国际贸易是一个历史范畴，它是在一定的历史和社会经济条件下产生和发展起来的。国际分工是国际贸易的基础，同时需要具备两个基本条件：一是剩余产品的出现，二是国家的产生。所以，原始社会末期至奴隶社会初期，商品流通才开始超越国界从而产生了国际贸易。

（一）前资本主义时期的国际贸易

前资本主义时期的国际贸易包括奴隶社会和封建社会两个历史阶段。在这一时期，自给自足的自然经济是人类社会生活的经济基础，商品经济虽然有所发展，但规模和范围仍很有限。在这种情况下，国际贸易的发展极其缓慢，在整个社会经济活动中的作用很小。但在其缓慢的发展中，国际贸易也推动了商品经济的发展，二者相互促进，为这一时期自然经济的瓦解积蓄了力量。

与原始社会相比，奴隶社会的生产力有了较大发展，商品流通范围也逐步扩大。但由于这一时期自然经济仍占统治地位，生产的主要目的依然是为了消费，加之生产技术和交通工具的落后，国际贸易带有很强的地域性，对整个社会经济生活的影响不大。进入封建社会以后，国际贸易的规模和范围都有了明显的扩张。尤其是15世纪末16世纪初地理大发现以后，国际贸易在商品数量、交换种类和贸易规模上都明显扩大。与此同时，海洋运输业的发展、商品交易所和银行等各类商业机构和中介机构的出现，也推动了这一时期国际贸易的发展。但是，商品生产和商品交换在自给自足的自然经济占统治地位的封建社会中只处于从属地位，因而这一时期的国际贸易并未对整个社会的生产方式产生实质性影响。

（二）资本主义产生后的国际贸易

只有发展到资本主义社会，国际贸易才产生了质的飞跃，并成为资本主义再生产过程中不可缺少的环节和世界经济的重要组成部分。主要原因在于：第一，资本主义社会建立在商品经济基础上，商品流通是这一社会赖以存在的基础和内在要求。第二，国际分工体系的建立，使每一个参与国际分工体系的国家都不能脱离世界市场和国际贸易而独立存在。相比之下，如果说奴隶社会和封建社会的社会生产基础不需要依靠国际贸易来维持，那么在资本主义国际分工体系下，整个世界范围内形成了统一的再生产循环，每个国家的国内生产都是这一循环中的组成部分。因此，只有在国际分工形成以后，国际贸易才具有稳固的经济基础，发展为一种稳定的经济现象，并随着国际分工的深化而发展。

16 世纪到 18 世纪中叶，是西欧封建生产方式向资本主义生产方式过渡的时期，即资本主义生产方式准备时期。在这一时期，城市手工业的发展推动了商品生产和商品交换的进一步发展，为国际贸易的扩大奠定了物质基础。地理大发现和国际分工萌芽的产生，使国际贸易迅速扩张并推动了资本主义生产方式的诞生。正如马克思所指出的："在 16 世纪和 17 世纪，由于地理上的发现而在商业上发生的并迅速促进了商人资本发展的大革命，是促使封建生产方式向资本主义生产方式过渡的一个主要因素。"① 可以说，国际贸易的发展为资本主义生产方式的最终确立提供了必要条件和充足动力。

18 世纪后期到 19 世纪中叶是自由竞争资本主义时期。在这一时期，英、法、德、美等国相继发生并完成了人类历史上的第一次工业革命，并确立了资本主义生产方式的统治地位。机器大工业取代工场手工业成为西方主要资本主义国家的社会生产基础，社会生产力水平迅速提高，商品生产大幅增加。商品生产规模的扩大和商品流通速度的加快，一方面需要更为广阔的销售市场，另一方面也需要更加稳定的原料来源，这只有依靠国际贸易和世界市场才能得以实现。在机器大工业迅速发展的情况下，交通运输和通信工具发生了变革，火

① 《马克思恩格斯文集》第 7 卷，人民出版社 2009 年版，第 371 页。

车、轮船、电报、电话的应用加强了世界各地的联系，推动了国际分工体系的最终形成。这一时期，建立在国际分工基础上的国际贸易获得了空前的发展。

19 世纪 70 年代以后，自由竞争资本主义逐渐向垄断资本主义过渡，垄断成为资本主义经济活动的基础。自此至二战结束大约 70 年的时间里，国际贸易发生了很大变化。一方面，19 世纪 70 年代开始的第二次产业革命再一次提高了社会生产力水平，为国际贸易的进一步发展奠定了雄厚的物质基础；另一方面，几次资本主义经济危机和一战等因素使资本主义政治经济发展的不平衡日益加剧，世界经济格局发生变化。同时，经济危机和战争也对国际贸易的进一步发展产生了一些不利影响。

二、二战后国际贸易的发展与变化

二战后，在科技革命的作用下，国际分工不断深化和细化，社会生产力水平进一步提高。同时，一系列发展中国家走上了独立发展民族经济的道路，积极参与国际分工。所有这些都对当代国际贸易的发展产生了深远的影响。20 世纪 80 年代末 90 年代初，世界经济发展到全球化阶段，作为世界经济增长引擎的国际贸易更是蓬勃发展并呈现出一系列新特点。

（一）国际贸易增长速度超过世界生产增长速度

二战前的国际贸易虽有较快发展，但通常其增长速度落后于生产增长速度。例如，1870—1900 年世界贸易（出口）年均增长率和世界生产年均增长率分别为 3.2%和 3.7%，1900—1913 年这两项指标分别为 3.8%和 4.2%，1913—1929 年分别为 1.8%和 2.7%。二战后，这种情况则发生了根本性变化。半个多世纪以来，国际贸易始终是世界经济增长的引擎，贸易的增长速度通常超过生产的增长速度。1948—1973 年，世界贸易年均增长率达到 7.8%，同期世界生产年均增长率为 6.1%。20 世纪 70 年代中期到 80 年代中期，世界经济经历了两次经济危机并伴随着能源危机和严重的通货膨胀，国际贸易增长速度有所放慢，20 世纪 80 年代初甚至陷入零增长和负增长的困境。1974—1982 年，国际贸易年均增长率为 2.4%，大大低于前一时期。从 20 世纪 80 年代中期开始，尤其是进入 20 世纪 90 年代以来，国际贸易进入二战后又一个新的发展阶段，国际贸易增长速度再次超过世界生产增长速度。1991—1995 年，国际贸易年均增长 6.2%，同期世界生产年均增长 2.7%；1997—2007 年，国际贸易实际年均增长率接近 6%，超过同期世界生产年均增长率 2 个百分点。

2008年国际金融危机后，受周期性因素和结构性因素两方面的影响，全球贸易增长速度明显滑落，年均增长速度不到3%，不到金融危机前30年的平均增长速度的一半，也略低于同期世界经济增长速度。2017年，全球商品贸易量增长率自2011年以来首次超过3%，达到4.7%，再次超过经济增长速度。但2018年全球贸易增长3.0%，增幅较2017年回落1.7个百分点。国际贸易的增长速度超过世界生产的增长速度，是二战后科技革命所带来的生产力水平提高、国际分工深化以及贸易自由化的结果。二战后，国际分工不断深化，从20世纪60年代开始，国际分工从产业间分工扩展到产业内分工，到90年代中期，国际分工又进一步深入产品内部，特别是生产工序的分割，促进了外包的兴起以及中间品贸易的迅速发展，推动了世界贸易的快速增长。与此同时，在多边贸易体制和区域经济一体化的框架下，全球贸易自由化也取得了长足的进步，贸易壁垒呈下降趋势。此外，以信息通信技术为核心的技术进步，也在降低贸易交易成本方面发挥了积极作用。这些因素叠加起来，导致参与贸易的商品种类和数量都在不断提高，在全球层面表现为国际贸易的增长快于世界生产的增长。

（二）国际贸易商品结构明显改变

国际贸易商品结构是指一定时期内各类商品在国际贸易总额中所占的比重。随着科学技术的发展，特别是信息技术革命的不断推进，技术作为生产要素在国际贸易中的作用越来越明显，并在世界贸易结构的变化中发挥着主导作用。国际贸易商品结构的改变主要表现在以下两方面：

第一，国际货物贸易结构改变明显。国际货物贸易是指国家间有形商品进口和出口的一种贸易方式。二战后，尤其是20世纪80年代以来，国际货物贸易结构的变化主要表现为：初级产品在货物贸易总量中所占的比重下降，制成品比重相应上升。例如，1980年初级产品和制成品在国际货物贸易中的比重分别为37%、63%，而到2017年这两项指标则分别为31%、69%。这种变化是普遍的，无论是发达国家或发展中国家都呈现这种趋势。制成品种类繁多，市场广阔，出口遍及全球。制成品在货物贸易中所占比重的提高既反映了世界制造业的迅速发展，也反映了贸易全球化的迅速发展。

第二，国际服务贸易迅速增长。国际服务贸易是指通过跨境交付、境外消费、商业存在、自然人流动等形式跨越国境提供服务的贸易。狭义的国际服务贸易指发生在国家之间的服务输入和输出活动，广义的国际服务贸易包括有形的劳动力的输出输入和无形的提供者与使用者在没有实体接触的情况下的交易活动。依据国际服务贸易项目同国际货物贸易、国际直接投资的密切程度进行分类，大致可以将其分为三大类型：第一类是同国际货物贸易直接相关的传统国际服务贸易项目，如国际运输、国际维修和保养、国际金融服务（主要是贸易结算服务）、商品的批发和零售等。第二类是同国际直接投资密切相关的要素转移性质的国际服务贸易项目，如股票、债券等形式的证券投资收益，经营管理的利润收益，建筑和工程承包等劳务输出以及金融服务业的国际信贷等。第三类是相对独立于货物贸易和直接投资的新兴产业的国际服务贸易项目，如国际旅游业服务、世界信息网络服务、视听产品与知识产权服务等。20 世纪 70 年代以来，由于发达国家产业结构的逐步升级和各国政府对服务贸易管制的逐步放宽，国际服务贸易迅速发展并在整个国际贸易中的比重迅速上升。1970 年，国际服务贸易总额只有 710 亿美元，而到 1980 年则猛增至 3 830 亿美元，10 年间增长 4 倍多，在此期间，国际服务贸易的发展速度大体与货物贸易持平。20 世纪 80 年代以来，国际服务贸易明显快于货物贸易的增长，年均增长率约为 5%，是同期国际货物贸易年均增长率（2.5%）的 2 倍。进入 20 世纪 90 年代，国际服务贸易依然保持迅速增长的势头。1990—1999 年，国际服务贸易出口总额从 7 827 亿美元增长到 13 500 亿美元，年均增长率为 6%，高于同期国际货物贸易 5% 的增长率。2000—2017 年，国际服务贸易年均增速提升至 7.8%。服务贸易在整个国际贸易中所占的比重迅速上升，从 1970 年的 10% 提高到 2017 年的 23%。①

（三）跨国公司内部贸易作用突出

二战以后，跨国公司的兴起和快速发展使国际贸易的很大一部分表现为跨国公司的内部贸易，即跨国公司母公司与子公司、子公司与子公司之间的原材料、中间产品、生产技术和设备的跨国流动。随着跨国公司直接投资的迅速增加，跨国公司的内部贸易也越来越多。根据联合国贸易和发展会议（UNCTAD）的统计，2018 年跨国公司内部贸易大约占世界贸易总量的 1/3；而根据经济合作与发展组织统计，其成员国之间的贸易额有近一半是跨国公司内部贸易。

跨国公司内部贸易涵盖了产业间贸易、产业内贸易和产品内贸易，但主要

① 根据世界贸易组织《世界贸易统计报告》（各年份）相关数据计算。

是产品内贸易，即中间产品的贸易。由于跨国公司的发展大大推动了世界范围的垂直专业化分工，产品的生产过程被分解了，形成了全球产品价值链的分工。由于分工的细化，不仅制成品各生产环节中的中间产品生产可以分工，而且制造与研发、产品设计、营销等环节以及金融、会计、产品测试等服务流程也可以分离，从而使国际生产和贸易出现了以下新形式：一是品牌拥有者将生产制造业务外包给其他厂商的经营模式，即 OEM（original equipment manufacturer）模式；二是品牌拥有者将生产制造、物流等环节外包给其他厂商的经营模式，即 OLM（overall logistics manufacturing）模式；三是品牌拥有者将生产制造和部分设计环节外包给其他厂商的经营模式，即 ODM（original design manufacturer）模式；四是品牌拥有者将设计、制造和物流环节都外包给其他厂商的经营模式，即 EMS（electronics manufacturing services）模式。

这些生产分工活动都是由跨国公司主导的。跨国公司通过两种形式来安排这种新型的产业分工和贸易。一种是通过股权安排，形成公司内部价值链分工体系和公司内贸易；另一种是通过非股权安排，形成公司与其他独立厂商的供应链体系，实现供应链网络内部的贸易。在技术要素日益占据重要地位的许多产业，后一种分工与贸易方式将日趋重要。

（四）呈现北美、欧盟、东亚三大板块的国际贸易新格局

进入 20 世纪 90 年代以来，随着经济全球化的加深和区域经济一体化的迅猛发展，世界贸易中逐渐形成了北美、欧盟和东亚三大板块的新格局。2017 年，三大板块占世界贸易的比重分别为 14.3%、38.4%和 27.7%。[①] 从北美看，美国凭借它在世界经济中的绝对优势继续发挥对北美自由贸易区的领导作用，并促进该区域国家的经济发展，从而进一步加强北美自由贸易区在国际贸易中的地位。从欧盟看，作为一个拥有 28 个成员国、制度建设最完备、一体化程度最高的区域经济一体化组织，虽然面临区域内部经济结构调整缓慢、区域整合难度增加等问题，但是作为世界经济中最大的贸易区和最大的市场，欧盟对世界贸易发展和贸易格局的变化产生着重大影响。从东亚看，随着日本经济逐渐走出 20 世纪 90 年代的低迷、中国的崛起以及其他东亚国家的迅速发展，作为一个整体，东亚已经成为世界经济中最具活力的区域。

上述三大板块推动了世界经济的增长和全球贸易的发展，但也促进了贸易

① 根据世界贸易组织《世界贸易统计报告》（2018 年）相关数据计算。

集中度的提高，导致了世界贸易的发展更加不平衡。这种不平衡既体现在地区与地区之间，也体现在国家与国家之间。从地区来看，全球商品贸易的90%以上集中在北美洲、欧洲与亚洲地区，而中南美洲①、独联体国家以及非洲在全球商品贸易份额中所占比例很低。例如，中南美洲占全球商品贸易份额近几年一直在3%左右；独联体国家和非洲所占份额更少，二者基本维持在2%左右。从国家来看，2017 年，世界货物贸易排名前 10 位的国家的贸易额，占全球货物贸易总额一半以上，达到53.2%。在这 10 个国家中，除了中国，其余 9 个均为发达国家，这也说明了国际贸易中南北国家贸易的非均衡性。在服务贸易领域，发达国家更占有绝对的优势，包括中国在内的前 10 位国家垄断了全球服务贸易出口量的 53.4%。② 国际贸易在国家和地区间的发展不平衡表明，国际贸易关系面临更多的挑战和风险。

三、国际贸易在世界经济发展中的地位和作用

国际贸易是世界经济最基本的运行机制。从世界经济形成和发展的历史过程可以看出，国际贸易始终是世界经济增长的引擎，在世界经济发展中具有举足轻重的地位和作用。

（一）优化全球资源配置

国际贸易作为世界经济的基本运行机制之一，主要是以商品、服务交换的形式来实现资源的优化配置。

国际分工是国际贸易的基础，没有各国之间的分工协作，国际贸易不可能形成和发展。参与国际分工国家的生产要素禀赋不同，通过国际分工可以相互取长补短，用最合理的方式配置生产要素以达到最大的产出效率。每个国家都根据自己的比较优势从事专业化生产，可以使各国的生产要素得以充分利用，提高参与国际分工各国的经济效率和消费水平。

国际贸易为各国生产要素的优化配置和比较优势的充分发挥创造了条件，

① 中美洲指墨西哥以南、哥伦比亚以北的美洲大陆中部地区，东临加勒比海，西濒太平洋，是连接南美洲和北美洲的狭长陆地，包括危地马拉、伯利兹、萨尔瓦多、洪都拉斯、尼加拉瓜、哥斯达黎加和巴拿马 7 个国家。南美洲位于西半球的南部，东濒大西洋，西临太平洋，北濒加勒比海，南隔德雷克海峡与南极洲相望。一般以巴拿马运河为界同北美洲相分，包括哥伦比亚、委内瑞拉、圭亚那、苏里南、厄瓜多尔、秘鲁、巴西、玻利维亚、智利、巴拉圭、乌拉圭、阿根廷、法属圭亚那 13 个国家和地区。

② 世界贸易组织：《世界贸易统计报告》（2018 年）。

大大拓宽了一国资源配置的空间。它通过商品和服务的交换使得生产要素跨越国界，在世界范围内进行配置，从而有效地利用了资源。例如，18 世纪中期，英国的海外农产品进口不但弥补了英国国内农产品的需求缺口，而且使英国有可能在减少农产品生产的情况下，将国内资源转移到更具优势的纺织、钢铁等工业部门，在世界经济中取得领先优势。20 世纪 60 年代以来，一些发达国家加速了劳动密集型产业的国外转移，并将这些产业的生产要素转移到高技术、高附加值的计算机、信息网络和服务产业，并取得了全球性领先优势。

（二）促进世界经济增长

经济增长是人类长期以来普遍关心的问题。理论上讲，国际贸易是经济增长的重要推动力量。在世界经济发展到全球化的今天，对外贸易是一国融入世界经济的重要途径，也是经济增长的必要条件。任何一个国家要实现经济增长和经济发展，就必须具备实现经济增长和发展所必需的可供追加的生产要素，即生产资料和劳动力。同时，生产资料和劳动力的扩大再生产，还必须有追加的生产资料和生活资料。随着社会分工和经济的发展，任何一个国家都不可能单独解决社会资本再生产所必需的生产资料和生活资料，必须依靠对外贸易。“大工业造成的新的世界市场关系也引起产品的精致和多样化。不仅有更多的外国消费品同本国的产品相交换，而且还有更多的外国原料、材料、半成品等作为生产资料进入本国工业。”① 显然，社会化的商品生产离不开对外贸易。

在现代经济条件下，资本积累与技术进步是经济增长的关键。国际贸易则通过促进资本积累、增加投资和技术进步间接地带动经济增长。这对于资本短缺的发展中国家来说，尤其具有重要意义。一国出口的增加表明市场的扩大，即提高了该国的总需求水平。这时，出口就起到投资的作用：当社会生产力处于过剩状态时，出口部门生产的扩大将增加就业；国民收入与消费水平的提高，将引起其他部门增加生产，进而把就业水平和国民收入水平提高到一个新的层次；最终，国民收入将会数倍于出口增量而扩张，使经济增长过程得以持续进行。此外，国际贸易还将带来一国技术水平的提高。随着竞争加剧，日益激烈的竞争使得企业在重视研究开发与技术创新的同时，也大力借鉴国外的先进技术和管理经验，从而提高自身的技术水平。

总体来看，国际贸易对于一国的经济增长具有较强的推动作用，从而带动

---

① 《马克思恩格斯文集》第 5 卷，人民出版社 2009 年版，第 512 页。

整个世界经济的增长。从二战后的世界经济发展趋势看，国际贸易的增长速度一直明显高于世界生产的增长速度，这表明国际分工的深化和细化促进了国际贸易规模的扩大和结构的变化，从而使国际贸易成为世界经济增长的引擎。

（三）促进国际产业转移

根据比较优势理论，一国依据其比较优势参与国际贸易，但一国的比较优势并不是一成不变的。随着一国某种生产要素的积累与增加，必然导致其比较优势的变化，从而有助于该国经济结构转型能力的提高和部门结构的变化。20世纪50年代以来，随着科技革命的兴起和各国经济发展水平的提高，欧美等发达国家的产业结构向知识密集型、技术密集型方向转变，而把劳动密集型、资本密集型和一般技术密集型产业转移到其他发展中国家和地区，从而形成了国际产业转移。

一般来说，国际产业转移是指某些产业从一个国家和地区通过国际贸易和国际投资等多种方式转移到另一个国家和地区的过程。二战以后，主要发达国家和地区以边际产业为“领头雁”快速向发展中国家和地区实施产业转移，转出产业的层次由低到高递进展开。20世纪五六十年代，欧美一些发达国家将一些劳动密集型产业（如纺织、塑料玩具、电子装配等）转移到墨西哥、新加坡、韩国、中国台湾和中国香港等新兴工业化国家和地区。20世纪80年代以来，随着承接发达国家产业转移的国家和地区工业化水平的提高，这些产业又逐步转移到中国和东南亚其他国家。随着国际贸易、国际投资的迅速发展，国际产业转移的速度、规模和范围也在不断扩大，而且产业转移的技术层次也在不断提升。进入21世纪以来，金融、信息服务等现代服务业也出现了转移扩散的趋势。

第二节 国际贸易政策的演变

一、国际贸易政策的含义和作用

尽管国际贸易总体上有利于一国经济乃至世界经济的发展，但由于国家主权以及与之密切相关的国家利益这一根本性因素的存在，国际贸易最终需要面对贸易利益在贸易国之间分配的问题。由国际贸易利益分配产生的矛盾，使得国际贸易的运行从未脱离过人为的、有意识的干预，这就是国际贸易政策的运用。国际贸易政策是指世界各国政府在一定时期内对进出口贸易所实行的政策，是世界经济活动中国家之间经济贸易关系的基本原则的体现。从一国的角度看，国际贸易政策也称为对外贸易政策。

（一）对外贸易政策的目的与构成

一国在一定时期内所实行的对外贸易政策，是该国宏观经济政策的重要组成部分，是为本国和本民族的根本利益服务的。由于政治经济体制、经济发展水平不同，各国制定的对外贸易政策也有很大不同。随着经济实力的变化，它所实行的对外贸易政策也会随之调整。一般来说，各国制定对外贸易政策的主要目的在于：第一，通过关税和各种非关税措施来限制外国商品和服务的进口，保护本国国内市场；第二，通过各种鼓励出口措施来促进本国出口商增加出口，扩大本国出口市场；第三，促进本国产业结构的改善和升级；第四，通过关税、国内税和其他税费措施，增加国家财政收入，促进就业；第五，维护和发展本国的对外经济关系。

对外贸易政策通常由三个方面不同层次的内容构成。第一，对外贸易总政策。它是一国从整个国民经济和长远目标出发，在一个较长时期内实行的基本政策，其中包括对外贸易战略、出口总政策和进口总政策。第二，进出口商品政策。它是指在对外贸易总政策的基础上，根据国内经济结构和市场状况而制定的用于指导进出口的具体政策。第三，国别贸易政策。它是根据国际政治经济格局和本国的对外关系状况，针对不同国家和地区制定的政策。

（二）对外贸易政策的类型及其决定因素

从对外贸易产生和发展的实践看，对外贸易政策基本上可以划分为两大类，即保护贸易政策和自由贸易政策。但在不同的历史时期和不同的国家，其保护程度与自由程度也有所不同。

保护贸易政策也称保护贸易制度，始于重商主义时期，是指政府出于维护本国利益的需要而采取的各种干预对外贸易的措施，其主要政策方向是通过高关税和非关税壁垒来限制外国商品和服务的进口，同时对本国出口商品和服务给予优惠或补贴，鼓励扩大出口，从而达到提高本国商品和服务在国际市场竞争力的目的。实施保护贸易政策，在某种程度上有利于资本积累从而壮大本国经济实力。但是，保护贸易政策在实施了一定时期之后，对本国经济发展的消极作用就会暴露出来。因此，实行保护贸易政策的结果，最终不可避免地转向自由贸易政策。

自由贸易政策也称自由贸易制度，是指政府通过减免关税和减少其他贸易壁垒，实现商品和服务等自由进出口，在国内外市场上自由竞争。英国依靠工业革命所形成的巨大生产力和工业制成品的强大竞争力，在19世纪中期成为第一个实行自由贸易政策的国家。此后，随着经济实力的不断增强，法国、德国和美国也先后实行自由贸易政策，使其获得了不断发展的机器大工业所需要的、不断扩大的市场，这就为经济增长和经济发展提供了必要前提条件。马克思指出："只有实行自由贸易，蒸汽、电力、机器的巨大生产力才能够获得充分的发展"①。

追求本国、本民族经济利益和政治利益的最大化，是一国制定对外贸易政策的基本出发点。一国究竟采取何种贸易政策，是基于国内外多方面因素综合考虑的结果，如国家经济发展战略、经济发展水平和经济实力、产品的国际竞争力、政府所代表的经济集团的利益以及国际经济环境等。由于各种因素的变化，同一国家在不同时期会实行不同的对外贸易政策，不同国家在同一时期也会实行不同的对外贸易政策，甚至同一国家在同一时期对不同的产业部门也会实行不同的对外贸易政策。在国际贸易发展的历史上，没有任何国家实行过纯粹的自由贸易政策或保护贸易政策。

因此，一国制定什么样的对外贸易政策，取决于该国的具体情况和国际环境，但并不排除存在某些共同的原则和规则。总的来看，既要积极参与国际分工，又要将获得贸易利益的成本最小化。需要说明的是，在当今经济全球化进程中，世界各国经济的相互依赖和联系日益加强，各国在制定本国对外贸易政策时，也不得不考虑到别国的利益。因为一味地实行损人利己的对外贸易政策无疑会遭到别国的报复，从而使整个国际贸易秩序陷入混乱，最终本国的利益也必将受损。因此，理想的对外贸易政策应体现互惠互利的基本原则，而且必须加以适当的国际协调。但在现实的国际经济活动中，发达国家凭借其雄厚的经济实力，制定有利于它们的游戏规则，主导着国际贸易政策，使贸易利益向有利于发达国家经济的方向倾斜。

（三）对外贸易政策对一国经济和国际贸易的影响

一个国家的对外贸易政策功能是多方面的，它既是实现对外贸易战略的工具，也是一国对外政策的重要组成部分。它的作用主要表现在：第一，对外贸

① 《马克思恩格斯文集》第4卷，人民出版社2009年版，第336页。

易政策是调节国民经济平衡的重要工具。国民经济的平衡主要是国内总供给与总需求的平衡，包括投资、消费、进出口之间的平衡以及地区之间、部门之间的平衡。随着世界经济联系的日益密切，国际商品和劳务交换的日益发达，一国的国内经济平衡可以通过对外贸易来调节，运用贸易政策影响企业和消费者的行为，成为调节总供给和总需求的重要手段之一。第二，对外贸易政策是调节一国以国际收支为主要内容的外部经济平衡的主要手段。一国可以通过对关税、非关税措施的调整，影响商品的进出口或国际资本的流动，进而调整外部经济的平衡。第三，对外贸易政策是实现经济目标的工具。它影响着国内资源的配置、福利目标的调整以及辅助产业发展目标的实现，从而促进经济增长。第四，对外贸易政策还通过区域经济集团化等方式，对国际贸易的秩序、规模和方向产生直接的影响。

对外贸易政策对一国经济和世界经济的作用与影响日益突出，成为经济学家及政府管理和决策部门对贸易政策关注的焦点之一。

二、保护贸易政策和自由贸易政策

（一）保护贸易政策

1. 重商主义政策

15—17世纪，在资本主义生产方式准备时期，西欧各国普遍实行了具有浓厚保护贸易色彩的重商主义政策，其基本政策主张是国家干预对外贸易，实行贸易保护。在重商主义发展的早期，为了国内金银货币的积累，西欧各国政府直接垄断或管制对外贸易，并制定法令严禁金银出口和奢侈品进口。到重商主义晚期，随着工场手工业和海运业迅速发展，西欧各国的货币控制政策有所放松，其主要政策主张是贸易差额论。各国普遍采用关税手段，实行奖出限入政策，追求贸易顺差，以此来获取金银货币的流入。为保证少买多卖，贱买贵卖，实现贸易顺差，西欧各国先后制定了发展本国工业的政策，通过对原料的加工促使本国产品的价值增值。除此之外，西欧各国还积极推行殖民扩张和垄断对外贸易的政策，采取各种手段维护和扩大本国产品的销售市场。

2. 幼稚产业保护政策

资本主义生产方式确立以后，由于美国和西欧等国的工业发展水平与英国相比还有很大差距，经济实力难以与英国抗衡，商品的国际竞争力低下，于是纷纷采取保护贸易政策。在这一贸易政策体系下，各国主要通过关税措施来保护本国的幼稚工业，以避免遭受英国廉价商品的竞争。在19世纪自由竞争资本主义时期，美国与德国先后实行了保护贸易政策。独立战争的胜利并没有自然而然地给美国经济带来繁荣和发展，反而工业发展迟缓，工业品市场几乎为英国商品垄断。美国首任财政部部长汉密尔顿（1757—1804）认识到了一个国家的力量来自于制造业，而要发展制造业，必须有政府的保护，因为最新建立制造业的国家与制造业已经成熟的国家在平等条件下竞争，在多数情况下是不可能的。1807年，美国国会通过了《禁运法案》，使得国内的制造业不再面对英国商品的竞争，国内工业品价格上涨，制造业利润大增，从而使美国制造业得到空前发展。在汉密尔顿保护贸易主张的影响下，美国的关税税率从1789年第一个关税法案之前的5%~15%提高到1890年的50%，有效地保护了美国市场，极大地促进了美国工业的发展。1900年，美国的工业生产总值约占世界工业生产总值的30%，一跃成为世界第一大工业国。受到汉密尔顿的影响，德国著名经济学家李斯特（1789—1846）从提倡自由贸易转而提倡贸易保护主义。从发展德国经济的角度出发，针锋相对地提出了国家对工业要实行贸易保护，为德国的经济崛起奠定了理论基础。

3. 超保护贸易政策

这是发达资本主义国家在垄断资本主义时期推行的一种贸易保护政策。19世纪末20世纪初，资本主义从自由竞争过渡到垄断阶段。在一战与二战期间，发达资本主义国家普遍完成了第二次产业革命，工业生产能力得到迅速发展，但需求增长却相对滞后，世界市场的竞争日益激烈。尤其是1929—1933年大危机，使市场矛盾进一步尖锐化，国家干预经济能力增强。在本国垄断组织的影响下，发达资本主义国家纷纷推行超保护贸易政策。这段时期的贸易政策的主要特点是：贸易保护对象不仅是幼稚工业，而且更多地保护已高度发展的或出现衰落的垄断工业；贸易保护的目的不再是培养本国商品的国际竞争力，而是巩固和加强对国内外市场的垄断；贸易保护措施不只限于关税，还推行各种非关税壁垒和其他奖出限入措施；贸易保护方式不再是防御性的限制进口，而是在垄断国内市场的基础上对国外市场进行进攻性的扩张；贸易保护受益者从一般的工业资产阶级转向垄断资产阶级。

4. 新贸易保护主义政策

进入20世纪70年代以后，伴随着布雷顿森林体系的瓦解和石油危机的发生，发达资本主义国家经济普遍陷入滞胀。特别是资本主义世界经济体系中，美、日、西欧三足鼎立局面的形成以及新兴工业化国家和地区的发展，使得国际经济竞争日趋激烈。于是20世纪70年代中期以后，在国际贸易领域再次出现了贸易保护主义浪潮——新贸易保护主义。与在此之前的贸易保护政策相比，新贸易保护主义的特点表现在以下几个方面。

第一，保护商品范围扩大化。保护对象从商品向投资、技术知识和环保等方面展开，从传统产品（如钢铁、纺织品等）、农产品扩大到高端工业制成品（如汽车、飞机、数控机床、计算机等）、服务贸易和知识产权等领域。

第二，保护措施多样化。强化征收反补贴税和反倾销税的措施，并在“有组织的自由贸易”的口号下，绕过关贸总协定的规则，实行“灰色区域措施”，即不受关贸总协定规则管辖与监督的保护性贸易限制措施，如“自愿”出口限制、有秩序的销售安排等。实际上，这是出口国迫于进口国的政治、经济压力不得不接受的数量限制。

第三，保护制度系统化。这一时期，贸易保护制度转向更系统化的管理贸易制度，即对进出口贸易和全球贸易关系进行干预、协调和管理。管理贸易制度是介于自由贸易和保护贸易之间的一种贸易制度，基本特点就是通过贸易立法使贸易保护主义合法化。例如，美国1974年贸易法案中的“301条款”，授予总统对那些向美国出口时给予“不公平”待遇的国家进行报复的权力；美国1988年通过的综合贸易及竞争力法案中的“超级301条款”，要求政府与实行“自由公平贸易”方面做得不好的国家进行谈判或对其进行报复。

第四，各国“奖出限入”措施的重点从限制进口转向鼓励出口。由于限制进口容易遭到对方的谴责和报复，各国纷纷从经济、法律、行政等方面采取措施促进出口。在经济上实行出口补贴、出口信贷，建立出口加工区等；在法律上通过立法为扩大出口提供支持，以法律为武器强迫外国开放市场（例如，1989年美国对日本动用“超级301条款”，要求日本在1年内向美国开放计算机、卫星、林产品等市场）；在行政上建立商业情报网络，设立综合协调机构，为扩大出口服务。

（二）自由贸易政策

1. 资本主义自由竞争时期的自由贸易政策

工业革命使英国率先进入机器大工业时代，生产力迅猛发展并确立了其“世界工厂”的地位。在新的历史条件下，英国工业资产阶级的地位和作用日益强大，他们迫切需要开拓其工业品的销售市场。于是，在工业资产阶级的推动下，英国逐步放弃了具有浓厚保护色彩的重商主义贸易政策，转而实行自由贸易政策。具体的政策措施包括以下几个方面。

第一，废除《谷物法》。在英国，关于《谷物法》的存废成为自由贸易与保护贸易斗争的典型事件。英国第一部全国性的《谷物法》可追溯到1436年，旨在通过管制主要谷物的进出口来保证消费和生产之间的平衡。随着重商主义在英国的盛行，1672年制定的《谷物法》旨在鼓励出口和限制进口。1815年，拿破仑战争结束后，英国政府为了保护贵族和大农场主的利益，再次通过新的《谷物法》以保证谷物的价格水平，避免外国竞争，但这却间接造成了资本家支付给工人工资成本的提高，因此遭到了工业资本的极力反对。1838年，英国棉纺织业资产阶级组成"反《谷物法》同盟"，展开了声势浩大的反《谷物法》运动，迫使国会于1846年通过了废除《谷物法》的法案。《谷物法》的废除标志着英国工业资产阶级对封建贵族的胜利，为资本的自由扩张铺平了道路。

第二，取消外贸特权公司。1813年和1834年，英国先后废止了具有国家垄断性质的东印度公司对印度和中国贸易的特权，并把对外贸易的经营权向所有英国人开放。

第三，废除《航海条例》。《航海条例》是英国限制外国航运业的竞争、垄断殖民地航运的一项法律。产业革命使英国的航运业与其他国家相比具有绝对的优势。从1824年开始，英国在与其他国家签订的贸易条约中，逐步放松了对外国船只经营本国航运业的限制，最后于1854年把外贸商品的运输开放给所有国家。

第四，逐步降低关税水平，减少纳税商品项目。在重商主义时期，英国有关关税的法令多达上千种，内容极其繁杂，还经常对同一种商品规定不同的税率。1825年，英国开始简化税法，降低税率，废除了大部分对出口的限制；以后又逐步减少了纳税商品项目，1841年，英国征收进口税的商品项目有1 163种，1853年减少到466种，到1882年进一步减少至20种。

第五，与外国签订贸易条约。从1860年起，英国本着自由贸易和互惠互利的原则同其他国家签订了一系列贸易条约。1860年英、法签订的《科伯登条约》是以自由贸易为目标签订的第一项条约，其中就列有最惠国条款。在这些条约中，英国一方面承诺降低贸易保护，另一方面也要求其他国家开放市场，容许英国商品进入。

在英国实行贸易自由化政策的初期，美国与西欧其他一些国家由于经济发展起步较晚，先后实行了一段时期的保护贸易政策。在这些国家经济发展到可以与英国抗衡时，它们也以英国的自由贸易政策为蓝本，逐步转向了自由贸易政策。从总体上说，在资本主义自由竞争时期，国际贸易政策的主流是自由贸易政策。

2. 二战后的贸易自由化

两次世界大战之间，各发达国家纷纷实行以邻为壑的超保护贸易政策，造成了国际贸易秩序的混乱，阻碍了国际贸易的发展并激化了各国之间的矛盾。二战后，随着世界各国经济的恢复和发展，全球范围内出现了贸易自由化浪潮，主要表现为大幅度降低关税和减少非关税壁垒。

贸易自由化出现的主要原因在于：第一，经过两次世界大战，发展为世界头号经济强国的美国为进一步对外进行经济扩张，积极主张削减关税，取消数量限制，成为贸易自由化的积极倡导者和推行者。第二，《关税与贸易总协定》的签订有力地推动了贸易自由化。关贸总协定以自由贸易为宗旨，通过组织八轮多边贸易谈判，不仅大幅度地削减了关税，而且在一定程度上限制了非关税壁垒的使用。第三，世界经济中区域经济一体化组织的出现加快了贸易自由化的进程。自由贸易区、关税同盟、共同市场均以促进商品自由流通、扩大自由贸易为宗旨。第四，跨国公司的大量出现和迅速发展促进了资本的国际流动，加强了生产的国际化，客观上要求资本、商品和劳动力等在世界范围内的自由流动。第五，国际分工的广泛和深入发展以及分工形式的多样化，使商品交换的范围扩大，在一定程度上促进了贸易自由化的发展。

值得注意的是，二战后的贸易自由化与自由竞争资本主义时期的贸易自由化存在明显不同。在自由竞争资本主义时期，贸易自由化是由正处于上升地位的工业资产阶级推动的，代表了他们的利益和要求。而二战后的贸易自由化是在国家垄断资本主义日益加强的条件下发展起来的，在一定程度上反映了世界经济深化发展的内在要求，但主要是由垄断资本对外扩张的要求所推动的，代表了垄断资本的利益。因此，二战后的贸易自由化是一种有选择的贸易自由化，在一定程度上是和贸易保护主义结合在一起的。在发达资本主义国家之间以及它们占优势的产业领域，贸易自由化的程度要高于发达国家与发展中国家之间以及发展中国家所擅长的领域，如初级产品、劳动密集型产品。这样一种不平衡的贸易自由化的基础是比较脆弱的，当经济处于萧条状态或市场问题变得严重时，为了维护本国利益，贸易保护主义必然会重新抬头。

三、20 世纪 90 年代以来的新贸易保护主义

20 世纪 90 年代以来，经济全球化和区域经济一体化在促进全球贸易自由化发展的同时，也加剧了各国各地区经济发展的不平衡，引起了新的贸易保护主义。以非关税壁垒为主要政策手段的新贸易保护主义有了许多变化和发展，更具有隐蔽性、挑战性和欺骗性，成为产品和生产要素跨国流动的主要障碍，阻碍了贸易自由化的发展。特别是2008 年国际金融危机的爆发和全球实体经济步入衰退后，贸易保护主义重新抬头并正在迅速蔓延，其主要表现形式如下。

（一）技术性贸易壁垒

技术性贸易壁垒（简称技术壁垒）是指一国以维护国家安全、保障人类健康、保护生态环境、保证产品质量等为借口，滥用世界贸易组织有关保护条例，采取的一些阻碍其他国家商品自由进入该国市场的技术性措施。随着贸易自由化进程的推进和关税壁垒向非关税壁垒的演变，国际贸易中的技术壁垒也由其保证产品质量、保护消费者利益和生态环境的初衷退化为阻碍他国商品进口的贸易障碍。在各种非关税壁垒中，技术壁垒约占 30%。当前国际贸易中的技术壁垒主要表现为苛刻的技术标准、安全标准、包装规定、检验标准和认证制度等几种形式。2008 年国际金融危机爆发以来，美国、日本以及欧盟在商品标准、技术法规和技术认证制度等方面更是设置了多种技术壁垒，特别是各种技术认证制度差异性大，认证难度和成本费用高，正成为欧美国家贸易保护的主要形式。

（二）社会责任标准

社会责任标准是指以保护劳动者劳动环境和生存权利为借口采取的贸易保护措施。社会壁垒的主要标准是由美国的非政府组织——经济优先权委员会（2001 年更名为“社会责任国际”）于 1997 年推出的全球第一个可用于第三方认证的社会责任标准（Social Accountability 8000，简称 SA8000）。该标准是基于《国际劳工组织宪章》《联合国儿童权利公约》《世界人权宣言》而制定的一种以保护劳动环境和条件、劳工权利等为主要内容的管理标准体系。它包括童工、强迫劳动、就业歧视、组织工会和集体谈判权、健康与安全、工时、工资、惩罚措施和管理体系 9 个方面，强调企业或组织在赚取利润的同时，必须主动承担对环境、社会和利益相关者的责任，其宗旨是确保供应商所供应的

产品符合社会责任标准的要求。目前，社会责任标准认证越来越多地出现在跨国公司和全球大采购集团订单的附加条件中。虽然 SA8000 的初衷是好的，但现在许多发达国家将其作为限制发展中国家商品进入本国市场的手段。

（三）反倾销

倾销是指一国产品以低于正常价值的价格向他国销售，因此被认为是一种价格歧视，属不正当的商业竞争行为。倾销会扰乱国际市场秩序，对进口国的相关产业造成损害或威胁。由于它违背市场经济运行所要求的公平原则，扭曲了竞争机制下的价格水平，因此不仅遭到各国立法的抵制和惩罚，也受到国际法律和规则的谴责。《关税与贸易总协定》及世界贸易组织的《反倾销协议》对反倾销的相关问题作出了较为详细和明确的规定。《反倾销协议》允许当一国产业受到他国不正当竞争威胁时采取反倾销措施，即向倾销进口产品征收反倾销税，以保护本国产业的发展。但是，随着世界自由贸易体制的加强和传统关税壁垒的作用受到限制，越来越多的国家将其对本国的贸易保护转向了反倾销这一世界贸易组织所允许的合法的贸易保护手段，甚至出现了滥用反倾销条款、以反倾销之名行贸易保护之实的现象，使反倾销的理论目标和实际操作发生严重背离，并成为一些国家实施非关税壁垒和贸易歧视的手段。这在一定程度上致使反倾销从反对不公平竞争的初衷走向了它的反面，变成了贸易保护主义的利器。

（四）保障措施

保障措施也称一般保障措施，是世界贸易组织《保障措施协议》所允许的保护国内产业免受进口损害的贸易救济手段。保障措施是指当某项产品进口急剧增长并对进口方国内相关产业造成严重损害或严重损害威胁时，进口方政府可对该进口产品实施的限制措施。在贸易自由化过程中，保障措施对于防止因国外商品的大量涌入而对国内产业造成严重损害，保护本国幼稚工业，促进国内产业适应国际贸易的激烈竞争具有重要意义，因此被视为保障国家经济安全的“安全阀”。保障措施与同属贸易救济措施的反倾销措施和反补贴措施不同，后两者针对的是不公平贸易，而保障措施针对的是公平贸易条件下的进口产品。该制度的这一特点为各国所重视，它们都将保障措施作为重要的对外贸易救济制度。

（五）特别保障措施

特别保障措施是世界贸易组织成员利用特定产品过渡性保障机制针对来自

特定成员的进口产品采取的措施，即在世界贸易组织体制下，在特定的过渡期内，进口方政府为防止来源于特定成员方的进口产品对本国相关产业造成损害而实施的限制性保障措施。最早的特别保障措施适用于日本。1953 年，日本申请加入关贸总协定时，一些缔约方担心日本的纺织品进口可能对本国相关产业造成损害，决定在日本加入之后其他成员国可以对日本适用特别保障条款，即关贸总协定缔约方在发现原产于日本的纺织品进口数量增加从而对本国构成市场扰乱时，可以单方面针对日本的纺织品采取保障措施，以抵消或减少对其国内产业的冲击。此后，在波兰、匈牙利、罗马尼亚等东欧社会主义国家加入关贸总协定时，也适用特别保障措施条款。针对中国的特别保障措施实际上是发达国家将中国视为非市场经济国家的产物。《中国加入世界贸易组织议定书》第 16 条“特定产品过渡性保障机制”中规定：在中国加入世界贸易组织后的 12 年内，如原产于中国的产品在进口至任何世贸组织成员领土时，其增长的数量或依据的条件对生产同类产品或直接竞争产品的国内生产商造成或威胁造成市场扰乱，则受此影响的世贸组织成员可请求与中国进行磋商，以期寻求双方满意的解决方法。如磋商一致，则中国应采取行动以防止或补救此种市场扰乱；如磋商未果，则受影响的世贸组织成员有权在防止或补救此种市场扰乱所必需的限度内，对中国产品采取撤销减让或限制进口措施。

历史反复证明，贸易保护的博弈各方没有赢家。如果每个国家都采取贸易保护主义措施，结果肯定是贸易活动与经济增长的螺旋式下跌。因而，反对和遏止贸易保护主义需要各国达成共识。尤其是在发生金融危机和经济危机的情况下，更需要坚决避免和抵制任何形式的贸易保护主义，任何旨在促进个别或少数经济体增长的保护主义措施将有害于全球繁荣，威胁国际贸易的健康发展。

第三节　世界多边贸易体制的形成与发展

二战结束以来，国际贸易领域最引人注目的发展变化，是多边贸易体制的形成和发展，它对世界经济产生了多方面的重大影响。1948 年 1 月 1 日，由 23 个国家参与缔结的关贸总协定的生效，标志着全球多边贸易体制的诞生；1995 年 1 月 1 日，世界贸易组织的正式建立及此后的顺利运作，标志着一个以贸易自由化为宗旨、囊括当今国际贸易诸多领域的多边贸易体制的框架已经构筑起来。半个多世纪以来，国际贸易的发展大大快于世界生产的发展，这与世界多边贸易体制的作用是密不可分的。

一、关贸总协定与多边贸易谈判

（一）关贸总协定的诞生

二战以前，国际贸易活动主要以单边或双边的形式进行，各国贸易政策的制定完全从自身的利益出发，缺少地区性的贸易协调机制，更没有世界性多边贸易体制。两次世界大战给世界带来的灾难使一些国家深刻意识到，要避免战争的发生、让世界拥有和平，要实现充分就业、繁荣世界各国的经济，必须建立一系列国际性机构和协调组织，以维护国际金融和国际贸易的正常秩序，促进世界经济的健康顺利发展。

根据 1944 年在美国布雷顿森林镇召开的国际会议精神，国际复兴开发银行、国际货币基金组织于 1945 年成立，构建了从金融领域支撑世界经济发展的框架。布雷顿森林会议还倡导组建国际贸易组织，以便在多边贸易的基础上通过减少关税和消除贸易壁垒来促进国际贸易的自由发展。1946 年 2 月，美国正式向联合国经济社会理事会提交了《国际贸易组织宪章》草案。理事会接受该建议并成立了筹备委员会。同年 10 月，筹委会在伦敦举行了第一次会议，讨论美国提出的《国际贸易组织宪章》草案，并成立了宪章起草委员会对草案进行修改。1947 年年初，该宪章起草委员会根据《国际贸易组织宪章》草案中的贸易规则部分，完成了《关税与贸易总协定》条款的起草工作。在参与起草《国际贸易组织宪章》的过程中，各国政府同意在国际贸易组织成立之前先就降低关税和其他贸易限制等问题进行谈判。于是，1947 年 4—10 月，美国、英国、中国等 23 个国家在日内瓦举行的联合国贸易与就业会议第二次筹委会期间，就具体产品的关税减让问题进行了多边贸易谈判并达成协议，这次谈判后来被称为关贸总协定的第一轮多边谈判。自 1948 年开始，作为与贸易有关的国际框架的关贸总协定体制正式发挥其职能，并支撑了二战后国际贸易的发展。

（二）关贸总协定的宗旨和原则

关贸总协定的宗旨是：各缔约方本着提高生活水平、保证充分就业、保障实际收入和有效需求稳定增长、充分利用世界资源、扩大商品生产和交换、促进经济发展的目的，来处理它们在贸易和经济发展方面的相互关系，彼此减让关税，取消各种贸易壁垒和歧视性待遇，实现贸易自由化。

关贸总协定规定了许多关于贸易的国际规则，但其基本原则可以概括为如下几个方面。

第一，非歧视性原则。该原则又称无差别待遇原则。这一原则规定：缔约国在与贸易相关的事项中相互之间不得有任何歧视。如果缔约一方根据某种理由而实施某种限制或禁止措施时，这种限制或禁止措施也必须适用于其他缔约方。无歧视待遇原则主要通过最惠国待遇原则和国民待遇原则来实现，也是公平贸易原则的体现。

第二，自由贸易原则。这一原则是指通过成员方的多边贸易谈判，削减关税和减少其他贸易壁垒，扩大成员方之间的货物贸易和服务贸易。自由贸易原则以关贸总协定的共同规则为基础，以多边谈判为手段，以争端解决为保障，以贸易补救措施为“安全阀”，并通过关贸总协定安排的过渡期方式体现对不同国家的差别或优惠。自由贸易原则主要通过关税减让和非关税贸易壁垒的削减来实现。

第三，对等原则（也称互惠原则）。这是关贸总协定的重要原则，也是关贸总协定关税减让谈判的基础。对等分为双边对等和多边对等。双边对等指的是关贸总协定两个缔约方之间相互给予对方关税减让或特权，多边对等指的是将双边对等原则扩大到多个缔约方之间。关贸总协定就是通过缔约方以对等减让以及相互提供对等的方式来实现贸易自由化。对等原则有例外规定，即允许缔约方在某些特殊情况下撤回它已作出的关税减让。

第四，透明度原则。这一原则是指缔约方应公布所制定和实施的贸易措施及其变化情况（如修改或废除等），不公布的不得实施，同时还应将这些贸易措施及其变化情况通知关贸总协定。缔约方所参加的有关国际贸易政策的国际协议也在公布和通知之列，以便于各成员方政府和企业了解和熟悉，从而提高国际贸易的可预见性和稳定性。透明度原则包括贸易措施的公布和贸易措施的实施两个方面。关贸总协定一直把透明度原则作为其基本原则之一，要求各缔约方增强贸易规章和政策措施的透明度，在公平、公正的基础上发展相互间的经济贸易关系。

（三）关贸总协定对多边贸易体制的贡献

在关贸总协定的推动下，世界各国先后进行了八轮多边贸易谈判，如表6-1所示，达成了范围广泛的贸易自由化协议。

表 6-1 关贸总协定的八轮多边贸易谈判

年份	地点/名称	主要议题	参与方	主要成果
1947 年	日内瓦（瑞士）	关税	23	创立了关贸总协定，达成双边减让协议 123 项，约 54% 的应税进口商品平均关税降低了 35%
1949 年	安纳西（法国）	关税	13	达成了约 5 000 项关税减让
1951 年	托奎（英国）	关税	38	达成了约 8 700 项关税减让，从而把 1948 年确定的关税水平下调了 25%
1956 年	日内瓦（瑞士）	关税	26	由于美国国会对美国政府的授权有限，所达成的关税减让只涉及 25 亿美元的贸易额
1960—1961 年	日内瓦（瑞士）狄龙回合	关税	26	谈判达成的关税减让涉及 49 亿美元的贸易额
1964—1967 年	日内瓦（瑞士）肯尼迪回合	关税与反倾销措施	62	确定削减关税“一刀切”的办法，在经合组织成员间工业品一律平均削减 35%的关税
1973—1979 年	东京（日本）东京回合	关税、非关税措施等	102	将世界 9 个主要工业品市场的关税平均削减 1/3，制成品的平均关税由关贸总协定成立时的 40%左右降至 4.7%；还产生了一系列关于非关税壁垒的协议
1986—1994 年	埃斯特角城（乌拉圭）乌拉圭回合	关税、非关税措施等	123	发达国家和发展中国家关税平均降低 1/3，发达国家工业制成品平均关税水平降低 36%左右；签署了《建立世界贸易组织协定》《农产品协议》《纺织品和服装协议》《技术性贸易壁垒协议》《进口许可程序协议》《原产地规则协议》《装运前检验协议》《实施卫生与植物卫生措施协定》等多项与限制和削减非关税壁垒有关的全球性协议

资料来源：根据世界贸易组织网站的材料整理。

从关贸总协定进行的八轮多边贸易谈判中可以看出，前五轮谈判主要致力于削减关税和减少贸易壁垒的问题，后三轮谈判则更多地转向非关税壁垒问题，特别是乌拉圭回合谈判进一步将关注点由货物贸易扩展到服务贸易和与贸易有关的知识产权等领域，开始了进一步完善多边贸易体制的新尝试。通过缔约方的一系列谈判和协议，从削减关税和减少非关税壁垒两个方面促进了全球自由贸易的发展。

第一，削减关税。经过半个多世纪的努力，全球关税总水平从关贸总协定第一轮谈判前的40%降至第八轮乌拉圭回合谈判后的6%左右（其中，发达国家的加权平均税率从1947年的平均35%降至4%左右，发展中国家降至14%左右），降幅达85%。除削减关税和关税约束外，在乌拉圭回合谈判中，发达国家和一些发展中国家还承诺取消某些领域的所有关税，其中包括药品、农用机械、建筑设备、医疗器械、家具、纸张、钢铁和玩具等。

第二，减少非关税壁垒措施。在关贸总协定前几轮谈判的推动下，关税削减的幅度和范围不断扩大，关税约束措施的力度不断加大，越来越多的国家将通过关税措施难以实现的贸易保护转向非关税措施，包括进口许可证、关税配额、“自愿”出口限制等数量限制和安全卫生标准、技术标准、包装要求等间接的非关税壁垒措施，形成了新的贸易壁垒。由于这些非关税壁垒措施的隐蔽性和随意性强，透明度低，因而对世界贸易的破坏作用更大。针对这种情况，从第六轮肯尼迪回合谈判开始，关贸总协定将非关税壁垒问题列入谈判议程，而将具有较高透明度、能够清楚反映保护程度的关税作为各缔约方保护国内市场的唯一手段。乌拉圭回合非关税措施谈判中又进一步决定，要实施减少或取消包括数量限制在内的非关税壁垒措施，将非关税措施关税化，并达成了《农产品协议》《纺织品和服装协议》《技术性贸易壁垒协议》等多项与限制和削减非关税壁垒有关的全球性协议。

由此可见，关贸总协定一方面禁止数量限制和其他非关税壁垒措施，将缔约方对国内产业和市场的保护锁定在透明度强和预见性强的关税手段上，使非关税措施向关税措施靠拢，另一方面又不断通过谈判降低关税水平，从而从两个方面推动了贸易自由化的发展。这些措施对改善货物贸易的市场准入、推动世界贸易的迅速发展和全球贸易自由化的深入发展具有重要意义。

二、世界贸易组织的建立及影响

（一）世界贸易组织的建立

关贸总协定的出现，结束了一直以来国际贸易中缺少统一规则、各自为政的状态，使全球贸易向一个统一的机制框架内融合，它标志着全球多边贸易体制的形成。但是，由于关贸总协定在组织形式和规则执行等方面存在的严重局限性已无法解决服务贸易和知识产权等国际贸易中的新议题，乌拉圭回合取得的新的谈判成果也很难在仅以协调货物贸易为主要职能的关贸总协定框架内付诸实施。此外，关贸总协定解决国际贸易争端的主要手段是协商，缺少具有法律约束性的强制手段，这些都暴露出关贸总协定在体制上的先天不足，同时也使各缔约方意识到建立一个正式的国际贸易组织的必要性。1993 年乌拉圭回合谈判结束前，各方原则上达成了《建立世界贸易组织协定》。1995 年 1 月 1 日，世界贸易组织正式成立。经过一年的共存期，关贸总协定作为准国际贸易组织的使命于 1995 年 12 月 31 日结束，以世界贸易组织为核心的多边贸易体制终于取代了历经近半个世纪的关贸总协定体制，完成了世界贸易体制的重大变革。

世界贸易组织取代关贸总协定后，继承了关贸总协定的基本原则，除了在货物贸易领域继续推进自由化外，还在服务贸易、与贸易有关的知识产权以及与贸易有关的投资措施等新的领域加以适用和推广。与关贸总协定的不同之处在于，世界贸易组织是契约式的贸易组织，法律基础更加巩固，对成员方权利与义务的约束更强，因此也就更加完善和具有权威性。可以看出，从关贸总协定到世界贸易组织，世界贸易多边制约形式的形成和演变历程也是全球多边贸易体制不断发展和完善的过程，是世界贸易朝着更加自由化、规范化方向发展的过程。

（二）世界贸易组织对世界多边贸易体制的贡献

从成立以来，世界贸易组织作为贸易自由化的推动者对世界经济和国际贸易的发展作出了新的贡献，主要表现在以下几方面。

1. 进一步促进了货物贸易自由化

在世界贸易组织成立之前，纺织品贸易作为一种特殊的贸易体制长期游离于关贸总协定体制之外，背离了《关税与贸易总协定》的基本原则。1974 年，进口纺织品的发达国家制定了《多种纤维协定》（又称《国际纺织品贸易协定》），此后一直延期。《多种纤维协定》名义上是为了扩大纺织品贸易，减少贸易壁垒，逐步实现世界纺织品贸易的自由化，但实际上该协定是对来自发展中国家的纺织品实行歧视性的进口数量限制。在乌拉圭回合谈判中，《多种纤维协定》被《纺织品和服装协议》所取代，并确立在世界贸易组织成立之日起 10 年内，要逐步将纺织品贸易纳入《关税与贸易总协定》的规则内，即到 2005 年 1 月 1 日，废止《纺织品和服装协议》，取消一切限制，逐步实现纺织品与服装贸易的自由化。

2. 推动了服务贸易自由化

《服务贸易总协定》是世界贸易组织中与《关税与贸易总协定》和《与贸易有关的知识产权协定》并行的多边贸易规则，这与当今国际贸易呈现货物贸易、服务贸易和知识产权贸易共同发展的态势是一致的。在新的科技革命推动下，信息技术产业作为一种技术含量高、附加值大、环境破坏小的新兴产业迅速发展。信息技术革命渗透到社会生活的方方面面，对世界经济贸易产生了重大而深刻的影响。消除对信息技术产品贸易的壁垒、最大限度地扩大全球范围内信息技术产品贸易的呼声越来越强烈。1997 年 4 月 1 日生效的《信息技术协议》和 1998 年 2 月 15 日生效的《基础电信协议》，在信息技术产品有形贸易和以此为基础的电信服务的无形贸易两个方面，同时推动着信息技术产业的发展。两项协议结合起来，涉及全球每年 1 万亿美元的贸易额，这大大促进了全球贸易的发展和全球贸易自由化的进程，从总体上提高了世界的福利水平和经济发展水平。

3. 促进了发展中国家的贸易发展

按照协议，乌拉圭回合前后，世界贸易组织全体成员的平均关税降幅为 34.3%，发达国家关税削减幅度在 37%左右，发展中国家关税削减幅度在 24%左右，且在农产品关税削减的实施期限上，发展中国家比发达国家长 4 年。这使发展中国家的出口可以获得更多的关税降低的好处以及更长的调整、适应和保护期。在非关税壁垒方面，由于发展中国家出口产品主要集中在纺织品、服装、其他轻工产品和农产品等劳动或土地资源密集型产品上，这些恰是乌拉圭回合中贸易自由化力度最大的领域。这些领域非关税壁垒措施的消除，给发展中国家带来了贸易增长的好处。根据乌拉圭回合达成的有关规定和对发展中国家的优惠条款，2005 年取消纺织品和服装的限制后，发展中国家对主要发达国家的纺织品和服装出口分别可以增加 82%和 93%，发展中国家纺织品出口国每年共可以从中获得 30 亿美元的贸易收益。总之，2005 年 1 月 1 日《纺织品和服装协议》的终止，意味着主导全球纺织品贸易长达 30 年之久的配额制度被废除，这在一定程度上为发展中国家充分发挥比较优势、发展对外贸易提供了可能。

三、世界贸易组织面临的挑战和前景

在国际多边贸易体制形成、演变、不断完善和发展的过程中，也遭遇和经历着来自各方面的冲击和考验。世界贸易组织成立后启动的第一轮谈判——多哈回合陷入困境，是对世界多边贸易体制的严峻挑战。

（一）多哈回合的宗旨和议题

世界多边贸易体制对全球贸易自由化进程的推动作用主要是通过世界贸易组织部长级会议、一系列谈判和多边协议实现的。2001 年 11 月，在卡塔尔首都多哈举行的世界贸易组织第四次部长级会议上，经过异常艰苦的谈判，最终通过了《多哈部长宣言》，各成员一致同意开始新一轮多边贸易谈判，并规定谈判时间为 2001 年 11 月至 2005 年 1 月 1 日。为了强调对发展问题的重视，又将新启动的谈判命名为“多哈发展议程”（Doha Development Agenda，DDA，简称多哈回合）。多哈回合是世界贸易组织成立以来启动的第一轮多边贸易谈判，也是到目前为止涵盖议题范围最广、目标最宏伟、参与方最多的一轮多边贸易谈判，对于全球贸易体系的平衡稳定发展具有重要意义。

多哈回合谈判的宗旨是：促进世界贸易组织成员削减贸易壁垒，通过更公平的贸易环境来促进全球特别是较贫穷国家的经济发展，处理最不发达国家被边缘化问题，理顺与区域贸易协定之间的关系，把世界多边贸易体制的目标与世界经济可持续发展有机地结合起来，改善世界贸易组织形象，实现《建立世界贸易组织协定》的原则和目标。

多哈回合共列出 20 项工作计划，其中涉及谈判的大体上可分为 9 个大类：农业、非农产品市场准入、服务贸易、知识产权、规则、争端解决、贸易与环境、“新加坡议题”①、贸易与发展。在这些议题中，货物与服务的市场准入是各成员核心利益之所在，农业（尤其是发达国家的巨额补贴）是最棘手的历史遗留问题，“新加坡议题”备受诟病，而贸易与发展则涉及面最广、模糊点最多，但却是广大发展中成员的关注焦点。如果谈判成功，将不仅使得世界贸易组织的法律体系更加完善，还将使世界多边贸易体制的威信和影响力大大提高。为推进谈判，2011 年世界贸易组织总干事拉米提出由易到难的原则，同时提出了将贸易便利化、农业和发展三大议题作为主要内容的“多哈回合早期收获路线图计划”。该计划得到各成员认可，并于 2013 年达成“巴厘一揽子协定”，由此打破了 12 年的谈判僵局。截至 2018 年年底，多哈回合谈判仍无更新

---

① “新加坡议题”主要内容包括投资、竞争政策、政府采购透明度和贸易便利化，因最早在 1996 年世界贸易组织于新加坡召开的第一次部长级会议上提出，故简称为“新加坡议题”。

进展。成员方意见不一，特别是部分发展中国家和最不发达国家强烈反对，始终未能就新规则展开谈判，投资、政府采购和竞争政策等最初设定的一些议题甚至退出了“多哈发展议程”。

（二）多哈回合的前景

综上所述不难看出，多哈回合谈判议题的广泛性与复杂性，成员方发展水平的差异性与利益取向的多元化，发展中国家整体力量的崛起和多边贸易体制内部结构的权力变化，特别是发达国家在补贴问题上不愿作出妥协和让步等诸多因素，是多哈回合旷日持久、陷入困境的主要原因。可以说，世界贸易组织体制下的首轮多边贸易谈判，从启动前的历经磨难到启动后的一波三折，是在世界多边贸易体制下发达国家与发展中国家长期以来的利益冲突和重重矛盾的集中体现，是在经济全球化发展过程中国与国涉及经济利益的重大问题上难以取得共识的一个例证，是在经济全球化浪潮与反全球化活动相互交织的深刻背景下在成员之间展开的一场史无前例的、错综复杂的政治角逐和利益博弈。

总之，经济全球化进程的复杂曲折，世界经济格局、国际政治版图和国家权力结构的交替转换，已经对全球多边贸易体制的运行产生巨大而深远的影响。在世界经济增速减缓的背景下，多哈回合谈判的困境使世界多边贸易体系的前景更加暗淡，同时对世界贸易组织多边贸易体制的运行机制和决策模式提出了严峻的挑战。

本章小结

1. 二战以后，世界政治经济形势发生的深刻变化对当代国际贸易产生了深远影响。进入 20 世纪 90 年代以后，国际贸易的发展呈现出一系列新特点：国际贸易增长速度超过世界生产增长速度，国际贸易商品结构明显改变，跨国公司内部贸易作用突出，呈现北美、欧盟、东亚三大板块的国际贸易新格局。

2. 国际贸易是世界经济最基本的运行机制。从世界经济形成和发展的历史过程可以看出，国际贸易始终是世界经济增长的引擎，在世界经济发展中具有举足轻重的地位和作用，即优化全球资源配置、促进世界经济增长和促进国际产业转移。

3. 国际贸易政策是指世界各国政府在一定时期内对进出口贸易所实行的政

策，是世界经济活动中国与国之间经济贸易关系的基本原则的体现。对外贸易政策基本上可以划分为保护贸易政策和自由贸易政策。

4. 二战结束以来，国际贸易领域最重大的变化是多边贸易体制的形成和发展，它对世界经济产生了多方面的重大影响。关贸总协定的生效标志着全球多边贸易体制的诞生，世界贸易组织的正式建立标志着一个以贸易自由化为宗旨、囊括当今国际贸易诸多领域的多边贸易体制已经形成。但是，多哈回合陷入困境也使世界多边贸易体制面临严峻挑战。

思考题：

1. 简述二战后国际贸易的新特点。
2. 试述20世纪90年代以来新贸易保护主义政策的主要内容。
3. 简述关贸总协定的宗旨和原则。
4. 试述关贸总协定和世界贸易组织对世界多边贸易体制的贡献。
5. 从多哈回合的视角分析世界贸易组织面临的挑战与发展前景。

▶ 自测习题及参考答案

第七章　国际货币体系与金融自由化

国际货币体系在国际经济活动的正常进行和国际货币秩序的稳定中具有重要的作用。现行的国际货币体系为牙买加体系，它在促进世界经济发展的同时，也带来了新的风险。二战后出现的金融全球化与自由化以及金融创新虽有利于提高金融效率，促进世界经济发展，但同时也造成金融风险的加大及监管难度的增加，降低了整个金融体系的稳定性。这就要求各国加强国际经济协调，特别是国际金融监管的协调与合作，改革不合理的现行国际货币体系。

第一节　国际货币体系的演变

一、国际货币体系的内容和历史演进

（一）国际货币体系的内容

国际货币体系又称国际货币制度、国际货币体制，是为了适应国际经济活动的需要，各国政府对货币在国际上的支付结算及其货币关系所确定的规则、惯例和机构安排的总称。

国际货币体系主要包括以下内容。

1. 国际储备资产的确定

国际储备资产是一国官方持有的用于国际支付和维持本国货币汇率的流动性资产。国际储备资产的确定问题主要包括使用何种货币作为国际支付货币，一国应持有何种货币作为储备资产，以及国际储备资产的供给等。

2. 汇率制度的安排

汇率制度指一国货币当局对本国汇率变动的基本方式所做的一系列安排或规定。汇率制度安排具体包括一国采取固定汇率制度还是浮动汇率制度，一国货币与其他货币之间的汇率按照何种规则制定并维持，一国货币是否可以自由兑换，一国的对外支付是否受到限制，等等。

3. 国际收支的调节

世界各国国际收支的平衡是国际货币体系正常运转的基础。目前国际收支的调节有三种方式：市场机制的自发调节，各国政府独立进行的国际收支调

节，以国际经济政策协调为基础的国际收支调节。当一国的国际收支失衡时，如果不能通过本国国内经济政策或外汇政策来恢复，那就只能通过国际协定、国际金融组织和外国政府提供贷款或各国政府协调政策等，使各国公平合理地承担国际收支责任来达到国际收支平衡。

4. 国际货币关系的协调及其组织

国际货币关系的协调是国际货币体系的重要内容，是指有关国家和国际组织在汇率政策、货币政策、外汇市场干预以及国际收支调节等货币金融领域的协商与合作。为此专门建立的国际货币金融机构和组织通过制定各国共同认可和遵守的规则与制度，协调各国与国际货币活动有关的经济政策，保证国际货币体系的正常运转。

（二）国际货币体系的类型及演进

国际货币体系按照不同的分类标准可分为不同的类型。按照历史的演进过程与特征可将国际货币体系大致分为国际金本位制、布雷顿森林体系和牙买加体系。

1. 国际金本位制

国际金本位制是世界上首次出现的国际货币制度，大约形成于 19 世纪 70 年代，结束于 1914 年一战爆发之际。1816 年，当时世界上最发达的资本主义国家英国制定了《金本位制法案》（Gold Standard Act），成为世界上第一个使用金本位制的国家。到 1880 年，包括英国、加拿大、德国、法国、美国等在内的世界上主要的资本主义国家都先后实行了金本位制，国际金本位制度形成。

国际金本位制主要有三个特征。

第一，黄金充当国际货币，履行国际支付、国际结算和国际储备的职能。黄金可以自由铸造、自由兑换并可以在国家之间自由流动。

第二，各国货币均以一定数量的黄金定值，实行固定汇率制。各国货币都具有法定的含金量，各国货币间的汇率由各国货币含金量之比来决定，汇率虽有波动，但始终维持在黄金输送点①之间。

第三，国际收支自动调节。在金本位制下，可通过物价-黄金流动机制使一国国际收支自动恢复平衡。即一国出现国际收支逆差时，本国黄金开始外流，本国货币供给量减少，国内物价下跌，使本国商品国际竞争力上升，出口

① 黄金输送点是指金本位制下汇率波动引起黄金从一国输出或输入的界限。汇率波动的最高界限是铸币平价加运金费用，即黄金输出点；汇率波动的最低界限是铸币平价减运金费用，即黄金输入点。黄金输送点的计算公式为：黄金输送点 = 铸币平价 ± 1 个单位黄金运送费用。

增加，国际收支恢复平衡。国际收支顺差的情况与此相反。

尽管国际金本位制曾极大地促进了一战前世界经济的平稳发展，但是随着一战的爆发，相关各国的财政支出不断膨胀，纸币发行的泛滥严重侵蚀了国际金本位制的黄金基础，各国逐步禁止黄金输出，并停止纸币与黄金的自由兑换。金本位制所依赖的基础遭到严重破坏，国际金本位制崩溃。一战后各国曾试图恢复金本位制，但最后都归于失败。不久，资本主义世界有史以来最严重的经济危机和二战相继爆发，使得国际货币体系几经动荡与停滞，一直持续到二战结束。

2. 布雷顿森林体系

二战使世界各国经济遭受重创，然而国际金本位制的崩溃使得国际货币关系陷入极度混乱状态，加剧了世界经济的动荡局势，同时也不利于世界各国战后的经济重建。1944 年 7 月，44 国的代表在美国新罕布什尔州布雷顿森林镇举行会议，并签署了《国际货币基金组织协定》，形成了布雷顿森林体系。

布雷顿森林体系的主要内容包括以下几个方面。

第一，美元成为世界上主要的国际货币与国际储备资产。《国际货币基金组织协定》规定，各国货币对美元保持固定汇率，并且把美元与黄金的比价固定在 35 美元兑换 1 盎司黄金。美元与黄金挂钩、其他成员国货币与美元挂钩的双挂钩制度将美元置于国际货币体系的中心地位，布雷顿森林体系实质上就是以美元作为基本储备货币的金汇兑本位制，美元与黄金处于同等的地位，外国政府在一定条件下可以用美元向美国兑换黄金。

第二，各国实行固定汇率制度。通过双挂钩制度，各成员国货币按照货币含金量确定与美元的比价，各国不得随意更改货币的含金量。通过盯住美元，各成员国间汇率彼此固定，一般只能在平价上下 1%的幅度内波动。各国货币当局有义务在外汇市场上进行干预以保持汇率的稳定。只有当一国的国际收支出现根本性不平衡时，经 IMF 批准才可以调整汇率水平。但在实践中，只要汇率的波动幅度在平价的 10%以内，一国都可以自行决定。

第三，IMF 框架下的国际收支调节。由于布雷顿森林体系实行的是双挂钩制度，因此只要成员国（美国除外）严格遵守运行规则，国际收支就像国际金本位制下一样可以自动调节。同时，IMF 帮助各成员国进行国际收支调节。IMF 规定，成员国不得限制经常项目的支付，也不得实行歧视性的货币措施，减少并取消外汇管制。这样，一成员国就可以自由地动用与一些成员国的顺差来支付其与另一些成员国的逆差。同时，IMF 还通过“稀缺货币”条款规定贸易盈余国也应在国际收支失衡调节中承担相应责任。

布雷顿森林体系确认了美国的世界经济霸权地位，美元居于整个国际货币体系的中心，使得美国经济政策的制定与运行对其他国家产生重大影响。布雷顿森林体系的建立结束了自一战后国际货币体系的混乱局面，促进了二战后世界经济的恢复和发展。但由于资本主义发展不平衡的加深以及这一体系自身不可克服的内在矛盾，布雷顿森林体系作为一种非对称性的国际货币体系，其运行面临着所谓的“特里芬难题”。这种内在的制度缺陷造成了布雷顿森林体系的瓦解。20 世纪 50 年代国际货币体系经历了储备资产不足的“美元荒”，60 年代又出现了美元泛滥、供大于求的情况，前后造成三次美元危机的爆发。1971 年 8 月 15 日，面对美元持续的贬值压力，同时为了避免美国国际收支继续恶化，美国总统尼克松宣布中止美元与黄金的固定兑换比例，并增加 10%进口税率。同年 12 月，十国集团签订《史密森协议》① (Smithsonian Agreement)，宣布美元对黄金贬值 7.89%，同时将汇率的波动幅度从上下 1%扩大到上下 2.25%，意味着布雷顿森林体系的两大支柱之一美元与黄金挂钩开始崩溃。1973 年 2 月，美国政府再次宣布美元对黄金贬值 10%，随后，其他西方国家纷纷放弃了对美元的固定汇率，布雷顿森林体系的另一支柱固定汇率也坍塌了，布雷顿森林体系彻底崩溃。

3. 牙买加体系

布雷顿森林体系崩溃后，国际货币秩序又重新陷于混乱。这一时期国际社会虽然就国际货币体系改革提出了诸多主张，但均未取得任何实质性的进展。1976 年 1 月，IMF 理事会“国际货币制度临时委员会”在牙买加首都金斯顿举行会议，讨论修改《国际货币基金组织协定》相关条款，达成了《牙买加协议》(Jamaica Agreement)，从而形成了新的国际货币体系——牙买加体系。

《牙买加协议》的主要内容包括：第一，取消汇率平价和美元中心汇率，正式确认浮动汇率制合法化，成员国可自行选择汇率制度。第二，取消黄金官价，黄金非货币化，各成员国中央银行可以按市场价自由进行黄金交易，取消各成员国与 IMF 的各方之间用黄金清算的义务。第三，提高特别提款权的地位。第四，增加成员国的基金份额。第五，扩大对发展中国家的资金融通数量

① 《史密森协议》又被称为《史密森学会协议》(Smithsonian Institute Agreement)，因会议在史密森学会召开而得名，参与会议的十国为美国、英国、联邦德国、法国、日本、意大利、加拿大、荷兰、瑞典、比利时。

和限额。

现行的国际货币体系仍为牙买加体系，又被称为“无秩序的体系”或“无体系的体系”，其本质特征与先前的货币制度安排最大的区别就表现在秩序的弱化上。这虽然在一定程度上增加了国际货币体系的灵活性，但是仍存在着诸多问题。

现行国际货币体系的主要特征表现为以下三方面：

（1）储备资产的多元化。牙买加体系下，国际储备体系呈现出以美元为主导，包括其他国际货币和特别提款权等在内的多元化局面。

首先，储备资产多元化，但实际上美元仍然是主要储备资产。牙买加体系下，美元作为国际货币的优势地位受到了削弱，但是美元仍然是国际经济往来中最主要的计价单位、交易媒介和价值储藏手段。21 世纪以来，美元在全球外汇储备资产的比例逐渐下降，但仍然维持在约 2/3 的比例。欧元自 1999 年发行以来，其国际货币地位逐渐上升，已成为仅次于美元的全球第二大国际储备货币，但是与美元相比仍存在较大差距，其他国际货币如日元、英镑等，其国际地位虽有升有降，但是总体地位都不高。

其次，黄金、特别提款权在国际储备资产中占有一定的地位。牙买加体系规定黄金“非货币化”，黄金在整个国际储备资产中的比例不断降低。IMF 的统计显示，截至 2019 年 11 月，全球黄金储备规模约为 12. 19 亿盎司，占全球总储备的 10%左右。但是在世界政治经济形势出现重大动荡的情况下，黄金仍被看作最稳定的价值储藏手段和最终的国际清偿手段。

特别提款权（special drawing right，SDR）又称“纸黄金”，是 IMF 为缓解世界流动性不足在 1969 年创设的可以与黄金、外汇并列的一种超主权国际储备资产。按照 IMF 的设想，特别提款权应成为未来国际货币体系中最主要的储备资产，并逐步替代美元的地位。但是从创立到 21 世纪初，特别提款权总共才进行过两轮分配，其占全球总储备的比例也越来越低。2008 年国际金融危机爆发后，IMF 在 2009 年 8 月对特别提款权进行了第三轮分配，同时在 9 月进行了一次特殊分配。① 到 2019 年 3 月为止，特别提款权储备资产规模总计为 2 042 亿

---

① 特别提款权的分配可以分为周期性分配与特殊分配。周期性分配指 IMF 根据世界经济发展的实际情况，每隔一段时期（5 年）决定是否进行分配；而特殊分配是根据经济情况进行的特别分配。本次的特殊分配起始于 1997 年 9 月，2009 年 8 月 IMF 终于征得 85%投票权的同意，对《国际货币基金组织协定》进行了第四次修改，完成了这一长达 12 年的“特殊分配”。

特别提款权，约合 2 910 亿美元。

（2）汇率制度的多样化。牙买加体系对于浮动汇率制合法化的承认，使世界各国在汇率制度选择上有了更大的操作空间。IMF 将目前国际上存在的汇率制度分为无独立法定货币的汇率制度、货币局制度、其他传统的固定盯住汇率制度等 8 种，如表 7-1 所示。

表 7-1 IMF 对各国（地区）汇率制度的分类（截至 2018 年 4 月 30 日）

汇率制度	基本内容	国家和地区数目
无独立法定货币	以别国货币作为其法定货币或成立货币联盟	13
货币局	用明确的法律形式，以固定比率来承诺本币和特定外币之间的兑换，货币发行量必须依据外汇资金多少来定，并有外汇资产作为其全额保证	11
其他传统的固定盯住	这一制度正式或实际上将本币与另一种货币或一篮子货币保持固定兑换比率，汇率可围绕中心汇率在一定狭窄空间（低于±1%）内波动	43
水平带内盯住	这种制度虽然也是盯住某种货币，但是其汇率允许波动幅度更大（大于±1%）	1
爬行盯住	本币与外币保持一定的平价关系，但是货币当局可根据一系列经济指标频繁地、小幅度调整平价	3
爬行带	这种制度要求汇率围绕中心汇率保持在一定波动区带内，中心汇率按照一个固定的、事先宣布的比率或一些指标的变动而定期调整	15
不事先确定汇率路径的管理浮动	货币当局不设置特定汇率走向和目标去影响汇率，而是根据管理目标例如国际收支、外汇储备等对汇率进行干预	35
独立浮动	一国货币的汇率并不固定，而是由市场的供求关系决定	31

资料来源：国际货币基金组织。

布雷顿森林体系崩溃之后，发达经济体如美国、日本、加拿大、澳大利亚等国大都采用独立浮动的汇率制度，汇率完全由外汇市场上的供求状况决定，政府不加干预。欧元启动之前，欧共体实行的是联合浮动；1999 年 1 月欧元启动后，欧元区国家的汇率制度被 IMF 归为无独立法定货币的汇率制度，区内共同的法定货币——欧元对外实行的仍然是独立浮动的汇率制度。

除了印度尼西亚、巴西、智利、墨西哥等少数国家选择独立浮动的汇率制度外，大多数发展中国家采取的是有管理的浮动汇率制和不同形式的固定汇率制，如不事先确定汇率路径的管理浮动、爬行盯住、水平带内盯住等；经济实力相对较弱的发展中国家，往往采取与美元汇率变化相挂钩的固定盯住的汇率制度，或者选择与外币相挂钩的货币局制度；部分经济实力更弱的发展中国家，甚至放弃本国货币实行外币化，如美元化或欧元化。

从20世纪90年代开始，特别是在资本自由流动不断加剧的情况下，以政策手段来管理或稳定汇率显得愈发困难。发展中国家意识到以盯住汇率制度为代表的中间汇率制度越来越难以维持，明显增加了汇率制度的灵活性，实行传统盯住的国家和地区明显减少，实施中间制度的国家和地区明显增加，而选择最灵活的汇率制度——独立浮动的国家和地区数量增加最多。

（3）国际收支调节手段的多样化。牙买加体系下的国际收支调节可以通过多种方式进行，包括汇率政策调节、国内宏观经济政策调节以及国际货币金融组织（如IMF）干预等多种手段。浮动汇率的合法化使得成员国可以通过汇率调节来调整国际收支。当一国出现国际收支赤字时，该国也可以实行紧缩性的财政政策和货币政策。IMF在一国的国际收支调节中也发挥着一定的作用。

牙买加体系下国际收支调节的多手段并存，可以充分照顾到不同成员国的具体经济情况，有利于保持成员国的经济稳定。但是，由于各国经济利益不同，经济发展水平和发展阶段各异，国际收支调节手段在不同情况下对不同国家的调节效果并不完全成功。而且，牙买加体系过于强调货币自由兑换和资本项目自由化，对抑制投机和防范国际金融危机等问题却未能给予充分重视。自20世纪80年代以来，国际金融危机爆发日愈频繁、破坏力越来越大、传染的范围也越来越广泛，当前的国际货币体系已难以适应金融全球化发展的新趋势。

二、现行国际货币体系对世界经济的影响

国际货币体系的目标在于保障国际贸易和世界经济的稳定发展，促进国际收支平衡。从现行国际货币体系运行来看，其对世界经济的发展既存在正面的作用，也存在负面的影响。

（一）现行国际货币体系在一定程度上促进了世界经济发展

首先，国际储备资产的多元化，促进了其他国际货币的发展，为国际储备资产的供给提供了多种渠道，有利于缓解美元作为主要储备资产的供给压力，

在一定程度上保证了全球流动性的充足性与可获得性，从而为世界经济发展提供了保障。

其次，多种汇率制度的实行赋予各国在汇率制度选择上以更大的操作空间。布雷顿森林体系崩溃之后，各国根据自身情况选择适合自己国情的汇率制度，大部分发达国家选择了浮动汇率制，而大部分发展中国家则选择了不同程度的盯住发达经济体货币的固定汇率制，降低了布雷顿森林体系下固定汇率制度对各国的硬性约束，可以更好地促进本国经济战略的实施。

再次，多种国际收支调节手段为各国国际收支调节带来了极大的灵活性，避免了外部经济环境变化对国内经济调整的巨大压力。在布雷顿森林体系下，国际收支调节主要在IMF框架下进行，国际收支调节类似国际金本位制。而在现行国际货币体系下，除了IMF的干预手段外，还包括汇率政策的调整、国内宏观经济政策调节等，多种调节手段可以充分照顾到不同国家的情况，有利于这些国家的经济稳定。

（二）现行国际货币体系的不足对世界经济运行造成了负面影响

首先，储备资产虽然呈现出多元化局面，但美元依然占据主导地位，“特里芬难题”依然存在。体系规则的弱化，致使美国在享受货币国际化好处的同时，却没有承担应有的义务，更没有相应的约束，这为国际货币体系带来了新的风险。第一，现行的国际储备货币缺乏一个明确有效的发行规则，往往造成国际储备货币供给无序泛滥。第二，现行国际储备货币供给不能及时、灵活地根据需求变化进行增减调节，致使国际储备货币供给不能满足世界经济的发展需要。第三，目前的国际储备货币体系建立在主权货币——美元本位的基础上，造成美元供给往往只考虑美国自身的利益而没有考虑到对整个世界经济的影响。同时，多元化的储备资产在一定程度上也加剧了储备资产之间的竞争与投机，导致了国际金融市场的动荡。

其次，汇率安排允许各国根据自身情况选择合适的汇率制度，赋予各国更大的政策选择空间和经济灵活性，但是也相应加剧了不同货币特别是主要发达经济体货币之间的汇率波动。目前，主要发达经济体货币之间的汇率波动往往成为世界经济不稳定的主要因素。

再次，国际收支调节虽然方式众多，但是调节效力却越来越差。例如IMF的调节对逆差国提供的融通资金规模有限，并且带有过多的限制条件，同时其对逆差国和顺差国的监督效力越来越差。进入21世纪后，全球经济失衡现象迟迟未能得到妥善解决就是最好的说明。

最后，全球流动性创造与供给缺乏管理和监督，造成资本在全球范围内大规模流动，给各国特别是新兴市场和发展中经济体带来极大风险。在当今的牙买加体系下，虽然美国的国际货币体系霸权地位有所削弱，但是其仍然处于核心地位，美联储居于“准世界银行”的角色，但是却没有受到相应约束与监督。因此，现行国际货币体系容易出现全球流动性过剩的情形。同时，伴随金融自由化的发展，大规模的资金游走于全球各地，这些资金的快速进入与退出往往导致局部甚至是全球性的金融危机。

20世纪80年代开始，全球性或区域性的金融危机不断爆发。从80年代初的拉美债务危机，到90年代的欧洲货币危机、墨西哥金融危机、亚洲金融危机、俄罗斯金融危机，到2000年之后的土耳其金融危机、阿根廷金融危机，直到2008年爆发的国际金融危机，都表明全球金融风险无处不在。因此，现行国际货币体系在促进世界经济发展的同时，也成为世界经济波动的重要来源。当国际货币体系不能适应世界经济发展需要时，总是伴随着世界经济的巨大动荡，促使国际货币体系出现重大变革。2008年国际金融危机是现行国际货币体系风险不断累积后的一次释放，国际货币体系改革迫在眉睫。

（三）现行国际货币体系改革的方向

从国际货币体系发展的长期历史来看，国际货币体系改革从没有间断过，每一次改革总是与当时的经济社会背景相联系，改革的内容和侧重点也往往出现一些新的特点和情况。

1997年亚洲金融危机的爆发，引发了布雷顿森林体系崩溃之后国际社会对国际货币体系改革的一次大规模讨论与尝试。围绕亚洲金融危机，国际社会对国际货币体系改革的探讨主要涉及两个方面：第一，汇率制度选择问题。特别是对于新兴与发展中国家来说，到底是选择固定汇率还是选择浮动汇率，还是某种中间汇率制度。第二，有关国际金融机构特别是IMF的改革问题。这主要包括IMF的治理结构改革、IMF职能改革以及国际最后贷款人改革等。同时，这一时期还对国际资本流动、国际金融监管等问题给予了关注。

2008年国际金融危机的爆发进一步深化了前一阶段的国际货币体系改革的进程。受此影响，国际货币体系除了继续对原有的改革内容进行强化之外，改革的重点集中在国际储备货币体系的改革。其改革方案主要包括：第一，加强和改善对主要储备货币发行国的监督。第二，促进国际储备货币的多元化。通过国际储备货币多元化，促进国际货币体系均衡性、稳定性的发展，并据此提高新兴市场和发展中经济体在国际货币体系中的作用与地位。第三，促进超主权货币的发展，提升特别提款权在国际储备货币体系中的地位与作用。

2008 年国际金融危机暴露出现行国际货币体系的缺陷是多方面的，其改革也应是多层次和多角度的。未来理想的国际货币体系，应该能够在维护国际储备资产信心的基础上，提供充足的国际流动性，能够维护各国汇率合理、有序、灵活调整，能够促进国际收支失衡得到有效调节，能够促进国际贸易与国际金融的发展。然而，由于发达国家和发展中国家在经济、金融实力上的差异巨大，增加了改革的难度。因此，伴随着发展中国家地位的崛起，未来理想的国际货币体系的建设将是一个漫长而充满斗争的过程。

作为最大的发展中国家，近年来中国一直积极参与全球宏观经济政策协调，推动全球经济治理的改革。“不管全球治理体系如何变革，我们都要积极参与，发挥建设性作用，推动国际秩序朝着更加公正合理的方向发展”①。参与国际货币体系改革是中国参与全球经济治理的重点领域。对此，习近平指出：“我们要继续改革国际金融机构，各有关国家要进一步抓紧落实好国际货币基金组织份额和治理改革方案。要制定反映各国经济总量在世界经济中权重的新份额公式。要建设稳定、抗风险的国际货币体系，改革特别提款权货币篮子组成……”②

第二节 金融自由化与金融创新

一、金融自由化

金融自由化主要是指一国金融部门的运行主要由政府管制逐渐转变为市场力量决定的过程。最近一次的金融自由化浪潮起始于 20 世纪 80 年代，几乎席卷了世界大部分国家，但不同国家其自由化的原因和历程却不尽相同。

（一）发达国家的金融自由化

1929—1933 年大危机后，发达国家普遍实行了严格的金融管制。但到了 20 世纪 70 年代，随着经济、金融环境的变化，发达国家的金融管制已经越来越难

① 《习近平谈治国理政》，外文出版社 2014 年版，第 324 页。
② 《习近平谈治国理政》，外文出版社 2014 年版，第 338 页。

以适应经济的发展。首先，对利率的管制造成“脱媒”① 危机不断爆发，使得金融资产的蓄积速度难以满足经济增长的需求。其次，金融机构之间竞争日趋激烈，传统的业务分工体系难以适应经济、金融发展的需要。再次，随着经济全球化的发展，在国际贸易和国际投资的带动下，国际资本流动要求政府不断放松金融管制。最后，科技革命也成为各国金融体制改革的重要推动力量。

发达国家金融改革的主要内容是放松金融管制，鼓励金融自由化和相互竞争。

1. 利率自由化改革

1929—1933 年大危机后，利率管制一直是发达国家金融管制最基本、最广泛的管制措施之一，因此，在放松金融管制的进程中，对利率限制的放松便成为各国金融自由化改革的主要内容。美国的“Q 条例”② 就是典型的利率限制，因此美国利率自由化过程实际上就是“Q 条例”的废止过程。1980 年，美国国会通过了《存款机构放松管制与加强货币控制法》，其主要目标就是修改直至废除存款机构的利率限制。作为该法案的继续，1982 年，里根政府签署《高恩-圣杰曼存款机构法》，规定从 1984 年 1 月 1 日起分阶段取消对于银行和非银行存款机构间的利率限制差距。英国在 1971 年 5 月公布了《竞争和信贷控制法案》，迈出了利率自由化的坚定一步。1981 年 8 月，英格兰银行将基础贷款利率与市场利率联动，利率正式实行自由化。日本在 1978 年逐步取消了对银行间资金市场的利率限制，到 20 世纪 80 年代基本上实现了各种利率的自由化。

2. 汇率制度变革与外汇管制放松

利率自由化是发达国家对内价格管制放松的重要举措，而汇率改革是发达国家对外价格管制放松的重要内容，这包括两个方面的内容：一是对汇率制度的改革，二是对外汇管制的放松。

汇率制度改革方面，布雷顿森林体系崩溃之后，主要的发达国家都先后实行了浮动汇率制，其中美国、日本、加拿大、澳大利亚等国家实行独立浮动，

---

① “脱媒”是指随着经济金融化、金融市场化进程的加快，商业银行作为主要金融中介的重要地位在相对降低，储蓄资产在社会金融资产中所占比重持续下降及由此引发的社会融资方式由间接融资为主向直接融资、间接融资并重转换的过程。

② 所谓 Q 条例，即第 Q 项条例。美联储按照字母顺序排出了一系列条例，如第一项为第 A 项条例。对存款利率进行管制的规则正好是第 Q 项。条例规定，银行对于活期存款不得公开支付利息，并对储蓄存款和定期存款的利率设定最高限度。后来，Q 条例变成对存款利率进行管制的代名词。

而欧洲货币体系则实行联合浮动汇率制度。外汇管制方面，英国在 1979 年 10 月取消了外汇管制，本国居民可以自由地借入外币资金或将本国货币贷给外国人。澳大利亚、法国、德国基本在 1986 年之后都取消了外汇管制。

3. 金融市场开放

放松外汇管制的过程也是开放国内金融市场的过程。1973 年，美国首先取消了资本流入限制，随后对外国公司进入美国国内金融市场实行了自由化，同时放松了美国金融机构向外国贷款的管制。英国在 1986 年 10 月伦敦城“大爆炸”① 后，外国银行、证券公司、保险公司可以申请成为伦敦证券交易所的会员，也允许外国公司 100%地收购交易所会员公司。日本在 20 世纪 80 年代金融市场逐渐对外开放，如批准外国商业银行在日本开设经营信托业务的子公司，允许一些外国证券公司参加证券交易所交易等。

4. 金融机构业务综合化

1929—1933 年大危机后，各资本主义国家普遍对金融业实行分业经营与管理，80 年代随着金融自由化和全球化的发展，各国金融机构开始突破原有的专业分工界限，综合经营各种金融业务。这包括放松银行和非银行金融机构业务领域或资产组合的限制，允许银行和非银行金融机构经营更广泛的业务领域，实现相互之间的业务融合，减少对传统业务领域的依赖等。

美国的《1980 年银行法》与《高恩-圣杰曼存款机构法》打破了几十年来形成的不同金融机构之间严格的业务限制，消除了储蓄机构与商业银行的区别。英国从 20 世纪 80 年代起商业银行和清算银行已没有明显的差别。清算银行过去基本不办理国际业务，但后来都设有自己的国际业务处，而商业银行通过股份改造或合并，也逐渐转变为现代商业银行，其经营范围也从证券交易、票据贴现转为集长、短期金融业务于一身。

（二）发展中国家的金融自由化

二战后，为了迅速发展经济，发展中国家普遍加强了对金融系统的控制，对金融资源实行集中配置，逐渐建立了以金融抑制②为特征的金融制度。20 世

① “大爆炸”（Big Bang），原为天文学术语，喻指英国伦敦证券交易所于 1986 年 10 月 27 日起实行的一次全面革新。

② 金融抑制指政府对金融活动和金融体系的过多干预抑制了金融体系的发展，而金融体系的发展滞后又会阻碍经济的发展，从而造成金融抑制和经济落后的恶性循环。这些干预包括政府采取的使利率、汇率等金融价格发生扭曲的金融政策和金融工具。

纪八九十年代，几乎与发达国家金融自由化改革同步，从亚洲到拉美，从中东到非洲以及转型的中东欧国家，均展开了以金融深化①或金融发展②为特征的金融改革。东亚和拉美是发展中国家金融自由化的典型代表，其金融自由化的内容主要包括以下几个方面。

1. 金融体制改革、减少信贷控制

为提高金融体系效率，发展中国家大多采取了自由化、私有化措施来鼓励金融机构之间的竞争，提升管理水平。亚洲的印度尼西亚、韩国、马来西亚、菲律宾、泰国等都采取了不同措施减少银行竞争的障碍并努力消除市场分割，这些措施包括自由的市场准入、扩大各类金融机构业务活动范围、放松对外资银行业务活动限制、国有银行私营化等。拉美的墨西哥、委内瑞拉在 20 世纪 80 年代末和 90 年代初都对国有商业银行进行了不同程度的私有化。

金融抑制的一个重要特征，就是政府对信贷配给实行严格控制，因此自由化改革的一个方面就是尽量减少政府对于信贷的配给控制。从 20 世纪 80 年代开始，亚洲国家如印度尼西亚、韩国、马来西亚、菲律宾、泰国等都减少或取消了对银行贷款总规模的直接控制。拉美国家如阿根廷从 1977 年开始废除贷款控制，虽 1982 年又重新引入控制，但 1992 年已将贷款控制的比例降到 50% 以下。③

2. 利率自由化

利率自由化几乎是发展中国家金融自由化的共同内容。亚洲的印度尼西亚、菲律宾、斯里兰卡在 20 世纪 80 年代已经完全放开了对利率的管制；韩国、马来西亚、泰国则通过经常调整利率，对受控制的利率放宽浮动幅度，并取消了一些利率上限。拉美国家的利率自由化改革则经历了一些反复。如智利在 1974 年对商业银行利率实行了自由化，但是在 1982 年又重新引入控制，直到 1984 年起大部分贷款利率才由市场决定，而存款利率到 1985 年才完全由市场决定；巴西在 1976 年就废除了利率控制，但直到 1989 年才实现存贷利率的自

---

① 金融深化是指政府放弃对金融市场和金融体系的过度干预，放松对利率和汇率的严格管制，使利率和汇率成为反映资金供求和外汇供求对比变化的信号，从而有利于增加储蓄和投资，促进经济增长。

② 金融发展是指一国金融结构的变化。而金融结构则是指各种金融工具和金融机构的形式、性质及其相对规模。

③ 曾万达、罗伯特·科克：《亚洲国家的金融自由化、货币需求和货币政策》，黄兴海等译，中国金融出版社 1992 年版。

由化。

3. 金融市场开放与外汇体制改革

随着金融自由化和全球化的发展，大部分发展中国家开始实行对外金融市场开放，放松资本流入与流出限制。20 世纪 80 年代初，印度尼西亚和新加坡基本取消了对资本流动的限制，马来西亚对非本地筹资的国际资本流动限制极少，一直对资本控制较严的韩国在 80 年代后期也采取了一些开放措施。拉美国家如智利、阿根廷在 20 世纪 70 年代末逐步放松了资本流动控制，虽然在 1982 年重新管制，但是这些措施从 80 年代中期开始便被逐步废除。伴随着金融市场开放与资本流动限制的废除，发展中国家逐步转向了相对更为灵活的汇率制度安排。20 世纪 80 年代末，亚洲国家基本放弃了固定汇率安排，或盯住一篮子货币（如马来西亚、泰国），或实行有管理的浮动汇率制（如印度尼西亚、韩国、菲律宾、新加坡等）。

（三）金融自由化的影响

从理论上说，金融自由化改革，无论是发达国家的金融管制放松还是发展中国家的金融深化，都是为了更好地促进金融发展，为经济发展服务。

对于发达国家来说，金融自由化可以通过多种渠道提高金融市场的效率并促进经济增长。首先，随着金融自由化的推进，必然导致金融机构市场竞争加剧，这有助于提高金融机构的服务质量和工作效率。其次，金融自由化可以增强金融中介的创新能力，从而有助于金融体系效率的提高。再次，金融自由化可以使市场发现价格机制更有效地发挥作用，这有利于资源配置效率的提高。金融市场效率的提高，无疑将极大地促进经济增长。

对于发展中国家来说，由于其金融发展水平有限，金融自由化是一个被迫或被动的过程。在金融抑制的情况下，由于利率水平受到人为压抑，不能反映正常的资金供求状况，这使得储蓄水平下降，经济发展所需资金长久不能获得，从而使经济总体水平无法提高，同时还会滋生银行体系的腐败与低效率。而金融自由化将减少政府对金融体系的过度干预，通过市场机制来决定利率水平，使其调节到足以反映资本的稀缺程度，从而使储蓄和投资增加，促进经济增长。

虽然在理论上可以推断金融自由化的诸多好处，但是金融管制的放松、金融创新的发展以及高新技术的应用使金融风险更难控制，国际短期资本的流动规模成倍增长，速度也越来越快，这都增加了国际金融体系的不稳定性。特别是进入20世纪90年代以来，国际金融投机势力越来越猖獗，全球金融危机爆发的周期越来越短，危机的破坏力越来越大，这在很大程度与金融自由化的浪潮有极大关系。

首先，金融自由化加大了资本流动，引发金融风险。利率和汇率等管制的解除导致市场波动幅度剧增，资本流动障碍的削减以及各国金融市场的日益对外开放，加快了资本的国际流动。大规模的游资不断冲击各国金融市场，导致金融风险加剧。特别是对于发展中国家来说，由于金融发展水平不高，在大规模资本的冲击下更容易诱发金融风险。其次，金融自由化解除了分业管理制度，使得金融机构相互涉足高风险的业务领域，风险资产明显增多。同时各金融机构之间以及各国金融市场之间的联系更加密切，单一金融风险往往最终危害整个金融体系的稳定。再次，金融自由化加剧了各金融机构之间的竞争，导致金融机构利润率下降，容易引发金融机构的冒险行为，从而引发金融风险。最后，伴随着金融自由化的发展，金融衍生工具越来越多，越来越复杂，金融客户面对复杂的金融产品不知所措，这容易诱发金融机构的道德风险，造成微观主体的投资失误，引发金融风险。

因此，金融自由化并非是没有任何监管与限制的自由化，也不是不讲任何约束条件而随意进行的自由化。自由化的进程应该是渐进的。金融自由化必然相应带来金融全球化、国际化管理水平的提高，这也为自由化改革增加了难度。

二、金融创新

20世纪70年代以来，国际货币体系经历了巨大转变，石油危机以及国际债务危机的冲击，造成了国际金融形势的动荡不安。同时伴随着20世纪80年代的金融自由化浪潮，金融管制不断放松，金融机构之间的竞争也越来越激烈，促进了金融创新的发展。

（一）金融创新的内涵

金融创新有广义和狭义两种内涵。广义的金融创新是指为适应经济发展的需要，而创造出新的金融市场、金融制度、金融机构、金融工具以及金融调节方式。狭义的金融创新是指金融工具的创新。这里说的金融创新主要是指狭义的金融创新。从20世纪70年代起，金融工具层出不穷，品种繁多，这包括为规避风险、追求收益而引发的金融工具创新，为逃避金融管制而设计的金融工具创新，以及由技术进步而引发的金融工具创新等，金融工具创新已经成为金融创新发展最为迅速的部分。

（二）金融创新的特征

1. 金融工具不断推陈出新

金融工具的创新是20世纪70年代以来国际金融创新的核心内容。金融工具的创新就是把各种金融工具原有的属性予以分解，然后再重新安排、组合，使之能够适应新形势下市场中金融资产价格波动的风险，满足套期保值的需要。20世纪80年代之后，随着资产价格上涨、信用风险普遍扩大，单纯的信贷、债券在国际金融市场上所占的份额越来越少，新的综合金融工具被不断创造出来，产生了一些用于避免或转移价格风险、信用风险的金融工具和融资技术，如期货、期权、互换等。

2. 融资方式的证券化

20世纪80年代爆发的国际债务危机，使人们清醒地认识到银行贷款债权难以转让的危害性，以及可转让流通债券的优势。因此，银行传统国际信贷业务包括银团贷款逐年减少，而国际债券业务却迅速增长，融资方式的证券化趋势出现，而且成为衡量一国金融市场和金融创新程度的重要标准。在证券化浪潮中，除了短期证券（国库券、票据等）、中长期债券以及股票外，还涌现出很多流动性强、风险小、实际收益高的金融工具，包括多种偿还期的证券、具有选择权的证券等。

3. 表外业务的多样化

表外业务是商业银行从事的未列入资产负债表，通过提供担保和服务收取佣金或服务费的业务活动。其种类主要包括：一是银行提供的各种担保，如票据承兑、跟单信用证等；二是贷款与投资的承诺业务，如票据发行便利、循环贷款承诺等；三是外汇买卖与投资业务，如互换业务、期权业务、远期利率协议等；四是利用现有的人力资源、技术设备、营业网点等为客户提供中介、咨询服务，如为开放式基金提供申购服务等。20世纪80年代以来，随着金融产品与金融工具的不断创新，各国商业银行的资产业务所占比重及盈利空间不断缩小，表外业务得到了长足发展。

4. 金融机构的同质化

金融同质化是所有的金融机构正在提供同质的或类似的产品与服务。这是二战后各国原先普遍推行的专业化金融体系被金融创新所冲垮，金融机构的业务日益交叉，走向多样化和综合化的结果。

金融同质化的途径有三种：直接开办其他金融机构所经营的业务；通过收购、合并或成立附属公司的办法，互相渗入对方的营业领域；通过金融创新绕过管制，向顾客提供原来只由竞争对手所经营的产品与服务。目前，金融同质化已成为越来越多国家的共同现象，它反映了金融机构对各种管制的不满及其追求全面服务的强烈愿望，有助于满足顾客多样化的需要。如美国的货币市场共同基金，就具有金融机构同质化的典型特征。

三、金融自由化、金融创新与金融风险

金融自由化与金融创新在其快速发展过程中，可能为金融发展与世界经济带来正面影响，也可能成为国际金融危机与经济危机的根源。

（一）金融自由化与金融创新的正面影响

1. 减少政府对金融体系的干预

在金融自由化的推动下，市场发现价格机制可以更有效地发挥作用，有利于提高资源配置效率，促进经济增长。特别是在发展中国家，金融自由化有助于减少政府对金融体系的过度干预，通过市场机制来决定利率水平，使其调节到足以反映资本的稀缺程度，从而使储蓄和投资增加，促进经济增长。

2. 促进金融机构市场竞争

金融自由化与金融创新突破了金融机构传统的分工格局，也逐渐形成彼此业务全面交叉、全能化、综合化的混业经营格局，从而加剧了金融机构之间的竞争，有助于提高服务质量和工作效率，提高整个金融体系的运作效率。

3. 推动金融改革

金融创新是金融改革的结果，金融创新又反过来推动着金融改革。这是因为，金融业务和金融工具的创新使传统的金融制度成为金融业进一步发展的障碍，促使金融制度必须进行相应的改革与调整，并鼓励和刺激新一轮的金融创新。

（二）金融自由化、金融创新与金融风险

但是，在金融自由化的推动下，金融管制的放松、金融创新的发展以及高新技术的应用使国际短期资本的流动规模成倍增长，速度也越来越快，金融风险逐渐加大。

金融风险主要表现在以下几个方面。

1. 国际金融市场规模不断扩大，金融风险增加

20 世纪 80 年代以来，各国金融市场日趋自由化，出现了汇率自由浮动、

货币自由兑换、国际金融资本大量流动、外国金融机构自由活动并与本国金融机构融合、证券交易急剧增长等现象，从而使国际金融市场的规模不断扩大，这表现为外汇市场、国际债券市场规模的不断扩大和发展中国家资本流入的不断扩大。国际金融市场规模的不断扩大必然伴随着金融风险的增加。

2. 汇率与利率波动剧烈引发金融风险

汇率与利率是国际金融活动重要的传导机制，利率和汇率等管制的解除导致市场波动幅度剧增。首先，剧烈的汇率波动会影响一国的实体经济和金融体系。当本币被高估时，会削弱该国出口商品的竞争力，造成经常项目失衡，同时直接投资流入减少；汇率波动时，将造成按不同货币定价的股票和债券资产的升值与缩水，对一国股市、债市造成影响；汇率的上升将加剧贬值国的债务负担，容易引发贬值国的债务危机。其次，主要国际货币的利率波动也是国际金融市场波动的一个重要原因。金融资本的本性是追逐高利率，特别是短期性投机资本，哪个国家的利率高，国际金融资本就流向哪里，而资本的过快与过多流动则会给一国汇市、股市以及宏观经济带来巨大的冲击。

3. 金融创新及金融衍生工具迅速发展带来巨大的金融风险

金融衍生工具是伴随着金融创新不断发展起来的，其初衷是为了规避金融风险。然而随着金融全球化的发展，金融衍生工具逐渐被国际游资所利用，其投机职能被不断扩大，为金融市场带来了巨大的危险。例如，美国 2007 年次贷危机的爆发与资产证券化就息息相关。由于房屋抵押贷款不断证券化，隐藏在贷款机构以及原始借款人中的信用风险被不断地转移掩盖，不断地被购买证券的投资者扩散开来，从而使得整个市场中的系统性风险不断地累加，即虚拟资产不断泡沫化。资产证券化使系统性风险增加、抵押贷款机构道德风险增加、信用评级机构违规操作概率增加，这些均在一定程度上增加了金融系统风险。

20 世纪 70 年代以来，特别是 90 年代以来，国际金融市场日趋活跃，金融衍生工具不断创新。金融创新具有转移和分散金融风险的功能，但是却无法从整体上消除风险。第一，金融创新为市场提供更多金融产品的同时，也容易诱发金融机构的道德风险，加剧市场投机，由此扩大了金融风险来源。第二，金融创新加剧了金融机构之间的竞争，加大了金融机构的经营风险。金融创新在创造出更加丰富多样的金融工具的同时，如果使用不当，不但不能使金融机构达到规避风险的目的，反而会加大其面临的经营风险。例如，20 世纪 90 年代爆发的巴林银行倒闭案完全是因为从事金融创新投机交易引起的。第三，金融创新使得金融机构之间的联系越来越密切，这使得风险更容易在各机构之间传播，单一金融风险往往最终危害整个金融体系的安全性和稳定性。2008 年，由美国次贷危机引发的金融危机迅速蔓延至全球，就是很好的例证。

4. 国际资本的过度投机加剧金融风险

资本流动障碍的削减以及各国金融市场的日益对外开放加快了资本的国际流动。特别是对于发展中国家来说，由于金融发展水平不高，在大规模资本的冲击下更容易诱发金融风险。随着金融资产规模的不断膨胀、金融工具的日新月异以及跨国金融交易规模的日益扩大，巨量国际资本已脱离实际经济交易的需要，游走于全球金融市场，寻找赚取利润的机会，伺机而动，巨量资金的进出，造成市场的暴涨暴跌。当金融泡沫破裂以后，投机资本往往已获取暴利抽身事外，而留给当事国的便是金融体系的崩溃与经济倒退。

5. 金融监管不力使金融风险更不易控制

金融创新活动所造成的金融业的相互融合、相互渗透，金融创新工具的大量使用，银行表外业务的兴起，使得原有的一些监管法规形同虚设，从而增加了金融监管当局的监管难度。金融机构内部管理不严和外部监管不力是金融风险的一个重要来源。金融机构内部管理不严表现为，缺乏对有关从业人员行为的有效约束，对一些关键岗位没有建立有效的监督机制。外部对金融机构监管不力的主要表现是，金融当局缺乏及时全面掌握金融市场和金融机构发展动向与真实信息的有效制度安排及措施手段。在金融自由化浪潮下，一些国家在没有准备好的情况下，盲目开放，金融监管的不力使这些国家更易于遭受金融危机的侵袭。

6. 金融运行与实体经济脱节的现象正在加重，经济泡沫产生的风险加大

伴随着金融自由化，世界经济出现虚拟化，这表现为金融服务业、知识信息业等非物质生产部门迅速成长，实体经济则开始萎缩。当虚拟经济过度膨胀时，就会不可避免地产生泡沫经济或者金融危机。以美国为例，从 20 世纪 80 年代开始，美国开始进行大规模的产业结构调整，大量的实体制造业逐渐转移到美国以外，而在其国内则重点发展金融、信息技术等服务产业。由于缺少实体经济的支撑，同时在监管缺位的情况下资产证券化过度发展，衍生金融工具过分膨胀，致使虚拟经济与实体经济的关系严重失调，导致虚拟经济泡沫化，最终引发危机。

为应对金融自由化和金融创新带来的金融风险，以及由此引发的国际金融危机，习近平指出，一方面，“要加强财金对话和协调，探索新的合作领域，促进国际金融体制改革，努力提高共同抵御金融风险的能力”，另一方面要

“处理好金融创新和金融监管的关系，建立金融预警机制，促进财金领域务实合作，切实维护国际金融安全”。①

第三节 国际金融危机与国际金融监管

一、国际金融危机的发展演变与特点

（一）国际金融危机的发展演变

金融危机是指金融资产、金融机构、金融市场的危机，具体表现为全部或大部分金融指标的急剧恶化。这些恶化的金融指标主要包括短期利率，证券、房地产和土地等资产的价格。金融危机使整个金融体系陷入混乱，从而丧失其为经济活动分配资本的功能，进一步导致整个经济体系的震动，并可能引发经济危机。当金融危机在多个国家和地区同时发生时，就爆发了国际金融危机或世界金融危机。国际金融危机具有影响范围广、破坏程度大的特点，20 世纪 80 年代后爆发的几次金融危机最后都演变为国际金融危机。

世界经济的发展一直伴随着金融危机的爆发。历史上比较有名的金融危机包括 17 世纪 30 年代荷兰的“郁金香泡沫”事件，18 世纪 20 年代英国的“南海泡沫”事件与法国的“密西西比泡沫”事件，20 世纪 30 年代的世界经济危机等，这期间发生的大小金融危机不计其数。二战后金融危机并未停止，20 世纪 60 年代发生了英镑与法国法郎危机，70 年代初期布雷顿森林体系崩溃后，金融危机的爆发更加频繁，危机的传染性和破坏力也越来越大。

20 世纪 80 年代爆发的拉美债务危机揭开了全球性金融危机的序幕。拉美国家取得民族独立后，迫切需要大量资金进行国内建设，但国内资金匮乏，使得它们不得不依赖国际金融市场去融通资金。从 20 世纪 70 年代末开始，这些国家的对外债务迅速增长。然而，由于国内政策的失误以及对外资利用的不当，加之 70 年代国际利率的大幅上升，这些国家的债务负担越来越重，最终在 1982 年 8 月，墨西哥政府首先宣布无力偿还到期债务，此后，巴西、阿根廷、委内瑞拉、秘鲁和智利等国也纷纷跟进。一场席卷整个拉美乃至全球的国际债

---

① 习近平：《加强财金协调 促进国际金融体制改革》（在第十一届亚欧工商论坛开幕式上的主旨演讲），人民网，2008 年 10 月 22 日。

务危机爆发。

20世纪90年代，国际金融危机爆发更加频繁。1992年爆发了涉及10个欧洲国家的欧洲货币危机。受国际资本的攻击，芬兰马克首先与欧洲货币单位脱钩，实行自由浮动，英镑、意大利里拉、瑞典克朗以及挪威克朗也紧随其后，宣布汇率自由浮动。其中英国和意大利由于经济不景气，不得不退出欧洲汇率机制。西班牙、葡萄牙和爱尔兰也重新调整了其汇率。到1993年9月，欧洲汇率机制中汇率波动的上下限由±2.25%放宽至±15%，欧洲汇率机制的稳定性名存实亡。

1994年3月，墨西哥革命制度党的总统候选人遇刺，使人们对墨西哥政局的稳定产生了怀疑，外资流入开始减少，外国投资者纷纷抽走其资本。墨西哥外汇储备急剧减少，到1994年12月底，外汇储备几近枯竭，政府不得不宣布墨西哥比索与美元脱钩，实行贬值。受墨西哥金融危机的影响，阿根廷、巴西、秘鲁等国的汇率也出现了大幅度下跌，这些国家的证券市场、银行体系等也受到不同程度的冲击，政府在救助过程中付出了巨大的代价。

1996年，受美元升值和美国利率上调的影响，泰国经济形势发生转折性变化，贸易萎缩、外资流入减速，外资开始大量撤离，股市连续下滑。在此形势下国际对冲基金组织了一场对泰铢的大规模攻击。泰国中央银行为维持泰铢汇率几乎耗尽外汇储备，最后不得不于1997年7月1日宣布放弃盯住汇率制，一时间泰国掀起抛售泰铢抢购美元的狂潮，泰铢急剧贬值，亚洲金融危机爆发。危机迅速蔓延到菲律宾、马来西亚、印度尼西亚以及韩国，造成这些国家的汇市和股市连续下挫，大批金融机构倒闭，失业增加，经济衰退。中国台湾、中国香港及其他东亚国家和地区的金融市场也承受着巨大的压力。

受亚洲金融危机的影响，俄罗斯于1997年10月和1998年5月先后两次爆发金融危机，在货币市场和证券市场上，占俄罗斯国债总额约1/3的外国资本大规模外逃，引起汇率下跌和股市大幅下挫，再贷款利率一度攀升到150%，股市、债市和汇市基本陷入停盘状态，银行无力支付居民提款，整个金融体系和经济运行几乎瘫痪。1998年8月，政府决定让卢布自由浮动，宣布单方面延期偿付以卢布计价的内债和部分外债，并禁止银行兑付外汇，金融危机全面爆发。

2001年3月，阿根廷进入偿债高峰，而国内资本外逃却日益严重。3月下旬政府虽然采取了一系列措施来应付，包括削减政府开支，降低赤字，与外国债权人谈判进行债务重整等。但是到了2001年4月中下旬，阿根廷经济形势急转直下，因内需不旺等原因，工业生产大幅度下降。阿根廷金融市场出现较大动荡，股市指数下挫，债券价格狂跌，国家风险指数上升到前所未有的水平。7 月份，阿根廷金融危机正式爆发，并逐步演化为社会危机。

2007 年 4 月，美国第二大次级抵押贷款企业新世纪金融公司由于逾 84 亿美元的流动性债务申请破产保护，美国次级抵押贷款危机爆发。危机迅速传播到其他金融领域。2008 年 3 月，美国第五大投资银行贝尔斯登倒闭，9 月美国第四大投资银行雷曼兄弟公司出现巨额亏损，申请破产保护，美国金融危机全面爆发。金融危机在席卷美国金融体系的同时，也造成了欧洲金融体系的震荡，其影响程度甚至大于危机的爆发地美国，世界其他国家和地区在金融危机的冲击下，也几乎无一幸免。美国金融危机发展成为二战之后，可以与 1929—1933 年大危机相匹敌的国际金融危机，对世界经济造成了巨大打击。

2009 年 11 月，由于希腊财政部公布的财政赤字水平高于先前预期，引起市场的广泛恐慌，成为欧洲主权债务危机爆发的导火索。受其影响，葡萄牙、西班牙、意大利、爱尔兰等国也相继暴露其主权债务问题，欧洲主权债务危机正式爆发。欧洲主权债务危机的爆发，不但对欧洲自身经济造成重大冲击，同时也进一步恶化了受美国金融危机影响本已十分脆弱的世界经济。

（二）国际金融危机的特点

1. 金融危机是以货币危机为中心的综合性金融危机

从金融危机发生的历史来看，二战前的金融危机一般以银行危机和股市危机为主，而在二战后爆发的金融危机则表现为以货币危机为中心，并发展成综合性的金融危机。

二战后，布雷顿森林体系建立了以美元为中心的固定汇率制。然而随着经济的发展，黄金的供给难以满足世界经济的发展需要，美元的黄金保证受到威胁，最终爆发了 20 世纪六七十年代一系列的美元货币危机，并最终导致布雷顿森林体系的崩溃。

20 世纪 70 年代中期之后，随着国际货币体系步入牙买加体系，货币危机爆发的频率和强度比以前更大。亚洲金融危机爆发后，IMF 对全球 50 多个国家 1975—1997 年所爆发的金融危机进行了统计①。统计显示，该期间共发生货币危机 158 起，银行危机 54 起，货币危机爆发的频率是银行危机爆发频率的 3 倍左右，在 1975 年以来的金融危机中占绝对多数地位，且大部分危机最终都演化

---

① IMF：*World Economic Outlook*（*Financial Crises*：*Causes and Indicators*），May 1998，p. 79.

成为影响全球的综合性金融危机。

2. 金融危机的传染性越来越大

随着金融自由化的日益深入，汇率及利率的剧烈波动以及国际游资频繁的流动，一个国家的金融危机往往可能波及周边国家或国际资本市场，引起地区性或全球性的金融危机。

根据金融危机传染发生的原因可将传染分为两大类型：基础性传染和基于投资者的传染。基础性传染强调危机的溢出效应是通过不同市场之间的实际经济联系传递的，这些联系可能包括共同冲击、贸易联系和金融联系。而基于投资者的传染则指的是冲击传导来自非实体经济因素，这些因素可能来自投资者非理性的行为（如金融恐慌、羊群效应等）。金融危机的传染性使得金融危机的破坏力越来越大，且不易控制。

3. 金融危机爆发的频率高且持续时间长

从 20 世纪 70 年代开始，一方面，金融危机爆发的间隔时间越来越短，爆发的频率越来越高。从 80 年代开始爆发的金融危机包括 80 年代的拉美债务危机，90 年代的欧洲货币危机、墨西哥金融危机、亚洲金融危机、俄罗斯金融危机，以及 21 世纪的阿根廷金融危机、美国金融危机、欧洲主权债务危机等。另一方面，金融危机持续的时间比以前更长。一个国家或地区受到强烈的金融冲击后并不会立即平静下来，而是通过各种渠道向其他国家和地区扩散，这造成被感染金融危机区域范围的扩大，也拉长了危机的长度。

二、金融危机对世界经济的影响

（一）金融机构面临严重的经营危机与信任危机

金融危机致使金融体系将危机之前积累的矛盾暴露出来，突出表现为问题金融机构的资产严重缩水、债务增加和流动性不足，并通过多米诺骨牌效应波及原本健康的金融机构，继而造成金融机构大面积停业、整顿甚至倒闭、重组。以 2008 年爆发的国际金融危机为例，由于前期的过度投资与放贷，加之大量金融衍生品推出后监管失控，致使银行形成大量不良资产，金融机构资金链断裂，无法正常运转。无论是美国还是世界其他国家，金融市场混乱，世界各国银行和投资人损失巨大，金融机构面临严重的经营危机和信任危机。

（二）汇率剧烈波动

金融危机发生后，汇率剧烈波动，给国际经营和外汇兑换带来重大影响，这不仅不利于国际贸易和国际投资的平稳发展，也会对一国的实体经济产生深远影响。以2008年国际金融危机为例，美国为缓解经济颓势，通过增加货币发行、降低利率等手段使美元贬值以刺激经济。由于美元是世界其他国家的主要储备货币，美国政府的一系列救市政策大大增加了美元与其他国家货币汇率的波动幅度和风险，致使随后几年的世界贸易总值大幅萎缩，全球投资大幅下降。

（三）部分陷入金融危机的国家经济濒临破产

金融危机发生后，部分国家因对外依存度高、外汇储备不足而受到严重冲击。如2008年爆发的国际金融危机使冰岛国家经济濒临破产，冰岛政府不得不紧急向国际货币基金组织和俄罗斯求援。其他如波兰、匈牙利和阿根廷等国家经济亦接近破产边缘。为此，各国政府不得不向银行大量注资或将其收归国有，但仍难以避免大量金融机构倒闭和经济衰退。

（四）金融危机对世界经济造成重大冲击

以2008年国际金融危机为例，金融危机对世界经济造成重大影响，2009年世界经济全面下滑，并在较长时间内处于低位运行，主要体现在以下几方面。

第一，全球经济负增长。2009年，全球GDP增长率为-0.7%。主要发达国家都经历了前所未有的经济下滑，发达国家总体经济增长为-3.7%，其中，美国、英国、日本和欧元区等主要发达国家和地区经济增长速度分别为-3.5%、-4.3%、-4.9%和-6.3%。新兴市场和发展中经济体受危机的冲击程度不及发达国家，但经济增长速度出现了大幅度下降，由2008年的6.0%降为2009年的2.8%。

第二，投资水平大幅下降。2008年，危机的爆发使发达国家的实际投资水平比危机前所预测的投资水平下降了约15%，且相比居民投资，企业投资下降幅度更大，占总体下降规模的70%。投资作为大多数国家经济增长的主要驱动力，其水平的下降成为各国经济增速下滑的重要原因之一。

第三，贸易和对外直接投资增速下降。由金融危机引致的全球经济低迷、政策不确定性上升等因素使国际贸易和对外投资受到强烈冲击。2008年国际金融危机爆发前，在1986—2007年，全球平均年度贸易增速是平均年度GDP增速的1.8倍，而在危机爆发后的2008—2015年，平均年度贸易增速低于平均年度GDP增速。在贸易增速下降的同时，全球的对外直接投资规模也在下降。2007年全球对外直接投资流量达到2.1万亿美元，受金融危机的影响，2008年下降到1.5万亿美元，到了2009年，其规模跌至1.1万亿美元，比2007年下降了将近一半。全球资本流动增速的下降对吸收投资的国家而言影响巨大，因为外商直接投资是这些国家资本形成的重要部分，对促进其国内就业和经济增长具有重要意义。

第四，低物价、低利率。与低增长、低投资相伴随的是全球普遍的低通货膨胀率。2008 年国际金融危机的爆发导致 15 个国家处于通货紧缩状态，80 多个国家的通货膨胀率低于通常的 2%的预期目标，全球大多数国家的生产者价格指数（PPI）出现大幅下跌，其中 130 多个国家的 PPI 低于一般通货膨胀目标。与此同时，由于受到宽松货币政策特别是非常规量化宽松货币政策的影响，全球真实利率持续下降，由危机前的 8%下降到 2015 年的-1.5%。金融危机的爆发使全球经济进入一种新的均衡——低增长、低通货膨胀率、低利率、低投资、低进口、低对外直接投资。

第五，原材料价格大幅下降。金融危机的发生会导致世界各国的消费预期大幅下降，这会影响其对原材料的需求和各类产品的进口，进而影响国际市场上原材料的价格。如 2008 年国际金融危机的爆发使当年国际原油的价格由每桶 147 美元的高位下降到 50 美元左右，有色金属、钢材、煤炭等各类原材料价格的下降幅度也都高达 40%~60%，对世界经济产生巨大影响。

三、国际金融监管与协调

国际金融监管与协调是指国际经济、金融组织与各国及各国之间，在金融政策、金融行动等方面采取共同步骤或措施，通过相互间的协调与合作，达到协同干预、管理与调节金融运行并提高其运行效益的目的。20 世纪 90 年代以来，金融创新不断涌现，国际金融市场一体化日益深入，金融风险在全球涌动。一国发生金融动荡，容易产生连锁反应，其他国家也很难“独善其身”。这就迫使世界各国加强相互协调与合作，共同努力防范和化解金融风险，建立国际金融监管与协调机制。

（一）国际金融监管组织

1. 国际性专业监管委员会

设在国际清算银行的巴塞尔银行监管委员会①（Basle Committee on Banking

① 巴塞尔银行监管委员会原称银行法规与监管事务委员会，是由美国、英国、法国、联邦德国、意大利、日本、荷兰、加拿大、比利时、瑞典 10 大工业国的中央银行于 1974 年年底共同成立。

Supervision，简称巴塞尔委员会）被广泛视为对国际银行业监管进行协调与合作的最重要的组织之一。巴塞尔委员会的工作重点包括：首先，为国际银行活动提供非正式的协调指导原则和标准。如银行从事外汇交易的准则，判断银行国外分行资本充足性标准的指导原则；提醒各国注重银行外币存放款的期限差是否过度，资本与资产比率是否过低等。其次，确立在联合和综合的基础上监督国际银行业务的技术。巴塞尔委员会提出的综合资产负债表的概念，使各国监督当局能大致了解本国银行在国际金融市场的交易情况。联合和综合的监督使本国监督者在全球范围里检查每个银行集团的风险和资本情况，并使国际银行无法以转移业务的方式逃避监督。再次，促进各国国内监督活动的强化和完善。1979 年，巴塞尔委员会在伦敦组织了有 80 个国家和地区参加的国际性银行监督会议，1987 年，又在华盛顿举行了类似的会议，有效地推动了各国国内金融的监督管理。各国金融监督管理官员也加强了对口的交流和联系，为有效的合作监督奠定了“信任基础”。迄今为止，比较有效的国际金融监管合作一直是由国际清算银行主导进行的，其制定的一系列《巴塞尔协议》也就成为国际金融监管的规范化、指导性文件。

国际证监会组织（International Organization of Securities Commissions）创建于 1983 年，是国际上唯一的多边证券监管组织，是国际证券业监管者合作的中心。国际证监会组织通过制定一系列决议、标准与准则，在证券和期货市场的国际协调方面发挥作用。

国际保险监督官协会（International Association of Insurance Supervision）成立于 1994 年，是一个推动各国保险监管的国际合作组织。国际保险监督官协会是推动保险监管国际合作的重要力量，其在三个方面发挥着重要作用：制定国际保险监管规则，发布国际保险业最新动态，搭建国际保险界交流平台。

2. 金融稳定论坛/金融稳定委员会

从现有的国际金融监管组织来看，各组织均存在一定的不足与缺陷。如国际清算银行及巴塞尔委员会虽然是国际银行业监督的最重要组织，但是其并非严格意义上的政府间组织，缺乏跨国监督权力，该缺陷同样存在于国际证监会组织和国际保险监督官协会。同时这些组织都属于专业性监管，难以适应目前金融全球化和自由化背景下金融业混业经营的需要。未来的全球金融监管要求建立一个具有综合性监管职能的政府间组织。二十国集团下的金融稳定委员会正朝着这一方向发展。

金融稳定论坛（Financial Stability Forum，FSF）成立于1999年2月，成员包括七国集团政府财政部部长、央行行长以及一些国际金融组织等。1999年6月，中国香港、澳大利亚、新加坡、荷兰等加入论坛。随着国际金融危机的爆发，在2008年11月的二十国集团峰会上，中国等一批新兴经济体加入论坛。该论坛主要是通过加强各国在金融监管和监督方面的信息互换与合作，促进国际金融体系的稳定。2009年4月，二十国集团伦敦金融峰会宣布，创立金融稳定委员会（Financial Stability Board，FSB）取代金融稳定论坛，其成员囊括二十国集团的所有成员国、金融稳定论坛原成员、西班牙和欧盟。新建立的金融稳定委员会旨在加强系统性风险的监管，为国际上对全球系统性金融风险进行管理和控制提供了一个新的平台。其具体职能包括：评估全球金融系统脆弱性，监督各国改进行动；促进各国监管机构合作和交换信息，对各国监管政策和监管标准提供建议；协调国际标准制定机构的工作；为跨国界风险管理制定应急预案，等等。

除了以上国际组织外，其他一些国际经济组织也存在着一定的国际金融监管机制。如IMF时常就金融稳定的关键问题进行分析和讨论，并每半年定期公布《全球金融稳定报告》，对全球金融市场状况进行评估。此外，一些重要的区域性经济组织如经济合作与发展组织等也具有一定的国际金融监管职能。

（二）金融监管的国际合作

金融监管国际合作机制尚处于形成过程中，存在着许多缺陷。一是它带有明显的应急性特征；二是它不具有规范性特征，只能根据经济形势和各国经济实力针对某一具体问题达成暂时安排。几个国际金融监管组织虽然提出了各自领域内的监管标准，希望通过市场的力量来推动各国政府采纳这些标准，但是由于各国发展水平不一，国际监管标准的选择往往采取最低标准，但允许在最低标准之上实施更高的标准。这种选择一方面降低了监管的有效性，另一方面也不能从根本上杜绝监管差异引致的监管竞争和套利。而且，监管标准的制定是协调各国利益的过程，程序烦琐，时间跨度长，难以根据现代金融的发展适时进行调整，落后于金融发展的需要。

近年来随着金融危机的频繁爆发，特别是美国金融危机的爆发，再一次暴露了金融监管国际合作的缺陷，因而现阶段的国际金融监管合作机制应该注重以下几个方面。

1. 改革不合理的国际金融监管框架

现有的国际金融监管框架主要是在发达国家主导下建立的，发展中国家的利益和声音长期不能得到合理反映。因此，在发展中国家经济实力日益增强、金融影响力和重要性不断提高的情形下，为加强国际金融监管、提升国际金融监管的效力和效果，必须改革目前不合理的国际金融秩序，特别是改变国际金融治理结构，不断提升发展中国家的发言权。

2. 扩大金融监管国际合作机制的范围

目前金融监管的实质性国际合作往往被局限在发达国家。20 世纪 90 年代以来，一些发展中国家已经成为国际金融市场的重要参与者，任何一个国家的金融业出现问题和风险，都会直接或间接对有关国家乃至整个世界金融体系的稳定和运作效率产生影响。因此，在加强对国际金融体系审慎监管的过程中，把新兴市场国家和发展中国家纳入就显得十分必要。

3. 推行更具普遍性的监管原则

虽然各国金融监管的具体内容不尽相同，但金融监管的主要目标要素基本是一致的，各国只有在共同的原则下才能有效地开展金融监管活动。例如，以《巴塞尔协议》及相关文件作为国际银行监管的普遍原则，已经成为金融监管国际合作机制的重要组成部分。针对国际金融市场的变化，《巴塞尔协议》被修订了多次。于 2004 年正式实施的《巴塞尔协议Ⅱ》更加强调最低资本要求、监督评估过程和市场约束规则在现代金融监管体制中的作用。在 2008 年国际金融危机爆发的背景下，巴塞尔委员会于 2009 年 9 月就《巴赛尔协议Ⅲ》框架达成一致意见，新的框架提高了全球银行业的最低资本监管标准。尽管《巴塞尔协议》随时代背景不断演进，但是仍存在一些不足。首先，《巴塞尔协议》过于强调定量的最低标准，但是这种最低标准不能有效预防金融危机的国际传递，而且各国不同的经济背景导致这种标准的作用大打折扣。其次，各国金融监管法规和措施参差不齐，使得金融监管的国际合作难度加大。

4. 加强对金融衍生工具的监管合作

作为金融创新的一部分，金融衍生工具具有转移或降低市场风险的功能，但是近年来却越来越多地被用于投机，而衍生工具所具有的高杠杆性，使得任何的操作不慎都会带来重大损失。1995 年巴林银行事件之后，国际清算银行已着手对金融衍生工具的交易进行全面调查与监督，加强对银行表外业务资本充足性的监督。巴塞尔委员会、国际证监会组织等国际金融监管组织已对国际金融衍生工具市场进行专题研究，并发布各类指导性文件。但是从美国金融危机的爆发来看，对金融衍生工具的监管还存在着诸多漏洞，在国际金融监管合作方面还存在较大的提升空间。

5. 建立全球性金融风险预警机制

建立及时、有效的金融风险预警机制有助于国际社会以及相关国家的政府尽早采取行动，调整经济政策，以遏制可能爆发的金融危机。近年来，以IMF和巴塞尔委员会为核心的全球性国际金融监管组织在防范金融危机方面做了不少工作，如定期对各国的金融运行状况进行评估，公布各国宏观经济的基本数据，提醒相关国家的政府和国际投资者注意可能会出现的金融风险，等等。但是，这些措施的指向性并不明确，金融风险预警的信息传递渠道也存在某些障碍。

随着金融全球化的发展，任何国家都不可能独立于全球金融市场之外，在享受金融全球化利益之时，也必然面临着国际金融风险的冲击。加强国际金融监管合作是各国应对国际金融风险的必由之路。2008年国际金融危机之后，“国际金融领域仍然存在较多风险”①。面对国际金融风险，中国要“继续同世界各国加强宏观经济政策协调……，改善全球经济治理”②，“要稳步推进国际经济金融体系改革，完善全球治理机制”③。具体来说，一方面，要“加强在联合国、二十国集团、国际经济金融机构等框架内的协调和配合，维护共同利益”。④ 其中，“二十国集团是发达国家和发展中国家就国际经济事务进行充分协商的重要平台。我们要把二十国集团建设成稳定世界经济、构建国际金融安全网、改善全球经济治理的重要力量”⑤。另一方面，要“加强国际和区域金融合作机制的联系，建立金融风险防火墙”⑥，“继续加强国际金融市场监管”⑦。

本章小结

1. 国际货币体系经历了国际金本位制、布雷顿森林体系和牙买加体系。现

① 《习近平谈治国理政》，外文出版社2014年版，第329页。
② 《习近平谈治国理政》，外文出版社2014年版，第326页。
③ 《习近平谈治国理政》，外文出版社2014年版，第330页。
④ 《习近平谈治国理政》，外文出版社2014年版，第325页。
⑤ 《习近平谈治国理政》，外文出版社2014年版，第337页。
⑥ 《习近平谈治国理政》，外文出版社2014年版，第338页。
⑦ 《习近平谈治国理政》，外文出版社2014年版，第338页。

行国际货币体系呈现出储备资产多元化、汇率制度多样化以及国际收支调节手段多样化的特征。现行国际货币体系在促进世界经济发展的同时，也带来新的风险。

2. 从20世纪80年代起，发达国家和发展中国家开展了不同内容的金融自由化。在此推动下，金融创新得到了飞速发展，这虽然有利于提高金融机构的运行效率，促进经济发展，但同时也加大了金融机构的经营风险，增加了金融监管的难度，降低了整个金融体系的稳定性，致使金融危机不断爆发。

3. 金融自由化与金融创新在取得较大成效的同时，也容易引发金融危机。金融危机通过冲击金融体系、国际贸易、国际投资等对世界经济造成严重影响。

4. 世界金融形势的动荡不安迫切需要各国加强在国际金融领域的监管合作。目前主要的国际金融监管组织包括巴塞尔银行监管委员会、国际证监会组织、国际保险监督官协会、金融稳定委员会等，但是目前国际金融监管合作机制仍亟待完善。

思考题：

1. 简述国际货币体系的演变过程。
2. 现行国际货币体系的主要特征有哪些？
3. 试述20世纪80年代后金融自由化的主要内容。
4. 简述金融危机对世界经济的影响。
5. 如何加强国际金融监管的协调与合作？

▶ 自测习题及参考答案

第八章　国际直接投资与跨国公司的发展

国际直接投资是生产国际化的基础，生产国际化又以跨国公司为主要载体，三者之间存在着密切的联系。20 世纪 90 年代以来，随着经济全球化的深入发展，国际直接投资和跨国公司迅速发展，对国际贸易、生产国际化和全球资源的优化配置都起到了重要的促进作用。

第一节　生产国际化与国际直接投资的发展

一、国际直接投资的动因和方式

国际直接投资也称为对外直接投资（foreign direct investment，FDI），是指一国的自然人、法人或其他经济组织单独或共同出资，在其他国家的境内创立新企业，或增加资本扩展原有企业，或收购现有企业，并且拥有有效管理控制权的投资行为。一般把国际直接投资的来源国称为母国，国际直接投资的接受国称为东道国。

（一）国际直接投资的动因

1. 市场寻求型

市场寻求型投资是指跨国公司为了扩大原有市场、拓展新市场和克服贸易壁垒等而进行的对外直接投资。

（1）扩大原有市场。当本国出口市场发展到一定程度之后，企业通过在东道国的本土化生产与销售，更有针对性地根据当地消费者需求设计和生产产品，以满足消费者的多样化需求。母公司还可经由广阔的东道国市场，构建起更加完善的国际市场营销网络和销售渠道，以巩固和扩大原有市场份额。

（2）拓展新市场。在国际竞争中，市场份额是企业竞争力以及经营效益的重要指标，为了扩张自己的销售领域，弥补贸易的不足，企业通过拓展新的对外直接投资目的地，以开辟新市场和提高市场份额，提高国际市场占有率。

（3）克服贸易壁垒。企业进军海外市场，常常会遇到进口国关税或非关税壁垒等贸易保护政策的阻碍。在此情况下，企业通常会选择向进口国或第三国进行直接投资的方式，在进口国当地生产或在第三国生产再出口到进口国，从而规避进口国的贸易限制和其他贸易壁垒，并可能进入更大的市场。

2. 资源寻求型

资源寻求型投资是指跨国公司为了从国外获取稳定而廉价的自然资源、人力资源、技术与品牌资源等各种生产要素，以降低生产成本，进而增强产品竞争力，提高经济效益而进行的对外直接投资。

（1）获取自然资源。以获取原材料和燃料等自然资源为导向的对外直接投资，在国际直接投资中一直占有重要的地位。如果东道国自然资源丰裕、有稳定的原材料和能源供应以及良好的市场环境，那么跨国公司在海外进行直接投资的企业，必然能节省大量的费用，降低生产成本，最终提高企业的收益。

（2）利用人力资源。东道国的人力资源状况，包括熟练和非熟练劳动力数量以及劳动者的知识、技能和身体健康状况，对企业的生产效率会产生重要的影响。对于跨国公司的海外企业来说，东道国往往拥有充裕而且比母国廉价的人力资源，可大大节省人力成本，生产物美价廉的技术或劳动密集型产品，取得较好的经济效益。

（3）获得技术与品牌资源。国际直接投资既是技术溢出的过程，也是获取国外先进技术的重要途径。通过对外直接投资，跨国公司通常可以在更有优势的国家或地区，与当地拥有先进技术的公司创办合资高新技术企业，抑或收购当地高新技术企业作为开发与引进新技术的基地。与此同时，一些有实力的跨国企业往往通过收购当地知名品牌企业达到占据对方品牌资源和控制市场的目的。

3. 效率寻求型

效率寻求型投资是指跨国公司为利用各国在生产要素、经济体制、文化传统和政府政策等方面的差异，在全球范围内配置资源，从而降低生产成本，获得最佳经济效益而进行的对外直接投资。

（1）降低产品成本。随着劳动力、土地和技术等生产要素价格的上升，发达国家和部分发展中国家的企业在国际市场竞争中将可能逐渐失去竞争优势。为保持产品的市场竞争力，这些企业往往选择在劳动力、土地等资源充裕且价格低廉的国家投资设厂，以降低生产成本和运输成本，提高经济效益。

（2）追求规模经济效益。对多数企业来说，扩大生产规模有利于降低单位产品的生产成本。对那些单位产品的生产成本与生产规模高度相关的企业来说，保持较大的生产规模尤为重要，这既可降低单位产品的生产成本，又能够增强产品的市场竞争力和销售量，提高企业的经济效益。

4. 优惠政策寻求型

优惠政策寻求型投资是指企业为了享有东道国的优惠政策而进行的对外直接投资。20世纪中后期，一些发展中国家在经济发展过程中对资金的需求与日俱增，便利用各种优惠政策吸引外资，这些政策主要包括税收优惠、融资优惠、土地使用优惠等。这些优惠政策大大降低了企业的生产经营成本，为企业奠定了市场竞争的基础。在对外投资方面，一个国家在经济发展到一定阶段以后，政府为了鼓励本国企业走出国门，对本国企业的对外直接投资，在税收、金融、保险，以及企业在海外生产的产品的进口等方面给予优惠政策支持，这也会引导本国企业进行对外直接投资。

（二）国际直接投资的方式

国际直接投资的方式可以从以下几种不同的角度进行划分。

1. 从企业设立方式上划分，可分为创办新企业和跨国并购

（1）创办新企业。这是指投资者在国外设立分支机构、附属机构、子公司或与东道国联合创办合资企业等。跨国公司在东道国投资以创办新的企业，这种投资方式也称为“绿地投资”（greenfield investment）。

（2）跨国并购。跨国并购是跨国兼并和收购东道国企业的统称。跨国兼并是指一国企业购买另一国企业的全部资产，合并组成另一家企业。跨国收购是指一国企业通过资本投入收购另一国企业的资产或股份的方式，取得另一国企业生产和经营的控制权和管理权。

2. 从企业所有权角度划分，可分为独资经营、合资经营和合作经营

（1）独资经营。这是指根据有关法律规定在东道国境内设立由国外投资者全部出资并独立经营的企业的国际直接投资方式。这种投资方式具有以下特点：一是企业全部资本由国外投资者承担，独立经营，自担风险。二是不参与投资与经营的东道国不能分享收益，只能获得税收、土地使用费、公共基础设施管理费等费用的收入。

（2）合资经营。合资经营又称股权式经营，是指两个或两个以上国家的投资者共同投资创办企业，并共同经营、共担风险，按照股权比例共负盈亏和分享收益的国际直接投资方式。它是国际直接投资中最常见的一种形式。投资各

方既可以用资金作为投资股本，也可以用设备、厂房、基础设施、技术、商标等知识产权折价作为投资股本。这种投资方式属于股权参与式投资。

（3）合作经营。合作经营又称契约式经营，是指两个或两个以上国家的投资者通过谈判签订契约（合同、协议）共同投资组成合作企业，并共同管理、共担风险的国际直接投资方式。在这种方式下，合作双方的责任、义务与权利不是以股权比例而是以契约为基础，即根据契约规定的投资方式和分配比例享受收益或承担风险。这种投资方式也被称为非股权参与式投资。

3. 从投资所形成企业的分工上划分，可分为横向 FDI、纵向 FDI 和混合 FDI

（1）横向 FDI。横向 FDI 又被称为市场寻求型 FDI，当企业在包括母国在内的多个国家同时从事相同或相近产品的生产活动，并向当地销售以满足当地市场需求时，就形成了横向 FDI。

（2）纵向 FDI。纵向 FDI 是指企业把产品生产的不同阶段分别配置在成本相对较低的不同国家的一种对外直接投资方式。其基本动机是为了充分利用国家间的要素禀赋差异，故又称效率寻求型 FDI。

（3）混合 FDI。混合 FDI 是指企业到国外投资建立与国内生产和经营方向完全不同的子公司，子公司生产的产品同母公司的产品无内在联系。这种投资结构是跨国公司经营多元化的结果和具体表现。

二、生产国际化对国际直接投资发展的影响

国际直接投资的发展促进了生产国际化的迅速发展，同时，生产国际化的迅速发展又反过来大大推动了国际直接投资的发展。

（一）生产国际化加速了国际直接投资的发展

生产国际化是指在国际分工不断发展和不断细化的条件下，某个产品生产过程所包含的不同工序或区段被拆解，并分散到不同国家或经济体中进行。一方面，一种产品在多国之间的合作下才能生产出来，生产要素在更大的范围内实现有效配置，参与分工的国家的生产要素得到更有效的利用，提高了生产效率，彼此都获得了相应的利益。另一方面，参与分工合作生产的国家之间存在着一定程度的相互依存关系，使这种分工合作具有相对稳定性。

生产国际化对国际直接投资的促进作用，主要是通过跨国公司的生产经营国际化实现的。跨国公司通过国际直接投资成为生产国际化的载体和组织者。

同时，信息网络技术的发展和运输成本的下降也在加速跨国公司实现生产国际化的进程。

（二）生产国际化对国际直接投资区位选择的影响

20 世纪 90 年代中后期，跨国并购成为推动对外直接投资的重要形式，而跨国公司的国际化扩张进一步促进了生产国际化的发展。在这个过程中，生产国际化通过跨国公司全球经营战略的实施，直接影响着国际直接投资的区位选择。发达国家的跨国公司的纵向 FDI 使资本大多流向发展中国家，而其横向 FDI 使资本更多地在发达国家之间流动。进入 21 世纪以来，生产国际化的进一步发展使发展中国家对发达国家的逆向投资悄然发生，国际直接投资布局正在发生一场新的深刻变化。

同时，由于许多生产国际化的过程是在彼此相邻的区域内国家之间进行的，这种区域内国家之间的生产国际化的发展，也逐渐形成了一种以区域内分工为特征的区域生产网络。这种区域生产网络的形成，也对国际直接投资的布局产生了重要的影响。

三、二战后国际直接投资的发展

国际直接投资始于 19 世纪中叶。一个多世纪以来，特别是二战后，国际直接投资迅速发展，投资规模不断扩大，投资格局也发生了巨大的变化，可以将其划分为以下三个阶段。

（一）二战结束后到 20 世纪 70 年代初的快速发展

二战结束后至 20 世纪 70 年代初，是国际直接投资迅速发展并走向成熟的时期。1945—1972 年，国际直接投资的累计余额从 200 亿美元增加到 1 469 亿美元①。1972 年，全球国际直接投资在国际投资总额中的比重上升到 42. 6%，已发展成为与国际间接投资②并重的国际投资方式。这一时期的国际直接投资有两个显著的特点：一是美国居主导地位。1960 年，美国对外直接投资占主要发达国家对外直接投资总额的比重已达到 71. 7%，远高于其他发达国家总和。二是发达国家之间“双向投资”迅速发展。20 世纪 50 年代后半期以后，随着

---

① 本章引用的数据除特别说明外，均来自联合国贸易和发展会议历年《世界投资报告》。

② 国际间接投资也称对外间接投资（FII），是指发生在国际资本市场中的投资活动，包括国际信贷投资和国际证券投资。FDI 与 FII 的根本区别在于投资者对投资对象的经营活动有无控制权。

欧洲经济的复兴，欧洲国家开始对美国进行直接投资，日本企业也开始进军欧美市场，因此发达国家之间的“双向投资”得到迅速发展。

（二）20世纪70年代中后期到90年代末的高潮迭起

以20世纪70年代中期发生的国际直接投资总额超过国际间接投资总额为标志，国际直接投资逐步形成向全球大规模扩展的新阶段，其间出现了三次国际直接投资高潮。

第一次高潮发生在1979—1985年。这次高潮主要起源于第二次石油危机，石油危机导致跨国公司纷纷向世界主要石油生产国投资，在这些国家争夺石油资源，以及增加对石油加工业的投资。当时投资母国主要是美国、英国和荷兰。这一期间，来自发达国家的国际直接投资流出量占所有国家流出量的97.9%。

第二次高潮发生在1986—1990年。20世纪80年代以来，由于贸易保护主义的抬头和蔓延，为了规避贸易壁垒，跨国公司更多地进行对外直接投资。同时，全球范围出现直接投资便利化的政策倾向，国际直接投资因而得到迅速发展。这次浪潮中，日本作为国际直接投资的母国和中国作为国际直接投资的东道国尤为引人注目。

第三次高潮发生在1995—2000年。这次高潮主要是受世界两大对外直接投资国美国和英国的带动（两国对外直接投资总额占1995—1999年世界对外直接投资总额的40%），以及发达国家间企业跨境并购潮的推动。同时，发展中国家的参与，特别是主要的20个对外投资国和54个接受国中来自发展中国家的比重明显上升，有力地促进了国际直接投资的发展。

（三）21世纪以来国际直接投资发展的新趋势

1. 国际直接投资发展呈现较大的波动性

如表8-1所示，2000年，全球国际直接投资流出量达到1.23万亿美元，2001年下降到0.75万亿美元，2002年又比2001年下降了30%。2006年，随着全球企业跨境并购活动的复苏，全球国际直接投资比上一年增长了58%，2007年达到历史最高的2.27万亿美元。2008年国际金融危机的爆发使国际直接投资下跌了15%，2009年下半年跌至谷底，全球国际直接投资流入量又下降了37%，而流出量则下降了约43%。2010—2015年，随着世界经济逐渐复苏，全球国际直接投资流量总体上呈现波动中小幅上升的态势，2016年和2017年，这一趋势又有所下降。

表 8-1　2000—2017 年全球国际直接投资流量　　单位：万亿美元

年度	国际直接投资流入量	国际直接投资流出量
2000 年	1. 40	1. 23
2001 年	0. 83	0. 75
2002 年	0. 63	0. 54
2003 年	0. 57	0. 57
2004 年	0. 73	0. 92
2005 年	0. 99	0. 89
2006 年	1. 46	1. 41
2007 年	2. 10	2. 27
2008 年	1. 77	1. 93
2009 年	1. 11	1. 10
2010 年	1. 24	1. 32
2011 年	1. 52	1. 69
2012 年	1. 57	1. 37
2013 年	1. 46	1. 38
2014 年	1. 34	1. 26
2015 年	1. 92	1. 62
2016 年	1. 87	1. 47
2017 年	1. 43	1. 43

资料来源：根据联合国贸易和发展会议历年《世界投资报告》整理。

2. 国际直接投资大量流向发展中经济体

2008 年以来，国际直接投资流向发生新的变化，流入发展中经济体的国际直接投资占全球的比重呈现较稳定的发展趋势。2014—2017 年，全球国际直接投资总量波动较大，但流入发展中经济体的国际直接投资仍保持相对稳定，2017 年，全球 FDI 流量从 2016 年的 1. 87 万亿美元降至 1. 43 万亿美元，下降约 23%。但是，发展中经济体 FDI 流入量占全球 FDI 流入量的比重，却从 2016 年的 36%，上升至 2017 年的 47%。此外，流向发展中经济体的国际直接投资不仅投向劳动密集型产业，投向技术密集型产业的比重也不断加大。

3. 部分发展中经济体已经成为国际直接投资的新主体

2008 年以来，发展中经济体的跨国公司正在崛起，逐渐成为世界投资格局中的重要力量。2012 年，发展中经济体的国际直接投资流出量占世界国际直接投资流量的比重，已达到41.4%。最近几年，发达国家的国际直接投资流出量在2014年低位的基础上有所回升，2014—2017年，发达国家的国际直接投资流出量分别为7 317亿美元、11 836亿美元、10 415亿美元和10 092亿美元；同期发展中经济体国际直接投资流出量分别为4 580亿美元、4 062亿美元、4 067亿美元和3 808亿美元，其所占比重分别为36.3%、25.0%、27.6%和26.6%。

在国际直接投资来源国的新成员中，中国的对外直接投资发展迅速。自从2005年中国对外投资流量首次突破百亿美元以来，对外投资规模保持了较快的增长态势。2013年超越千亿美元，2015年对外投资额达到1 457亿美元，首次超过利用外资额；2016年达到1 961.5亿美元，占全球的比重也提升至13.5%，首次突破两位数。在大规模海外并购浪潮的推动下，中国已经成为部分发达国家的主要外资来源国。同时，随着“一带一路”建设和国际产能合作的推进，中国在发展中国家的投资将继续保持高速增长。

4. 国有跨国公司在对外直接投资中的作用不断扩大

2016年，全球大约有1 500家国有跨国公司，占全球跨国公司总数的1.5%。但是，这些国有跨国公司在国外的“绿地投资”占全球总数的11%，远高于2010年的8%，表明国有跨国公司在对外直接投资中的作用正在不断扩大。因此，以美欧为首的发达国家针对国有跨国公司的投资保护主义也正在加强。

第二节　国际直接投资格局的变化

在国际直接投资规模不断扩大的同时，国际直接投资的国别结构、产业结构和布局也发生了许多变化。

一、国际直接投资来源国结构的变化及其原因

（一）国际直接投资来源国结构的变化

长期以来，发达国家一直是国际直接投资的主要来源国，发展中国家所占份额很小。

二战前，英国是国际直接投资的主要来源国。1914年，英国占全球对外直接投资总额的45.5%，1938年降至39.8%，但仍居世界首位。美国仅次于英

国，1914 年占 18.5%，1938 年增加为 27.7%。二战后，美国利用其在战争中积累的资本、开发的新技术及布雷顿森林体系所确立的美元的国际货币地位，大举扩张对外直接投资规模，成为世界最大的对外直接投资国。进入 20 世纪 80 年代，随着美国经济的相对衰落，美国在国际直接投资中的地位相对下降，而日本、西欧国家的国际直接投资迅速发展。美国、西欧和日本逐渐成为国际直接投资的“三极”，在国际直接投资中占主导地位。90 年代中期以后，美国经济增长强劲，其第一投资大国的地位又得以巩固。在 20 世纪 70 年代以前，发展中经济体的对外直接投资流出量很少，80 年代后有所发展，至 1995 年，发展中经济体对外直接投资流出量为 456 亿美元，占全球总额 3 065 亿美元的 14.9%。进入 21 世纪以来，发展中经济体、转型经济体和独联体国家的国际直接投资流出量有较大的增加，2012 年发展中经济体、转型经济体和独联体国家所占比重达到 31.3%，2014 年提升到 47.9%的历史新高，2016 年和 2017 年，这一比重分别为 31%和 32.2%。

（二）国际直接投资来源国结构变化的原因

1. 美国经济实力的变化

二战后初期，美国的经济实力大大增强，二战后至 70 年代初，美国的对外直接投资一直占据世界总额的绝大部分。20 世纪 70 年代以来，伴随西欧与日本经济的兴起，美国在全球对外直接投资中的地位有所下降。由于 80 年代美国对外直接投资的相对萎缩，再加上欧盟与日本对美国的直接投资迅速增加，美国在 80 年代末一度失去直接投资净输出国的地位，成为直接投资净输入国。进入 90 年代后，由于美国鼓励本国企业对外投资，政府积极与外国政府签订双边或多边投资协定，美国再度成为国际直接投资净输出国。在这一时期，跨国公司的并购热潮也成为助推美国再度成为国际直接投资主要来源国的动力。然而，2007 年以来，随着美国房地产泡沫的破灭和次贷危机的爆发，以及随后国际金融危机的爆发，美国经济的不景气使其对外直接投资呈现出波动中有所下降的态势。2006—2010 年，美国对外直接投资流出量年均为 3 698 亿美元。2012 年美国对外直接投资流出量下降为 3 182 亿美元，2015 年进一步下降到 2 626 亿美元，2016 年和 2017 年有所回升，分别为 2 807 亿美元和 3 423 亿美元。①

---

① 世界经济年鉴编辑委员会：《世界经济年鉴 2016》，中国社会科学出版社 2017 年版，第 924 页；联合国贸易和发展会议：《世界投资报告 2018》，南开大学出版社 2018 年版，第 193—202 页。

2. 二战后欧洲经济的复兴与经济一体化的发展

二战后，欧洲经济迅速恢复，特别是1958年欧洲经济共同体的建立，极大地推动了西欧国家对外直接投资的发展。自20世纪60年代以来，西欧国家的跨国公司海外投资扩张速度加快，使其在对外直接投资中的地位大幅上升，甚至还将资本大量投入美国，形成了发达国家之间的双向投资。从70年代起，西欧国家迅速崛起为同美国和日本并行的国际直接投资来源地，共同主导着国际直接投资的浪潮。虽然经历了90年代初期的周期性经济危机，但90年代末欧元区的成立为该地区的对外直接投资提供了较有利的外部环境。在投资增长和欧元升值的背景下，欧盟经济在经历2001—2003年的衰退后，2004—2005年即步入调整和复苏的轨道，2006年开始出现增长。受其影响，欧盟国家对外直接投资也得到较快发展，根据欧盟统计局的统计，2006年欧盟对外投资额比2005年增长了35%。2006—2010年，欧盟对外直接投资年均达到11 872亿美元。2010年以后，受国际金融危机的冲击，跨国并购进程减速，欧盟对外直接投资流出量出现下降，2012—2017年，欧盟对外直接投资年均只有4 108亿美元，其中2014年只有2 222亿美元。

3. 日本经济的崛起与对外直接投资

经过二战后的经济恢复及此后的高速增长，到20世纪60年代末，日本已跻身世界经济大国行列，并成为对外直接投资最多的国家之一，当时日本对外直接投资的主要动机是为了获取资源。1985年“广场协议”① 签订之后，日元的大幅升值为日本对外直接投资创造了有利条件，这一时期日本的对外直接投资主要是为了寻求生产成本的降低。20世纪90年代，日本经济陷入了持续的衰退和不景气，促使日本跨国公司在寻求进一步降低生产成本的同时，转向以开拓市场为主要目的。在经历了长达十几年的不景气之后，2006—2010年日本对外直接投资年均只有796亿美元，此后随着日本经济出现复苏势头，2012—2017年日本对外直接投资年均达到1 382亿美元，这主要得益于日本企业持续的跨国并购行为。②

---

① “广场协议”（Plaza Accord）是指在1985年9月，由美国、联邦德国、法国、英国、日本五国财政部长及中央银行行长在纽约广场饭店（Plaza Hotel）举行会议，达成的关于五国政府联合干预外汇市场，使美元汇率对主要货币有秩序下调的协议。

② 世界经济年鉴编辑委员会：《世界经济年鉴2016》，中国社会科学出版社2017年版，第924页。联合国贸易和发展会议：《世界投资报告2018》，南开大学出版社2018年版，第195页。

4. 新兴工业化国家和地区经济的快速发展

20 世纪 80 年代以来，随着发展中国家和地区经济的迅速发展，一些发展中国家和地区逐渐加入对外直接投资的行列。至 20 世纪 90 年代末，发展中国家对外直接投资占世界份额已近 15%。

进入 21 世纪以来，随着中国等新兴工业化国家和地区经济的快速发展，发展中国家的对外直接投资也得到较快发展，国际直接投资来源国结构开始发生比较大的变化。与此同时，发展中国家和地区的跨国公司也得到较快发展，并在对外直接投资中扮演越来越重要的角色。目前，发展中国家和地区对外直接投资约占世界份额的 1/3。

随着中国经济的快速发展，中国的对外直接投资也迅速发展。近 10 年，中国对外直接投资年均增长 27.2%，已跻身对外投资大国行列。2017 年，中国对外直接投资流量 1 246.3 亿美元，位居世界第 3 位；对外直接投资存量 14 820.2 亿美元，位居世界第 8 位，中国资本对全球的影响力越来越强。在贸易和投资保护主义不断抬头的背景下，2018 年中国对外直接投资仍然达到 1 298.3 亿美元，同比增长 4.2%，对 2018 年世界经济增长做出了重要贡献。

（三）国际直接投资流向的变化及其原因

二战前，国际直接投资多为发达国家跨国公司的资源寻求型投资，这些投资 70%以上是从发达国家流入发展中国家。二战后，国际分工发生了深刻变化，由二战前以垂直型分工为主的格局转向以水平型分工为主的格局，国际直接投资的流向也随之变为发达国家间的相互投资为主，资本运动呈现为发达国家间的双向流动。20 世纪 70 年代以后，随着各国经济发展和世界经济格局的改变，发达国家和发展中国家的对外投资政策都进行了相应的调整。80 年代末 90 年代初以来，世界经济进入以经济全球化为基本特征的新阶段。进入 21 世纪以来，随着以“金砖国家”为代表的发展中国家和地区经济的快速发展，它们吸收国际直接投资的比重逐渐提高，国际直接投资流向发生了较大的变化。

具体地说，现阶段国际直接投资流向的变化主要有以下几方面的原因。

1. 亚洲特别是东亚地区经济的持续快速增长

近年来，亚洲特别是东亚地区经济发展迅速。其中，中国自改革开放以来，经济建设取得巨大的成就，工业体系日趋完善，政治局面稳定。这些有利因素使得外商对华直接投资的规模和质量不断提高，使中国成为世界重要的投资接受国。而曾经创造东亚奇迹的新加坡、韩国、中国香港、中国台湾等国家和地区，其出口导向型的经济增长模式和较好的投资环境，也是吸引外资的重要原因。2008年国际金融危机爆发以后，东亚地区的经济恢复较快。近10年来，亚洲国家经济在中国经济快速发展的带动下，也得到较快发展，使该地区再次成为跨国公司对外直接投资的首选目的地。

2. 拉美和加勒比地区对外资的吸引力逐渐恢复

在经历了1994年的货币危机后，拉美国家经过经济体制和政策的调整，对外资的吸引力逐渐恢复。美国、欧洲和日本对拉美的投资逐渐增多。进入21世纪以来，以加工贸易为吸收外资平台的墨西哥对外资的吸引力有所下降，巴西、智利、哥伦比亚、阿根廷等南美洲资源型国家吸引外国直接投资增长较快。巴西作为“金砖国家”成员之一，成为拉美地区最大的国际直接投资东道国，外国直接投资在拉美和加勒比地区中发挥着越来越重要的作用。

3. 非洲经济发展的势头及其资源和市场的吸引力上升

经过20世纪80年代的停滞，非洲国家在90年代初进行了调整与改革。1993年非洲经济开始回升，增长了1.4%，1995年增长3%。进入21世纪以来，非洲经济继续保持平稳增长，2005年、2010年和2015年经济增长率分别达到5.9%、5%和5.7%。同时，由于非洲具有丰富的自然资源和有潜力的市场，一些发达国家提出要从战略高度认识非洲的重要性，视非洲为新兴市场的“最后地域”。近年来，一些发展中国家和转型经济体也加大对非洲的投资。2015年、2016年和2017年，非洲的国际直接投资流入量占全球的比重分别达到2.9%、2.8%和2.9%。

（四）中国在国际直接投资中的地位和作用的变化

改革开放初期，中国企业开始进行对外直接投资尝试。20世纪90年代以前，中国对外直接投资以初级加工业为主，投资规模较小，年度投资额不超过10亿美元。根据联合国贸易和发展会议统计，截至1990年年底，中国对外直接投资存量仅为44.55亿美元。20世纪90年代，中国对外直接投资开始较快发展，境外装配加工投资增长迅速，并有几项较大规模的境外能源资源投资。进入21世纪以来，中国对外直接投资规模不断扩大，2005年对外直接投资突破百亿美元，2013年超越千亿美元，2015年对外直接投资额首次超过利用外资额，2016年达到1 961.5亿美元，2017年为1 246.3亿美元，对外直接投资额排名由2002年的全球第26位跃升至第2位。同时，中国对外直接投资结构进一步优化，投资区位分布更为广泛，投资行业领域更加丰富，投资主体日趋多元，展现出良好的发展态势。①

党的十八大以来，以习近平同志为核心的党中央统筹国内国际两个大局，于2013年提出“一带一路”倡议，鼓励资本、技术、产品、服务和文化“走出去”，对外投资进入全新的发展阶段。目前，中国对外投资规模已位居世界前列，对外投资管理体制和政策体系也更加完善。对外投资的快速发展，不仅提高了中国企业的国际竞争力，推动了中国经济的转型升级，而且与世界各国实现互利共赢、共同发展，为建设开放型世界经济做出了积极贡献。党的十九大着眼于发展更高层次的开放型经济，明确向世界表明中国改革开放的大门会越开越大，面向未来，中国对外投资将以“一带一路”建设为重点，促进国际产能合作，推动形成面向全球的贸易、投融资、生产、服务网络，更好地服务于开放创新、包容互惠的共同发展。

二、国际直接投资产业结构的变化及其原因

（一）国际直接投资产业结构的变化

与产业结构高级化的演进过程一致，国际直接投资也经历了从初级产业为主到制造业、服务业为主的发展轨迹。20世纪50年代以前，国际直接投资的行业大部分集中于初级产业，投放在制造业的数量有限。以美国为例，1914年对外直接投资中初级产业的份额高达82%，1938年仍有75%。50年代至70年代中期，发达国家的对外直接投资中制造业开始逐步占主导地位。1970年，美国对外直接投资中投向制造业的比重已增至41.3%，制造业成为重要投资产业。20世纪70年代中期以来，在制造业内部，国际直接投资逐渐从投向劳动密集、低成本、低技能的制造业转向资本、技术密集的产业。20世纪70至90年代，在世界九大投资来源国的对外直接投资中，对初级产业和劳动密集型产业投资所占比重1980年为46.9%，1985年下降到43.2%，到1990年进一步下降到38.5%，而对资本、技术密集型产业的投资比重在1975年就达到49.6%，到1990年则上升到51.2%。80年代后，这些国家对服务业的对外直接投资增加较快，在对外直接投资总额中的比重由70年代初的25%提高到90年代初的50%。90年代后期，这些国家每年国际直接投资流量中有55%~60%投向服务业。在发达国家，与金融和贸易有关的服务业对外直接投资更占国际直接投资

① 国家发改委：《中国对外投资报告》，2017年11月。

存量的2/3。当前，第三产业仍然是这些发达国家对外直接投资额最大的产业。

（二）国际直接投资产业结构变化的原因

第一，全球产业结构的升级促使国际直接投资产业结构高级化。产业结构的升级是经济发展的客观规律，不论是发达国家还是发展中国家，其产业升级都是沿着劳动密集型产业—资本或技术密集型产业—知识密集型产业的方向变动。

第二，跨国公司投资结构的变化直接促使了国际直接投资产业结构的变动。跨国公司对外直接投资的重点经历了从原材料工业向加工工业，从一般标准技术产品向高技术产品，从一般制造业向高新技术产业和服务业转移的过程。跨国公司是国际直接投资的主体，它进行对外直接投资时的产业选择直接影响整个国际直接投资产业结构的变动。

第三，服务业国际直接投资的急剧增长是历史的必然。投资自由化、便利化趋势使世界各国在航空运输、电信、医疗、金融等资本、技术密集型服务业逐步对国际直接投资开放，这有利于推动服务业国际直接投资的发展。与其他产业相比，服务业国际直接投资伴随着更多的软技术和技能，而且一些服务的不可贸易性使得服务业子公司在技能使用、研究开发费用和资本密集程度等方面与母公司极为相似，更具独立性。因此，21世纪以来知识型服务业成为拉动经济增长的主导产业。

三、国际产业转移与区域经济集团国际直接投资的内部化趋势

（一）国际产业转移

国际产业转移与国际直接投资关系密切。由于资源供给或产品需求条件的变化，一些发达国家的跨国公司通过国际直接投资的方式，将一些生产技术水平较低或在本国已不具有比较优势的产业转移到发展中国家，从而对母国和东道国产生显著的产业结构调整效应。一方面为母国的产业结构调整创造条件，另一方面又带动了东道国的产业结构调整和产业技术水平升级。

二战后到20世纪90年代前，在全球范围内发生了两次较大规模的国际产业转移。一次发生在20世纪60年代，美国在确立了全球技术领先和经济霸主地位后，开始进行本国的产业结构调整和产业技术水平升级，集中力量发展资本和技术密集型重化工业，把一些传统产业通过对外直接投资的方式向正处于经济恢复期的一些欧洲国家和日本转移。另一次发生在20世纪70年代，由于

石油及其他初级产品价格的大幅上涨，以及科技革命的迅速发展，加快了发达国家产业升级的步伐，美国、德国、日本等集中力量发展电子、航空航天、生物医疗和钢铁、化工、汽车等资本和技术密集型产业，而把那些高能耗、高污染和劳动密集型产业大量向发展中国家转移。20 世纪 90 年代以来，由于经济全球化和网络技术的迅速发展，发达国家又开始进入了新一轮的产业结构调整，这次产业结构调整的重点是发展创新性技术密集型产业，而把技术水平和产品附加值较低的产业转移到发展中国家和地区。

（二）区域经济集团国际直接投资的内部化趋势

20 世纪 80 年代中期以来，区域经济一体化趋势重新高涨并迅速发展，加快了区域内贸易自由化和投资便利化的进程，区域内成员国之间的国际直接投资已成为当前国际产业转移的一个重要特征。目前，欧盟、北美和亚洲的区域经济集团成员国之间，都互为最大的投资对象国和产业转移国。在欧盟，1/3 以上的国际直接投资是在成员国之间进行的，加拿大的对外直接投资 1/3 在美国。进入 21 世纪以来，随着区域经济一体化发展，区域内的贸易和生产要素流动更加自由化和便利化，产业国际转移的区域内部化趋势也更加明显。

第三节　跨国公司的发展及其对世界经济的影响

一、跨国公司的产生和发展

跨国公司是指以母国为基地，通过对外直接投资，在两个或两个以上国家设立分支机构或子公司，从事国际化生产、销售和其他经营活动的国际性大型企业。

按照联合国跨国公司委员会的定义，跨国公司应具备以下三个要素：第一，跨国公司是指一个企业，其组成实体在两个或两个以上的国家经营业务；第二，跨国公司有一个集中的全球决策体系，各分支机构和子公司应服从共同的政策和统一的战略目标；第三，跨国公司的各组成实体分享资源和信息并分担责任。

（一）跨国公司的产生和发展历程

15 世纪末 16 世纪初，由于新航线的开通和新大陆的发现，国际商业活动的空间范围得以扩大，英国等资本主义国家涌现出一批从事海外经商和远洋运输的特许贸易公司，如英国东印度公司、英国皇家非洲公司、荷兰东印度公司等。由于这些特许贸易公司是凭借封建王室赐予的特权，以母国的炮舰政策为后盾，在特定的国家或地区从事以贸易和航运为主的商业活动，没有直接从事生产和投资，因此它们并未成为现代意义上的跨国公司。

1. 跨国公司的产生和初步发展（19 世纪中后期至一战前）

从 19 世纪 60 年代开始，一批制造业大公司通过对外直接投资，在海外设立分支机构和子公司，成为现代跨国公司的先驱。1868 年，美国的胜家缝纫机公司（Singer）在英国的格拉斯哥设立工厂，开始在当地进行生产。1880 年，该公司在英国伦敦和德国汉堡设立销售机构，向欧洲推销格拉斯哥生产的缝纫机，因此被认为是世界上第一家跨国公司。此后，德国拜尔公司和西门子公司，美国美孚石油公司、爱迪生电气公司、福特汽车公司，瑞士雀巢公司，英荷壳牌公司等，也都纷纷进行海外直接投资。到 1913 年，英国跨国公司的海外子公司数已达 140 家，美国达 116 家。

跨国公司之所以在欧美制造业首先出现，其主要原因有二。一是为了绕开关税壁垒和贸易保护的限制。典型的例子是，美国西屋公司到法国投资建厂，是因为法国铁路公司规定空气刹车装置这种产品必须由当地厂商供应。二是保护技术垄断优势的需要。例如，胜家缝纫机公司就是为了防止欧洲的一些厂商仿造，满足国外市场对产品的需要，而到欧洲投资办厂并在当地直接销售产品。

2. 跨国公司的缓慢发展（两次世界大战期间）

在两次世界大战期间，受战争和 1929—1933 年大危机的影响，跨国公司的发展总体上比较缓慢，除了美国等极少数国家的跨国公司有所发展外，其他西方国家的跨国公司基本上处于停滞或倒退的状态。尽管如此，跨国公司之间的竞争仍然十分激烈，如化学工业方面的帝国化学公司康采恩在国际市场上与德国的法本公司展开了激烈的争夺；英伊石油公司、英荷壳牌公司两家大石油公司在 1939 年控制了中东石油生产的 76%，成为美孚石油公司的最大竞争对手。在两次世界大战期间，参战国经济遭受巨大损失，但美国对外直接投资却由于受战争的刺激而迅速增长。因此，在这段时间，美国的跨国公司获得了长足的发展。美国 187 家制造业大公司在海外的分支机构，1913 年只有 116 家，到 1939 年已达 715 家。

3. 跨国公司的高速发展（二战后至 20 世纪 90 年代末）

二战后，全球对外直接投资发展迅速，跨国公司开始进入高速发展时期，跨国公司的数量迅速增加。1949 年，全世界跨国公司母公司有 512 家，1956 年迅速增至 1 724 家，1978 年，全世界跨国公司的母公司总数达到 10 727 家。到了 20 世纪 80 年代，美国在世界经济中的地位相对下降，而其他发达国家的地位则迅速上升，特别是日本经济经过多年的恢复和发展，终于在 20 世纪 80 年代成为与美国、西欧并列的三大经济体之一，也成为拥有跨国公司最多的国家之一。

从 20 世纪 60 年代开始，拉丁美洲和亚洲的一些发展中国家和地区的大企业，先后开始到国外投资建厂，成为跨国公司。进入 70 年代后，发展中国家到国外建立企业的步伐明显加快。到 1998 年，在全球 500 家最大公司中，发展中国家和地区占 25 家。由此跨国公司的发展形成了美、日、英、法、德等发达国家为主，发展中国家和地区逐步参与并得到较快发展的态势。

4. 21 世纪以来跨国公司的新发展

20 世纪 90 年代初，90%以上的跨国公司总部都位于发达国家。进入 21 世纪后，发展中国家的跨国公司数量持续增长。到 2008 年，来自发展中国家及转型经济体的跨国公司已占全球总数的 28%。同时，发展中国家跨国公司的规模也不断扩大。2016 年，在跨国公司 100 强榜单中，发展中国家和转型经济体跨国公司数量已有 9 家。在 100 强后 50 家跨国公司中至少占据 15 家。值得一提的是，一些发展中经济体的跨国公司将其总部迁至发达经济体，这些跨国公司的快速国际化遵循双重路径。它们同时在其他发展中国家和发达经济体中扩张，为寻求资源和市场投资于其他发展中国家，而为了寻求知识、技术和市场投资于发达经济体。

（二）跨国公司的基本特征

1. 生产经营活动跨国化

跨国公司以母国为基地，将其实体分布于不同的国家或地区，在多个国家从事投资和经营活动，由一国的某一大型企业作为其管理、控制和指挥中心。跨国公司通过对外直接投资，在世界范围内开展生产经营活动，把研究与开发、采掘、提炼、加工、装配、销售以及服务等生产和流通过程分布在世界各地，而把最高决策权保留在跨国公司母公司，母公司对整个公司的投资计划、生产安排、价格体系、市场安排、利润分配、研发方向以及其他重大决策承担责任。

2. 生产经营方式多样化

生产经营方式多样化是跨国公司发挥其内部化优势、降低成本和风险的重要途径。与一般的国内企业或一般的涉外公司相比较，跨国公司的全球性生产经营方式明显较多，包括进出口、技术转让、合作经营、管理合同和在海外建立子公司等。其中，尤以在海外建立子公司为其开展和扩大其全球性业务的主要形式。

3. 经营战略全球化

跨国公司在进行战略决策时，要从整个公司的整体利益出发，并着眼于整个世界市场，在全球范围内有效地配置其资源，充分利用各国各地区的优势，并制定相应的生产、销售和拓展等方面的政策和策略，以获得最大限度和长远的高额利润。根据全球化的经营战略目标，跨国公司母公司在制定每一项重大决策时，总是从全局出发，而不考虑子公司一时一地的得失。母公司在评价子公司的业绩时，主要考虑其对母公司整体效益的贡献，而不一定是其自身盈利的多寡。全球化战略要求跨国公司在全球范围内建立起一个有效的管理信息网络，协调公司的研究、发展、生产、销售和投资等活动。

4. 内部管理一体化

跨国公司内部诸实体之间存在着不同形式的密切联系，从而使母公司或其内部的其他实体能够共享知识和资源并分担责任。为了实现全球战略目标，跨国公司需要实行内部一体化管理模式，即跨国公司在世界各地子公司的重大决策都在母公司的统一控制下，根据集中与分散相结合的原则，实行统筹安排。跨国公司的内部管理一体化主要包括：一是生产一体化，即分布于世界各地的子公司充分享受母公司或其他子公司的生产设备、原材料、技术和人员等。二是新技术和新产品一体化，即母公司与子公司根据各自的特点，统一安排新技术的研究与开发，进行新产品的研制和推广。三是营销一体化，即母公司与子公司共享销售网络、销售渠道、储运设施、广告宣传和销售人员等。四是采购一体化，即母公司与子公司实行统一采购，以利于形成一定程度的垄断。五是财务一体化，即母公司与子公司之间相互及时融通资金，以降低财务费用，减少税务支出。

二、跨国公司对世界经济的影响

跨国公司是世界经济发展的产物，它又反过来对世界经济的发展发挥了重要作用。跨国公司通过建立独资企业、合资企业、战略联盟以及其他合作形式，几乎渗透到世界上绝大部分国家和地区的所有产业部门，其影响已遍及全球生产、流通和消费等各个领域。

（一）跨国公司的发展对世界经济的总体影响

1. 跨国公司的发展对世界经济的有利影响

（1）扩大了国际贸易。许多跨国公司的国际直接投资都是和国际贸易相伴进行的，并且互相关联、互为补充、互相促进。由于生产国际化的发展和产业内分工的细化，必然引起跨国公司内部各子公司之间的机器设备、原材料和零部件的大量进出口，从而使全球国际贸易总量大大增加。

跨国公司对国际贸易的创造和促进，首先是跨国公司内部贸易的迅速增长。跨国公司由于要在海外不断兴建、扩建子公司，从事生产经营，就需要把机器设备、原材料等生产资料提供给海外子公司。子公司的一部分产品也会返销母国或销往第三国，这就势必扩大国际贸易流量。在跨国公司的生产经营过程中，子公司与母公司之间、子公司相互之间往往需要往返运输、多次贸易，从而大大增加了国际贸易的流量。同时应该看到，跨国公司对国际贸易的贡献，既包括跨国公司内部贸易的增加，也包括跨国公司与外部企业的贸易的增加。

从事服务性行业的跨国公司的迅速国际化是近年来跨国公司发展的新动向。这一现象的最初原因在于这些服务企业的主要客户——制造业的大公司——相继拓展了国际业务。实施国际化生产要求服务业也要相应调整发展战略，及时甚至超前在全球范围内为生产企业提供各种支持。

（2）加速了生产和资本国际化进程。跨国公司对外直接投资的发展通过深化国际分工促进了生产的国际化。它把原来集中于一国国内的生产过程，分成一系列相对独立的环节，并将各个环节的生产转移到各具资源优势的不同的国家或地区进行，使国际分工进一步扩大和加强，生产国际化进一步加深。

同时，跨国公司的国际直接投资活动始终伴随着大量的资金运动和资本流动，构成了国际资本流动的重要组成部分。在全球战略的驱使下，母公司与子公司之间、子公司与子公司之间大量的资金调拨、利润汇出和转移等业务频繁发生，跨国公司内部各子公司之间、子公司与母公司之间的商品、劳务交易，技术使用费和管理费的偿付以及借贷、结算等活动，也经常会引起大量的资金运转和频繁转移，这些都加速了国际资本的流动。

（3）优化了全球资源配置。跨国公司有完备的内部全球管理体系，使商品、劳务、资本、人才、信息等各种资源或生产成果能通畅地在全球范围内流动和合理地配置。以跨国公司在国际直接投资中的资金筹措为例，跨国公司通过内部管理系统在母公司和子公司之间进行的资金调动，不仅大大节省了资金利用的成本，而且使这部分资金流动不受母公司和子公司所在国的资本管理限制。跨国公司还可以借助于自身的国际市场地位在国际市场上募集资金，在全球范围内寻求最具效力的投资机会。因此，跨国公司资本的跨国流动，不仅提高了公司内部的资金利用效率，同时对东道国资本市场的发展也具有一定的促进作用。

（4）促进了全球科技合作和科学技术的发展。随着科技的快速发展，巨型科研项目越来越多，对设备、人员等方面的要求越来越高，科技开发的难度和成本也越来越大。跨国公司的国内机构很难独立完成大规模的科技开发项目，一些大型科技开发项目需要跨国合作。跨国公司凭借自己雄厚的资金实力，在全球范围内招揽人才、购置设备，利用来自各国的优秀人才、丰富的物质资源进行国际协作开发。随着研发投入的增加，跨国公司日益将其在母国和东道国整个系统的创新活动一体化，而其分支机构则依据其能力实现专业化，形成了“技术创新的全球化”。跨国公司内部的技术转移可以发生在技术开发至技术成熟的任何阶段，在此过程中也自然地完成了先进技术的扩散。

（5）推动了经济全球化的发展。跨国公司的兴起和发展不仅在一般意义上对世界经济格局以及传统的贸易投资等领域产生了重大影响，更推动了经济全球化进程。跨国公司实施的生产国际化促进了国际分工的发展，而国际分工是世界经济形成和发展的重要基础。生产的国际分工就是在考虑生产资料、劳动力、资金、技术等生产要素供求状况的基础上，将生产过程配置于全球范围内的最佳区位上，从而实现最高的生产效率。跨国公司在生产和经营上实行全球战略，通过对外直接投资或其他控制形式，开创出以公司内分工为基本框架的国际生产体系，极大地推进了经济全球化的发展。

2. 跨国公司的发展对世界经济的负面影响

第一，跨国公司的全球经营战略有时会与母国或东道国的国家利益发生冲突。跨国公司有其自身利益，在制定和实施跨国经营战略时，如果自身利益和母国或东道国的利益不一致，跨国公司总是优先考虑自身利益，较少或不考虑东道国甚至母国的国家利益。

第二，一些跨国公司的跨国行业垄断不利于全球资源的优化配置，阻碍先进技术在全球范围的更广泛利用和扩散。

第三，跨国公司常常把环境污染严重的产业向发展中国家转移，对全球环境保护产生负面影响。

第四，一些跨国公司的内部化管理手段破坏了国际市场的公平竞争原则。例如，跨国公司愈演愈烈的逃避税问题。一些跨国公司通过转移价格将利润集中于低税或者无税国家的子公司或者关联企业，达到减少甚至逃避向东道国政府或母国政府纳税的目的；一些跨国公司在低税地区虚设机构，虚设中转销售公司，或者设置信托投资公司，转移利润从而减少纳税；近几年来，利用电子商务隐蔽进出口货物交易和劳务数量，成为一些跨国公司逃避关税的新手段，等等。这些行为既损害东道国或母国的国家利益，也在国际同行业中对那些无条件实行同样避税方式的企业形成不公平竞争。

对这些负面影响，各国必须制定相应的政策加以限制和防范，相关国际经济组织也应积极进行协调和监督，尽可能减少跨国公司的发展对世界经济的负面影响。

（二）跨国公司的发展对母国经济的影响

1. 跨国公司的发展对母国经济的有利影响

（1）有利于母国扩大国际市场。跨国公司的对外直接投资不仅带动了生产设备、零部件、原材料、商品和技术的输出，还通过国外分支机构的销售进一步增强了母国扩大国际市场的能力。

（2）推动了母国产业结构的升级。跨国公司通过直接投资，在东道国实现增值后重新以利润汇回等方式回到国内，投入到优势产业和新兴产业中，有利于母国产业结构的优化升级，促进了母国经济的发展。一些发达国家在将“夕阳产业”输往发展中国家的同时，还带动了本国闲置设备的输出，减少了本国的环境污染和资源消耗。

2. 跨国公司的发展对母国经济的不利影响

当然，跨国公司的发展可能会削弱母国的资本和技术比较优势。首先，任何一个国家的资本都是有限的。如果对外投资过多，就可能削弱母国的国内投资能力，甚至引起产业“空心化”。其次，国际直接投资把母国大量的资金、先进技术装备和现代管理方法带进东道国，使东道国的产品竞争力得以提升，可能削弱母国产品在国际市场的竞争力。此外，跨国公司在东道国开展的产品研发，可能导致母国创新体系的优势弱化以及技术的流失。

（三）跨国公司的发展对东道国经济的影响

1. 跨国公司的发展对东道国经济的有利影响

（1）缓解东道国资本短缺。促进资本形成历来被认为是跨国公司对东道国（尤其是发展中国家）经济增长的重大贡献。一般而言，跨国公司对发展中国家的直接投资多以“绿地投资”为主。在这种方式下，跨国公司要向东道国注入大量资本，从而增加了东道国的资本存量。发展中国家在经济发展和推进工业化的进程中，由于需要大量资本品的投入，而其中一些又是自己不能生产而需要从国外进口的，因此，往往还会受到外汇短缺的制约，外汇短缺甚至成为发展中国家经济起飞时期的“瓶颈”。而跨国公司在东道国投资设厂，一方面以入股的形式带来了企业所需的部分设备，部分地缓解了设备引进所需资金的问题；另一方面，由于跨国公司的产品多数返回母公司或销往第三国市场，出口创造的大量顺差为先进技术的引进提供了条件，扩大了发展中国家的对外贸易规模，有力地缓解了发展中国家工业化进程中外汇短缺和进口需求旺盛的矛盾，增强了其经济发展潜力。

（2）增加东道国就业。跨国公司对东道国就业的影响，表现在就业数量、就业质量和工作环境等多个方面。在就业数量方面，跨国公司的投资会带来就业人员的增加，它不仅表现为直接就业人员的增加，还表现为通过采购和加工及其他方面所带来的就业人员的间接增加。在就业质量和工作环境方面，相对于发展中国家的国内企业，跨国公司分支机构雇员的职业培训、工资待遇、工作条件和福利一般都比较好，它可以对东道国产生一种示范效应，促进东道国职业培训、工资待遇和工作条件的改善。

（3）扩大东道国的出口贸易。由于投资不足，发展中国家丰富的劳动力资源和自然资源等往往不能得到充分利用，影响经济的发展和出口的增长。跨国公司的投资增加了对东道国劳动力和自然资源的利用，直接形成了产品生产能力。不仅如此，跨国公司的投资相对于国内投资总是伴随着“一揽子”资源的转移，它以资本为纽带，将先进设备、生产技术和经营管理模式等转移到东道国，大大提高了东道国企业的生产技术水平和资源配置状况，使产品的质量和产量都得到相应提高，因而大大提高了东道国产品的国际市场竞争力，促进了东道国的出口贸易。

（4）有利于东道国产业技术水平的提高。跨国公司在东道国的生产经营活动必然会带来一些先进技术和管理经验，这些先进技术对东道国相关产业或企业的产品开发技术、生产技术、管理技术、营销技术等，会产生相应的示范、刺激与推动作用，促进东道国产业技术水平的提高。

2. 跨国公司的发展对东道国经济产生的负面影响

国际直接投资的进入，在给东道国特别是发展中国家带来资金、技术、管理经验的同时，也带来了对东道国民族工业的冲击。发达国家实力雄厚的跨国公司利用合资、合作、独资和并购等多种方式，逐步占领发展中国家的市场，甚至垄断发展中国家的整个行业，以至于发展中国家的一些重要经济领域被发达国家的跨国公司所控制。同时，发达国家转移至发展中国家的企业，相当部分是能耗大、污染严重的劳动密集型企业，这给东道国的环境保护带来巨大压力。跨国公司强大的竞争力，也会对发展中国家企业生存和发展产生一定的负面影响。

三、跨国公司发展的新趋势

21 世纪初以来，跨国公司的发展出现了一些新的特点和趋势，主要有以下几个方面。

（一）跨国公司国际化程度有所上升并趋于稳定

进入 21 世纪后，联合国贸易和发展会议制定了跨国化指数（transnationality index，TNI）① 和国际化指数（internationalization index）② 来测度大型跨国公司的国际化水平。跨国化指数综合评价的是企业全球化的深度，说明的是跨国公司在海外的投资、生产和销售活动占有多大份额，跨国化指数越高，企业的全球化程度越高。世界 100 家非金融类大型跨国公司③平均的跨国化指数 1990 年为 51%，2000 年为 55.7%。2006 年为 61.6%，至 2016 年基本保持在 60%左右。国际化指数综合评价的是企业全球化的广度，说明的是跨国公司在海外的生产经营活动分布在多少国家和地区进行，即经营和利益所覆盖的范围，所以这一指标也称地区分散化指数，即跨国公司分支机构在国外分布广度的量化反映。据联合国贸易和发展会议的统计数据，2006 年所有行业和部

① 跨国化指数 =（国外资产/总资产+国外销售额/总销售额+国外雇员数/总雇员数）/3×100%

② 国际化指数 = 海外子公司数/子公司总数×100%

③ 这些大型跨国公司在 2000 年以前全部是发达国家的跨国公司，只是最近十几年才有新兴经济体的跨国公司名列其中。

门的平均国际化指数为70.1，即全部子公司的70%设在国外，平均分布在海外41个国家和地区。其实，这样的跨国化和国际化指数还没有充分反映大型跨国公司的全球化程度，因为除了拥有在海外直接控制的子公司和分公司外，跨国公司还拥有其他各种形式的投资，例如组建战略联盟，实行供应制和分包制等，如果将这些计算在内，其跨国化和国际化指数会更高。

（二）跨国公司国际化战略的重点从寻求资源和效率转向寻求市场和战略性资产

跨国公司国际化程度的提高，与其国际化战略重点从寻求资源和效率转向寻求市场和战略性资产有着重要的联系。随着国际市场竞争的日益激烈，跨国公司为了能够以比竞争对手更低的成本向顾客提供同样的产品或服务，或者能够为顾客提供竞争对手无法提供的产品或服务，日益重视和加大对那些能够为企业带来长期竞争优势、难以被模仿或难以被替代的、非交易性的、积累过程缓慢且符合市场需求的战略性资产的投资，这种战略性资产投资使跨国公司的对外直接投资的国际化程度显著提高。

（三）服务业在跨国公司对外投资中的地位显著提升

由于信息和通信技术、互联网服务和放松管制的推动，数字经济领域和新兴经济体的服务业在现代经济中的重要性及国际化水平不断提升，促进了服务业在跨国公司对外投资中的地位显著提升。截至2015年，全球约2/3的国际直接投资存量集中在服务业部门，制造业和初级部门占比分别为26%和6%，服务业部门中最大的行业是金融和商业活动，合计占服务业全球国际直接投资存量的62%。但是2017年，全球新增服务业投资较2016年下降了25%。

（四）发展中国家的跨国公司持续增加

由于经济的强劲增长和对外投资体制的改革，发展中国家和转型经济体不仅吸收了越来越多的外国直接投资，其对外直接投资也从无到有、从少到多，在国际直接投资流出份额所占的比重也逐步增加。截至2016年，在全球100强跨国公司榜单中，发展中国家占有9家，与此同时，在100强之后的50家全球跨国公司中，发展中国家至少占据15家。值得一提的是，一些来自发展中经济体的跨国公司还将其总部迁至发达经济体。

（五）新兴的数字经济型跨国公司显示出强劲的发展动力

2010—2015年，在联合国贸易和发展会议排名的跨国公司100强榜单上，数字经济型跨国公司的数目增加了一倍以上，而且这类公司的发展速度远高于传统的跨国公司，体现出“轻资产型”的特点。这类新兴的数字经济型跨国公司还有一个特点：其41%的资产和73%的销售额在海外。

（六）国有跨国公司发展迅速并在世界经济中发挥越来越重要的作用

21世纪初以来，国有跨国公司发展迅速，并且在世界经济中发挥了越来越重要的作用。截至2016年，全球大约有1 500家国有跨国公司，占全球跨国公司总数的1.5%。这些国有跨国公司海外业务发展迅速，已拥有86 000多家海外分公司，相当于全球跨国公司海外分公司总数的10%。特别是在寻求资源和战略性资产的对外投资中，国有跨国公司的作用尤为显著，其在本国经济发展和世界经济发展中也发挥着越来越重要的作用。

本章小结

1. 国际直接投资是生产国际化的基础，根据其动因的不同，可以划分为市场寻求型、资源寻求型、效率寻求型和优惠政策寻求型投资。国际直接投资以跨国公司为载体，为国际生产体系的建立和发展提供了强有力的组织保障，不仅扩大了国际生产的规模，还推动了国际分工的深化和世界产业结构的升级。

2. 在国际直接投资规模不断扩大、数量迅速增加的同时，随着国际经济环境的变化，国际直接投资结构也发生了许多变化。当前，发展中国家的跨国公司在国际直接投资领域扮演着越来越重要的角色。

3. 在国际直接投资迅速发展的浪潮中，跨国公司发挥了极为重要的作用。跨国公司是世界经济发展的产物，它又反过来对世界经济的发展发挥了重要作用。同时，跨国公司凭借其特有的经营管理和战略组织模式，对母国和东道国的经济发展产生了重要的影响。

思考题：

1. 简述二战后国际直接投资的发展历程。
2. 试述国际直接投资的动因和主要方式。
3. 简述生产国际化对国际直接投资发展的影响。

4. 分析二战以来国际直接投资国别结构和产业结构的变化。
5. 简述跨国公司的发展对世界经济的影响。
6. 简述新时代中国在国际直接投资中的地位和作用的变化。

▶ 自测习题及参考答案

第九章　全球经济治理

全球经济治理体系起源于二战结束后建立起来的以国际货币基金组织、世界银行、关税与贸易总协定为三大支柱的布雷顿森林体系。全球经济治理的核心是通过构建国际组织、机制和规则，形成与不断变化的国际经济格局相匹配的国际经济秩序，确保全球经济稳定与持续发展。20 世纪 90 年代，随着全球化进程的加速，全球经济治理的理念再次被强化，尤其反映了发展中经济体对现存国际经济秩序中暴露出的种种弊端的不满和完善国际经济秩序的各种诉求。2008 年国际金融危机爆发以来，美欧资本主义国家经济持续低迷，新兴市场和发展中经济体群体性崛起，世界经济格局正在发生深刻变化，全球经济治理体系变革成为当今世界经济发展的迫切需求，也必将对世界经济的进一步发展产生深远的影响。

第一节　全球经济治理概述

一、全球治理与全球经济治理

（一）全球治理

全球治理的概念最早由时任联邦德国总理维利·勃兰特于 1990 年提出。1992 年，世界银行发布《治理与发展》报告。同年，旨在“共同改善全球政治、经济、环境和世界问题”的全球治理委员会由 28 位国际知名人士发起并成立，由时任瑞典首相英瓦尔·卡尔森和英联邦秘书长施里达特·兰法尔任主席。

1995 年，在联合国成立 50 周年大会上，全球治理委员会发表了《我们的全球之家》（《天涯若比邻——全球治理委员会报告》）和《关于全球安全与治理的斯德哥尔摩倡议》，被广泛地认为是全球治理理念正式形成的开端。这里的全球治理理念，是指组建持续进步的互动、协调与合作的国际机制、程序和平台。该理念不追求建立一种正式的制度安排，它不是一套规则，也不是一项单独的活动，而是一个社会改善的过程。也就是说，全球治理的过程既要满足世界各国的现实需求，又要兼顾人类社会的可持续发展。这就意味着，全球治理不能以某个或者某几个政府权威作为基础，不能由某个国家或少数国家来统治。1996 年，联合国开发计划署发布了年度报告《人类可持续发展的治理、管理的发展和治理的分工》。1997 年，联合国教科文组织发布了治理文件《治理与联合国教科文组织》。这些文件的发布引发了世界各国的知识精英、跨国非政府组织等社会团体纷纷开展广泛的关于全球治理的国际讨论。

全球治理的内容主要由五个核心要素构成，即全球治理的价值、全球治理的规制、全球治理的主体、全球治理的客体和全球治理的效果。全球治理的价值，主要指在全球范围内所要达到的理想目标，是超越国家、种族、宗教、意识形态和经济发展水平的人类共识。全球治理的规制，主要指维护国际社会正常秩序，实现全人类共同价值的规则体系。全球治理的主体，一般是制定和实施全球规制的组织机构。这些组织机构既包括各主权国家、正式的国际组织，也包括非政府组织与行业协会等。全球治理的客体，主要指那些正在影响或将要影响全人类的，单凭一国的力量无法解决的全球性问题。全球治理的效果，主要指对全球治理规制透明度、完善性、适应性、政府能力、权力分配等方面实施有效的评估。

（二）全球经济治理

全球经济治理是全球治理在经济领域的表现，是全球治理的重要组成部分。2011 年，联合国在联大的《全球经济治理和发展》报告中对全球经济治理的含义做了界定，即“全球多边机构和进程在影响全球经济政策、规则和法规方面发挥的作用”。具体而言，全球经济治理是指国际社会通过协商合作、建立共识、确定规则等方式，保障合理、有序的国际经济秩序规范，并对全球经济事务与经济政策进行协调、指导、管理和干预，以实现全球经济的稳定和可持续增长。健全的治理是经济平衡增长的保障。

全球经济治理的核心包括如下三个方面的内容：第一，全球经济治理的实施重要主体是全球多边机构。第二，全球经济治理的主要内容是相关进程，而各个主权国家作为多边机构的成员，通过彼此的互动来影响进程的走向。第三，全球经济治理的绩效是多边机制或规则经国际政策协调而达成和运作的效果。

全球经济治理的范畴突破了传统国际经济秩序范围，涵盖了包括迄今为止人类经济社会遇到的包括国际贸易、国际货币与金融、国际投资、能源、劳工、环境、贫困等各种领域的问题。

二、全球经济治理的基本框架

全球经济治理是若干个国家联合起来，通过一系列的国际制度和规则共同解决全球经济问题的过程。这些国际制度和规则构成了全球经济治理的框架，一般将其分为三类。

（一）全球性的、正式的多边国际规则和制度安排

行使全球经济治理责任的全球多边经济机构，主要包括国际货币基金组织、世界银行和世界贸易组织。这三大机构被称为全球经济治理的“三大支柱”。国际货币基金组织的主要职责，是监督成员国之间实施稳定和有序的汇率安排，建立经常性交易的多边支付制度，消除外汇管制，并在成员国陷入国际收支与债务清偿危机时提供临时性的资金救助；世界银行的主要职责，是对发展中国家提供金融贷款、技术援助或通过担保促进私人投资，从而帮助发展中国家提高生产能力、减少贫困以及保持国际收支平衡；世界贸易组织的主要职责，是负责对各成员方的贸易政策和法规进行监管，以确保各成员方遵守贸易协议，协调与其他国际组织和机构的关系，调解各成员方之间的贸易纠纷。

（二）少数国家参与的非正式的国家集团

全球经济治理的第二个层次是由少数国家参与建立的非正式的国家集团，主要包括七国集团、二十国集团和“金砖国家”峰会等。七国集团成立于1976年，起源于受石油危机重创的西方资本主义国家为研究经济形势、协调政策、维护成员国在世界政治经济中的地位，而定期召开的西方主要工业国家首脑会议，至今仍在全球经济治理方面发挥重要作用。二十国集团成立于1999年，最初由七国集团财长会议扩展而来，2008年国际金融危机后升级为领导人峰会。二十国集团峰会采取协调人和财金渠道双轨筹备机制，按照协商一致原则参与全球经济治理，峰会议题以全球重大经济、金融热点问题为主，在推动全球经济治理体系的不断完善上发挥着越来越重要的作用。“金砖国家”峰会始于2009年，合作机制是以巴西、俄罗斯、印度、中国、南非（2011年加入）领导人会晤为引领，部长级会议为支撑，合作广泛、务实，为全球经济治理、促进全球经济增长做出了重要贡献。

（三）区域性经济治理

区域性经济治理是全球经济治理的第三个层次，一般是指地理位置临近的国家或地区凭借其地理空间上的优势达成某些区域性的协定和安排，协调区域内各国财政、金融、贸易等经济政策，以区域经济的整合和共治促进区域经济

繁荣发展。区域性经济治理是全球经济治理的重要组成部分，为全球经济治理的有效实施提供了基础。二战后，区域性的经济治理模式逐渐产生并不断发展，集中表现为不同层次的区域经济一体化组织的成立和扩大。重要的区域性经济治理集团有欧盟、北美自由贸易区、东盟、亚太经合组织等。欧盟是当今世界一体化程度最高的区域经济组织，在参与区域经济治理方面取得了突出的成绩。近年来，随着经济全球化趋势的增强，区域经济一体化程度不断提高，越来越多的区域性经济一体化方案陆续出台，新兴区域经济治理模式不断涌现，主要包括《跨太平洋伙伴关系协定》《跨大西洋贸易与投资伙伴关系协定》《区域全面经济伙伴关系协定》等。

第二节 全球经济治理体系的演进

一、美国霸权下的布雷顿森林体系

（一）布雷顿森林体系的建立

二战后，西方国家急切希望构建新的国际货币金融体系，为战后经济重建提供有力的制度保障，并希望通过恢复固定汇率制度终结“以邻为壑”的贸易与货币战争。此时的美国国力空前强盛，1948 年美国工业产值占全球工业总产值比重高达 56.4%，远远超过其他资本主义国家。此外，美国对外贸易占世界贸易总额的 1/3 以上，黄金储备约占资本主义国家的 60%。在这种背景下，美国竭力寻求塑造全球经济、金融、货币霸权，强化美元地位。1944 年 7 月，美国新罕布什尔州布雷顿森林召开的联合国货币金融会议上，美国和英国分别提出“怀特计划”和“凯恩斯计划”。“怀特计划”由美国财政部部长助理怀特提出，主要包含两个重要内容：一是建立平准基金，保证各国汇率之间的相对稳定；二是建立国际复兴开发银行，提供贷款帮助遭受战争创伤的国家迅速恢复经济与支持发展中国家。它反映了美国企图构建以美元为中心的资本主义世界货币体系。而“凯恩斯计划”则由英国经济学家约翰·梅纳德·凯恩斯制定，该方案提出由国际清算同盟发行统一的世界货币，货币的分配份额按照二战前三年的进出口贸易平均值计算，表明英国试图同美国分享国际金融领导权。两相比较，“凯恩斯计划”更强调机制和原则的作用，不论顺差方还是逆差方，都有调节国际收支的责任，霸权国家并不享有明显的特权；而“怀特计划”更强调“基金”对国际收支的管理权，事实上，美国能够凭借其强大的经济实力主导“基金”，掌控世界经济问题的主导权。最终，以“怀特计划”为蓝本的《国际货币基金协定》和《国际复兴开发银行协定》，力压英国提出的以“凯恩斯计划”为蓝本的《国际清算同盟方案》，获得通过。至此，以美元为中心的战后国际货币金融体系——布雷顿森林体系孕育而生，这标志着以美国为主导的全球经济治理体系初步建成。

在布雷顿森林体系下，美元与黄金挂钩，而其他国家货币与美元挂钩，实行可调整的固定汇率制度，美元因而获得等同黄金的地位，成为最主要的国际储备货币。此外，还设立了两个超主权的国际金融机构——国际货币基金组织和世界银行。前者的功能在于监督成员国之间实施稳定和有序的汇率安排，建立经常性交易的多边支付制度，消除外汇管制，并在成员国陷入国际收支与债务清偿危机时提供临时性的资金救助；后者则旨在为发展中国家提供金融贷款、技术援助，或通过担保促进私人投资，从而帮助发展中国家提高生产能力、减少贫困以及保持国际收支平衡。在全球性金融组织的带动下，一些区域性的开发金融机构也相继成立，主要包括欧洲投资银行（1958 年）、泛美开发银行（1959 年）、非洲开发银行（1964 年）、亚洲开发银行（1966 年）、加勒比投资银行（1969 年）等。其中，亚洲开发银行是亚太地区唯一的区域性开发金融机构，其宗旨主要是通过开展政策对话，提供贷款、担保、技术援助和赠款等方式支持其成员在基础设施、能源、环保、教育和卫生等领域的发展，日本是最大的股东，美国居第二位。

布雷顿森林体系结束了二战前国际金融领域中的混乱局面，避免了汇率竞争性贬值；固定汇率制在很大程度上克服了汇率的波动，有利于国际贸易及对外投资的发展；国际货币基金组织等国际金融组织的救助缓和了战后许多国家的国际收支危机，推动了其经济复苏与发展，为资本主义国家在 20 世纪 50—70 年代的“黄金时代”经济增长提供了重要的制度保证。

（二）布雷顿森林体系的瓦解

正如美国著名经济学家特里芬所预言，布雷顿森林体系存在着严重的“先天缺陷”——美元流动性与美元信用的两难。一方面，作为国际结算及储备货币，美元的供给必须不断增加，这要求美国的国际收支逆差不断扩大；另一方面，作为国际核心货币，美元必须保持币值稳定以维持其信用，这又要求美国必须是长期贸易顺差国。20 世纪 60 年代，美国深陷越南战争，经济实力大为削弱，与此同时，面对来自快速崛起的西欧及日本的贸易竞争，美国的贸易逆差不断增大，从而愈加难以维系美元的汇率稳定。在连续爆发七次美元危机之后，1971 年美国尼克松政府最终宣布停止向国外中央银行兑换黄金，这标志着运行了 27 年的布雷顿森林体系最终瓦解。

布雷顿森林体系的崩溃催生了全球金融治理体系的改革。1976 年，国际货币基金组织通过了《牙买加协定》，标志着全球经济进入浮动汇率制的后布雷顿森林时代。它最明显的特征在于汇率安排的多样化和储备货币的多元化。在现行体制下，浮动汇率制与固定汇率制并存，它为各国国内经济政策提供了灵活性与独立性，有助于保持政策的连续性与稳定性。此外，欧元、日元逐步发展成为与美元相抗衡的新的国际储备货币，在很大程度上解决了储备货币供不应求的矛盾。然而，牙买加体系的主要弊端在于难以控制的金融风险与金融冲击。在浮动汇率制下，货币与外汇风险显著增大，在一定程度上抑制了国际贸易的正常活动，并导致资本的跨境无序流动；在多元化国际储备格局下，储备货币发行国仍享有“铸币税”等多种特权，容易导致由少数国家货币扩张和资产泡沫而引发的国际金融不稳定；国际金融危机逐渐成为常态。

二、七国集团

布雷顿森林体系崩溃后，世界经济不稳定因素加大。1973—1974 年的全球石油危机对资本主义国家经济造成了巨大的冲击，遭遇了二战以来最严重的经济衰退，致使全球贸易迅速下滑，国际汇兑紊乱，通货膨胀加剧，失业人数激增，各国贸易保护主义抬头。在此背景下，加强世界范围内的政治经济协调的呼声高涨，新的全球治理体系呼之欲出。1973 年 3 月，美国财政部部长乔治·舒尔茨邀请英国、法国、联邦德国财政部部长在美国白宫图书馆举行首次部长级非正式会议，商讨世界经济走势等相关问题。这个论坛后来被称为“图书馆集团”，并定期举行秘密会议。同年 9 月，日本财政部长应邀参会，至此，五国集团初步形成。1975 年 11 月，法国作为东道国举办了第一届五国集团领导人峰会。法国总统德斯坦在法国巴黎郊外的朗布依埃主持召开了此次会议，意大利作为非正式成员参加了会议。1976 年，随着意大利和加拿大成为正式成员，七国集团（G7）成立。此后，七国集团国家领导人每年定期会晤，对世界经济发展形势交换看法，以期在财政、贸易、金融、货币等方面的全球经济治理达成共识。

20 世纪 90 年代，伴随着冷战结束和苏联解体，俄罗斯应邀参加七国集团领导人峰会期间的部分会议。1997 年，俄罗斯被接纳为正式成员，七国集团升级为八国集团（G8）。八国集团成立初期，俄罗斯仅参与政治议题的讨论，全球经济治理问题仍然由七国集团首脑会议掌控。2014 年，西方七国以俄罗斯在克里米亚危机中的立场和行动违反多条国际法律和条约为由，决定冻结俄罗斯的成员资格，至此又回到七国集团。七国首脑定期就各国的财政政策、货币政策、汇率政策、贸易政策等宏观经济政策展开讨论，以期促进各国政策的协调一致，缓解各种突发事件和经济危机对各国经济造成的冲击，维持各国经济稳定增长。20 世纪 80 年代，七国集团在货币金融政策的合作上取得了显著的成效，而到了 90 年代，因在货币金融领域的矛盾突出，协调成效不大，七国集团在全球经济治理方面进入了低潮期。

三、二十国集团

（一）二十国集团的建立

20 世纪 90 年代以来，世界经济形势趋于复杂而多变。一方面，一些发展中国家陆续爆发金融危机。1994 年墨西哥金融危机爆发，1997—1998 年席卷亚洲的金融危机爆发，1998 年俄罗斯金融危机爆发，1999—2002 年土耳其金融危机爆发，2000—2001 年阿根廷金融危机爆发。另一方面，中国、印度等新兴市场和发展中经济体经济发展态势迅猛。八国集团逐渐认识到经济全球化使得世界各国相互联系、相互影响的程度不断加深，全球经济治理离不开新兴市场和发展中经济体的参与。

在这种背景下，1999 年 9 月，八国集团与澳大利亚、韩国、中国、印度、南非、巴西、墨西哥、阿根廷、印度尼西亚、沙特阿拉伯、土耳其和欧盟组成了二十国集团（G20），以国际论坛的方式召开会议。G20 涵盖世界五大洲的主要经济体，覆盖世界 2/3 以上的人口，GDP 总额占世界 GDP 总额的 85%。这就决定了 G20 在全球经济治理方面的广泛代表性和处理全球经济危机的权威性。1999 年 12 月，G20 成员国在德国柏林举行各国财政部长和央行行长会议，就国际金融货币政策调整、世界发展等问题交换了意见和看法。由于以发达国家为主的国际经济组织无法适应全球治理的需求，更无力提出有效的解决方案，所以 G20 在全球经济治理中的地位与作用开始显著上升。

（二）二十国集团的发展

2008年国际金融危机爆发后，全球经济陷入衰退。此时，全球范围内急需一个能够应对金融危机的对话平台和新型经济合作机制，以阻止经济衰退蔓延。而G20部长级会议已经成立将近10年，形成了比较成熟的运作机制，并在全球经济问题对话和协调方面发挥了积极的作用。鉴于此，G20领导人于2008年在美国华盛顿举行首次会议，G20峰会由部长级峰会提升为领导人峰会。截止到2018年，G20领导人峰会已经连续举办了13届，G20经历了从阶段性的危机管理机制向长期性的全球治理工具的转变，迅速发展为全球经济治理的核心。

当前，G20的议题已延展到金融稳定、促进贸易和投资、加强基础设施建设等广泛的全球经济治理问题上。从治理成效来看，历次峰会上东道国提出的创新思路一直在推动解决一些关键问题，并取得了显著进展。2016年在中国杭州举行的G20领导人第11次峰会成果尤其丰硕，在中国的引领下达成了“杭州共识”，为全球经济的复苏与增长提供了“标本兼治、综合施策”的一揽子方案，充分体现了发展、可持续和包容性的基本理念，为世界经济复苏增长指明了方向。中国作为此次峰会的东道国，基于改革开放以来的成功经验，提出了“包容与共享增长观”，实现了将“发展议题”升级为G20峰会的核心议题，公布了《二十国集团落实2030年可持续发展议程行动计划》，充分体现出中国作为全球最大发展中国家的责任与能力，为进一步推动G20成为名副其实的发达国家和发展中国家就国际经济事务进行充分协商的重要平台做出了突出贡献。它更加深远的长期意义则在于，开启了一种以平等的原则包含以新兴市场国家为代表的发展中国家的“新型合作伙伴关系”和“新型国际合作平台”。

（三）二十国集团的未来

为了适应新的形势需要，G20需要实现一系列的机制创新。

第一，倡导设置执行机构，提高工作组和研究小组的效率，把行动落到实处。从以往成果来看，各国在历次峰会上均做出了一些原则和行动承诺，但是，峰会并未增加有效的实施机制，导致承诺的兑现率较低。例如《布里斯班行动计划》在提出近1年后也仅有1/3的承诺得以实现。

第二，将G20从一种危机应对机制转变为常态性的长效治理机制。一些突发性危机（如叙利亚问题、暴恐事件等）往往会干扰峰会核心议程的推进，应成立危机应对小组处理突发事件，从而使G20可以集中力量，在增进持续性发展这一核心目标上取得更加突出的成绩。

第三，G20应与其他国际组织加强协同合作机制，聚焦发展导向议题，探索全球经济可持续发展的新路径。在发展问题上，G20需以联合国《2030年可持续发展议程》作为行动指导，积极落实《2030年可持续发展议程》设定的一些目标，如在使发展中国家获得科学技术方面采取行动，加强科学研究和科技创新，提升产业部门的技术能力；促进全球贸易与投资增长；鼓励社会资本参与基础设施建设投资；加强国际产能合作等，大力营造有利于强劲、可持续和均衡发展的环境。

第四，G20应通过创新机制改革推动各国实施结构改革，培育世界经济增长的内在新动能。在具体行动计划或承诺落实的同时，推动创新评估与反馈机制的确立，比如针对一国国内结构改革政策的相关承诺，创设监督与评估机制，监督改革的实施进展，以评估各国结构改革措施是否可以支持实现可持续发展的目标。除了确立实施成效评估框架外，还应建立问责机制。

第五，G20应鼓励和响应其成员发挥"探路者"效应，并寻求与工商界的广泛与深入合作。中国作为新兴国家提出的"一带一路"倡议就是很好的创新机制贡献，它促进沿线各国基础设施投资合作，实现交通、通信和能源网络等基础设施建设互联互通，以实际行动在沿线国家打造互利共赢、包容发展的样板工程，为深化世界范围内的经济融合做出示范。2018年，习近平在二十国集团第十三届领导人峰会上指出："二十国集团要从历史大势中把握规律，引领方向。人类发展进步大潮滚滚向前，世界经济时有波折起伏，但各国走向开放、走向融合的大趋势没有改变。……各国相互协作、优势互补是生产力发展的客观要求，也代表着生产关系演变的前进方向。在这一进程中，各国逐渐形成利益共同体、责任共同体、命运共同体。无论前途是晴是雨，携手合作、互利共赢是唯一正确选择。这既是经济规律使然，也符合人类社会发展的历史逻辑。面对重重挑战，我们既要增强紧迫感，也要保持理性，登高望远，以负责任态度把握世界经济大方向。"①

四、新兴市场和发展中国家的崛起

（一）发展中国家初步参与全球经济治理

二战后，发展中国家在政治上纷纷走上独立的道路，但绝大多数经济发展

① 习近平：《登高望远，牢牢把握世界经济正确方向——在二十国集团领导人峰会上的发言》，2018年12月。

相对缓慢。以美国为主导的战后全球经济治理体系使南方国家在经济上仍处于不平等的地位，南北差距不断扩大。直到 20 世纪 60 年代，南方国家逐渐联合起来，建立石油、咖啡、花生、可可等商品输出国组织，共同维护在世界原料贸易领域的权利，初步展现了发展中国家在全球经济治理上的态度。

1964 年，联合国在日内瓦召开第一届贸易和发展会议，设立常设机构，集中处理各国间贸易、金融、投资、技术、可持续发展等领域的相关问题，重点关注发展中国家在全球经济与贸易中所面临的处境，向发展中国家提供技术援助和人才培训，协助其进行债务管理等，以促进发展中国家的经济发展。在第一届贸易和发展会议期间，77 个发展中国家成立“七十七国集团”，联合发表了《日内瓦联合宣言》，共同呼吁建立公正的全球经济治理体系。1967 年，七十七国集团在阿尔及尔召开第一次部长级会议，通过了《阿尔及尔宪章》，决定集体组织与北方国家谈判，联合抵抗北方国家的剥削和控制。1971 年，七十七国集团在秘鲁首都利马举行第二次部长级会议，通过《利马宣言》，谴责超级大国殖民主义、种族主义等恶行，要求改变发展中国家在贸易、金融、援助和自然资源开发等方面的不平等地位。1974 年，联合国大会第六届特别会议通过了由七十七国集团起草的《建立新的国际经济秩序宣言》和相关的《行动纲领》，规定了建立国际经济新秩序的一系列重要原则，要求所有国家平等地参与国际事务，并且应特别照顾发展中国家的发展需要。

（二）发展中国家在全球经济治理体系中的地位提升

20 世纪 70 年代，两次石油危机的爆发迫使资本主义国家采取紧缩政策，严重影响到拉美等地区发展中国家的出口贸易，引发拉美债务危机，南北矛盾加剧，全球经济治理体系面临挑战。在这一时期，发展中国家参与全球经济治理的方式由南南合作逐渐转向南北对话。1975 年，非洲、加勒比海和太平洋地区（简称非、加、太地区）的 46 个发展中国家与欧洲经济共同体 9 国签订了贸易和经济援助协定，称为《洛美协定》。此项协定以 5 年为一个周期，规定了 5 年内欧共体向非、加、太地区提供财政援助的具体金额。《洛美协定》共执行了 4 期，推进了南北对话与合作，是迄今最重要的南北合作协定。2000 年，《洛美协定》被《科特努协定》取代，南北合作的范围进一步扩大，提高了发展中国家在参与全球经济治理体系中的地位。

1997 年亚洲金融危机的爆发，一方面反映了外向型经济国家对世界市场的依赖程度非常大，另一方面反映出全球金融治理体系存在严重缺陷。危机爆发后，中国等发展中大国积极参与国际货币基金组织对亚洲有关国家的援助，并在国内积极转变经济增长方式，努力推行扩大内需政策，保持国内经济持续增长，成为亚洲经济复苏的重要力量。值得注意的是，在应对亚洲金融危机的过程中，中国等发展中国家积极参与到全球经济治理中，并开始发挥越来越重要的作用。

（三）新兴市场和发展中国家的群体崛起及其对全球经济治理的推动

20 世纪 90 年代，一些发展中国家和地区发展尤为迅速，被发达国家和一些国际机构认定为新兴市场国家，典型的是被称为“金砖国家”的巴西、俄罗斯、印度、中国和南非，以及后起的被称为“薄荷四国”的墨西哥、印度尼西亚、尼日利亚和土耳其。新兴市场国家遍布于世界各大洲，联系紧密，互补性强，联合发展，对地区经济和世界经济起着重大的推动作用。

进入 21 世纪以来，新兴市场和发展中国家出现群体崛起之势，其经济增长速度明显快于发达国家。2003—2007 年，世界人均 GDP 年均增长 2.3%，其中，发达国家增长 2%，新兴市场和发展中国家增长 6.4%。这段时期世界经济的稳定增长主要归功于新兴市场和发展中国家经济的高速增长。值得注意的是，几乎所有发展中国家和地区的经济都出现了高速增长的势头，东南亚国家增长 6.3%，中东国家增长 4.1%，拉美国家增长 3.5%，非洲国家增长 3%。2008 年国际金融危机使世界主要发达国家经济陷入泥潭，全球经济迅速走向衰退。2009 年，发达国家经济整体下降 3.4%，世界经济整体下降 0.5%，而新兴市场和发展中国家经济仍增长 2.8%，避免了世界经济进一步陷入大萧条。2010 年，新兴市场和发展中国家经济增长 7.4%，带动世界经济增长 5.1%，成为拉动世界经济增长的主要引擎。2016 年，新兴市场和发展中国家对世界经济的贡献率高达 80%，成为世界经济增长的主要推动力量，其中，“金砖国家”的表现最为突出，对世界经济增长的贡献率接近 50%。与此同时，这些国家在全球经济治理中的地位不断得到提升。

近年来，伴随着经济的高速发展，新兴市场和发展中国家积极参与全球经济治理的诉求不断增强，处理国际事务的话语权逐渐提升，对世界经济的可持续发展做出了重要贡献。新兴市场和发展中国家参与全球经济治理的特点有三：一是开放包容、合作共赢。2008 年国际金融危机后，发达国家经济普遍严重下滑，保护主义有所抬头，经济全球化有倒退之势。与此同时，发展中国家借助经济增长的优势，集体呼吁建立开放型经济，合作共赢，反对保护主义，提倡建立公平合理的全球经济治理新体制。二是重视经济结构调整和可持续发展。新兴市场和发展中国家将改革本国经济体制，调整经济结构作为经济持续发展的内在动力，将可持续发展作为经济发展的重要目标。三是构建各国发展共同体和人类命运共同体。新兴市场和发展中国家重视利用七十七国集团、"金砖国家"等机制开展各个领域的对话与合作，联合发展以应对全球化所带来的各种挑战。构建人类命运共同体这一倡议，获得了世界范围内的广泛认同。

第三节 全球经济治理的发展趋势

一、全球经济治理模式的变化特征

二战结束以来，全球经济治理模式经历了由美国主导到美苏对立，再到美日欧三足鼎立，直到现在的多国共议模式。纵观全球经济治理模式的演变，全球经济治理无论从权力结构、组织结构、规则与协定还是决策机制上都发生了显著的变化。这种变化充分反映了经济全球化背景下世界经济格局和各国力量对比的更迭。

（一）权力结构的变化

二战后建立起来的以布雷顿森林体系为标志的全球经济治理体系，充分反映了当时世界经济力量的对比。美国独大的世界经济格局决定了二战后初期全球经济治理体系的权力结构是以"中心-外围"为基本特征的单极格局。

二战使美国跃升为世界第一经济强国，而苏联也迅速崛起，成为仅次于美国的世界强国。20 世纪 80 年代末 90 年代初，东欧发生剧变，苏联解体，西欧和日本经济迅速崛起，国际力量格局发生了新的变化，全球经济治理的权力结构逐渐从美苏两极格局转变为美日欧三足鼎立的新格局。20 世纪 90 年代以来，中国、俄罗斯、印度等新兴市场和发展中国家迅速崛起，经济增长速度领先于世界其他国家，在全球经济治理中的地位不断提升。2008 年国际金融危机后，美国和西欧国家经济遭受重创，处理全球化引起的国际性问题的能力有所下降，全球经济治理的权力结构逐渐转变为多国共议格局。

当今全球经济治理的权力结构以多元化和分散化为主要特征，这是在全球化不断加深的背景下，各国在经济上的相互依存程度不断深化的结果。全球性问题必须依靠全球方式加以解决。全球化的“关联效应”使一国的问题很容易“溢出”影响他国，而全球化的“漏出效应”使一国容易在不遵守国际惯例或规则时免遭惩罚，因此需要建立全球治理的结构与纪律。诸如七国集团这样带有价值色彩的传统治理机制已经不能反映全球经济的力量对比变化。特别是传统发达国家增长缓慢以致深陷危机，而以“金砖国家”为代表的新兴经济体却群体性崛起，世界迫切需要更能适应新型挑战、体现力量变化、反映多方诉求的全球治理新格局。

（二）组织机构的变化

二战后相当长的一段时间内，上述组织机构在制定全球经济规则、协调全球经济问题等方面发挥了不可替代的作用。然而，随着经济全球化程度的不断加深，世界各国相互依赖的程度超过了历史上任何一个时期，世界经济领域出现的问题已经不仅仅是传统的国际问题，而是全球范围内的共同问题。

在这种背景下，传统的全球经济治理机构则暴露出各自的缺陷。第一，1994 年，墨西哥爆发金融危机，随后泰国、韩国、菲律宾等亚洲国家爆发金融危机，这些国家纷纷向 IMF 申请救援。然而，IMF 的援助贷款决策拖延，且附加了国内市场化改革等方面苛刻的条件。IMF 的这次危机救援被普遍认为是迟缓和低效的，其客观性和执行力遭到了质疑。之后 IMF 开始进行认缴份额、贷款条件和流程等方面的改革，但收效甚微，全球金融治理机构改革迫在眉睫。第二，进入 21 世纪以来，以 WTO 为核心的多边贸易谈判举步维艰，2001 年发起的多哈回合谈判难以达成共识，长期陷入僵局，发达国家纷纷采取 WTO 多边主义以外的贸易合作方式，WTO 遭遇了治理乏力的困境，出现了被边缘化的迹象，全球贸易治理缺乏统一的核心机构。第三，2008 年，国际金融危机爆发，全球金融治理机制失灵，七国集团掌控下的国际金融治理模式面临严峻的挑战，危机之下催生了二十国集团。

传统全球治理构架缺乏内在的一致性是全球经济治理体系的固有缺陷，这影响到其常规运转与应对挑战的效率。二十国集团的兴起反映了全球金融治理从旧范式向新范式的结构性变革。21 世纪初成立的“金砖国家”集团，已经形成以首脑峰会为核心，以高级事务代表、部长和驻多边机构代表会晤为辅助，以工商界、银行界和智库为支撑的综合合作框架，成为全球经济治理的重要组织机构。相比于传统的全球经济治理机构，二十国集团和“金砖国家”集团更高效，更具整体性、包容性和代表性。

（三）规则与协定的变化

近年来，关于全球经济治理的“规则竞争”日益激烈，传统国际组织和机构的规则与协定面临着多重发展困境。全球经济治理正从市场化、自由化、私有化、单一化的价值导向模式向竞争性的议题，特别是发展问题导向模式转变。

传统的国际生产与贸易方式是“国内生产、全球销售”，因而国家之间聚焦的问题是如何形成在互惠基础上的市场准入，由此，贸易协定的重点也就在于相互削减关税、配额、贸易许可等“边界壁垒”。但进入21世纪以来，国际生产与贸易方式发生了根本性的变化，“全球生产、全球销售”已成为新型模式，因而影响全球生产的主要制度性壁垒不再是以关税、配额、许可证等传统贸易政策工具为主的“边界措施”（或称为第一代贸易政策），而是涉及深层经济一体化的各种“边界内措施”（或称为第二代贸易政策），特别是各种国内规制政策措施，包括标准、监管、商业惯例、营商环境、法律法规制度和司法体系等。这些措施由于各国政府对公共政策的目标设定和执行程度的不同而形成广泛的差异。因此，发达国家试图通过所谓“高标准”贸易与投资协定对各国的边界内措施进行规制协调与一体化，达成一些共同认同的最低标准与规则，进而逐步实现向更高标准与规则迈进。此外，随着工序分工、合同制造、服务外包、全球采购、垂直专业化投资等方式在全球范围内的兴起与扩散，以产品内分工为核心的全球价值链已经成为当代国际分工的主流。由此，占据国际分工高端地位的西方跨国公司与政府关注的焦点性议题也就由“全球销售”转为“全球生产”，从而实现全球供应链的无缝对接、成本降低以及核心竞争力的提高。

全球贸易新规则的产生与演进，是为了应对21世纪以来全球新型生产方式的变化，以及随之而产生的对“新一代”贸易与投资政策需求的制度反应。美国等发达国家最初期望通过WTO多哈回合谈判将“边界内措施”议题纳入多边贸易体制，并促成贸易新规则的达成与实施。但由于多哈回合长期陷入困境，近年来以美国为首的发达国家着力将推进全球贸易新规则的努力转向WTO多边主义以外的方式，更倾向于采取单边主义的双边安排，在谈判中大力宣扬以“边界内措施”为主的新商业规则，试图谋取全球经济治理的主导权，进而达到统筹全球价值链、强化本国核心竞争力和约束新兴经济体未来经济发展的目的。

（四）决策机制的变化

全球经济治理的良性运转有赖于公平、有效的决策机制。全球经济治理的决策机制应从封闭、集权和排他性的方式转变为开放、多元和包容性的方式。但事实上，IMF 和世界银行的决策机制，是以份额和投票权作为基础。经过多年的实践，IMF 和世界银行的决策层面和操作层面都有悖于全球经济治理的初衷。IMF 份额和投票权改革虽早在 2010 年便已通过，但却迟迟未能生效。IMF 投票权改革提议需要 3/5 的成员接受方可生效，然而以美国为首的一些国家一直不批准治理与份额改革方案，使批准情况尚达不到方案生效所需的法律门槛，致使改革阻力重重。直到 2015 年年底，美国国会才通过了 IMF 份额改革方案。世界银行与 IMF 的情况类似，在操作层面非常科学、公正、透明，而决策层面则受到其最大股东美国的控制。在向发展中国家提供长期贷款和技术协助时，往往带有苛刻的附加条件，政策的实际实施结果严重背离其所倡导的宗旨。

21 世纪以来，顺应世界经济的发展趋势，G20 和“金砖国家”迅速发展为全球经济治理的重要平台。G20 采取传统大国与新兴市场和发展中国家联合共治的方式，在决策机制上比布雷顿森林体系和七国集团时代更具有开放性和多元性。G20 采取“协商一致”的决策机制，使得新兴市场和发展中国家可以平等地同发达国家在全球经济事务上交换看法。2008 年国际金融危机后，G20 有效地推进了全球金融治理体制改革，增加了发展中国家在 IMF 和世界银行中的投票权，使全球经济治理更具代表性和包容性。

二、全球经济治理主要领域的变化趋势

（一）全球贸易治理

1. 传统的全球贸易治理体系

二战结束初期，全球贸易治理在美国的主导下陆续开展。1946 年，参与组建联合国的 50 多个国家在伦敦、日内瓦和哈瓦那等地多次开会，商议建立战后贸易体系。1947 年，23 个国家作为成员国签订了旨在制定全球贸易规则，不断降低关税和非关税壁垒的《关税与贸易总协定》（简称关贸总协定），并于 1948 年制定了被称作《哈瓦那宪章》的《国际贸易组织宪章》。然而，美国国会拒绝通过《哈瓦那宪章》，导致二战后相当长的一段时间里，全球贸易治理只能在关贸总协定这个平台上通过多轮谈判磋商的方式缓慢推进，全球贸易治

理雏形初现。经过八轮艰苦的谈判，关贸总协定形成了一套统一的国际贸易规章、制度和原则。关贸总协定大幅削减了关税、配额和补贴等非关税壁垒，贸易争端解决机制建成并运行较好。但由于关贸总协定从性质上看仅是一个多边协定，并不是一个真正的组织，因此缺乏对成员的有效监督和约束。尤其是在解决贸易争端问题上，由于缺乏有约束力的强制手段，成员之间的贸易纠纷和摩擦问题往往长时间得不到很好的解决。直到1994年在摩洛哥举行的关贸总协定部长级会议，各成员达成一致，于1995年成立正式的、具有法人地位的国际组织——世界贸易组织，全球经济治理才形成了较为完整的框架。由此可见，二战后直至20世纪末的半个世纪里，全球贸易治理是在美国的掌控下不断发展并完善的。

2. 全球贸易治理体系的变革

21世纪初，鉴于WTO多哈回合多边谈判停滞不前，发达国家着力将推进全球贸易治理的协定转向WTO多边主义以外的方式。第一个方式是区域贸易协定。美国曾大力推动的TPP和TTIP两个巨型自由贸易协定就是典型代表。2017年上台的美国政府以“美国优先”为目标，重新发起了多个区域贸易协定谈判，USMCA是其典型代表。第二个方式是诸边（或复边）协定。目前在WTO框架下进行的复边谈判，包括《政府采购协定》（GPA）、《环境产品协定》（EPA）和新一代《信息技术产品协定》（ITA Ⅱ）。此外，WTO框架外的《国际服务贸易协定》（TISA）也是一个非常重要的促进新规则谈判的准复边协定。美国等发达国家均是这些协定达成或谈判的参与者与主导者。

近十年来，经济全球化深入发展，而全球价值链的兴起和繁荣是经济全球化快速发展的重要特征之一。迅速发展的全球价值链改变了国际生产体系和模式，创造了国际竞争新优势，形成了国际贸易新格局，也催生了全球贸易治理新规则。基于全球价值链的国际贸易新规则主要是通过所谓第二代贸易政策议题体现出来，它更加强调全球中间品进口贸易自由化、贸易和投资的便利化以及贸易标准和规制的融合，将引领全球贸易治理体系的变革。

（二）全球投资治理

1. 传统的全球投资治理体系

全球投资治理是全球经济治理体系的重要组成部分，主要依附于关贸总协定（世界贸易组织）框架而生，一直没有形成独立的治理框架。20世纪80年代，在关贸总协定乌拉圭回合谈判中，全球第一个涉及投资的多边协定——《与贸易有关的投资措施协议》达成。协议规定成员需要通报与贸易相关的投资措施，并逐步取消对贸易活动产生限制和扭曲的投资措施。可见，这项协议还是以促进全球贸易发展为主要目的。1993 年，在关贸总协定框架下达成的《服务贸易总协定》涉及跨国投资领域的措施，规定了外国服务提供者可以建立、运营或扩张商业存在的条件，但该协定主要还是针对服务贸易的商业存在而设定的，并未覆盖普遍意义上的国际投资。总之，全球投资协议基本上以双边为主，并处于高度“碎片化”状态，能够发挥实质性作用的全球多边投资治理体系一直没有建立起来。截至 2015 年年底，全球范围内的双边投资协定已经达到 3 304 个，但双边协定谈判成本高，协定之间的协调能力差。

2. 全球投资治理体系的变革

全球投资治理体系的变革主要体现为“第二代”投资政策议题逐渐代替“第一代”议题。

“第一代”议题主要围绕赋予外国投资者非歧视性待遇和提供必要的投资保护，包括外资准入与开业、所有权与股权、经营业绩要求、投资者待遇、利润汇回、资金转移、征用、投资激励（税收）、争端解决等。它们均体现在 20 世纪各国所签署的双边投资协定和为吸引外国直接投资流入而进行的各种政策改革中。“第二代”议题则在继续保障新的投资待遇和公平竞争的基础上，增加了对外国投资者进行必要的规制与促进可持续发展的内容，包括投资者义务、企业社会责任、投资便利化、知识产权、竞争政策、劳动力市场管理、土地获取、环境政策、公共治理与机构、反腐败、投资者-东道国争端解决、基础设施与公私合作等。这些议题已被许多经合组织国家涵盖在其已达成或正在谈判的投资协定条款中，美国 2012 年公布的双边投资协定范本就是最典型的例证。此外，联合国贸易和发展会议在 2012 年发布的《世界投资报告》中提出的“可持续发展投资政策框架”及其建议的国际投资协定内容中也包括了上述“第二代”投资议题。

2008 年国际金融危机后，G20 在致力于全球贸易、金融治理体系改革的同时，还积极主动引领全球投资治理体系改革。2016 年，G20 领导人峰会通过了《G20 全球投资指导原则》，为全球投资治理体系初步搭建了框架。该指导原则强调全球投资应以实现可持续发展和包容性增长为目标，为未来全球投资治理体系的发展指明了方向。

（三）全球货币与金融治理

1. 传统全球货币与金融治理体系

尽管布雷顿森林体系早已解体多年，但以美元为核心的全球货币体系和以美国为核心的全球金融体系依然主导着全球经济，以美国为核心的西方发达国家依然把持着国际支付、结算、汇兑与转移等方面的规则和惯例，依然垄断着全球性与区域性的金融机构的权力，依然掌控着国际经济政策的协调机制。全球货币与金融治理体系并未随着国际经济力量与结构的变化而发生根本性的变革，体制性不公正和绩效的不公正还依然广泛存在。

第一，将单一主权货币美元作为国际基准货币是导致全球经济失衡以及国际金融危机的根本性原因之一。美国的“孪生赤字”——贸易赤字与财政赤字并存是长期困扰美国乃至全球经济的结构性问题，但一直未得到实质性的解决。美国通过享有发行国际货币的特权支付其进口贸易和进行对外投资，并通过其扩张性货币政策制造流动性过剩和资产泡沫以刺激经济增长，并对其他国家产生负外部效应。以中国为代表的贸易盈余国又将其外汇储备投资购买美国债券，使美元资本流回美国。在对外债务不断累积的情况下美国继续通过发行美元以偿还旧债，还利用美元战略性贬值以稀释实际债务。因此，美国通过独享铸币税的货币发行收益长期为其巨额贸易赤字与财政赤字融资，却将通货膨胀等成本与风险转嫁给其他国家。严重的全球经济失衡、国内流动性过剩，加之缺乏有效、审慎的金融监管，导致了二战后最为严重、持续时间最长的金融危机。尽管近年来已有若干约束和改革美元的国际货币地位的建议被提出与讨论，但均未得到严肃对待与有效实践。

第二，美国主导的全球货币与金融治理体系未能对当前国际经济的格局变化做出正确与积极的反应。美国的全球霸权地位正在衰落，西欧、日本、亚洲“四小龙”等国家和地区相继崛起，特别是自 20 世纪 90 年代以来，以“金砖国家”为代表的新兴市场和发展中经济体的经济保持持续、强劲、快速增长，对世界经济增长的贡献日益突出，其参与全球经济治理并扮演愈加重要的角色已成为大势所趋。国际经济政策协调机制的重心已由过去的七国集团演变为现在的二十国集团。但是，当前的全球货币与金融治理体系仍为美欧日等发达国家所控制，反映的依然是二战后的金融权力格局，与近年来的全球经济格局变迁十分不匹配。

第三，在现有的国际金融机构中，以美国为代表的西方国家拥有决策与议事的垄断权，并在业务中推行政治附加条件与西方教条式的价值模式。例如，根据 IMF 规则，重大议题都需要 85% 的投票份额通过率，这意味着拥有 16.53%投票权的美国对所有重大事项都拥有事实上的一票否决权。世界银行行长与 IMF 总裁职位常年由美欧人士把持。在 IMF 的救助方案中，往往强制性地要求受援助国接受一揽子经济改革计划，包括紧缩财政开支、大规模私有化、汇率改革、贸易自由化等。这些措施有时过于教条与僵化，不考虑受援国的实际国情与需要，往往适得其反，使受援国经济陷入灾难性境地，经济复苏缓慢，并遭到反全球化人士和低收入阶层的猛烈批评。此外，这些国际金融组织对经济危机有时反应迟缓，内部官僚主义严重，不少国家与人士呼吁改革。IMF 在 1997 年亚洲金融危机中颇有争议的表现，使许多国家由此开始更多关注区域贸易安排、大规模双边货币互换协议网络、区域性外汇储备合作机制。

2. 全球货币与金融治理体系的变革

21 世纪以来，以“金砖国家”为代表的新兴市场和发展中经济体迅速崛起，在全球经济中所占份额显著增加。而始于 2008 年的国际金融危机一方面对资本主义世界造成沉重打击，使发达国家在全球经济中的贡献及影响明显降低；另一方面也充分暴露了全球货币与金融治理体系的诸多弊端及应付危机能力的不足。出于对全球货币与金融治理体系改革的失望以及加强南南合作、援助经济建设、防范金融风险的需要，2014 年 7 月“金砖国家”集团宣告成立新开发银行（简称金砖银行），同时建立应急储备安排。同年 10 月 24 日，在中国政府的积极倡导下，亚洲基础设施投资银行（简称亚投行）正式成立，主要致力于支持成员国基础设施建设。截至 2018 年 5 月，亚投行的成员已达 86 个，包括英、法、德、意等诸多发达国家。此外，中国还出资成立“丝路基金”，为“一带一路”沿线国家基础设施建设、资源开发、产业合作等项目提供投融资支持。

当前，国际经济格局正在发生重大变化，推动全球金融权力格局、运行规则以及组织机构发生变革正当其时。全球货币与金融治理体系的未来格局已初步显现，主要表现在以下两方面：

第一，新兴市场和发展中经济体角色升级，国际金融权力格局趋于均衡。广大新兴市场和发展中经济体在当前国际金融体系与机构中的话语权不足，面对要求改革的强烈呼吁，美国依然固守着维护美元霸权的保守主义思想，千方百计阻挠与拖延国际货币与金融改革。在这种背景下，中国所倡导成立的金砖银行、应急储备安排、亚投行等新型国际金融机构，构成了与现行由美欧日主导的世界银行、IMF、亚洲开发银行等布雷顿森林体系相平行的新体系，这既是对后者在融资安排上有益的补充，也对其形成了制度性的竞争与冲击。以“金砖国家”代表的新兴市场与发展中经济体迅速崛起，力图打破发达国家对国际金融体系的垄断，建立符合自身发展利益需要的国际金融机构，并通过“边际增长”在未来国际金融体系中拥有更显著的话语权与决定权，从而为实现平衡、公正、透明与完善的国际经济新秩序做出贡献。

第二，新型机构彰显平等与民主，促进国际金融治理体系渐趋完善。由新兴市场和发展中经济体所主导建立的国际金融体系，从初始就在内部治理结构上强调体现平等、包容与互补精神，这与世界银行和IMF所遵循的大国主宰、小国从命的“中心-外围”模式形成鲜明的对比。金砖银行的建立采取了平摊初始股权、行长由五国轮值出任、五国在成立之际各扮角色的平衡做法，为未来发展中国家进一步深化货币与金融合作开创了有益的典范模式。在亚投行的筹建过程中，作为发起者和最大股东的中国已经明确表态要兼顾各成员之间的利益，保障弱小成员的民主诉求与利益，在必要的情况下可能还要主动稀释自己的股份。新兴市场和发展中经济体正在通过自己的实际行动及其示范效应，倒逼现行国际金融治理制度的改革。

本章小结

1. 全球经济治理体系起源于二战结束后建立起来的以国际货币基金组织、世界银行、关税与贸易总协定为三大支柱的布雷顿森林体系。

2. 全球经济治理是指国际社会通过协商合作、建立共识、确定规则等方式，保障合理、有序的国际经济秩序规范，并对全球经济事务与经济政策进行协调、指导、管理和干预，以实现全球经济的稳定和可持续增长。

3. 21世纪以来，随着经济实力和谈判能力的提高，新兴市场和发展中经济体积极参与全球经济治理，推动国际经济秩序的变迁，为全球经济治理体系的成熟和完善做出了重要贡献。“金砖国家”作为新兴市场和发展中经济体的典型代表，在推动全球经济治理体系改革的过程中，表现最为突出。

4. 中国所倡导建立的金砖银行、亚洲基础设施投资银行和应急储备安排是对现行全球货币与金融体系的有益补充与竞争，并构成了未来由新兴市场和发展中经济体所主导的新型国际金融体系的雏形。在该体系中，国际货币体系将日益多元化，国际金融权力格局趋于均衡，国际金融机构凸显发展导向功能，国际货币与金融治理体系将渐趋完善。

思考题：

1. 简述全球经济治理理念的核心。
2. 简述全球经济治理体系的形成与发展。
3. 试述新兴市场和发展中经济体对全球经济治理体系变革的作用。
4. 全球贸易治理的变化趋势如何?
5. 全球货币金融治理体系的发展趋势如何?

► 自测习题及参考答案

第三篇 世界经济面临的重大问题

世界经济涵盖的范围和内容错综复杂，并处于不断发展变化之中。世界经济在发展过程中面临着诸多问题。从世界经济长期发展的角度来看，有三大问题需要人们特别关注并加以深入研究，即当代世界经济发展不平衡问题，世界经济周期和经济危机问题，人口、资源、环境和可持续发展问题。这些问题影响着世界经济的走势与前景，在某种程度上决定着人类的前途和命运。

第十章　世界经济发展不平衡及其变化趋势

自世界经济形成以来，世界经济发展不平衡是一条具有普遍性的规律。二战后，世界经济发展不平衡主要表现在国家和地区之间，如发达国家与发展中国家之间、发达国家之间、发展中国家之间。从根本上讲，当今世界经济最大的不平衡是南北发展不平衡。现阶段的全球经济失衡也是世界经济发展不平衡的重要表现。世界经济发展不平衡的形成由诸多原因导致，其发展变化对世界经济的发展产生着重大的影响。

第一节　世界经济发展不平衡的表现

一、发达国家与发展中国家之间经济发展不平衡

世界经济发展不平衡是指世界各国经济增长、经济发展水平和生产力发展水平的不平衡，是当代世界经济的一个重要特征。二战后，虽然亚洲、非洲和拉丁美洲的广大发展中国家纷纷摆脱帝国主义殖民体系的统治，获得了民族的解放与独立，并且在民族经济的发展上取得了较大的成就。但是，发达国家与发展中国家之间经济发展的不平衡依旧十分突出，主要表现在以下几个方面。

（一）经济增长速度的不平衡

20 世纪 60 年代以来，发展中国家的经济增长速度往往高于发达国家。1961—1970 年，发展中国家工业生产的年均增长率为 7%，而同期处于“黄金时期”的发达国家工业生产的年均增长率仅为 5. 8%。20 世纪 70 年代以后，发达国家和发展中国家的经济增长率虽然都有所下降，但是发展中国家的经济增长速度仍然高于发达国家。1980—1989 年，发达国家和发展中国家 GDP 的年均增长率分别为 3. 0%和 4. 3%，1990—1999 年该数值分别为 2. 6%和 3. 2%。

进入 21 世纪，发展中国家经济的增长速度更明显地高于发达国家。如表 10-1 所示，1999—2008 年，发展中国家 GDP 的年均增长率为 6. 2%，比发达国家的 2. 5%高出 3. 7 个百分点；2009—2018 年，发展中国家 GDP 的年均增长率为 5%，比发达国家的 1. 45%高出 3. 55 个百分点。

表 10-1 1990 年以来发达国家和发展中国家 GDP 年均增长率（%）

国家和地区	1990—1999 年	1999—2008 年	2009 年	2010 年	2011 年	2012 年	2013 年	2014 年	2015 年	2016 年	2017 年	2018 年
全球	2.9	4.2	-0.1	5.4	4.3	3.5	3.5	3.6	3.4	3.4	3.8	3.6
发达国家	2.6	2.5	-3.4	3.1	1.7	1.2	1.3	2.1	2.2	1.7	2.4	2.2
发展中国家	3.2	6.2	2.8	7.4	6.4	5.4	5.1	4.7	4.3	4.6	4.8	4.5

资料来源：IMF：*World Economic Outlook 2019*，p. 156；IMF：*World Economic Outlook 2017*，p. 242；IMF：*World Economic Outlook 2008*，p. 209.

发展中国家与发达国家在经济增长速度方面的不平衡，主要是由于大部分发展中国家的经济规模较小，增长的基数较低，并且所处的经济发展阶段也较低，处在大规模工业化过程之中，因而经济增长的空间较大。而发达国家由于经济规模已经很大，工业化已经完成，处于经济发展的相对较高阶段。所以总体来说，发达国家经济的增长速度要低于发展中国家。

（二）经济发展水平的不平衡

虽然二战以后发展中国家的经济得到了较快发展，其经济增长率明显高于发达国家，但它们的经济发展水平与发达国家相比依然相差很多，并且差距在不断拉大。

1. 经济发展总体水平的不平衡

长期以来，发达国家和发展中国家经济发展总体水平始终不平衡，如表10-2所示。2017 年，七国集团的人口共占世界人口的 10.2%，但其国民总收入却占世界国民总收入的 46.5%；而东亚和太平洋地区发展中国家的人口占世界人口的 30.7%，其国民总收入却仅占全世界国民总收入的 30.0%，拉丁美洲和加勒比地区的相应比重分别为 8.6%和 6.8%；撒哈拉以南非洲地区的相应比重分别为 14.1%和 2.0%。所以，在经济发展总体水平上，发达国家与发展中国家存在着明显的不平衡。

表 10-2 1990 年以来发达国家和发展中国家人口与国民总收入世界占比（%）

地区	指标	1990—1999 年	1999—2008 年	2009 年	2010 年	2011 年	2012 年	2013 年	2014 年	2015 年	2016 年	2017 年
七国集团	人口	11.9	11.2	10.8	10.7	10.6	10.5	10.5	10.4	10.3	10.2	10.2
	国民总收入	66.3	61.9	53.4	50.6	48.6	47.8	46.5	46.4	47.1	46.3	46.5

续表

地区	指标	1990—1999年	1999—2008年	2009年	2010年	2011年	2012年	2013年	2014年	2015年	2016年	2017年
东亚和太平洋地区	人口	29.7	28.9	28.2	28.0	27.9	27.7	27.6	27.5	27.4	29.6	30.7
	国民总收入	3.9	6.5	10.8	11.9	13.0	14.3	15.3	16.1	17.6	33.3	30.0
拉丁美洲和加勒比地区	人口	8.1	8.2	8.3	8.3	8.3	8.3	8.3	8.2	8.2	8.6	8.6
	国民总收入	5.6	5.5	6.4	7.3	7.5	7.4	7.4	7.2	6.4	6.9	6.8
撒哈拉以南非洲	人口	10.2	11.5	12.4	12.6	12.8	13.0	13.2	13.4	13.6	13.9	14.1
	国民总收入	1.1	1.2	1.6	2.0	2.0	2.0	2.1	2.1	2.1	2.0	2.0

数据来源：根据世界银行 WDI 数据库提供数据计算得到。

2. 人均收入水平的不平衡

长期以来，发达国家和发展中国家人均收入水平一直处于不平衡状态，如表10-3所示。2017年，低收入国家的人均收入为776美元，而高收入国家的人均收入已达到40 404美元，高收入国家的人均收入是低收入国家的52.1倍。而且，发达国家与发展中国家人均收入水平的不平衡，呈现出不断扩大的趋势。所以，就人均收入来衡量经济发展水平，发达国家与发展中国家的不平衡性会更加突出。

表10-3 1990年以来高收入和低收入国家人均收入水平比较

单位：美元

	1990—1999年	1999—2008年	2009年	2010年	2011年	2012年	2013年	2014年	2015年	2016年	2017年
高收入国家	22 780.3	30 984.1	38 791.6	39 751.4	41 055.3	42 384.3	43 171.3	43 226.8	41 932.1	41 046.0	40 404.0
低收入国家	250.5	286.7	467.5	500.5	528.7	563.2	598.2	628.7	619.2	612.0	776.0
倍数	90.9	108.1	83.0	79.4	77.7	75.3	72.2	68.8	67.7	67.1	52.1

数据来源：根据世界银行 WDI 数据库提供数据计算得到。

（三）经济结构发展的不平衡

经济结构发展的不平衡，是发达国家与发展中国家之间经济发展不平衡的又一主要表现。经济结构发展的不平衡实际上是通过发达国家与发展中国家分别处于不同的发展阶段反映出来的，即体现着一种发展阶段的不平衡性。

1. 发达国家的经济结构

二战之前，发达国家经济结构的重心已经完成了由农业向工业的转移。二战之后，发达国家经济结构的重心由工业迅速向服务业转移。如表 10-4 所示，1970—2016 年，发达国家工业在 GDP 中的比重由 38.0%下降到 23.2%，而服务业的比重由 57.0%上升到 75.5%。2016 年，发达国家的服务业在 GDP 中所占的比重已超过 75%，农业的比重已经下降到 1.3%。可见，发达国家的经济结构明显体现出以服务业为主导的特征，已经进入后工业化社会时期。

表 10-4 1970—2016 年发达国家与发展中国家的经济结构对比（%）

国家	项目	1970 年	1980 年	1990 年	2000 年	2005 年	2008 年	2016 年
发达国家	农业	5.0	3.9	2.8	1.7	1.6	1.5	1.3
	工业	38.0	36.1	31.9	27.0	25.3	25.5	23.2
	服务业	57.0	60.0	65.3	71.3	73.1	73.0	75.5
发展中国家	农业	38.4	19.4	14.8	10.3	9.5	9.8	9.0
	工业	27.4	41.1	36.8	36.3	38.9	40.2	35.2
	服务业	34.2	39.5	48.4	53.4	51.6	50.0	55.8

资料来源：UNCTAD：*Handbook of Statistics*，December 2017；*e-Handbook of Statistics*，2018.

2. 发展中国家的经济结构

二战之后，多数发展中国家经济结构的重心实现了由农业向工业的转移，工业在发展中国家 GDP 中的比重不断上升。如表 10-4 所示，发展中国家农业在 GDP 中的比重由 1970 年的 38.4%下降到 2016 年的 9.0%，工业在 GDP 中的比重同期内由 27.4%上升到 35.2%。同时，与发达国家相比，发展中国家服务业在 GDP 中的比重仍然较低。例如，2017 年，低收入国家服务业在 GDP 中的比重为 44%，而高收入国家服务业在 GDP 中的比重已经达到 76%。① 总体上看，在发展中国家经济结构中，工业成为发展中国家经济结构的主体，由工业向服务业转移的特征还没有明显体现，大部分发展中国家处于工业社会阶段，而一部分最不发达国家还远未实现工业化。

二、发达国家之间经济发展不平衡

发达国家之间的经济发展不平衡也是世界经济发展不平衡的重要表现。在

① 世界银行 WDI 数据库。

二战后的世界经济发展进程中，发达国家之间经济发展不平衡主要表现为美国、欧共体（现为欧盟）和日本之间在不同时期经济发展不平衡。

20 世纪 50 年代，美国在资本主义国家中处于绝对的主导地位。由于二战的破坏，日本和西欧国家的经济遭受沉重打击，与美国的差距巨大。如在 1950 年，美国在资本主义世界的工业生产总值中占到 48.7%，而日本和联邦德国分别只占 1.6%和 6.3%。这一时期是发达国家之间经济发展不平衡最为严重的时期。

20 世纪 60 年代，日本和西欧国家的经济得到了快速发展。1970 年，美国 GDP 占全球 GDP 的比重为 31.6%，欧共体和日本的比重分别为 16.0%和 6.3%，欧共体和日本与美国的经济差距在不断缩小。1989 年，美国、欧共体和日本 GDP 占全球 GDP 的比重分别为 26.6%、27.9%和 15.1%。① 总体上看，20 世纪 80 年代，美国、欧共体和日本基本上形成三足鼎立的局面。

20 世纪 90 年代中期以来，美国、日本和欧盟之间经济发展呈现出新的不平衡性。日本经济由于泡沫经济的破裂而持续低迷，使美、日、欧之间的不平衡重新加大，扩大后的欧盟经济在总量上一度超过美国。如图 10-1 所示，2017 年，美国 GDP 占全球 GDP 的比重为 24.68%，欧盟和日本则分别为 21.96%和 6.29%。② 欧盟在发达国家经济中的地位日益重要，但在欧债危机的影响下，其在世界经济中的地位也出现一定程度的下降。

三、发展中国家之间经济发展不平衡

发展中国家之间的经济发展也同样存在着不平衡性。由于发展中国家之间的经济发展水平存在着差异，它们相互之间收入水平不均等的现象亦十分明显。一些发展中国家的经济实现了快速发展，如新兴工业化国家和地区以及新兴经济体，但还有一些发展中国家的经济仍然停滞不前，这样的国家主要集中在撒哈拉以南的非洲地区。

（一）经济发展水平的不平衡

二战后，虽然许多殖民地半殖民地国家实现了政治独立与民族经济的发展，但由于它们社会经济发展的基础条件及其经济发展战略的差异等原因，经

① 联合国统计数据库。

② 联合国统计数据库。

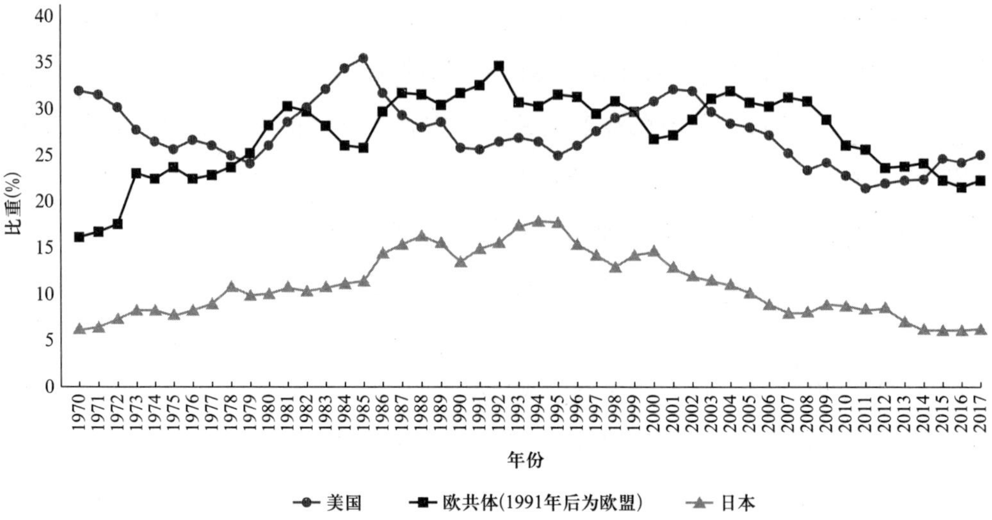

图 10-1 1970—2017 年美国、欧共体（1991 年后为欧盟）和日本 GDP 占世界的比重

资料来源：根据联合国统计数据库提供的数据整理得出。

济发展水平明显不同。这里，从新兴市场和发展中经济体以及最不发达国家等发展中国家主要类型的分析中，来理解发展中国家之间经济发展水平的不平衡问题。

1. 新兴市场和发展中经济体

按照国际货币基金组织对新兴市场和发展中经济体（emerging market and developing economies，EMDE）的定义，新兴市场是指市场经济体制逐步完善、经济发展速度较高、市场发展潜力较大的经济体，发展中经济体是指工业化程度较快增长、二元结构比较明显、资金比较短缺、处于发展中的经济体。根据国际货币基金组织的统计，截至 2018 年，全球新兴市场和发展中经济体共计 155 个。按区域来看，新兴市场和发展中经济体可以细分为 6 类，即独联体、新兴和发展中亚洲经济体、新兴和发展中欧洲经济体、拉美和加勒比海经济体、中东和北非经济体（包含阿富汗和巴基斯坦）、撒哈拉以南非洲经济体，如表 10-5 所示。

新兴市场和发展中经济体已经在世界经济发展过程中发挥出重要影响力。2018 年，新兴市场和发展中经济体的人口占世界总人口比重为 59.2%，按购买力平价计算的国内生产总值占世界比重为 37.1%，货物和服务总出口占世界比重为 85.8%，如表 10-5 所示。

表 10-5 2018 年新兴市场和发展中经济体经济发展水平的对比（%）

区域	经济体数量	人口		GDP（按购买力平价计算）		货物和服务出口	
		占新兴市场和发展中经济体的比重	占世界比重	占新兴市场和发展中经济体的比重	占世界比重	占新兴市场和发展中经济体的比重	占世界比重
独联体	12	7.5	4.4	8.1	3.0	4.5	3.9
俄罗斯		5.3	3.1	5.5	2.0	2.3	1.9
新兴和发展中亚洲经济体	30	56.2	33.3	48.9	18.1	56.4	48.3
中国		31.6	18.7	28.8	10.7	21.8	18.7
印度		13.1	7.8	6.2	2.3	20.9	17.9
除中国和印度外的新兴和发展中亚洲经济体		11.5	6.8	13.9	5.2	13.7	11.7
新兴和发展中欧洲经济体	12	6.1	3.6	9.8	3.6	2.8	2.4
拉美和加勒比海经济体	33	12.6	7.5	13.7	5.1	9.8	8.4
巴西		4.2	2.5	3.0	1.1	3.3	2.8
墨西哥		3.2	1.9	5.2	1.9	2	1.7
中东和北非经济体（包含阿富汗和巴基斯坦）	23	12.5	7.4	15	5.6	11	9.4
中东和北非		10.9	6.5	14.7	5.4	7.3	6.2
撒哈拉以南非洲经济体	45	5.1	3	4.5	1.7	15.6	13.4
除尼日利亚和南非外撒哈拉以南非洲经济体		2.7	1.6	2.6	1	11.7	10

注：部分数据因四舍五入原因，存在总计与分项合计不等的情况。

资料来源：IMF：*World Economic Outlook 2019*，p. 135.

但是，新兴市场和发展中经济体内部经济发展不平衡非常明显。30 个新兴和发展中亚洲经济体的经济发展规模占全部新兴和发展中经济体规模近一半。而45个撒哈拉以南非洲经济体的经济发展规模占全部新兴和发展中经济体规模仅为4.5%。33个拉美和加勒比海经济体的经济发展规模占全部新兴和发展中经济体规模也较低，为13.7%。作为新兴市场和发展中经济体典型代表的“金砖国家”的经济发展规模明显高于其他国家，其中中国、印度、俄罗斯和巴西四个国家的经济发展规模占全部新兴和发展中经济体规模高达43.5%。因此，经济发展的不平衡现象在发展中国家内部表现得也十分突出。

2. 最不发达国家

1971年，联合国通过决议将最不发达国家作为国家类别，把24个成员国列为最不发达国家。1991年3月，联合国对最不发达国家的定义作出新的规定，把最不发达国家定义为那些长期遭受发展障碍的低收入国家，特别是人力资源开发水平低和有严重结构性缺陷的国家。

根据联合国发布的《2018年最不发达国家报告》，世界上最不发达国家共计47个，其中非洲34个，亚洲9个，大洋洲3个，北美洲1个。这些国家总人口超过10亿，占世界总人口的13%，但其经济和社会发展处于极其脆弱的地位，GDP总和占全球总量的比重仅为1.3%，对外贸易总额仅占全球的1.1%。最不发达国家在实现可持续发展目标方面面临巨大挑战。2017年，最不发达国家中只有17.5%的人可以接入互联网，而发展中国家为41.3%，发达国家为81%。

（二）收入水平的不平衡

发展中国家之间经济发展不平衡性突出地表现在收入水平的差距上。根据世界银行的统计①，只有少数国家进入高收入国家之列，广大的发展中国家主要是中等收入和低收入国家。

1. 高收入发展中国家

高收入发展中国家主要是中东和北非地区的一些石油生产国，如科威特、沙特阿拉伯、阿曼、卡塔尔、利比亚和阿拉伯联合酋长国等。这些国家丰富的石油资源为其带来了巨大的经济财富，使其人均收入水平达到很高的程度。但是，这些国家单一的产业结构对其经济长期和全面的发展是十分不利的。

---

① 根据世界银行“2018年世界发展指数”对世界各国2017年数据的统计，将人均收入在996~12 055美元区间的国家列为中等收入国家。其中，人均收入在996~3 895美元区间的列为中低收入国家，在3 896~12 055美元区间的列为中高收入国家。人均收入在996美元以下的国家列为低收入国家，在12 055美元以上的国家列为高收入国家。

高收入发展中国家还包括部分新兴工业化国家，如新加坡和韩国。它们的人口规模相对较小，并利用其优越的地理优势，积极参与国际分工，在出口导向战略的带动下，实现了经济的快速增长和发展水平的迅速提高。

2018 年，科威特、沙特阿拉伯、阿曼、卡塔尔和阿拉伯联合酋长国的人均收入分别为 33 690 美元、21 540 美元、15 110 美元、61 190 美元和 41 340 美元，远高于中等收入发展中国家。①

2. 中等收入发展中国家

中等收入发展中国家分为中高收入发展中国家和中低收入发展中国家两类。中高收入发展中国家主要包括拉美地区部分国家如墨西哥、阿根廷、巴西、乌拉圭等，部分转型国家如俄罗斯、罗马尼亚、保加利亚、立陶宛等，以及中国、马来西亚、土耳其、南非等个别的亚非国家。中低收入发展中国家主要位于亚洲和拉丁美洲，包括印度、印度尼西亚等。

2018 年，中高收入发展中国家的人均收入为 8 859 美元，中低收入发展中国家的人均收入为 2 245 美元。中等收入发展中国家是发展中国家的主体，其 GDP 占发展中国家的 75%以上。2018 年，中高收入发展中国家 GDP 的年增长率为 4. 3%，中低收入发展中国家 GDP 的年增长率为 5. 5%。② 中等收入的发展中国家总体上保持着较快的经济增长。

3. 低收入发展中国家

低收入发展中国家共计 42 个，这些国家主要是最不发达国家，集中在撒哈拉以南的非洲地区。它们的人口增长率高，经济发展水平十分落后。2018 年，这些国家的人均收入只有 790 美元。2018 年，低收入发展中国家 GDP 的年增长率为 4. 9%。③ 由于自然资源相对丰富，这些国家在经济上主要依赖一种或几种初级产品的出口。长期以来，这些国家始终无法摆脱出口初级产品、进口工业制品的贸易形式，在经济发展上依然面临着重重困难。

四、现阶段的全球经济失衡

（一）全球经济失衡的含义及其表现

20 世纪末以来，全球经济持续失衡成为现阶段世界经济发展不平衡的一个

① 世界银行 WDI 数据库。
② 世界银行 WDI 数据库。
③ 世界银行 WDI 数据库。

突出现象。全球经济失衡是指世界各国各地区无法实现内部均衡与外部均衡的一种状态，其中尤其是指世界主要国家和地区之间在经济相互依赖基础上国际收支的非均衡状态。这种非均衡状态难以持续，而非均衡的调整将对世界经济总体产生巨大的冲击和影响。全球经济失衡主要体现为世界经济在国际贸易和国际金融领域的严重失衡。

1. 全球贸易失衡

1996 年之后，随着美国经常项目逆差的持续扩大、东亚国家和地区贸易顺差与外汇储备的不断增加，全球经济失衡表现得越来越明显。

全球贸易失衡的盈余方主要集中在亚洲地区，如日本、中国、东盟国家，欧元区国家也属于全球贸易的盈余方。如表 10-6 所示，2017 年，日本经常项目盈余 1 961 亿美元，不包括日本、中东和独联体的亚洲其他地区经常项目盈余 1 517 亿美元。另外，欧元区自 2012 年开始也出现了较大规模的贸易盈余，2017 年欧元区经常项目盈余 4 106 亿美元。这些国家和地区成为全球贸易的主要盈余方。

全球贸易失衡的赤字方主要是美国。如表 10-6 所示，1996 年，美国经常项目赤字为 1 170 亿美元。此后，美国经常项目赤字不断扩大。2010 年其经常项目赤字达到 4 307 亿美元。其间，2006 年，美国经常项目赤字规模最大，为 8 026 亿美元。2017 年其经常项目赤字仍高达 4 491 亿美元。美国经常项目的严重赤字主要与美国自身的经济结构和消费习惯有关。石油危机以后，美国经济结构不断“软化”，第三产业在经济中的比重不断提升，制造业不断地向其他国家转移。特别是美元在国际货币体系中的霸权地位，强化了美国人超越自身能力的消费和超前消费。另外，美国极大地限制高科技产品对华出口，这也是造成美国对华贸易赤字的重要原因。同时，中东欧国家、拉美和加勒比海地区也主要处于经常项目赤字状态，但其规模与美国相差甚远。2017 年，中东欧国家经常项目赤字规模仅为 491 亿美元，拉美和加勒比海地区经常项目赤字规模为 790 亿美元。

表 10-6 1996 年以来全球经常项目变动情况

单位：亿美元

国家和地区	1996 年	1998 年	2000 年	2002 年	2004 年	2006 年	2008 年	2010 年	2012 年	2014 年	2015 年	2016 年	2017 年
美国	−1 170	−2 100	−4 140	−4 580	−6 305	−8 026	−6 908	−4 307	−4 262	−3 738	−4 346	−4 517	−4 491
欧元区	797	643	−285	434	766	−126	−2 235	4	1 771	3 323	3 733	4 127	4 106

续表

国家和地区	1996年	1998年	2000年	2002年	2004年	2006年	2008年	2010年	2012年	2014年	2015年	2016年	2017年
日本	657	1 191	1 196	1 126	1 718	1 704	1 426	2 210	597	368	1 341	1 881	1 961
亚洲*	−408	1 139	865	1 230	1 758	3 789	4 257	2 334	1 223	2 309	3 131	2 227	1 517
拉美和加勒比海	−391	−905	−478	−162	214	498	−394	−979	−1 354	−1 841	−1 729	−990	−790
中东和北非	114	−255	695	313	1 032	2 841	3 341	1 705	4 121	1 901	−1 165	−1 282	−203
中东欧	−186	−182	−317	−201	−534	−874	−148	−869	−819	−590	−358	−326	−491
独联体	26	−97	463	303	635	963	1 082	685	676	570	530	−2	204

* 亚洲数据不包括日本、中东和独联体等国家和地区。

资料来源：IMF：*World Economic Outlook 2004*，p. 223；IMF：*World Economic Outlook 2010*，p. 194；IMF：*World Economic Outlook 2015*，p. 183；IMF：*World Economic Outlook 2017*，p. 257；IMF：*World Economic Outlook 2018*，p. 171.

2. 全球金融失衡

全球金融失衡与贸易失衡是密切相连的，主要体现为美国在国际金融领域中拥有霸权地位，而通过贸易顺差和资本流入而拥有大量美元储备的东亚国家和地区手中的美元不得不以购买美国国债等方式流回美国，使美国得以维持贸易逆差和大量进口，使失衡不断累积，并被迫成为美国金融霸权的支撑者。

美国在国际金融领域中的霸权地位，主要表现为美元既是美国的主权货币又是国际主导储备货币。美国拥有世界上最发达的金融市场，使得拥有大量美元外汇储备的国家，特别是东亚国家和地区为保持其美元资产的价值，不得不将美元外汇储备所形成的金融资产投向美国，不断增加对美国国债等金融证券的购买，如表 10−7 所示。在此过程中，美国成为最大的净债务国，而中国等国家则成为主要的净债权国，形成了前所未有的穷国借钱给富国的不合理现象。

表 10−7 东亚各经济体持有美国国债情况

单位：亿美元

时间	中国内地	中国香港	中国台湾	日本	韩国	马来西亚	菲律宾	新加坡	泰国
1994年12月	172	107	67	1 277	45	55	22	207	274

续表

时间	中国内地	中国香港	中国台湾	日本	韩国	马来西亚	菲律宾	新加坡	泰国
2000年3月	711	382	110	2 213	238	24	30	342	404
2005年6月	2 978	443	163	6 664	629	89	53	343	678
2010年7月	8 467	1 352	544	8 210	393	117	147	526	1 305
2017年11月	11 766	1 949	1 799	10 841	985	155	358	1 242	680
2019年4月	11 130	2 050	1 711	10 640	1 151	118	273	1 393	822

资料来源：美国财政部网站。

（二）现阶段全球经济失衡的原因

关于全球经济失衡的原因，许多西方学者更多的是从储蓄-投资视角或汇率视角出发进行分析，认为全球经济失衡的主要原因有两个：第一，是由储蓄率差异所导致的各国储蓄-投资缺口，具体而言，就是美国的低储蓄率和亚洲国家的高储蓄率的差异导致了全球经济失衡；第二，是部分国家的汇率低估，即认为一些国家通过低估本币汇率刺激出口激增，导致国际收支的严重失衡。

但事实上，从二战后美国储蓄率与投资率的变动情况来看，两者之间的缺口均没有造成美国经常项目收支大规模的逆差，而且在20世纪90年代中期，当美国储蓄率上升并高于总投资率时，其经常项目收支依然处于逆差状态。所以从长期来看，仅仅从储蓄-投资缺口来解释全球经济失衡是乏力的。另一方面，经验表明，尽管短期内汇率变动会对经常项目收支产生影响，但对于长期持续存在的国际收支不平衡，汇率因素的作用十分有限。所以，这些至多是短期因素，不是导致全球经济失衡的长期原因，更非根本原因。

导致全球经济失衡的根本原因，是二战后国际分工的巨大变化以及以美元为核心的国际货币体系的影响。

1. 国际分工的新变化

二战后，美国率先开展并引领的全球产业结构的调整，导致其服务业特别是金融业在国民经济发展中的地位和作用不断上升并成为比较优势产业。在此过程中，美国通过将制造业生产以外包等方式分散到世界各地，并通过进口工业品来满足国内需求，进而形成了日益增多的贸易逆差。跨国外包的发展与全球产业供应链的延长，深刻地改变了传统的国际分工方式，形成了在一些国家和地区集中生产从而面向全世界销售的格局，这些国家和地区积累起越来越多的贸易顺差。这样，全球国际分工形成了以美国为首的发达国家的金融业比较优势与一些发展中国家和地区的制造业比较优势之间的新型分工格局。这在很大程度上意味着，由此所导致的国际收支失衡是必然的和长期的。

所以，从国际分工变化的角度来看，美国产业结构调整所导致的自身金融业比较优势的形成，是其经常项目逆差扩大的根本原因。布雷顿森林体系崩溃前美国与其他一些发达国家之间的贸易失衡，20 世纪 80 年代前后美、日之间的贸易失衡以及目前美国经常项目收支的恶化，本质上是同一问题的延续和深化。

2. 以美元为核心的国际货币体系的影响

布雷顿森林体系崩溃后，现行的国际货币体系依然是以美元为基础货币运行的“美元体制”。目前，以美元为中心的国际货币体系所表现出来的弊端越来越严重，发展中国家由于经济实力的落后，在现行国际货币体系中处于弱势地位。总体来看，现行国际货币体系的弊端主要表现在以下三个方面。

（1）美国拥有对当今国际金融、资本市场运行规则的制定权。美国可以不关注其贸易收支的赤字，通过贸易逆差向世界提供大量的美元供给。发展中国家尤其是亚洲国家尽管拥有越来越多的美元贸易顺差，却不得不将其中相当大一部分以投资美国国债等形式回流到美国金融和资本市场，支撑着美国经济的运行，以至于出现了世界上最大的净债权国所持有的大部分海外资产是以世界上最大的债务国的货币计价的情况，这是前所未有的。

（2）美国可以恣意地集中关注国内经济目标，而不必担心其国际收支状况和汇率水平，而其他国家则需要承担主要的国际收支调整压力，不得不主动维系美元汇率的稳定，乃至无法维护本国的货币主权。

（3）美国经常滥用美元作为国际交易中主要交换媒介的垄断地位，保持国内通货膨胀率的居高不下，同时还可以促使美元对其主要贸易伙伴货币的不断贬值，以谋取更多的铸币税收入。

正因为如此，美国的金融霸权使大部分发展中国家产生了对“美元体制”的严重依附。发展中国家为了维持外部均衡而不得不牺牲本国内部经济的均衡，结果严重阻碍了自身经济的发展，加剧了全球经济失衡。

第二节　世界经济发展不平衡的原因

现阶段世界经济发展不平衡的表现依然十分明显。导致世界经济发展不平衡的原因是多方面的，主要包括不公正、不合理的国际经济秩序，历史因素和社会经济条件的影响，科技水平的差距，以及各国经济体制和发展战略的差异等。

一、不公正、不合理的国际经济秩序

不公正、不合理的国际经济秩序带有强烈的霸权主义的性质和特点，是霸权国家强加于国际社会所形成的弱国服从强国、发展中国家服从发达国家的经济秩序。不公正、不合理的国际经济秩序是资本主义世界体系下的产物，“资本主义已成为极少数‘先进’国对世界上绝大多数居民实行殖民压迫和金融扼杀的世界体系”①。不公正、不合理的国际经济秩序使发达国家和发展中国家之间经济发展不平衡日益加大，主要表现在以下几个方面。

（一）国际分工中不公正、不合理的国际经济秩序

虽然像二战前那种以发达国家为世界加工厂，发展中国家为原料、燃料供应地和商品销售市场的殖民地性质的国际分工有所改变，但不合理的国际分工并未从根本上消除。从总体上看，发达国家集中了世界上最先进的一些工业部门，如电子工业、高精仪器仪表制造业和航天航空工业等，其生产转向了集约化、技术密集化。而那些劳动力密集、原材料消耗大、污染严重的产业相对转移到发展中国家。即使部分发展中国家建立了现代化企业，在很大程度上也是为发达国家进行零部件的生产和加工。发展中国家仍居于国际分工体系的低端，它们向世界市场提供的制成品同发达国家提供的产品相比，工艺的复杂程度要低很多。

正因为如此，不合理的国际分工体系使发展中国家的生产不得不服从于发达国家国际垄断资本的需要和利益，其经济发展仍然依赖于发达资本主义国家的市场需求。同时，发展中国家所需要的许多商品尤其是资本货物，则严重依赖于发达国家的生产和供给。

（二）国际贸易中不等价交换的国际经济秩序

不等价交换在资本主义进入帝国主义阶段之后已经变成国际贸易中的一般规律，二战后继续成为发达国家进一步剥削发展中国家的主要形式。发达国家的垄断资本以垄断高价向发展中国家出售工业品，以垄断低价购买发展中国家的初级产品，进行不等价交换的剥削。或者，发达国家以其技术和资金优势，

---

① 《列宁专题文集 论资本主义》，人民出版社 2009 年版，第 102 页。

掠取发展中国家的廉价原料和廉价劳动力。而且，由于发展中国家的出口商品主要是初级产品和劳动密集型产品，而发达国家出口的大多是资本和技术密集型产品，它们之间的贸易本身就存在着事实上的不平等。即便如此，发达国家还经常采取各种贸易保护措施和贸易壁垒等手段，恶化发展中国家的贸易条件。国际贸易中的不等价交换使发展中国家流失了大量的财富。

（三）国际金融领域中不合理的国际经济秩序

国际金融领域中不合理的国际经济秩序主要地体现在发达国家与发展中国家之间。如上所述，现行国际货币体系导致国际金融领域中存在着严重不合理的国际经济秩序，其很多弊端使得广大发展中国家不得不成为“美元体制”的依附者与受害者。

与此同时，二战以后，以美国为首的发达国家的一些金融寡头仍然在很大程度上控制着一部分发展中国家的财政和金融，左右着这些国家的经济生活，使得发展中国家深受发达国家货币政策和汇率政策的变动之害。例如，20 世纪 80 年代初美国实行的高利率、高汇率政策加剧了发展中国家的债务负担。从发展中国家的总体债务来看，美元利率每上升 1 个百分点，债务国就要付出 60 亿美元的利息。1979—1982 年，由于美元利率提高，使拉美地区的负债国多付出了 490 亿美元的利息。同时，美元升值大大增加了发展中国家的债务负担，其债务增加部分的 1/4 是因汇率变化造成的。2018 年，发展中国家总体的负债率（债务占 GDP 比重）就达到了 29. 9%，明显超出国际公认的安全线 20%。其中，拉美和加勒比海地区负债率高达 41. 7%，撒哈拉以南非洲国家负债率为 34. 4%。负债率飙升，还本付息成为越来越沉重的负担。①

总之，国际金融领域中不合理的国际经济秩序是推动世界经济发展不平衡的重要原因之一。

（四）国际经济组织中不合理的国际经济秩序

当今的国际经济秩序是由国际货币基金组织、世界银行和世界贸易组织等国际经济组织作为支柱而运行的。由于发达国家主导着全球性国际经济组织，拥有对一切重大国际经济问题的决定权，这些国际经济组织常被少数发达国家利用，成为对发展中国家进行渗透和施压的工具。发展中国家的正当要求和合

① IMF：*World Economic Outlook 2017*，Statistical Appendix，B19，p. 28，IMF：*World Economic Outlook 2019*，p. 185.

法权益往往得不到应有的重视和解决。国际经济组织在向发展中国家提供经济救助时，或者少数发达国家在向发展中国家进行技术转让和实施贸易最惠国待遇时，往往附加许多苛刻的条件（如1997年亚洲金融危机爆发后国际货币基金组织对韩国等国家的救助）。发达国家在处理世界性重大国际经济问题时，往往是先在极少数国家间达成协议，然后扩大到少数国家，最后才是所有有关国家的参与。

可见，不公正、不合理的国际经济秩序不仅是发展中国家长期贫困落后的主要根源，也是这些国家独立后发展民族经济的重大障碍。因此，不公正、不合理的国际经济秩序是导致世界经济发展不平衡，特别是发达国家与发展中国家经济发展不平衡的重要原因。

面对不公正、不合理的国际经济秩序，“中国将高举和平、发展、合作、共赢的旗帜，恪守维护世界和平、促进共同发展的外交政策宗旨，坚定不移在和平共处五项原则基础上发展同各国的友好合作，推动建设相互尊重、公平正义、合作共赢的新型国际关系”①。“积极发展全球伙伴关系，扩大同各国的利益交汇点，推进大国协调和合作，构建总体稳定、均衡发展的大国关系框架，按照亲诚惠容理念和与邻为善、以邻为伴周边外交方针深化同周边国家关系，秉持正确义利观和真实亲诚理念加强同发展中国家团结合作”②，致力于建设公正、合理的国际经济新秩序。

二、历史因素和社会经济条件的影响

在世界经济发展的过程中，各个国家的经济发展具有不同的历史背景和社会经济条件。它们对于各个国家经济发展的影响和作用是不同的，这也是导致世界经济发展不平衡的重要因素。

（一）资本主义原始积累为发达国家形成了有利于经济发展的社会经济条件

随着西欧商品经济的产生和发展，资本主义经济制度逐渐形成，并首先在西欧确立。西欧各国为了促进资本主义的发展，通过各种剥削手段促进资本的原始积累，包括圈地运动、贩卖黑奴、掠夺殖民地金银等。在资本主义贪婪的

① 习近平：《决胜全面建成小康社会　夺取新时代中国特色社会主义伟大胜利——在中国共产党第十九次全国代表大会上的报告》，人民出版社2017年版，第58页。

② 习近平：《决胜全面建成小康社会　夺取新时代中国特色社会主义伟大胜利——在中国共产党第十九次全国代表大会上的报告》，人民出版社2017年版，第59—60页。

本性下，西欧国家最先实现了资本的原始积累，并通过产业革命进入机器大工业时代。德国、俄国、美国、日本等国家在资本主义制度确立以后，纷纷通过对外扩张、殖民掠夺等方式，促进资本主义原始积累的形成。这些国家通过殖民体系在全球的建立，为其国内资本主义的发展提供原材料来源和产品销售市场，使这些国家的资本主义得以迅速发展，并使这些国家国力不断强盛。可以说，发达国家的经济发展能够达到今日的发达程度，是与这些国家血腥的资本主义原始积累密不可分的。这些国家发达的经济水平正是通过这种血腥的资本主义原始积累的道路才实现的。在贪婪的资本主义本性的作用下，血腥的资本主义原始积累为发达国家形成了有利于经济发展的社会经济条件。

（二）发达资本主义国家特有的历史环境和社会经济条件使其迅速成为世界强国

地理大发现、商业革命以及重商主义政策等历史因素，极大地推动了西欧资本主义制度的产生和社会形态重大的变化。这些历史因素和社会经济条件在世界其他地区经济发展过程中是不具备的，因而工业革命始发于西欧的英国，并使英国及其他西欧国家率先完成了工业化。在工业革命的推动下，英国等西欧国家更加需要世界市场，以获取更多的原材料和产品的出口市场。特别是第二次产业革命的发生，使机器大生产工业获得飞速发展。这为英国成为“日不落”帝国，为英国及其他西欧国家世界殖民体系的建立提供了重要条件。这些特有的历史环境和社会经济条件，奠定了西欧国家成为世界经济发展中重要力量的基础。

美国早期工业化的成就、西部开发、南北战争的结束，形成了有利于美国经济发展的外部与内部环境。加上美国疆域广阔、自然资源丰富，所以马克思说：“美国拥有任何一个欧洲国家所没有的大量资源和优越条件”①。而且，美国又是一战和二战的最大受益者。美国借助这两次战争的契机，逐步实现了其在世界经济发展中的主导地位。

日本作为亚洲地区率先实现工业化与现代化的国家，亦有其独特的历史与社会经济条件。相对而言，在亚洲国家中日本的封建制度与欧洲封建制度最为相似，长期存在着相互竞争的政治经济势力，且长期以来政治、经济和社会发展的主导权掌握在众多的封建领主手中。因此，在西欧资本主义殖民势力“东

---

① 《马克思恩格斯文集》第 4 卷，人民出版社 2009 年版，第 338 页。

进”的过程中，日本在亚洲率先接受了资本主义社会经济形态，通过“明治维新”迅速成为亚洲地区的经济强国，并在较短时间内完成了工业化并迅速走向对外侵略和掠夺的道路。二战后初期冷战格局的形成，为日本提供了有利的外部环境，加快了日本经济的迅速恢复和崛起。同时，在日本国内，其战前的工业技术人才及其力量并未受到严重破坏，而且日本虽然国土狭小、资源匮乏，但由于长期以来非常重视教育事业的发展，注重人力资源的开发，使其积蓄了丰厚的人力资本。

（三）广大发展中国家不利的历史因素阻碍了它们的经济发展或者加重了它们的落后程度

亚洲众多的发展中国家或长期沦为欧美等资本主义列强的殖民地半殖民地；或经历了长期的内战；或自身中央集权的传统势力过大，遏制了商品经济的形成和发展；或长期处在落后的部落制社会或游牧社会形态，等等。这些历史因素尤其是殖民者对它们的侵略和殖民掠夺，使其在近代成为殖民国家的经济附属，并处于长期的落后状态。

拉丁美洲和非洲的发展中国家比亚洲国家更早地被欧美发达国家所控制和支配，长期处于殖民掠夺和统治之下。这些发展中国家在民族独立前遭到殖民者的疯狂掠夺和破坏，如对美洲金银的掠夺、对印第安人的屠杀、对非洲黑人的贩卖等。欧美殖民者的这些疯狂掠夺使得这些地区的社会经济发展遭到了严重破坏，在很大程度上丧失了社会经济发展的基本条件。所以，亚非拉发展中国家在殖民体系瓦解获得民族独立后，它们的经济发展水平相当落后，有的发展中国家直到现在仍在贫困状态中挣扎。

另外，广大发展中国家的经济发展不仅受到历史因素的影响，即便在二战以后，其他一些影响其发展的社会经济因素在很大程度上也阻碍了它们的经济发展，如人口过度膨胀、经济发展失衡、贫富差距拉大以及生态和环境的恶化等。与此同时，发达国家所主导的不公正、不合理的国际经济秩序也使得发展中国家的贸易条件等经济发展的外部环境趋于恶化。发达国家经常挥舞“人权”大棒，干涉发展中国家内政，以提高“劳动标准”、迫使汇率升值及“环境保护”等为手段，不断增加发展中国家的生产和贸易成本，使其同发达国家的差距进一步拉大，加剧了世界经济发展不平衡。

三、科技水平的差距

科技水平的差距是形成世界经济发展不平衡的重要因素。科技水平的差距主要是由科技进步的差异导致的。科学技术作为“一种在历史上起推动作用的、革命的力量”①，极大地推动了那些善于利用它的国家的发展。科学技术的空前发展使一些国家能够以跳跃方式超过另一些国家，也就是说，科学技术的进步在不同国家的不同发展速度，会直接或间接地改变国家之间的实力对比，促进或改变世界经济发展不平衡。

（一）国家之间科技水平的差距直接导致了世界经济发展不平衡

科技水平的差距在发达国家与发展中国家之间表现得最为突出。大多数发展中国家的科技水平和科技能力较低，与发达国家的差距甚远。到2007年，在由110多个国家的公民或法人提出的专利合作条约（Patent Cooperation Treaty，PCT）申请中，75%的申请来自5个发达国家；占世界人口近80%的发展中国家，只拥有世界3%的专利。② 2016年，有来自125个国家的申请人提交了PCT申请，但大多数申请来自数量有限的几个国家。来自美国、日本和中国的申请人提交的申请总和达到了PCT申请总量的62%。③ 世界科技力量和科研成果基本为发达国家所控制和垄断。在高科技产品附加值方面，美国、欧盟和日本与其他国家相比始终处于绝对的优势地位。

发达国家通过技术转让或输出的方式对发展中国家进行经济扩张，也加大了发达国家与发展中国家之间经济发展不平衡。跨国公司是发达国家主要的技术转让者，它们一般是以对外直接投资方式向发展中国家转让技术和设备。虽然跨国公司的投资能够在一定程度上促进东道国的技术进步，但这不仅取决于东道国是否存在着有利于吸取与消化这些技术的条件与能力，更多的情况是，对外直接投资正是跨国公司在全球控制和配置资源、增强竞争力的主要手段。而且，跨国公司的技术转让要向东道国索取直接费用和各种间接费用，还规定了许多苛刻的附加条件，如使用配件必须由输出国提供等。发达国家的科技优势和对先进技术成果的垄断是贸易和投资利益分配不平等的关键因素，也是导致世界经济不平衡的重要原因。

发展中国家的科技和教育水平比发达国家更为滞后，决定了发达国家与发展中国家在经济发展上的差距有可能进一步扩大。随着科技革命的蓬勃发展，发达国家凭借其教育上的优势和科技上的垄断地位，加快产业结构的调整，大

---

① 《马克思恩格斯文集》第3卷，人民出版社2009年版，第602页。

② 世界知识产权组织：《世界知识产权指标》（2009年版）。

③ 世界知识产权组织：《2017年PCT年鉴——摘要》。

力发展高新技术产业。而大多数发展中国家由于教育落后和科技力量薄弱，又缺乏必要的资金，难以利用科技革命的机会实现高新技术产业的跨越发展，只能在改造传统产业方面取得某些进展。因而从根本上说，科技差距是造成发达国家和发展中国家之间经济发展不平衡极为重要的因素。

需要指出的是，虽然科技水平的差距在发达国家与发展中国家之间表现得最为突出，但是发达国家之间也同样存在着科学技术水平的差距，尽管没有发达国家和发展中国家之间那么巨大，但这也是构成发达国家之间经济发展不平衡的重要因素。总之，各国之间科技水平的差距是导致世界经济发展不平衡的重要原因。

（二）科技进步的差异使知识经济和工业经济同时并存也是世界经济发展不平衡的主要原因

知识经济是指建立在知识和信息的生产、分配与使用基础上的一种复杂的经济形态。知识经济源于科技革命，并随着信息技术等一系列高新技术的发展而逐步发展壮大。

由于科技进步在各国之间的差异，一些国家开始步入知识经济时代，另一些国家还处于工业经济或更落后的经济时代。特别是自 20 世纪 90 年代以来，知识经济以信息技术革命为前导，电子技术、生物技术、新材料技术等高新技术的群体形式迅猛发展。以美国为代表的高新技术原发国使知识经济逐渐发展成为其经济结构的主体。与此同时，广大的发展中国家主要处于工业化进程中，或处于不发达的工业经济甚至落后的农业经济当中。因此，广大发展中国家要加强国家创新体系建设，强化战略科技力量，深化科技体制改革，建立技术创新体系，加强对中小企业创新的支持，促进科技成果转化，倡导创新文化，强化知识产权创造、保护、运用。① “我们既要立足自身发展，充分发掘创新潜力，也要敞开大门，鼓励新技术、新知识传播，让创新造福更多国家和人民。”②

科技进步的不同速度与水平使各国处于不同的经济形态，而不同经济形态的社会经济发展水平是不同的。所以，这种以科技水平为基础的不同经济形

① 习近平：《决胜全面建成小康社会　夺取新时代中国特色社会主义伟大胜利——在中国共产党第十九次全国代表大会上的报告》，人民出版社 2017 年版，第 31 页。

② 习近平：《登高望远，牢牢把握世界经济正确方向——在二十国集团领导人第十三次峰会第一阶段会议上的讲话》，2018 年 11 月 30 日。

态，是造成发达国家和发展中国家经济发展不平衡的主要原因。

四、各国经济体制和发展战略的差异

在经济发展的过程中，各国都依据各自的国情和经济发展的条件采取了不同的经济体制和发展战略。这些经济体制和发展战略给它们带来了不同的经济发展绩效，这也是导致世界经济发展不平衡的重要原因。

（一）各国经济体制的差异与世界经济发展不平衡

经济体制等资源配置制度的差异对世界经济发展不平衡产生的影响十分明显，市场经济体制的成熟程度或水平对于世界经济发展不平衡有着重要的影响。

在成熟的市场经济体制中，不仅市场对资源配置的基础性作用得到充分发挥，而且经济运行的体系较为完善，能够有效地保护经济主体之间的平等竞争，实现较高效率的经济运转。所以，发达国家在走向成熟的市场经济体制过程中，也实现了经济发展水平的大幅提升。

而由于历史的原因，大多数发展中国家市场经济体制的成熟程度相对较低或者不完善，因而它们在参与全球经济竞争时，同具有相对成熟的市场经济体制的发达国家相比，处于不利的地位，加剧了世界经济发展不平衡。

因此，要坚决破除一切不合时宜的思想观念和体制机制弊端，突破利益固化的藩篱，激发全社会的创造力和发展活力，构建系统完备、科学规范、运行有效的制度体系，不断推进国家治理体系和治理能力现代化。着力加快建设实体经济、科技创新、现代金融、人力资源协同发展的产业体系，着力构建市场机制有效、微观主体有活力、宏观调控有度的经济体制，不断增强经济创新力和竞争力。①

（二）经济发展战略的差异与世界经济发展不平衡

二战后，很多国家特别是发展中国家根据自身的具体国情采取了不同的经济发展战略，并在很大程度上对其经济发展绩效产生了重大影响。20 世纪 60 年代以来，发展中国家所采取的经济发展战略主要有资源开发型发展战略、进口替代与出口导向发展战略。

---

① 根据习近平 2017 年 11 月 10 日在亚太经合组织工商领导人峰会上提出的“五大新征程”中“全面深化改革、持续释放发展活力的新征程”和“与时俱进、创新发展方式的新征程”的思想整理。

1. 资源开发型发展战略

采取资源开发型发展战略并取得较为突出成效的国家主要是石油输出国。由于石油对于经济发展的战略意义以及这些国家丰富的石油储量，这些国家通过石油的开发和出口取得了巨大的经济效益，使国民收入以及人均国民收入迅速增长，但同时也带来了以石油产业为主的单一经济结构的弊端。

对于采取资源开发型发展战略的非产油国特别是发展中国家来说，它们的经济发展形势并不乐观。这些非产油国开发的资源主要是部分矿产资源以及咖啡等农产品。这些原材料和农产品的出口价格并不像石油输出国那样掌控在自己手里，而是长期受控于发达国家。所以，采取非石油资源开发型发展战略的国家，除澳大利亚等少数发达国家外，大多数国家的工业技术和发展水平都很低，并且形成了依靠单一产业的畸形经济结构。

2. 进口替代与出口导向发展战略

二战后，进口替代与出口导向是发展中国家采取的两种主要的经济发展战略。采用进口替代发展战略的主要是拉美发展中国家，采用出口导向发展战略的主要是东亚发展中国家。从总体上看，一些实行进口替代战略的国家在该战略实施的初期经济增长还比较顺利，当达到一定阶段后，由于高水平的贸易保护措施，使产品成本居高不下，进口替代产品变成了昂贵的产品，市场需求降低，生产的发展和经济增长受到了极大的限制。相对而言，采取出口导向战略的国家则通过积极参与国际分工，充分利用经济全球化的益处，推动了产业结构的不断升级和经济发展。如表 10-8 所示，不同的经济发展战略的确对经济发展绩效有着不同的影响，进而对世界经济发展不平衡产生了一定的作用。

表 10-8　采取出口导向战略与进口替代战略国家的国民生产总值年均增长率（%）

时期	出口导向型国家	进口替代型国家
1963—1973 年	6. 6	5. 8
1973—1976 年	5. 5	5. 3
1976—1979 年	8. 1	4. 6
1979—1982 年	2. 4	2. 6
1982—1984 年	5. 3	1. 7

资料来源：Balasa B.："Policy Responses to Exogenous Shocks in Developing Countries", *American Economic Review*, 1986 (5): 77.

当前，世界正处在快速变化的历史进程之中，世界经济正在发生更深层次的变化。我们要洞察世界经济发展趋势，采取科学的发展战略，把握“增长动能”和“全球发展方式”的深刻转变。新一轮科技和产业革命已经形成势头，数字经济、共享经济加速发展，新产业、新模式、新业态层出不穷，新的增长动能不断积聚。创新、协调、绿色、开放、共享的发展理念日益深入人心，要进行更加全面、更有质量、更可持续的发展。①

第三节 世界经济发展不平衡的影响

世界经济发展不平衡对世界政治经济的各个领域产生了重大的影响。世界经济发展不平衡必然带来国家间经济矛盾与摩擦，并使其更加复杂化；同时，世界经济发展不平衡也使世界政治经济格局在朝着多极化发展的过程中出现了新的变化，并推动着构建国际经济新秩序的斗争不断地向前发展。

一、国际经济矛盾与摩擦复杂化

世界经济发展不平衡使国际经济矛盾与摩擦进一步复杂化。这种复杂性不仅表现在发达国家之间、发达国家与发展中国家之间，还表现在全球经济层面所有国家共同面对的一系列问题上。

（一）发达国家之间经济矛盾与摩擦的复杂性在加大

首先，发达国家之间经济发展不平衡与贸易发展不平衡出现反差错位，反映出发达国家经济发展不平衡导致的经济矛盾已开始进入一个新的阶段。20 世纪 90 年代以来，美国经济的年均增长速度超过日本、德国、法国等主要发达国家，但在国际商品市场竞争中却仍然落后于日本和欧盟国家。

其次，美国金融霸权也加深了发达国家之间的经济矛盾与摩擦。20 世纪 90 年代以来，虽然日元国际化的努力失败，欧元也没有动摇美元的国际地位，但欧元区国家和日本一直没有放弃对国际金融主导地位的追求。以美元为中心的国际货币体系，使欧盟国家以及日本这样的贸易大国始终处于不利的地位，因而它们对改革国际货币体系、削弱美国金融霸权的呼声日益高涨。

---

① 根据习近平 2017 年 11 月 10 日在亚太经合组织工商领导人峰会上提出的“四个深刻转变”中“增长动能的深刻转变”和“全球发展方式的深刻转变”的思想整理。

(二) 发达国家与发展中国家之间的经济矛盾与摩擦在加大

首先，发达国家维护自身利益的政策措施，加大了它们与发展中国家之间的矛盾与摩擦。比如，发达国家为维护自己产品的国际竞争力，或出于国内政治力量平衡的需要，经常采用不合理的反倾销、反补贴、特别保护以及技术壁垒等贸易保护手段，阻止或控制来自发展中国家的进口，从而引起广大发展中国家的强烈反对。

其次，发展中国家摆脱对发达国家长期依赖的努力，也会加大它们同发达国家之间的矛盾与摩擦。在长期的历史发展中，发展中国家在资本、技术以及经济管理体制上形成了对发达国家的依赖。特别在经济全球化不断深化的时代，发达国家不断地把经济波动和其他经济问题向发展中国家转移。发展中国家为了维护民族经济，促进经济稳定发展，摆脱对发达国家的依赖，必然加强同发达国家的斗争，使双方的矛盾与摩擦增大。

(三) 全球经济失衡使国际经济矛盾与摩擦更加复杂化

目前，全球经济失衡的双方主要集中在美国和东亚地区。双方对此采取的相应对策在很大程度上增加了国际经济矛盾与摩擦。例如，美国用资本项目的顺差来弥补严重的经常项目赤字，使金融资产更多地流入美国，并导致美国债务增加、美元贬值等问题，自然会引起债权国对美国的抨击与担忧。除了贸易失衡外，全球金融失衡等问题使国际经济矛盾与摩擦更加复杂化。在全球金融失衡的状况下，拥有发达金融市场的国家如美国，经常有意愿使其对外负债逐步增加，然后通过增发货币，有意使货币贬值来掠取他国资源。这些都将加大债权国与债务国之间的矛盾与摩擦。

二、世界经济多极化趋势不断增强

世界经济发展不平衡虽然总体上使南北差距不断扩大，但随着欧盟、日本等发达经济体以及新兴和发展中经济体在世界经济发展中的地位与作用不断增强，美国的经济霸权地位相对削弱，世界经济多极化趋势不断增强。

(一) 世界经济力量对比正在发生变化

欧盟、日本等发达国家和地区经过二战后经济恢复及此后的快速发展，经济实力明显增强。2008 年国际金融危机后，尽管欧盟和日本的经济受到了严重的冲击，但它们业已具备的经济实力和发展潜力，决定了它们的经济强国地位还会得到进一步发展。20 世纪八九十年代以来，新兴市场和发展中经济体全面参与经济全球化，抓住机遇，应对挑战，经济高速增长，在世界经济发展中的地位与作用日益增强。按购买力平价计算，2017 年，中国、印度、巴西、印度尼西亚、墨西哥、土耳其、韩国、南非 8 个发展中国家和俄罗斯的国民生产总值的总和，与美国、英国、德国、法国、意大利、日本、加拿大 7 大工业国国民生产总值的总和基本相当。① 正是由于经济实力对比的改变，G20 成为国际社会讨论重大经济问题的重要平台。新兴市场和发展中经济体的经济发展，在一定程度上制约了美国的经济霸权，为世界经济走向多极化奠定了基础。在此过程中，美国正越来越多地受到其他力量的钳制，难以在国际事务中恣意独行。当今世界已不具备打造单极世界的环境，美国也不再具备这种综合实力，其经济霸权地位也正在受到国内外复杂的政治经济因素的制约。

（二）世界经济领域一超多强的局面仍将长期持续

二战后，美国成为世界超级大国。此后，尽管美国的经济发展不断受到经济危机的冲击，经济增长波动起伏，但美国超级大国的地位总体上没有改变。20 世纪 90 年代，美国经济再次呈现出强劲的发展势头。而同期，日本和西欧国家经济持续低迷。近几年，美国经济恢复的势头较好。2017 年，美国政府提出“美国优先”施政主题，致力于通过加快加大基础设施建设、促进更“公平、对等”的对外贸易、复兴制造业来促进美国经济增长，扩大就业，改善民生。2017 年年底，税改法案获得参议院通过，希望通过简化税法、降低公司税、为中产阶级减税、鼓励美国企业将囤积在境外的利润汇回国内的四大税改目标来提振美国实体经济。特朗普对新政的执拗坚持，对经济有“强心剂”作用，短期内不排除提振美国经济的可能。

同时，在现阶段的全球经济失衡中，金融主导经济发展的趋势在增强，这在很大程度上有利于美国维持其经济超级大国的地位。2008 年国际金融危机的爆发导致了全球金融动荡和经济衰退。在此过程中，虽然美国经济和金融业受到了巨大的冲击，但凭借着美元霸权地位和美国在全球经济规则制定中的主导地位，美国经济所受到的冲击比日本和欧元区国家所遭受的冲击要小。

此外，虽然英国“脱欧”等事件对欧盟经济的发展带来不确定性，但欧盟已建立了货币联盟，进一步推进共同外交政策和防御计划，推行统一的宪制改革，成为多极经济格局中的重要一极。俄罗斯亦为在全球范围内文化、经济、

---

① 世界银行 WDI 数据库。

军事、政治以及科技等诸多领域拥有巨大影响力的世界性强国。日本是当今世界强国之一，科技、教育、医学、工业等方面始终位于世界前列。新兴市场国家在全球经济总量中所占比重迅速上升，其经济发展速度依旧较快。例如，2017 年“金砖国家”在全球经济总量中的占比已经上升到了 23. 3%，而十年前仅为 12%。在世界经济发展过程中，“多强”将发挥越来越重要的影响力。世界经济一超多强的状况在相当长的时期内仍将保持。

三、构建国际经济新秩序的途径日益明确

现行国际经济秩序是二战刚结束时按照发达国家的意志和需要建立起来的，是发达国家特别是美国在国际生产和流通领域的垄断地位的体现。由于这种国际经济秩序的长期存在，使得当今世界经济领域最根本的矛盾是发展中国家发展不足。虽然从 20 世纪 70 年代开始，发展中国家就在为建立国际经济新秩序而不懈努力，但是直到目前，广大发展中国家的利益仍得不到保障，经常受到侵害。现行的国际经济秩序是不公正、不合理的，必须对其进行必要的改革。

（一）改变现有的国际分工格局

不合理的国际分工是国际经济旧秩序的重要基础。从总体上看，发展中国家在国际产业分工体系中，尚未摆脱主要从事简单加工工业和劳动密集型制成品的生产和出口的状况；在农业内部，一些发展中国家由于粮食种植面积的减少且过于依赖经济作物的出口，更加重了对发达国家的依赖。

在当今国际分工格局中，发达国家处于价值链的高端，而发展中国家则处于价值链低端，这种状况使发展中国家在国际贸易关系中处于十分不利的地位。改变这种不合理的国际分工，一方面可以提升发展中国家在国际经济事务中的发言权和决策权，促进发达国家和发展中国家国际地位的平等；另一方面，也将有助于缩小发达国家与发展中国家的贫富差距，缓和世界两极分化的现象。

（二）改善发展中国家的贸易条件

发达国家为了控制和剥削发展中国家，长期以来垄断着国际原材料市场，不断压低发展中国家初级产品的出口价格，垄断并控制高科技产品贸易，抬高工业制成品的价格，使国际贸易的“剪刀差”不断扩大，通过不等价交换剥削发展中国家。同时，发达国家还不断加强贸易保护主义，阻碍发展中国家制成品的出口。

发展中国家为了摆脱发达国家的控制和对发达国家的依赖，就要争取改变

发达国家对原材料市场的垄断，提高发展中国家初级产品的出口价格，实现国际商品市场中的平等交换。同时，要改善原材料和初级产品的贸易条件，在发展中国家出口原料、初级产品与进口制成品价格之间建立公平合理的关系；还要反对发达国家的贸易保护主义，要求实行普遍优惠制，并争取发达国家更多地向发展中国家公平转让技术。“要在联合国、二十国集团、世界贸易组织等框架内，坚定维护基于规则的多边贸易体制，推动贸易和投资自由化便利化，旗帜鲜明反对保护主义。”①

（三）改革不合理的国际货币体系

当今以美元为中心的国际货币体系是不公正、不合理的。在这个体系中，发达国家以其雄厚的金融资本在世界各地遍设金融网络，可以直接操纵和影响发展中国家的财政金融和经济生活。

发展中国家为了摆脱发达国家的控制和对发达国家的依赖，就要改变发达国家在金融等方面对发展中国家的控制，改革现行的国际货币体系，建立能够应对国际金融危机且能够保障发展中国家利益的国际货币体系，使广大发展中国家的利益得到保障。

现行的国际货币体系已经越来越难以促进全球经济和金融的稳定与发展。针对现行国际货币体系中存在的全球经济循环的非对称性，实际汇率安排的多元化难以克服汇率的频繁波动，国际收支调节机制的非对称性，以及国际金融治理结构的代表性不足等问题，国际社会提出了建立多元化的国际货币体系和创立超主权储备货币（如特别提款权）与替代账户等不同的改革方案。同时，随着发展中国家国际经济地位的提升，G20机制为推动国际货币体系改革提供了重要的平台。

（四）发展中国家的正当要求与合法权益要得到应有的重视

发达国家主导着全球性国际经济组织，拥有对一切重大国际经济问题的决定权，发展中国家的正当要求和合法权益得不到应有的重视和解决。并且，这些国际经济组织经常被少数发达国家利用，作为对发展中国家进行渗透和施压的工具。因此，“要维护发展中国家发展利益和空间，支持世界经济真正公平发展”②。

---

① 习近平：《让美好愿景变为现实——在金砖国家领导人约翰内斯堡会晤大范围会议上的讲话》，2018年7月26日。

② 习近平：《登高望远，牢牢把握世界经济正确方向——在二十国集团领导人第十三次峰会第一阶段会议上的讲话》，2018年11月30日。

为了保障发展中国家的利益，应该对国际经济组织进行积极的改革。世界贸易组织应为发展中国家积极参与全球贸易规则制定、通过充分的市场准入和减少贸易壁垒创造条件，并对最不发达国家完全开放市场。国际货币基金组织应改革特别提款权的使用方式，增强特别提款权的作用，使非储备货币国家不通过国际收支盈余而获得储备，从而促使实际资源流入发展中国家。加强国际经济组织的体制、机制和运行模式的改革已刻不容缓。

（五）推动构建人类命运共同体，推动建设新型国际经济关系

当前，世界面临的不稳定性、不确定性突出，世界经济增长动能不足，贫富分化日益严重，地区热点问题此起彼伏，恐怖主义、网络安全、重大传染性疾病、气候变化等非传统安全威胁持续蔓延，人类面临许多共同挑战。

各国人民要同心协力，构建人类命运共同体，建设持久和平、普遍安全、共同繁荣、开放包容、清洁美丽的世界。要相互尊重、平等协商，要同舟共济，促进贸易和投资自由化、便利化，推动经济全球化朝着更加开放、包容、普惠、平衡、共赢的方向发展。各国在坚持以对话解决争端、以协商化解分歧、尊重世界文明多样性的基础上，积极发展全球伙伴关系，扩大各国的利益交汇点，推进国家间协调和合作，构建总体稳定、均衡发展的大国关系框架，秉持正确义利观和真实亲诚理念加强同发展中国家团结合作，加大对发展中国家特别是最不发达国家援助力度，促进缩小南北发展差距，推动建设相互尊重、公平正义、合作共赢的新型国际经济关系。①

总之，只有共同推进国际关系的民主化，推动世界经济朝着均衡、普惠、共赢的方向发展，才能建立公正、合理的国际经济新秩序。

本章小结

1. 现阶段世界经济发展不平衡虽有不同的体现，但其主要矛盾或问题表现在发达国家与发展中国家之间经济发展不平衡。从总体上看，最发达国家与最不发达国家之间的经济发展差距在不断扩大，但同时中等发展水平国家特别是

---

① 习近平在中国共产党第十九次全国代表大会上的报告中关于“坚持和平发展道路，推动构建人类命运共同体”思想的论述。

新兴工业化国家和地区的数量及其经济发展水平也在不断提升，并成为世界经济发展重要的引导性和稳定性力量。

2. 世界经济发展不平衡的原因是多方面的，包括自然条件、历史因素和社会经济条件等。二战结束以来，不公正、不合理的国际经济秩序，各国历史因素和社会经济条件的差异，科技水平的差距以及各国经济体制和发展战略的差异等因素，是导致现阶段世界经济发展不平衡的主要原因。正因为如此，广大发展中国家争取公正、合理的国际经济新秩序和发展条件与环境的斗争，将是一个相当长时期的艰巨过程。

3. 世界经济发展不平衡对世界经济发展产生了重要影响。虽然它使得世界经济发展面临着许多新的矛盾与问题，但同时也在推动世界经济朝着多极化的方向发展。因此，新兴和发展中经济体的崛起及其影响力的提升，将有助于构建国际经济新秩序，增加发展中国家在世界经济中的话语权，改善发展中国家经济发展的国际环境。

思考题：

1. 世界经济发展不平衡表现在哪些方面？
2. 怎样理解现阶段的全球经济失衡？
3. 世界经济发展不平衡的原因有哪些？
4. 世界政治经济格局正在发生怎样的变化？
5. 发展中国家构建国际经济新秩序需要作出怎样的努力？

▶ 自测习题及参考答案

第十一章　世界经济周期与危机的新发展

经济危机指的是一国或多个国家的国民经济或整个世界经济在一段比较长的时间内不断收缩（经济增长率为负），主要表现为商品滞销，利润减少，工业生产急剧下降，失业大量增加，企业开工不足并大批倒闭，生产力遭到严重的破坏，社会经济陷入瘫痪、混乱和倒退状态。经济危机是经济发展过程中周期性爆发的产能过剩的危机，是经济周期中的决定性阶段。由于资本主义基本矛盾的作用，资本主义再生产过程每经过一段时间就会被经济危机所打断。在世界经济中，发达资本主义国家经济一直占据主导地位，当世界上多数发达资本主义国家都在大体相同的时间出现经济危机时，便成为一次世界性资本主义经济危机。

第一节　经济周期理论及世界经济周期的内涵

一、马克思主义经济周期理论

自从资本主义经济危机出现以来，各种资产阶级经济学说就一直在寻求资本主义经济危机这一“痼疾”的成因及其医治的药方。古典和新古典经济学认为自由放任的市场经济能够通过经济体系自身的调节达到充分就业的均衡，他们或者否认危机的存在，或者将其归因于外部冲击，还有的将危机的发生归因于收入、消费或投资的“不足”或信息不充分。凯恩斯主义承认经济周期波动是一种“常态”，只要通过政府“积极”“明智”的政策便可“熨平”经济的周期波动。新自由主义则把经济周期波动归因于政府的经济政策尤其是货币政策的失误，因而主张减少政府干预，回到自由放任便可消除经济的周期波动。由于这些周期理论都未能揭示经济危机周期发生的根本原因，一次又一次发生的资本主义经济危机常使其不能自圆其说。

马克思在《资本论》等一系列经典著作中深刻分析了资本主义生产关系的本质，揭示了资本主义的基本矛盾，指出了资本主义经济危机周期性爆发的可能性和必然性，为我们研究世界经济周期与经济危机提供了强大的理论武器。马克思主义经济周期理论主要包括以下内容。

（一）资本主义经济危机周期性爆发的根本原因在于资本主义基本矛盾

资本主义基本矛盾，即生产的社会化和生产资料的私人占有之间的矛盾。马克思指出：“构成现代生产过剩的基础的，正是生产力的无限制的发展和由此产生的大规模的生产，这种大规模的生产的基础是：一方面，广大的生产者的消费只限于必需品的范围，另一方面，资本家的利润成为生产的界限。”① 资本主义基本矛盾通过以下两种形式表现出来：其一是资本主义生产有着无限扩大的趋势，而广大劳动群众有支付能力的需求又总是有限的；其二是个别厂商生产有组织性，而整个社会生产却处于无政府状态。资本主义基本矛盾的发展，使得资本主义再生产比例关系的失调成为一种常态，市场的扩张总是赶不上生产的扩张，当这种矛盾进一步激化，就必然会爆发普遍性的生产过剩的经济危机，资本主义再生产过程也就会被这种生产过剩危机所打断。

（二）周期波动是资本主义经济的运行规律

马克思主义经济学认为，在资本主义生产方式下，生产的目的是获取利润，实现资本增殖，而不是满足社会的需要。这个历史局限性使生产发展到一定程度便与资本增殖的目的发生冲突，激化剩余价值的生产和剩余价值的实现条件之间的矛盾，最终不可避免地导致经济危机的爆发。资本主义经济就是这样在扩张与收缩的交替中靠牺牲已经生产出来的生产力来发展社会生产力的，这是资本主义经济多种内在因素作用的结果，是不以人的意志为转移的，周期波动是资本主义经济的运行规律。资本主义再生产就是这样在收缩—扩张—再收缩的周期循环中进行着。恩格斯指出：“资本主义生产方式在它生而具有的矛盾的这两种表现形式中运动着，它毫无出路地处在早已为傅立叶所发现的‘恶性循环’中。”②

（三）资本主义经济周期由若干阶段组成

关于资本主义经济周期进程不同阶段的特征，马克思曾根据当时的情况多次作过精辟描述，后人根据这些描述，将这种收缩与扩张的变动过程划分为各自有着鲜明特征的四个阶段，即危机、萧条、复苏和高涨阶段。

危机阶段是经济周期的决定性阶段，因为危机的发生标志着前一个周期的结束和下一个新周期的开始。危机阶段的典型特征，在生产领域体现为商品生

---

① 《马克思恩格斯文集》第 8 卷，人民出版社 2009 年版，第 268 页。
② 《马克思恩格斯文集》第 9 卷，人民出版社 2009 年版，第 290 页。

产过剩，库存增加，价格大幅下降，企业被迫削减投资，压缩生产，机器设备闲置，从而导致企业开工率降低，工人大量失业，社会消费需求下降。由于企业利润下滑，部分企业陷入破产倒闭。经济危机的过程也就是对资本主义再生产比例关系严重失调的一种强制调整过程。经过经济危机的强烈冲击和强制调整，以生产能力和产品的闲置与浪费以及工人的大量失业和蒙受痛苦为代价，多种经济失衡得到强制调整，经济活动下降到“谷底”，生产规模被压缩到与市场容量大体相应的水平，于是进入经济周期运行的萧条阶段。

萧条阶段的典型特征是生产停止下降，但也未出现明显的回升，而是在低水平上徘徊；商品价格停止下跌，但由于大量失业工人尚未重新就业，社会购买力仍然低下，市场销售不旺。同时，由于借贷资本需求有限，游资充斥，利率处于较低水平。股市行情则因经济形势不佳而在底部震荡，因此整个经济呈现萧条景象。随着时间的推移，大量过剩商品被以低廉的价格销售出去，存货逐渐减少，一部分企业转而开始重建库存以应对生产和销售之需。较低的利率促使企业更新设备，加之原来无利可言的投资项目变得有利可图，于是投资开始扩大，经济活动逐渐摆脱萧条阶段而转入复苏阶段。

进入复苏阶段后，企业投资继续扩大，失业率下降，就业人数开始增加，个人可支配收入上升，消费者信心增强，市场销售日趋活跃，物价趋于稳步回升，企业利润增加、利润率提高。这种局面又驱使企业进一步扩大生产，增加投资。而投资的增长又带动消费的增长，推动工业生产和整个经济活动一浪高过一浪地向前发展。当整个生产与经济活动超过危机前的最高点时，经济便进入周期性的高涨即繁荣阶段。

在高涨阶段，经济呈现一派繁荣景象，生产加速，就业增加，失业率进一步下降，工资水平提高，需求旺盛，物价不断上涨；整个生产过程呈现购销两旺景象，企业开工率达到高点，哪怕利率提高也无法阻挡资本投资规模的扩大，其他经济领域也相应地快速增长。正如马克思所指出的：“前一个繁荣时期在危机以前的最高点，每次都作为下一个繁荣时期的最低点而再现出来，然后又上升到一个高得多的新的最高点。”① 然而，“这个狂热发展状态也只不过是崩溃状态的先声”②。在经济一派繁荣景象的背后，爆发一次新的经济危机的

① 《马克思恩格斯文集》第7卷，人民出版社2009年版，第567页。
② 《马克思恩格斯全集》第11卷，人民出版社1995年版，第453页。

条件正在酝酿成熟，经过“几次拼命的跳跃”之后资本主义经济将重新进入“崩溃的深渊”。

（四）固定资本更新是经济危机周期性的物质基础

马克思指出：“虽然资本投入的那段期间是极不相同和极不一致的，但危机总是大规模新投资的起点。因此，就整个社会考察，危机又或多或少地是下一个周转周期的新的物质基础。”① 在危机过后的萧条和复苏阶段，固定资本的大规模更新引起对生产资料和生活资料需求的增加，成为带动经济趋于活跃的主要驱动力。投资的扩大带来对借贷资本的旺盛需求，信贷规模迅速扩展，银行利率提高，利润增大，股市行情也随着上市公司的业绩增长而一路趋升。与此同时，固定资本投资的增加又使生产能力不断扩大，又为再生产比例关系新的失调创造物质条件，在整个经济活动一派繁荣景象的背后是资本主义基本矛盾的再次激化，爆发一次新的经济危机的条件逐步孕育成熟。经过一段时期的迅速扩张后，整个经济又会陷入危机的泥沼。危机暴露了资本主义的一切病症，体现了资本主义生产方式的历史局限性。而随着经济危机的一再爆发，资本主义的各种经济社会矛盾也在不断积累。危机只是资本主义基本矛盾的强制性的暂时解决，虽然每一次危机都为克服它本身创造了前提，但资本主义在其自身范围内是无法克服危机的，因为它克服危机的办法不过是“资产阶级准备更全面更猛烈的危机的办法，不过是使防止危机的手段越来越少的办法”②。

马克思主义经济周期理论是马克思主义经济学的重要组成部分。二战以后资本主义世界经济周期与危机虽然发生了许多重大变化，但事实一再证明，马克思主义经济周期理论并没有过时，仍然具有强大的生命力。

二、经济周期的类型

经济周期（business cycle）也称商业周期、景气循环，一般是指经济活动沿着经济发展的总体趋势所经历的有规律的扩张和收缩，是国民总产出、总收入和总就业的波动，是国民收入或总体经济活动扩张与紧缩的交替或周期性波动变化，通常将它分为繁荣、衰退、萧条和复苏四个阶段。

（一）按照时间长短及形成原因分类

按照时间的长短及形成原因，经济周期大体上可分为以下几种类型。

---

① 《马克思恩格斯文集》第 6 卷，人民出版社 2009 年版，第 207 页。

② 《马克思恩格斯文集》第 2 卷，人民出版社 2009 年版，第 37 页。

1. 基钦周期

基钦周期（Kitchin cycle）为期约 40 个月，故又称短波周期。美国经济学家基钦（1861—1932）于 1923 年在《经济因素中的周期与倾向》一文中根据美国和英国 1890—1922 年的利率、物价、生产和就业等统计资料，从厂商生产过多时就会形成存货从而减少生产的现象出发，指出存货在 40 个月中出现了有规则的上下波动，提出存在 2~4 年的短期调整，这种短周期又被称为存货周期。

2. 朱格拉周期

朱格拉周期（Juglar cycle）又称中周期或中波。法国经济学家朱格拉（1819—1905）在其 1862 年出版的《法国、英国及美国的商业危机及其周期》一书中首次提出，资本主义存在着 7~10 年的周期波动，故这种周期被称为朱格拉周期。由于这种周期与投资品的生命期相对应，故朱格拉周期又被称为投资周期。

3. 库兹涅茨周期

库兹涅茨周期（Kuznets cycle）周期长度为 20 年左右，故又称中长波或中长周期。1930 年，美国经济学家库兹涅茨（1901—1985）在其《生产和价格的长期波动》一书中，考察了美、英、法、德、比等国从 19 世纪初或中叶到 20 世纪初，几十种工业、农业主要产品的产量和价格的变动情况，提出存在平均长度为 15~25 年不等的中长周期，故称其为库兹涅茨中长周期，因其与建筑业的伸缩关系密切，所以西方经济学家又常将其称为建筑周期。

4. 康德拉季耶夫周期

康德拉季耶夫周期（Kondratieff cycle）又称长周期或长波，每个周期为 50 年左右。苏联经济学家康德拉季耶夫（1892—1938）在 1925 年发表了《经济生活的长周期》一文，对 18 世纪以来英国、美国、法国的物价指数进行了整理分析，推断得出资本主义经济中存在着为期 50~60 年的长周期运动。

美籍奥地利经济学家熊彼特（1883—1950）的《商业周期》一书在将上述几种周期综合起来考察后指出：每个康德拉季耶夫周期包含 6 个长度为 9~10 年的朱格拉周期，每个朱格拉周期又包含 3 个长度约 40 个月的基钦周期，18 个基钦周期构成 1 个康德拉季耶夫周期，3 种周期并存并相互交织。之所以会如此，则是由于历史上出现的“创新”千差万别，它们对经济体系的影响大小不同。

需要指出的是，按时间长度划分的上述四种周期类型多属经验观察的结果，有的尚缺乏理论论证，具有一定局限性，而且许多国家的经济波动并未表现出明显的有规律的四种周期类型，尽管如此，它对于我们认识资本主义经济周期波动仍具有一定的参考价值。

（二）按照经济周期波动的特点和性质分类

1. 古典周期

古典周期（classical cycle），也称传统经济周期，即指总体经济活动的绝对水平有规律地上升与下降的交替和循环。在周期波动的扩张阶段，经济总量表现为正增长；在收缩阶段，经济总量会出现绝对量下降，表现为负增长。

2. 增长周期

增长周期（growth cycle），亦称现代经济周期，是指总体经济活动的相对水平有规律地出现上升与下降的交替和循环，即使在经济的收缩阶段，总产出也很少出现绝对量的下降，仅仅出现增长率低于增长趋势值的现象。由于在分析增长周期波动时，需要首先分离出经济增长趋势，然后用原序列对趋势的离差来表示经济周期波动，所以增长周期波动有时也称离差周期。此外，有的经济学家还运用增长率周期波动的概念来研究经济周期波动，发现经济增长率的上下波动具有某种规律性。增长率周期波动意味着增长率变化从周期性的“谷底”到周期性的“峰尖”，然后再回到“谷底”。

三、世界经济周期的内涵

世界经济周期，是指世界多数国家的总体经济活动有规律地扩张与收缩的交替波动过程。这里所说的经济收缩也就是指经济危机或经济衰退。现在，西方国家通常将国民生产总值（或国内生产总值）连续两个季度下降作为一次经济衰退发生的标准。周期性经济高涨的顶点即危机前的最高点通常被称为“峰尖”，危机的最低点通常被称为“谷底”，“峰尖”和“谷底”均为经济周期进程的转换点。在计算经济增长的时间长度时，西方国家通常是将经济走出危机“谷底”到“峰尖”即直到下一次衰退发生以前的一段时间都作为经济增长时期，实际上这其中包括了危机过后的经济萧条和复苏阶段。

从以上关于世界经济周期的定义中不难看出，要把握世界经济周期的内涵必须抓住以下四个要点：第一，世界经济周期波动是资本主义经济的必然产物和基本特征之一，只要资本主义生产方式存在，世界经济的周期波动就不可避免。第二，世界经济周期波动是总体经济活动的波动，即这种波动不是局部的，而是涵盖世界多数国家几乎所有重要经济部门，并由此引起就业、产量等宏观经济指标的周期性波动。第三，经济波动虽然具有周期性，依次会经历“危机—萧条—复苏—高涨—再次发生危机”的周期循环，但不应简单地将这种周期及其各阶段的长度理解为是相同或固定不变的。由于导致周期各阶段更替的具体原因不同，经济周期及其各阶段的时间长度常常不一，但经济周期总体上会循着以上四个阶段不断地循环更替，所以世界经济周期波动的规律一般并不一定表现为持续时间长度的相同，而主要是指它要依次经历上述各阶段。第四，并非每个国家的每一次经济危机都会发展成为世界性经济危机，有的可能只是国别的或限于少数国家的国际性危机。一国发生的周期性经济波动可以通过国际贸易、国际金融和国际投资等途径向其他国家传导和扩散，使之相互叠加，产生共振。当世界多数国家都在大体相同的一段时间经历一次经济危机时，便形成一次世界性经济危机，由此也就形成世界经济周期进程。

在现实经济生活中，凡引起供需严重失衡的因素都有可能导致经济发生波动，这些因素既包括技术进步、气候变化、自然灾害、资源供应和市场原材料价格剧烈波动等来自总供给方面的冲击，也包括国家财政政策、货币政策和汇率政策等宏观经济政策造成的对总需求的冲击。正是因为影响经济波动的因素很多，并往往带有一定的随机性，因此经济周期不像自然界某些周期活动（如潮涨潮落、钟摆运动等）那样严格，可以准确预测。

第二节 二战后世界经济周期的进程与特点

一、二战后世界经济危机和世界经济周期

二战打断了资本主义经济周期的进程，战争结束以后，无论是美、英、法等战胜国，还是德、意、日等战败国都经历过一段或长或短的经济恢复期。但随着这一过程的完成，在资本主义基本矛盾的作用下，资本主义经济重新走上了周期循环的轨道。二战后迄今，资本主义世界大体上经历了以下几次周期性经济危机。

（一）1948—1952 年经济危机

二战期间，美国本土远离战场，其经济不但没有遭到战争的破坏，反而依

靠战争大发横财。经过二战后初期的一段短暂时期的经济恢复，美国资本主义的再生产周期很快重新开始，资本主义基本矛盾迅速激化。但由于二战对各国经济的破坏程度不同，战后初期各国经济恢复的速度存在着较大差异，导致了战后第一次资本主义世界经济危机的非同期性特征。1948 年 8 月，美国首先爆发了二战后第一次周期性经济危机。同一时期，日本、德国和英国等国还处于经济恢复之中，经济危机爆发的条件还不成熟。但 1951 年 6 月，日本工业生产开始下降，同年 7 月英国开始发生经济危机，德国在 1952 年 1 月也出现工业生产下降，其他欧洲国家的工业生产亦有不同程度的下降。在经济危机打击下，美国和英国的工业生产分别下降了 10.1%和 23.6%，而日本和德国的生产下降并不严重。

（二）1957—1958 年经济危机

二战后第一次经济危机过后，主要资本主义国家进入了新一轮经济增长。自 1955 年起，主要资本主义国家都出现了以旨在满足因 20 世纪 30 年代大危机和二战而被压抑和推迟的消费需求与投资需求，以大量固定资本更新和扩大为标志的周期性经济高涨，工业生产和出口贸易显著增长，有的国家的工业年增长率达到 10%以上，其中由于动力、化工和机械制造等工业部门广泛采用先进技术，进一步推动了固定资本投资高潮。此外，各国政府纷纷采取了诸如加速折旧、降低利率等刺激经济的措施，也对这次高涨起了推动作用。大规模的固定资本投资既是经济高涨的物质基础，也导致了产能扩展过快，从而为新的经济危机创造了条件。随着资本主义基本矛盾的发展，1957 年 3 月，美国首先爆发了经济危机并迅速波及加拿大、日本等国。这次危机持续到 1959 年 1 月基本结束。危机期间，整个资本主义工业生产下降了 5%，失业人数大幅上升，进出口贸易均出现下降。这次危机的同期性十分明显，美国、加拿大、日本、英国等国几乎同时开始爆发危机。这次危机期间，有半数以上国家的物价不但没有下跌，反而继续上涨，成为这次危机中引人注目的新现象。

（三）1969—1971 年经济危机

20 世纪 60 年代，发达资本主义国家经历了一段较为稳定的长时期经济增长。美国经济在经历 1960—1961 年经济衰退之后，通过政府财政、货币政策的大规模刺激，经济出现较快增长，到 60 年代中期，一次新的经济危机的各种条件已基本孕育成熟。为了延缓危机的发生，美国政府采取了“大炮加黄油”的刺激经济政策，即在对外扩大侵越战争、增加军事订货的同时，对内推行所谓

“伟大社会计划”，通过增加社会福利开支扩大社会需求。其他主要资本主义国家也都进一步采取了刺激经济的措施，工业生产出现较快增长。到 60 年代后期，虽然多数国家经济还在继续增长，但各种经济社会矛盾已不断激化，各国普遍出现物价加速上涨、通货膨胀日趋严重的现象。而由于美元信用发生动摇，美元危机从 1968 年开始频频发生。一场席卷全国的要求停止侵越战争的“反战运动”更是演变成为一场深刻的社会危机。在这种情况下，美国政府不得不决定从越南撤军，开始减少军事订货，这样，很快便在 1969 年 10 月触发了一场新的经济危机。从这次危机发生的时间上看，加拿大、西欧各国和日本均未能幸免。各国有先有后，是一次非同期性的经济危机，而且危机持续时间相对较短，生产下降幅度不大；在危机冲击下，各国财政状况进一步恶化，消费物价指数普遍加速上涨。

（四）1973—1975 年经济危机

经历上次危机后，各主要资本主义国家经济进入了短暂的周期性高涨阶段。但自 1973 年第四季度起，各国又几乎同时陷入一次严重的经济危机之中。这次危机的直接导火线和触发因素是 1973 年 10 月第四次中东战争所引起的第一次石油危机。由于石油价格的大幅上涨，各国国际收支陷入困境，以美元为中心的资本主义国际货币体系陷于瓦解。危机期间，发达资本主义国家工业生产普遍持续大幅下降，大量公司破产，失业人数骤增。与此同时，物价普遍上涨，通货膨胀加剧。所有发达资本主义国家几乎毫无例外地都陷入了“既有经济增长停滞、高失业，又有高通货膨胀”的经济滞胀困境，致使各国政府的经济政策进退维谷。由于这次危机具有同期性，因而使得各国垄断资本对外转嫁危机的余地大为缩小，各国贸易逆差和国际收支逆差剧增，外汇储备大幅减少。在国际贸易领域以非关税壁垒为主要手段的新贸易保护主义出现跳跃式增强。此次危机一直持续到 1975 年上半年。

（五）1979—1982 年经济危机

此次危机是在各国经济滞胀不断深化的条件下发生的，加之 1979 年发生的第二次石油危机，故这次危机无论从持续时间长度、生产下降幅度，还是从失业人数和企业破产等指标衡量都是二战后至当时最为严重的一次周期性经济危机。

此次经济危机的同期性特征十分明显，但危机在各国的发展过程不同。美国、加拿大、日本，危机进程呈 W 形，先后发生了两次“接踵而至”的经济下降，走过了“下降—回升—再下降”的经济运行曲线；西欧各国经济则呈现出“下降—徘徊与波动—再下降”的锯齿形曲线。企业倒闭的浪潮席卷了所有发达资本主义国家，由于企业纷纷破产或开工严重不足，大批工人失业。危机期间，世界贸易量持续两年下降。此次经济危机一直持续到1982年年底。正是以此次二战后至当时最为严重的经济危机为代价，才使西方各国从严重的经济滞胀泥沼中摆脱出来。

（六）1990—1993年经济危机

1983年，西方各国先后走出危机以后，继续在经济结构和经济政策上作出重大调整。美国实行了所谓“里根经济学”，英国则推行所谓“撒切尔主义”的新保守主义经济政策，政府经济政策的目标和侧重点普遍由此前以刺激需求、促进经济增长、解决失业为主，转变为以反通货膨胀为主，致使各国的通货膨胀率都有了明显下降。部分国家呈现低通胀、低增速的较长时期的经济增长，如美国此轮经济增长持续时间长达96个月，创下了二战后至当时和平时期经济增长持续时间最长的纪录。1990年9月发生了伊拉克入侵科威特的海湾危机，造成石油价格大幅上涨，从而抑制了消费需求和投资需求，促使美国经济于1990年10月开始陷入衰退。接着，加拿大、英国、澳大利亚、新西兰也先后发生了经济衰退。此时只有欧洲大陆国家在“内部大市场”建设和德国统一的推动下经济还在增长，但好景不长，从1992年开始，欧洲大陆国家也先后发生了经济危机。这次危机具有非同期性特点，危机持续时间不长，生产下降幅度不大。危机过后，部分国家却经历了较长的经济萧条和复苏阶段。

（七）2001—2002年经济危机

20世纪最后10年西方各国经济情况差别较大。日本深陷“泡沫经济”破裂阴影之中，使其度过了“失去的10年”；除英国以外的欧盟各国则深受结构性失业之困。相对而言，美国和英国由于从20世纪80年代初期开始的经济结构和经济政策调整的力度较大，方向较为明确，所以它们的经济情况相对较好。尤其是美国出现了以信息技术革命和经济全球化两大趋势为主要特征的所谓“新经济”，出现了持续时间长达120个月的经济增长，创下了美国建国以来经济增长持续时间最长的纪录，与此同时还实现了所谓“不加速通货膨胀的充分就业”，失业率和通货膨胀率都比较低，联邦财政也在1998年度以后出现了盈余。正在美国对“新经济”津津乐道之时，2000年3月初，纳斯达克股票价格指数出现暴跌，美国IT泡沫开始破裂，“新经济”成“强弩之末”。2001

年4月，美国经济陷入衰退，随后欧盟国家也陆续出现经济下滑，日本则出现连续10年经济萧条中的第三次衰退。在危机期间，发生了“9·11”恐怖袭击事件，这对美国经济无异于雪上加霜。为了尽快克服危机，美国政府采取了强有力的刺激经济举措，美联储通过连续降息以克服IT泡沫破裂和“9·11”事件造成的影响。2001年12月，美国终于从此次经济危机中摆脱出来。从总体上看，此次经济危机具有非同期性，在西方各国发生的时间有先有后，危机持续的时间也长短不一，危机程度并不严重。

（八）2007—2009年经济危机

此次经济危机是二战之后资本主义世界最为严重的一次，是一次由金融危机引发的周期性的生产过剩的经济危机。危机的根本原因在于资本主义基本矛盾，但其直接诱因则是2007年4月开始的美国次贷危机及其引发的空前严重的国际金融危机。美国次贷危机的原因在于以下几个方面：

第一，直接原因和导火线是美联储货币政策的大幅调整导致美国房地产泡沫破裂。为了克服IT泡沫破裂和“9·11”事件对经济的冲击，美国政府采取了强有力的刺激经济的措施，美联储先后13次降低联邦基金利率，试图通过刺激低收入、原本无力购买房产的次级贷款者购房来刺激美国经济增长。在低利率的刺激下，美国房屋销售增加，房价不断加速上涨，房地产泡沫越鼓越大，次级房贷比例不断提高。由于担心通货膨胀，美联储从2004年6月开始转而大幅调整货币政策，先后17次加息。利率的上升加重了抵押贷款者还款的负担，使房屋销售下降，房价大幅下跌，抵押贷款特别是次级抵押贷款的违约率大幅飙升，房地产泡沫开始破裂。

第二，金融机构过度使用金融杠杆以及政府金融监管的缺失。为了尽快回收资金和分散风险，美国次级抵押贷款发放机构的做法是将住房抵押贷款证券化。这些本来就建立在房价不断上涨的脆弱基础上的、蕴含极大风险的次级债券，经由华尔街的各种金融机构、评级机构层层包装之后又销售给了全球的各种类型的投资者。面对风险极高的金融衍生工具泛滥的局面，美国政府和美联储却听之任之，放弃监管。

第三，现行国际货币体系的根本性缺陷导致全球经济严重失衡是危机发生的深层次原因。20世纪90年代后期以来，全球经济的严重失衡突出表现为美国国际收支逆差日趋庞大，而东亚国家则有着越来越多的贸易盈余和外汇储备。在现有国际货币体制下，美元既是美国的主权国家货币，同时又是全球主导储备货币，这就促使世界各国尤其是东亚国家和石油输出国的大量外汇储备流入美国。正是巨额国外资金的流入使美联储可以将利率保持在很低的水平，从而创造出宽松的借贷条件，刺激了房地产泡沫，抬高了资产价格。与此同时，美国财政部可以通过增发债券来让国外投资者购买，从而帮助美国政府维持高赤字、高债务。这种举债方式造成美国流动性泛滥，为美国人的低储蓄、高消费提供了资金，造成高增长与低通胀二者兼顾的虚假繁荣。

实际上，美国房地产领域的生产与市场早已严重脱节，生产已经远远超过广大居民有支付能力的需求，只是依靠着金融创新下各种过高的金融杠杆所创造的人为需求在维持着虚假的繁荣。历史再一次印证了马克思关于“信用制度表现为生产过剩和商业过度投机的主要杠杆”① 的精辟论断。

2007 年 12 月，美国经济开始陷入一次新的经济危机，危机开始阶段还较为温和，但在 2008 年 9 月，次贷危机演变成为一场“百年一遇”的金融危机，加剧了已经发生的美国经济危机，从而引起世界一片惊恐。次贷危机的发生带来了严重的“财富负效应”，使广大居民所持有的各种资产，包括房地产的价值大幅缩水，房地产价格及与次级债券相关的各种证券价格的急剧下跌，又使美国那些涉足次级房贷并在次级债券市场上有着巨额投资的金融机构严重亏损，金融机构的实力及其对外贷款能力受到侵蚀，一度存在的流动性过剩迅即转变为流动性不足，这不仅改变了美国的信贷条件，也使投资者、消费者的信心和支付能力严重受挫，消费需求和投资需求急剧萎缩，使原来依靠住宅抵押贷款特别是次级抵押贷款及次级债券这种特定信用手段支撑起来的美国周期性繁荣破灭，使实体经济领域的生产与市场的矛盾急剧激化。此次经济危机具有同期性，由于这场危机是在金融、经济全球化加速发展的背景下发生的，而且始于头号经济强国——美国，加之各种高风险的“毒资产”早已扩散到全球，所以危机一旦发生便通过金融、贸易、投资等各种渠道迅速传导至世界各地，从金融领域很快扩散到实体经济领域，终于演变成为二战后空前严重的经济大危机。在二战后空前严重的金融危机和周期性经济危机的双重打击下，2009 年，发达国家的 GDP 平均下降 3.2%，其中美国下降 2.5%，日本下降 5.3%，欧元区下降了 3.9%；在危机冲击下，各国失业人数和失业率均大幅上升，例如，美国的失业率便由 2007 年的年均 4.6%上升到 2009 年第 4 季度的 10.1%，

---

① 《马克思恩格斯文集》第 7 卷，人民出版社 2009 年版，第 499 页。

所有经济合作与发展组织国家的总体失业率则由危机开始前 2007 年的 5.7%上升为 2009 年 8—9 月的 8.6%。①

针对次贷危机及其所引发的空前严重的金融危机和经济大危机，各国政府纷纷采取了大幅降息、大规模注资以及实行空前规模的国有化等措施，力图通过财政政策、货币政策来刺激经济，同时还通过举行二十国集团全球金融峰会等举措来寻求国际合作以共同应对。政府干预和调节经济的力度之大，实属二战后罕见。正是在这一系列刺激政策的作用下，发达资本主义国家经济在 2009 年秋季先后走出危机，但金融危机的影响远未消除，尤其欧洲主权债务危机的发生更是给世界经济的复苏和整个世界经济周期进程带来了严重冲击和诸多不确定性。

二、二战后世界经济周期与经济危机的主要特点

二战后，资本主义再生产周期赖以存在的国内外条件发生了巨大变化，因而使战后资本主义经济周期和危机与战前相比具有许多不同的特点。

（一）世界经济周期的同期性趋于加强

二战前，主要资本主义国家发生的经济危机往往带有明显的同期性，战后这种情况有所改变。由于各国经济情况不同，尤其各国政府的经济政策常有明显差异，致使战后各国所发生的周期性经济危机的次数并不相同。总体来看，20 世纪五六十年代世界经济周期非同期性的特点表现较为明显，各国的周期进程差异较大，除 1957—1958 年经济危机之外，各国发生经济危机的时间均有先有后；自 70 年代以来，各国的经济危机更多表现出同期或基本同期性，1973—1975 年经济危机、1979—1982 年经济危机、2001—2002 年经济危机以及 2007—2009 年经济危机都是基本同期的。这种现象的出现，主要是由于在经济全球化趋势的影响下，通过国际贸易、国际金融和国际投资等渠道，使各国的经济联系加深，相互依赖不断加强；另外，由于知识信息具有可共享性、外溢性、扩散性，这表明人类社会在向知识经济过渡过程中各国经济周期波动更具有同期性特征。

（二）周期变形现象普遍存在

二战后资本主义经济周期的“变形”主要表现在：第一，危机阶段物价往

① 《美国总统经济报告》（2010 年版）。

往不降反升或只是物价上涨率的降低，原因主要是政府长期实行赤字财政政策使物价上涨成为一种长期趋势，而且由于垄断资本实力的加强，即使危机来临它们也宁可减少产量，避免存货积压，也不轻易降价销售。第二，最近几次衰退期间并未出现存货大量增加的现象，这主要是因为将现代信息技术运用于存货管理的结果。第三，萧条与复苏阶段往往难以区分，其最重要原因是政府对经济的全面调节和干预，一旦经济不景气政府就采取人为刺激经济措施，使生产下降到“谷底”以后便逐步出现回升，一般难以观察到经济既不再下降、也无明显回升的萧条阶段。

（三）生产过剩的经济危机与财政金融危机交织并发

所谓财政危机通常是指政府财政出现巨额赤字，财政状况不断恶化，并因而导致国债规模不断扩大。为了弥补巨额财政赤字，政府不得不扩大货币供应量和信贷规模，造成经常性的通货膨胀，很显然，这主要是二战后各国长期推行凯恩斯主义，加强对经济的调节和干预的必然结果。金融危机则往往表现为银行破产倒闭，信用链条断裂，利率、汇率急剧变动，金融秩序严重混乱，等等。由美国次贷危机所导致的百年一遇的2008年国际金融危机及其引发的二战后空前严重经济危机，便是生产过剩经济危机与金融危机交织并发的最为生动的例证。

（四）周期复苏时间拉长

2008年国际金融危机发生后相当长的时间内，全世界主要发达经济体依然复苏乏力，2016年美国、日本和欧元区GDP增速平均值仅为1.4%，显著低于危机前2.5%左右的水平。IMF的测算结果进一步表明，主要发达经济体的产出缺口都持续为负，例如，2016年美国、日本和欧元区分别存在-0.4%、-1.7%和-1.2%的产出缺口。美国前财政部长、经济学家萨默斯针对这一现象提出了长期停滞（secular stagnation）理论。该理论认为发达经济体所面临的经济增长缓慢和产出缺口为负等现象将长期持续存在。目前对于导致全球经济陷入“长期停滞”的原因并未达成一致，但根据经济学家们强调的因素的不同，基本可以将这些观点分为三类：第一，长期潜在增长率下降，技术变革与人口老龄化是主要的影响因素；第二，总需求不足导致实际产出持续低于潜在产出，主要决定因素为投资需求、消费需求与全球经济杠杆约束；第三，金融危机对于美国经济产生永久性损害，美国在世界经济中的地位决定了其结构性问题很可能演化为全球性的问题。

（五）结构性危机与周期性危机交织在一起

结构性危机是指资本主义国家由于经济结构的急剧变动而引起的生产与消费、供给与需求之间长期、严重的比例失调。它与周期性危机一样，根源于资本主义生产社会化与资本主义私人占有之间的矛盾，但直接原因则是资本主义经济结构的急剧变化。结构性危机具有不同于周期性危机的特点。

第一，从其持续时间看，结构性危机比周期性危机要长得多，它往往要延续多个经济周期。当周期性危机来临时，结构性危机往往成为周期性危机的一部分并为其所掩盖，而当整个经济转入周期其他阶段时，结构性危机才会显露出来。

第二，周期性危机是生产过剩造成的，表现为商品积压、物价下跌、生产下降。而结构性危机则有可能表现为生产不足，物价不一定下跌，也可能是上涨。

第三，周期性危机通常是从流通领域波及生产领域，并形成全面的经济危机。而结构性危机则可能只发生在某一个或某几个特定领域和部门，一般不会对其他领域和部门以及整个经济产生大的影响。

第四，周期性危机在各国的表现基本是相同的，只是深刻程度和时间长短等会有差别。而结构性危机则不同，它在各国的表现和影响并不一样，甚至完全相反。

二战后，资本主义再生产不仅一再为生产过剩的周期性危机所打断，而且也为结构性危机所困扰。特别是 20 世纪 70 年代以来，结构性危机愈益突出，对资本主义经济影响愈益严重。这主要是由于在科技革命推动下出现了一系列新兴工业部门，这些部门的利润率高，企业竞相投资，因而发展速度快，成为“朝阳工业”；而一部分传统工业部门则成为“夕阳工业”，受到挤压。由于结构性危机与周期性危机交织在一起，使周期性危机变得更为复杂，更难以解决。

第三节 影响二战后世界经济周期与危机变化的主要因素

一、科技革命对世界经济周期与危机变化的影响

熊彼特的技术创新周期理论是最早也是最系统地用创新来解释经济周期

波动的理论。按照熊彼特的技术创新周期理论，所谓“创新”即建立一种“新的生产函数”，把一种从来没有过的关于生产要素和生产条件的“新组合”引入生产体系。熊彼特认为，作为资本主义灵魂的企业家的职能就是实现创新、引起新组合，所谓经济发展就是整个社会不断地实现这种新组合。熊彼特强调技术创新对经济的“外部冲击”，认为周期不是自生的，而是由于创新力量的周期性活动所引起。根据熊彼特的创新周期理论，当某个企业家大胆地将一项发明用于工业上的创新并获得超额利润之后，其他企业家便会群起模仿并相互竞争，进而推动社会产出增加，于是经济的扩张就开始了，从而也就形成周期性的经济繁荣，而当创新的冲动消失，繁荣也便结束。因此，技术进步的不平衡和企业家的心理状态二者相结合影响了经济的波动。由于创新的引进不是连续的、平稳的，而是时高时低，有时密集、有时稀疏，因此便产生了商业周期，同时还由于创新多种多样、千差万别，对经济的影响大小不同，因而所形成的周期长短不一。熊彼特用创新理论把长波、中长波、中波和短波等各种类型的周期波动统一在一个模型之下。应该看到，熊彼特的创新周期理论在强调创新对周期的影响作用方面有其合理的一面，但他在解释资本主义周期波动的根源时却将其归之于创新，而不从资本主义基本矛盾出发，显然没有抓住其根本。

二战后所兴起的科技革命，对世界经济周期与危机的影响主要体现在以下几方面。

（一）极大地提高了生产效率

科技革命及其成果的广泛运用，特别是大量新能源、新材料的涌现，如塑料、尼龙、人造橡胶产品的产生，形成对天然材料的替代，可以在很大程度上缓解生产和生活中的资源“瓶颈”约束，使生产规模更具大幅提高的可能，这显然有助于扩大生产潜力，延长周期扩张期，从而影响经济的周期运行。

（二）加速固定资本的更新和扩大

科技革命对经济周期的影响还会通过固定资本的更新和扩大体现出来。由于科技进步速度越来越快，产品在生产、流通、销售过程中新技术新工艺的采用程度，产品中科技含量的多寡成为企业在日益激烈的竞争中取胜的关键，这就迫使各种类型的企业都必须不断进行固定资本的更新和扩大。例如，美国在 20 世纪 90 年代，与计算机相关的设备投资一度达到年均增长 30%以上。固定资本投资的扩大，显然有助于延长周期扩张时间和缩短危机持续时间。

（三）改善经济管理

随着现代科学技术被用于宏观和微观经济管理，有关经济的信息比以往更为详尽和综合，传播更广更快，有助于加强对市场行情的了解，在一定程度上避免生产的盲目性。例如，信息、网络技术用于存货管理，就可使企业能根据市场的变化及时调整自己的存货，既避免了在经济不景气时因存货堆积而加大成本，又能在出现经济回升时具有足够存货以满足生产、销售的需要。正因为如此，在最近几次经济危机期间，西方发达国家并没有出现存货急剧增加、存销比明显上升的现象，这也降低了危机过后存货消散的压力，因而有助于缩短危机的持续时间。

（四）引起产业结构的深刻变化

伴随着日新月异的科技进步，新兴产业部门不断涌现，这些部门往往属于技术密集型或资本密集型产业，它们的投资增长迅速，技术先进，自动化水平高，效率高，生产增长快，因而被称为“朝阳产业”。与那些趋于衰落的“夕阳产业”相比，“朝阳产业”的发展速度要快得多，它们受经济周期波动的影响要轻得多，即使在危机阶段，“朝阳产业”的生产下降也更少，甚至还会继续增长，在一定程度上抵消“夕阳产业”所受危机的冲击，对二战后资本主义经济周期波动具有某种缓冲作用。

（五）加深国际经济依存度

现代科学技术的广泛运用，使得交通运输和通信工具发生革命性变化，国家之间的经济联系大为加强，国际经济依存度大为提高，各国经济周期的同步性趋于加强，因此必须加强国际经济协调，而这也有助于避免危机的进一步恶化。

科技革命虽然对二战后世界经济的发展带来了一系列深刻的影响，但它并没有也不可能从根本上消除经济的周期波动。科技革命推动下某些高技术产业的过快发展，也会使其市场更快趋于饱和。当市场接近饱和时，高技术产业中的激烈竞争便会造成高技术产品市场的过剩。虽然从技术角度看，高技术的研发和创新没有止境，但从资本主义市场的角度看，高技术产业不可能不受到市场的制约，不可能无限制地持续发展下去，而只能在周期波动中曲折前进。

二、政府对经济生活的全面调节和干预对世界经济周期与危机的影响

20 世纪 30 年代大危机以前，古典经济学理论信奉自由竞争和自我调节的

经济学信条，反对政府对经济实行调节和干预。30 年代大危机发生以后，凯恩斯主义宏观经济理论应运而生，为二战后西方各国政府对经济的全面调节和干预提供了理论基础。二战后直到 20 世纪 70 年代初期，所有发达资本主义国家几乎毫无例外地长期奉行凯恩斯主义，大力发展国家垄断资本主义，纷纷采取反周期政策措施。二战后各国政府对国民经济进行调节和干预时最常用的是财政政策和货币政策。

财政政策包括财政收入政策和财政支出政策，前者的政策工具是根据经济情况调高或调低征税的起点、改变税率以及加速折旧等，后者则包括增加或减少政府对商品与劳务的采购、扩大或减少政府对社会福利的开支。按照财政政策对经济周期波动的作用，通常将其划分为两大类。其一是机动性财政政策，即根据经济情况而采取的财政政策，亦称“逆经济风向而动”的或“相机抉择”的财政政策。一般在经济萧条时期，政府往往采取扩张性财政政策，通过减免税收、增加政府对商品和劳务的采购、扩大社会福利支出等措施以刺激经济；而在经济过热时则往往实行紧缩性政策，增加税收、减少财政支出以防止通货膨胀。其二是所谓“内在稳定器”，指经济体系中那些具有自动调节国民经济的财政政策机制，通常包括累进所得税制和社会保障制度，它们不仅具有自动吸收经济波动震能、部分抵消经济波动的作用，而且还可在一定程度上调节居民的收入分配，缓解劳资矛盾，有助于维护资本主义雇佣劳动制度。

二战后西方国家运用货币政策来对经济运行进行干预时，主要是由中央银行通过对货币供给的增减和信贷条件的松紧来实现。在经济不景气时，中央银行常常采取扩张性货币政策——降低利率，放松银根，增加货币供应，放松信贷条件来扩大信用，扩大社会总需求以刺激经济；进入高涨阶段以后，中央银行则采取与之相反的紧缩性货币政策以抑制经济“过热”，防止通货膨胀加剧。

应该看到，二战后西方各国政府对国民经济的全面调节和干预，确实使世界经济周期波动发生了许多重大变化。一般而言，周期性经济高涨的时间延长，一旦经济出现衰退，在政府的全面调节和干预下，经济得以较快地走出危机，经济衰退时间缩短，危机的严重程度一般比战前要轻。但所有这些“逆周期而动”的反危机措施并未能消除资本主义经济危机发生的根源，资本主义基本矛盾依然存在并在发挥作用，这些措施虽能在一定时期、一定程度上缓和社会再生产的矛盾，但它们还会把这些矛盾掩盖下来，使危机本身所具有的强制调节作用不能得到充分展开。而且，长期实行凯恩斯主义经济政策，运用财政赤字来刺激经济，使得政府财政赤字日益庞大，国债逐年增多，其必然后果是通货膨胀加速，以致在1973—1975年危机发生之后，西方各国毫无例外地陷入滞胀，政府经济政策进退维谷——要刺激经济、减少失业会使通货膨胀更加严重，而要控制物价、紧缩经济又会造成更为严重的失业。正是在这种背景下，西方各国纷纷调整经济政策，将经济政策的目标和侧重点由刺激需求、解决失业调整为控制通货膨胀，但在许多国家又导致了新的结构性问题。例如，美国在20世纪80年代推行“里根经济学”，虽使美国经济摆脱了滞胀的长期困扰，实现了二战后至当时经济增长持续时间最长的纪录，但却出现了庞大的“孪生赤字”的结构性问题；20世纪90年代在“新经济”的推动下，美国经济实现了其建国以来持续时间最长的经济增长，而且通货膨胀率和失业率双双走低，联邦财政实现平衡并有盈余，但却形成了IT泡沫，进而促成了一次世界性经济危机；21世纪初，IT泡沫破裂以后，美联储通过低利率的廉价货币政策，试图以扩大次级房贷来维持和带动美国经济增长，但却使次级房贷飙升，高风险的次级债券全球泛滥，随着次贷危机的发生和不断深化，以致演变成为一场“百年一遇”的国际金融危机。

三、经济结构变化对世界经济周期与危机的影响

二战后，发达国家经济结构变化的总趋势是物质生产部门在国民经济中的地位和作用趋于下降，而服务生产部门则趋于不断上升。从三大产业部门考察，农、林、渔等第一产业在国民经济中的地位和作用趋于不断下降，包括制造业、建筑业和采矿业在内的第二产业先是上升然后趋于下降，第三产业（即除以上产业部门之外的广义服务业）则成为国民经济中增长最快的产业。现在，服务业在发达国家的GDP中普遍占70%以上，在各国总就业中则占3/4以上。很显然，这些国家经济已进入以服务业为主的“后工业化”阶段。

在考察二战后发达国家经济结构的日趋服务化对其经济周期运行所带来的影响时应看到：首先，服务的生产与消费过程是同时进行的，即服务的生产过程同时也就是其消费过程，它不能像物质产品那样可以先生产出来，过后再来消费，这就决定了服务不存在产品积压、生产过剩问题。其

次，与物质产品相比，服务的消费更少受到生理的限制，这使得服务的生产有着更为广阔的扩展空间。再次，更为重要的是，服务行业对于经济的周期波动远不如物质生产部门敏感，因而在经济危机期间服务业的产值和就业一般并不下降或下降很少，因此这些部门对经济周期波动有着显著的缓冲作用。

随着二战后西方各国经济结构的变化，各国居民的消费结构也在不断变化，在个人消费支出中，用于服务消费的比重一直在不断提高。如美国2009年的实际个人消费支出中，用于服务的支出占66%，用于物质产品的支出只占34%，其中用于耐用品的支出占12%，用于非耐用品的支出占22%。[①] 一般而言，个人消费中服务消费和非耐用品消费对经济周期波动的敏感度要比耐用品低，因为耐用品可以推迟购买，而服务和非耐用品一般是不能推迟购买的。

四、信用经济高度发展对世界经济周期与危机的影响

市场经济本质上是信用经济。信用经济的高度发展无疑已成为二战后世界经济最为显著的现象之一。当今世界，信用关系不仅渗透到各国经济生活的方方面面，而且渗透到国际经济交往的各个领域，从交易工具、交易手段到交易行为，无不建立在高度发达的信用关系之上。

信用关系的高度发展和向全球扩展，使金融作为现代经济核心的作用进一步强化，尤其在20世纪80年代初期西方主要发达国家开始实行金融自由化以后，西方各国的金融体系、金融市场和金融工具一直在经历不断创新的过程，各种金融衍生工具和衍生产品日新月异，期权交易、杠杆交易、信用违约掉期等层出不穷，信用种类增多，信用链条延长，杠杆交易作用几乎被发挥到了极致。信用的高度发展和金融创新为实体经济的虚拟化创造了条件，并使虚拟经济的规模远远脱离和超过实体经济。由于虚拟经济的参与者、交易方式、交易对象本身具有特殊性，易使其参与者受非理性行为的支配而忽视其系统风险，以致过度投机和过度使用杠杆交易，很容易造成虚拟经济的极度泡沫化。在经济的虚拟化尚处于可控状态时，它所带来的财富效应本来有助于增加社会购买力，形成良好的收入预期，并进一步刺激消费需求和投资需求，使资本主义生

---

① 《美国总统经济报告》（2011年版）。

产更具无限扩大的冲动和能力，从而促进世界经济的繁荣和发展，但当虚拟经济过度发展以致形成巨大的经济泡沫时，便会放大金融风险，一旦风险暴露便会危及金融体系的稳定，对经济的周期运行带来严重冲击。

马克思指出："信用制度加速了生产力的物质上的发展和世界市场的形成；使这二者作为新生产形式的物质基础发展到一定的高度，是资本主义生产方式的历史使命。同时，信用加速了这种矛盾的暴力的爆发，即危机"①。信用膨胀和信用萎缩不仅是经济处于不同周期阶段的特征，而且往往还成为导致经济周期波动的直接原因。资本主义经济史一再证明，信用扩张是不可能永远持续下去的，为了避免恶性通胀，中央银行迟早会紧缩银根。"在再生产过程的全部联系都是以信用为基础的生产制度中，只要信用突然停止，只有现金支付才有效，危机显然就会发生"。② 在信用高度发达的条件下，虚拟经济及其形成的经济泡沫本身具有脆弱的天性。信用体系某一环节的断裂会使整个体系陷入紊乱和崩溃，并由此引发剧烈的金融危机，从而使依靠信用和商业投机创造出来的虚假需求很快消失，使实体经济领域生产与市场的矛盾激化并凸显出来，由金融危机而导致生产过剩的经济危机。20 世纪 80 年代以来，世界经济领域频频发生的金融危机对世界经济周期进程所带来的严重冲击，为此提供了生动的例证。

本章小结

1. 马克思主义经济周期理论主要内容包括：资本主义经济危机周期性爆发的根本原因在于资本主义基本矛盾，周期波动是资本主义经济的运行规律，经济周期由危机、萧条、复苏、高涨四个阶段组成，固定资本更新是经济危机周期性的物质基础。

2. 经济周期的类型主要有基钦周期、朱格拉周期、库兹涅茨周期和康德拉季耶夫周期四种类型。

3. 世界经济周期是指世界多数国家的总体经济活动有规律地扩张与收缩的

① 《马克思恩格斯文集》第 7 卷，人民出版社 2009 年版，第 500 页。
② 《马克思恩格斯文集》第 7 卷，人民出版社 2009 年版，第 555 页。

交替波动过程。

4. 二战后迄今世界经济已经历了多次世界性经济危机。二战后资本主义世界经济周期与危机的主要特点有：世界经济周期同期性趋于加强，周期变形现象普遍存在，生产过剩危机与财政金融危机交织并发，周期复苏时间拉长，结构性危机与周期性危机交织在一起。

5. 影响二战后世界经济周期与危机变化的主要因素是：科技革命，政府对经济生活的全面调节和干预，经济结构的深刻变化，信用经济的高度发展。

思考题：

1. 马克思主义经济周期理论对研究当代世界经济运行规律有哪些现实意义？
2. 简述经济周期的类型。
3. 简述二战后资本主义世界经济周期和危机的特点。
4. 科技革命对二战后世界经济周期波动有哪些影响？
5. 影响二战后世界经济周期波动的因素有哪些？

► 自测习题及参考答案

第十二章　人口、资源、环境与世界经济可持续发展

随着世界经济的发展和经济全球化的不断深化，人口剧增、资源耗竭和环境污染等问题相继产生，日益成为影响人类生存和世界经济可持续发展的全球性问题。实现人口、资源、环境与世界经济的可持续发展，已成为世界经济发展中亟待解决的重要问题。

第一节　世界经济发展中的人口问题

一、人口增长与经济发展之间的矛盾

（一）人口增长现状

人类是社会生产、分配、交换和消费的主体，是一切经济行为和经济活动的基础。自英国产业革命开始以后，世界人口进入爆炸性增长时期。在过去的200年里，世界人口增加了6倍。1927年，世界人口为20亿，1950年达到25.5亿。此后，世界人口总量直线上升。1987年世界人口达到50亿，1998年达到60亿，2019年达到77亿。据联合国预测，2030年，世界人口将突破85亿，2050年，世界人口将达到97亿，到21世纪末，世界人口将达到110亿。① 人口迅猛增长已成为制约世界经济发展的重要问题之一，也给人类可持续发展带来严重挑战。

从既有的数据看，世界人口增长速度最快的时期是1950—2005年。这一时期中，发达国家人口仅增加4亿，而90%以上的人口增长出现在发展中国家，共增加了35亿，增幅高达200%。而从联合国对世界人口的预测看，发展中国家与发达国家人口数量增长失衡的局面依然持续。到2100年，预期新增人口中绝大多数来自发展中国家，特别是最贫穷的国家。非洲人口到2100年预计达到36亿，超过全球人口的1/3。② 2019—2050年，撒哈拉以南非洲的人口预计将增长1倍，而其他地区在此期间的预计人口增长率则显著不同：北非和西亚为

---

① 联合国：《世界人口展望》（2019年版）。

② 联合国：《世界人口展望》（2017年修订版）。

46%，中亚和南亚为25%，拉丁美洲和加勒比海地区为18%，东亚和东南亚3%，欧洲和北美地区仅为2%。①

（二）人口增长与经济增长

人口问题的实质是人口增长与经济增长之间的关系问题。经济增长决定人口增长，但人口增长的快慢对经济发展有极大促进或阻碍作用。适度的人口增长可以促进经济增长，但人口的过度增长可能会导致资源的短缺和环境的恶化，从而阻碍经济的增长，削弱人类生存与发展的物质基础。因此，人口增长趋势对世界经济发展具有非常重要的影响。

世界人口问题主要指人口老龄化（在发达国家更明显）和人口增长过快（主要指发展中国家）。国际通行标准是：当一个国家60岁以上老年人口占总人口的10%，或65岁以上老年人口占总人口的7%，即意味着这个国家处于老龄化社会。1950—2019年，全球范围内65岁以上人口所占比例已从5%上升至约9%。今后40年中，人口老龄化的趋势将更加明显。到2050年，全球60岁以上的人口将突破20亿，占全球总人口近22%，65岁以上人口比例则将增至16%。由于生育率持续下降将导致劳动人口减少，届时每位65岁以上的老人仅能依靠3.9个年龄介于15~64岁的劳动力供养，而在2010年，这个比例还为1∶8.7。② 发达国家中年龄达到或超过60岁的人正以年均1.9%的速度增加，发展中国家人口中老年人的比例正以每年超过2%的速度增加。③ 更为严重的是，随着各国经济的普遍发展和医疗水平的不断提高，人口老龄化呈现出全球性的趋势。发达国家的60岁以上的老年人口已经占到总人口的23.9%，而发展中国家的老年人口仅占总人口的10%。到2050年，发达国家总人口中老年人口将占33%，而发展中国家人口老龄化的步伐更加迅速，其比例也将上升到19%。④

全球性的人口老龄化是历史上未曾出现的社会现象。从根本上讲，这种人口转变是医疗进步、教育水平明显提高和经济发展的直接成就。同时，人口老龄化对人类社会经济生活的影响也是极其深刻的。在经济领域，人口老龄化将对经济增长、投资与消费、劳动力市场等产生冲击；在社会层面，人口老龄化

① 联合国：《世界人口展望》（2019年版）。
② 联合国：《世界人口老龄化》（2009年版）；联合国：《世界人口展望》（2019年版）。
③ 联合国：《世界人口展望》（2017年修订版）。
④ 联合国：《世界人口展望》（2017年修订版）。

影响了保健和医疗、家庭组成及生活安排等。总之，世界范围的人口老龄化趋势将对世界经济的可持续发展产生不利影响。

人口过多已成为大多数发展中国家国民经济的沉重负担和经济发展的巨大障碍，而居高不下的人口增长率更是许多发展中国家收入水平无法提高的重要原因。由于人口增长过快，发展中国家用于扩大再生产的资金普遍不足，造成投资的减少，使许多重要行业难以进行设备更新和技术改造，经济增长乏力，严重阻碍了工业化的进程。由于人口增长快于经济增长，发展中国家不得不大量进口粮食或其他消费品，以满足不断增长的人口需要。人口增长过快将进一步困扰广大发展中国家经济的发展，世界人口增长的不平衡也将进一步拉大南北经济差距。如果人口问题不解决，世界经济就难以实现可持续发展。

总之，如果人们不能很好地协调人口增长与经济增长之间的关系，就会妨碍世界的繁荣和社会的进步。目前备受关注的全球性问题，如能源问题、环境问题、生态问题以及粮食问题等，都源自人口增长与经济发展关系的不协调。

二、人口增长与资源利用之间的矛盾

（一）人口增长与耕地减少

由于人口的快速增加，必须扩大用于生产粮食的耕地和牧场。世界耕地面积约为 15 亿公顷，只占全球陆地面积的 10%；此外，牧场面积约有 30 亿公顷。耕地和牧场面积总和约占陆地面积的 30%。

耕地是人类的宝贵财富，然而人口过快增长使许多耕地转为他用。过量砍伐树木、毁林造田和开辟牧场已使世界热带森林面积锐减。随着城市化的发展，人口日益向城市过度集中是一个难以遏制的发展趋势。2018 年全球 55%的人口生活在城市，到 2050 年将有 68%的人口居住在城市，其中，印度将增加 4.16 亿城市居民，中国将增加 2.55 亿，尼日利亚将增加 1.89 亿。[①] 城市人口的膨胀，城区的不断扩大，需要占用大量的土地资源，从而造成耕地的日益缩小，影响到粮食的生产和供给，使人口与粮食的矛盾更加尖锐。

（二）人口增长与粮食短缺

粮食是维持人类生存的基本农产品，也是一国的战略物资。伴随着人口过快增长所出现的粮食问题，不仅表现为世界粮食的供需动态不平衡，也包括世界粮

① 联合国：《世界城市化展望》（2018 年修订版）。

食生产的分布不平衡，二者共同作用造成人口过快增长中的粮食短缺问题。

二战之后，世界粮食总产量增长超过世界人口增长，同时人均产量、产值也都有增加。20 世纪 80 年代末 90 年代初，世界粮食产量增长速度开始放慢，但需求却继续增长。从供给看，农业资源的有限和生态环境的恶化直接制约了粮食的供给。从需求看，世界人口的增长和人们食物结构的变化推动着对粮食的需求。因此，世界粮食的供需动态不平衡造成了粮食短缺危机。1990 年以来，世界粮食产量增长 2.3%，而人口却增长了 10%。粮食产量增长和人口增长比例的失调导致了饥饿人口数量的不断攀升，1995—2009 年，世界粮食不足的人口数量快速增加，2009 年，全球首次有超过 10 亿人处在饥饿和营养不良的状态下。① 虽然 2017 年该数字下降到 8.21 亿，但形势依然不容乐观。其中，撒哈拉以南非洲地区 23.2%的人口处在饥饿和营养不良的状态。②

此外，世界粮食生产的分布不平衡更加剧了世界粮食供求矛盾的严重性。世界粮食生产的基本格局是：占世界人口大多数的亚非拉发展中国家粮食匮乏，营养不足，大量人口处于饥饿、半饥饿状态。少数发达国家拥有大量余粮，出现粮食过剩。粮食生产的不平衡导致了分配与消费的不均等和世界贫困人口的增加。近年来，北美人均粮食年消耗量维持在 1 100 千克左右，而印度只有 170 多千克，非洲仅有 160 千克。而 1970 年以前世界贫困人口只有 2 亿，20 世纪 70 年代中期增加到 4 亿，80 年代初已达 5 亿，90 年代超过 5.5 亿。③

粮食生产是关系到人类生存与发展的一个永恒的主题。随着世界人口的急剧增加，粮食问题成为人类共同面临的全球性问题之一。1996 年 11 月，在意大利罗马召开联合国粮食高峰会议，粮食问题第一次被赋予了一种世界历史性的意义，因为饥饿与贫困已成为阻碍世界各国特别是发展中国家经济发展的严重障碍，构成对全球和平与稳定的严重威胁。2000 年 9 月，联合国千年峰会通过了千年发展目标——《千年宣言》，承诺在 2015 年之前实现 8 项目标：在 1990 年基础上将全球贫困人口比例减半，普及小学教育，促进男女平等，降低母婴死亡率，抗击艾滋病和疟疾，促进环境可持续发展，推动全球合作伙伴关系。

（三）人口增长与能源过度消耗

人口过快增长会产生生态经济压力，使生态环境进一步被破坏，自然资源

① 联合国：《世界粮食不安全状况》（2015 年版）。
② 联合国：《世界粮食安全和营养状况》（2018 年版）。
③ 联合国：《世界粮食不安全状况》（2010 年版）。

更加短缺。地球上的资源是有限的，随着人口的过快增长，资源消耗量必然越来越大，给自然资源带来了巨大的压力，导致“能源危机”。

此外，全球范围内能源消耗也呈不平衡分布。目前，发达国家消耗了世界能源总量的80%，而占世界人口近80%的发展中国家只消耗了世界能源总量的20%。这种人口数量与能源消耗量之间巨大的不平衡，进一步加剧了国家间的矛盾与冲突。

三、人口增长与环境保护之间的矛盾

人口过快增长给环境带来巨大压力，环境问题随之产生。环境问题主要指由于人类的生产和生活引起的生态系统破坏和环境污染，反过来又危及人类自身的生存和发展。随着社会经济的快速发展和人口的急剧增加，人类对自然环境和自然资源开发利用的广度和深度不断扩大。从20世纪后半期开始，环境问题日益突出并迅速全球化，成为严重影响世界经济可持续发展的障碍。

1972年6月，联合国在瑞典斯德哥尔摩召开的人类与环境会议提出“只有一个地球”的口号，通过《人类环境宣言》，并确定每年6月5日为“世界环境日”。1992年，联合国在巴西里约热内卢召开环境与发展会议，通过了全球可持续发展战略文件——《二十一世纪议程》。保护环境、促进生态平衡已成为当今世界各国的共识。2009年11月，联合国发布的《世界人口状况报告》指出，近50年来的全球气候变暖主要是由人类活动造成的，其结果又反过来影响着人类自身的生存与发展，现在只有人类可以通过自己的努力来改变或缓解气候变化所带来的严峻挑战。

总之，人口过快增长给世界经济、政治及社会的发展造成极大压力，特别是一些发展中国家的人口过快增长给这些国家带来了灾难性的后果，加剧了耕地、森林、淡水等一系列危机，使许多人面临着饥饿和失业的威胁，成为诱发社会动乱的重要因素。人口剧增给世界资源和环境带来的沉重压力，已经成为制约世界经济可持续发展的重要因素之一。

第二节 世界经济发展中的资源问题

一、世界土地资源问题

土地是人类进行一切生产和生活的物质基础，也是进行物质生产过程必不

可少的基础性生产资料。随着世界各国经济的发展，土地资源问题日益突出，集中表现为森林衰退问题和土壤退化问题。

（一）森林衰退

森林是覆盖于地球表面的重要植被，是地球生物圈中有巨大能动性的生态系统，是人类生活和社会经济发展所必需的条件；森林还是一个巨大的生物宝库，对改善生态环境、维护生态平衡具有不可替代的作用。此外，森林作为陆地生态系统的主体，对养护水源、保持水土和减少旱涝具有重要的作用。然而，由于片面追求经济的高速增长，人类过度开荒、放牧和滥砍滥伐带来的森林衰退成为影响人类生存与发展的全球性问题。因此，保护森林和发展森林，是保护环境、实现社会可持续发展的重要条件。

森林衰退主要是指全球森林覆盖面积的不断减少。事实上，自产业革命以来，全球森林覆盖面积就呈现不断减少的趋势。随着二战后越来越多的国家加快了工业化和城市化进程，世界森林形势更加严峻。20 世纪 90 年代以来，世界森林面积呈加速下降趋势。

森林衰退的原因是多方面的。除了森林管理不善和环境保护的教育欠缺，最直接的原因在于，发展中国家为了摆脱贫困和发展经济，不得不过度开采和出卖森林资源。同时，由于这些国家无力开发和购买其他资源与能源，其居民不得不砍伐林木作为燃料和材料。非洲的森林状况尤其面临着巨大的挑战，受人口增加、食品和能源价格上涨、国民收入低和制度不完善等因素的制约，非洲实施可持续森林管理的进程进展缓慢，森林仍继续减少。

森林衰退对人类社会和经济发展将产生巨大影响。在非洲、亚洲和南美洲，由于森林植被消失、耕地过分开发和牧场过度放牧，土壤剥蚀情况十分严重。裸露的土地变得脆弱，无法长期抵御风雨的剥蚀。在有些地方，土壤的年流失量可达每公顷 100 吨，可耕地的肥沃程度严重降低。森林和土表植被的减少，导致土壤流失、耕地退化、水灾频繁、全球气候变暖、物种消失，影响整个生态系统的平衡。此外，森林植被的减少，还会大大改变微量元素的来源和分布，使得微量元素在地球系统中的循环遭到破坏，并迫使其从原有的平衡状态向新的平衡状态过渡，从而给人类社会和自然生态系统带来巨大影响。

（二）土壤退化

土壤是适合农业种植和生物生长的场所，是人类在地球上生存和繁衍的基础，土壤退化就是人类生存和繁衍基础被破坏。半个多世纪以来，由于人口的迅速增长和环境污染的日益严重，土壤退化问题日益严重。据估算，主要由于农业垦耕、森林毁坏和草原的过度放牧，已使全球大约相当于中国和印度国土面积总和的土地发生了中等到高等强度的退化。土壤退化的类型主要有水蚀、风蚀、化学损蚀和物理损蚀四类。土壤退化的突出问题是土地沙漠化，它不仅导致世界人均耕地面积的减少，而且成为影响全球环境的重大问题。

在人口快速增长和土壤退化的双重影响下，世界人均耕地面积不断减少。目前，全世界的荒漠化土地面积已占地球陆地面积的25%。1987年，世界人均耕地面积为0.30公顷，由于土地荒漠化的影响，到2025年将可能减至0.17公顷。① 2015年，世界人均耕地面积已经下降到0.19公顷。②

二、世界水资源问题

水是人类生命之源。从全球看，水资源紧缺及其分布不均和水污染，已成为当代世界最严重和最重大的资源环境问题。

（一）水资源紧缺及其分布不均

水是支持生命存在的基本物质，是一种多功能的不可或缺的资源。地球表面70%被水覆盖，其中约97.5%的水都分布在大洋和浅海中，这些咸水是人类无法直接利用的。而在约占地球总水量2.5%的淡水中，又有87%是以冰川和冰帽形式存在于极地和高山上，而可被人类利用的淡水总量只占地球上总水量的十万分之三，占淡水总蓄量的0.34%。③ 由此可见，可供人类直接利用的淡水资源是极其有限的。

如此有限的水资源的分布又十分不均。除欧洲水资源较为丰富以外，其他各洲都不同程度地存在一些严重缺水地区。全球范围内正面临着严重的水资源危机。世界上已有超过一半的陆地面积、遍及100多个国家和地区中的10亿人用水短缺，24亿人缺乏用水卫生设施，这种状况在发展中国家尤为严重。与此同时，世界人均水资源拥有量也开始大幅下降。联合国世界资源研究所对1650—2005年355年间的世界人均水资源拥有量的变化情况进行研究得出的结果是，2005年的世界人均水资源是1950年的38.3%，仅为1650年的7.6%。④

---

① 联合国世界资源研究所：《世界资源报告》（2017年）。

② 联合国粮农组织网站。

③ 联合国世界资源研究所：《世界水资源发展报告》（2019年）。

④ 联合国世界资源研究所：《世界资源报告》（1999—2009年）。

可见，世界人均水资源拥有量在这 300 多年来下降趋势明显，并且呈现越发加快的势头。1995 年，40%的世界人口生活在水紧张地区。2018 年，约有 36 亿人口，相当于将近一半的全球人口，居住在缺水地区，这些人口一年中至少有一个月的缺水时间。而这一人口数量到 2050 年可能增长到 48 亿~57 亿。①

（二）水污染

伴随着全球人口的急剧增长和全球工业的迅速发展，人类对水资源的需求以惊人的速度扩大。据统计，整个 20 世纪，世界人口增加了 2 倍，而人类用水则增加了 5 倍。洁净水的缺乏将是制约 21 世纪经济发展的关键因素之一。

全球水资源状况迅速恶化的现实状况引起了世界范围内的广泛关注。联合国《世界水发展报告》指出，随着社会的发展，世界许多地方人均用水不足的问题日益恶化，水资源正由于世界人口增加、环境污染和气候变化而逐步减少，全球水危机将达到空前的水平。根据联合国环境规划署的数据，如果当前的水资源消耗模式继续下去，那么到 2025 年，整个地球将有 2/3 的人深陷水资源危机。

面对世界严重水资源危机的现实，2015 年 4 月举行的第七届世界水论坛强调，水资源是可持续发展的核心，重申了对于享有清洁饮用水和卫生设施的权利，以及保证逐渐实现水和卫生设施享有权的承诺，并强调基于互惠共赢的解决方案的跨境水资源合作对各流域国的跨境水资源的可持续开发和有效管理，尤其是水资源计划的建立、公共参与、健全的基础设施和自然系统管理体制的必要性。

三、世界能源问题

能源是人类赖以生存繁衍、社会得以繁荣进步的重要物质基础，也是国民经济发展和人民生活水平提高的重要物质基础。自进入工业化时期以来，能源在任何国家的社会与经济生活中都起着无可替代的重要作用。然而，与日俱增的能源消费缺口逐渐成为全球经济增长的瓶颈，同时也是造成生态环境危机的重要因素，更是事关国家安全与国家利益的核心要素。

（一）能源供需态势与结构性矛盾

从英国产业革命到 20 世纪 30 年代，煤炭一直是最主要、应用最为广泛的能源。当时世界能源的 75%来自煤炭，只有 16%靠石油。20 世纪 50 年代后，

---

① 联合国世界资源研究所：《世界资源发展报告》（2018 年）。

随着世界经济的迅猛发展，石油作为一种高效能源，需求迅速上升，其开采与消费开始大幅度增加。虽然经历了20世纪70年代两次石油危机，石油价格高涨，但石油的消费量却一直上升。80年代，石油超过了煤炭，在能源消费中跃居第一位。90年代，石油消费量超过了全部能源消费量的一半，达到54%。在短短的几十年中，世界能源消费结构迅速实现了由煤炭向石油的转变。

随着世界经济的高速发展和全球人口的快速增长，全球能源消费呈急剧增长态势。与18世纪相比，19世纪世界能源消耗量增加了1.5倍，20世纪增加了约9倍。在主要的能源品种中，石油的战略价值更为明显。由于石油在世界经济中发挥着越来越重要的作用，20世纪被形容为“石油的世纪”。然而，石油资源地理分布呈现出明显的不均衡性，世界石油资源富裕地区石油消费少，而石油资源稀缺地区石油消费多，从而产生资源的供求矛盾。随着世界人口的不断增加和能源消费量的急剧扩大，随着发展中国家工业化进程的迅速推进，人类将面临严重的能源危机。因此，无论是发达国家，还是发展中国家，对石油资源的依赖与竞争已是当前各国经济运行和国际政治交往的重要内容。石油资源的供求矛盾使得控制石油资源成为强势国家的重要战略选择，进而成为强势国家对当今世界发展主导权争夺的焦点，这将严重影响甚至威胁广大发展中国家的话语权和发展势头。

（二）能源价格不稳定

自现代石油业诞生以来到二战结束前的近一个世纪里，北美墨西哥湾一直是世界石油地缘政治中心，美国作为世界上主要的石油生产国和输出国，以其石油垄断资本主导着国际石油市场，世界石油价格保持相对稳定。二战以后，中东海湾地区取代北美墨西哥湾成为世界石油产出中心，国际能源格局进入“海湾时代”，这一时期原油价格低且平稳。1953—1970年，中东原油价格平均为1.15美元/桶。1973年第四次阿以战争之际，石油输出国组织（OPEC，简称欧佩克）中的海湾产油国开展了震惊世界的“石油斗争”。1973年10月16日，欧佩克将基准油价从2.95美元/桶调高到5.11美元/桶，1974年1月把油价再次提高到11.65美元/桶，形成结束“廉价石油时代”的第一次石油危机。由于1978年年底伊朗爆发了“伊斯兰革命”，世界石油供应出现短缺，欧佩克于1979年第三季度把油价提高到32美元/桶，形成了第二次石油危机。两次石油危机使石油美元大量流入海湾产油国，然而，20世纪80年代初，情况急转直下。1986年7月，油价暴跌到8~9美元/桶。整个90年代，油价基本为10~

25 美元/桶；1999 年 8 月，油价从年初的 10 美元/桶反弹到突破 20 美元/桶，而后直线上扬到 2000 年 3 月的 31.80 美元/桶。2008 年 1 月 2 日，国际市场原油交易价格突破 100 美元/桶大关，2008 年 7 月一度达到历史最高值 147 美元/桶。2009 年，受金融危机冲击国际油价出现大幅回落，1 月 21 日纽约商品交易所原油期货价格跌至 33.20 美元/桶，为 2004 年 4 月以来新低。2009 年下半年起，全球经济逐渐从金融危机的阴霾中摆脱，油价再度攀高，且在 2011—2013 年稳定在 90～120 美元/桶的高位区间。2014 年下半年开始，油价快速下跌，2015 年，油价再度跌回 50～70 美元/桶的区间，一路跌回到十年前水平。2016 年年初，国际原油价格在跌至 30 美元/桶左右的低点之后，开始逐步反弹。2018 年，国际原油价格油价震荡上行后急剧下跌，2018 年年底跌至 60 美元/桶左右。

（三）新能源的发展

近年来，面对传统能源日益供需失衡、全球气候日益变暖的严峻局势，世界各国纷纷加大对新能源和能源新技术开发与利用的力度，特别是可再生能源的技术创新，有效开发和安全利用核能、太阳能、风能、生物质能、地热能和海洋能等新能源。例如，核能在法国、日本等国的能源供给结构中占有很高的比重。虽然在过去的几十年时间里，利用核能被认为总体上是安全、清洁、高效的，但 2011 年 3 月日本地震和海啸引发的福岛核泄漏灾难表明，核能安全问题及其对人类社会、环境的负面影响已经凸显。人类应该怎样正确、合理、安全地利用核能，仍然是一个异常严峻的问题。

当前，主要国家都在大力推动新能源战略，并以各种方式对新能源产业予以扶持。同时，新能源汽车等诸多新能源产业也在迅速发展。2014 年 6 月，中央财经领导小组第六次会议提出，“推动能源供给革命，建立多元供应体系”，形成煤、油、气、核、新能源、可再生能源多轮驱动的能源供应体系。根据能源发展“十三五”规划，到 2020 年，中国非化石能源消费比重要提高到 15%以上，天然气消费比重力争达到 10%或者更高，煤炭消费比重要降低至 58%以下。清洁、低碳能源将是中国“十三五”期间能源供应增量的主体。

第三节　世界经济发展中的环境问题

随着科技进步和社会生产力的极大提高，人类创造了前所未有的物质财富，加速推进了文明发展的进程。与此同时，人类对环境影响的深度和广度也不断加强，人类赖以生存的大气、水、土地、生物乃至外层空间不断受到破坏，环境问题随之产生。由联合国列出的威胁人类生存的全球十大环境问题包括：全球气候变暖，臭氧层的耗损与破坏，生物多样性减少，酸雨蔓延，森林锐减，土地荒漠化，大气污染，水污染，海洋污染，危险废物越境转移及处置。①

一、全球气候变暖

随着经济和社会的发展，大气中的温室气体也在逐年增加。温室气体主要包括二氧化碳、甲烷、氯氟化碳、臭氧、氮的氧化物和水蒸气等，其中最主要的是二氧化碳。从全球看，由于工业化的发展和人类对高标准生活的追求，大气中的温室气体含量急剧地增加，从而造成温室效应的加剧和全球气候变暖。

全球气候变暖的直接后果之一是海平面不断上升，从而使沿海城市受到被淹没的威胁。由于全球变暖，1880—1980 年观察到的平均海平面上升了 14 厘米。以 1980 年海平面为基准，2050 年海平面将上升 30~50 厘米。

气候变暖，海平面上升，将对全球的生态环境系统和人类社会的发展带来严重的影响：干旱区更为干旱，多雨区更多洪涝；海平面上升，海水盐度变小，岛国难以生存，地势低洼的沿海区域将被淹没；淡水咸化，地下水污染加剧；全球干旱频率增大，中纬度地区更为干旱、酷热，森林失火，湖泊干涸，水资源更为紧张；土壤盐渍化和沙漠化加剧。2008 年，全球极端旱涝灾害交替发生，世界许多地方均发生了极端气候事件，包括破坏性洪涝、持续性严重干旱、雪暴、热浪和寒潮，给社会经济正常的生产、生活都造成了巨大的影响和损失。到 21 世纪末，气温可能比工业化之前的时期升高 5 摄氏度甚至更多，世界将会变得与今天大不相同。极端天气事件将更频繁，物种将大量减少，大多数生态系统已经超载并将不断变化，许多物种难逃灭绝的厄运，岛屿国家则面临被整体淹没的威胁。

因此，国际社会需要立即采取行动，使气温升幅尽可能地控制在 2 摄氏度以内的水平。这需要生产与生活方式的重大转变，应对气候变化需要动用人类

---

① 其中，森林锐减、土地荒漠化和水污染、海洋污染分别从世界土地资源和水资源减少的角度在本章第二节中进行了阐述，这里不再赘述。

所有的创新和智慧。

二、酸雨蔓延

酸雨是以化石燃料为能源的工业化的产物，是空气污染物积累性作用的结果，控制酸雨是人类走向可持续发展所必须解决的重大环境问题之一。

酸雨给地球生态环境和人类社会经济生活带来严重的影响和破坏。酸雨对土壤、水体、森林、建筑等均带来严重危害，不仅造成重大经济损失，更危及人类生存和发展。首先，酸雨造成土壤酸化。半个多世纪以前，北欧、中欧、北美等地都明显出现过土壤酸化。其次，酸雨还造成水体酸化。酸雨污染河流、湖泊和地下水，危害人体健康。最后，酸雨还是污染海洋、造成海洋赤潮的重要原因。

从当前全球酸化物排放量增加和酸雨区扩展的速度来看，酸雨会发展成普遍存在、影响广泛的全球性环境问题。酸雨是由大气污染造成的，而大气污染是跨越国界的全球性问题，所以，酸雨是涉及世界各国的灾害，需要世界各国齐心协力，共同治理。

三、危险废物越境转移及处置

目前，全球最关注的是有毒有害废物，即危险废物的安全处理和防止扩散问题，并将其列为全球环境问题之一。

伴随着资源的开采、加工和使用，世界废物的产生量也与日俱增。全世界每年新增废物大部分产生于发达国家。据绿色和平组织报道，发达国家所产生的废物，至少1/10是越境转移处理的，其中一些国家或其企业还将废物非法倾倒在发展中国家。

废物之所以发生越境转移，主要原因是发达国家存在转嫁污染的动机和发展中国家自身存在的一些问题。首先，环境意识水平的不同会带来对有害废物贸易的经济价值评价观的差异。对发达国家而言，越境转移危险废物不仅可转移环境污染的风险，且在环境治理上能节省大量资金，还会带来国际贸易利益；而对资金短缺的发展中国家而言，进口危险废物不仅会立即带来大量金钱，且会增加就业机会，刺激经济增长。其次，不同的环境标准、法律规定及民众环境意识，也会带来处置费用的差别。每吨危险废物的处置费用欧洲为非洲的4~25倍，美国为非洲的12~36倍。正是由于经济因素的影响，使发达国家的污染转嫁行为得以实现。

针对日益严重的危险废物越境转移现象，1989 年 3 月，联合国在瑞士巴塞尔签署了《控制危险废物越境转移及其处置巴塞尔公约》（简称《巴塞尔公约》）。《巴塞尔公约》的目的是控制并把隶属公约管辖的废物越境减少到最低程度，把危险废物的产生减少到最低程度，帮助发展中国家对危险废物和其他废物进行有利于环境的管理。其核心是“事先知情程序”，亦对危险废物越境转移及处置规定了严格的程序。然而，《巴塞尔公约》也存在严重的局限性，例如，公约没有规定违反公约的国家的责任，没有涉及损害赔偿，没有全面禁止危险废物的越境转移。

四、生物多样性遭到严重破坏

生物多样性是一个地区内基因、物种和生态系统多样性的总和，是一个充满活力、不断新陈代谢的动态世界的重要保证，也是生态平衡的重要保证。但人口爆炸、环境恶化等人类的诸多活动，却从多方面破坏了地球的生态系统，使越来越多的生物物种濒临灭绝。

世界自然基金会长期测量全球生物多样性状态，发布了“地球生命力指数”。即通过观察 2 500 多个物种、近 8 000 个种群的健康状况，计算出显示地球资源充裕度的指数。1970—2014 年，由于人类对环境的过度消耗与破坏，短短 44 年中野生动物从地球上消亡了 60%，其中包括鱼类、鸟类、哺乳动物、两栖动物和爬行动物。而淡水生态系统的生物数量已减少 80%，亚马孙雨林所处的拉丁美洲一带情况最为严峻，已有将近 9 成动物消亡。① 同时，富裕国家不可持续的消费大部分建立在对低收入国家自然资源的消耗上，通常从自然资源丰富的国家获取。所以，低收入国家的生物多样性下降非常惊人。地球生命力指数的急剧下降，表明过度消耗自然资源的生产和生活模式已不可持续，尤其是建立在大量消耗低收入国家自然资源基础上的发达国家消费模式亟待改变。世界生物多样性遭到严重破坏已经为世界经济实现可持续发展敲响了警钟。

20 世纪 60 年代中期以来，人类对自然资源的需求已经超出了地球生态承载力 50%，即需要 1.5 个地球来支撑。如果继续以超出地球资源极限的方式生

---

① 世界自然基金会（WWF）：《地球生命力报告》（2018 年）。

活，到 2030 年，人类将需要 2 个地球来满足每年的需求。因此，要想确保世界经济可持续发展，支撑 2050 年全球人口达到 93 亿的预期需求，就必须找到合理的解决方案。

严峻的现实已告诉我们，人类如果继续以长远利益为代价，使环境单纯地满足我们目前的需求，其结果将是灾难性的。从 1972 年斯德哥尔摩召开的人类环境会议开始，国际社会已经清楚地意识到，解决人类目前面临的环境与发展问题，唯一的选择是走可持续发展的道路，我们只有珍惜和保护生物多样性并且持续地利用它，为子孙后代留下一个尽可能丰富的世界，人类本身才能得以长久地生存和发展，社会经济的发展才能成功。

第四节　世界经济可持续发展的条件和途径

总体来看，全球性的人口、资源和环境问题不仅未得到明显改善，有的问题还在进一步恶化。这些全球性问题是历史发展长期积淀的结果，它是由工业化的发展和西方殖民活动的扩展而产生，又随着经济全球化的发展而深化。国际社会已认识到这些问题的危害性和危险性，可持续发展的观念被越来越多的国家和人民所接受，并在世界范围内开始了一系列协调行动。因此，转变经济发展方式、实现世界经济可持续发展已成为关系到全人类根本利益的重大问题。

一、世界经济可持续发展战略的形成及其内涵

（一）世界经济可持续发展战略的形成

世界经济发展中的人口、资源和环境问题，已严重威胁到世界经济的可持续发展。要解决这些问题，必须进行广泛、有效的国际合作，协调各国的权利义务与行动一致。

1972 年，联合国在瑞典斯德哥尔摩召开了人类环境会议，提出了保护和改善人类环境的目标，拉开了可持续发展国际合作的序幕。1992 年在巴西里约热内卢召开的联合国环境与发展大会通过了《关于环境与发展的里约热内卢宣言》和《二十一世纪议程》，将可持续发展列为全世界的发展战略；大会还通过了《关于森林问题的原则声明》，并将《防止全球气候变暖公约》和《生物

多样性公约》提交各国政府签署。《二十一世纪议程》是全球实施可持续发展战略的行动准则，它的出台标志着可持续发展全球行动的正式启动。另外，世界各国政府首脑参加联合国环境与发展会议期间签署了《联合国气候变化框架公约》。1994年3月21日，该公约正式生效，有150多个国家及欧洲经济共同体参与进来。公约由序言及26条正文组成，具有法律约束力，终极目标是将大气温室气体浓度维持在一个稳定的水平，在该水平上人类活动不会对气候系统产生危险干扰。

1997年在纽约举行的联合国大会第十九届特别会议，综合审议了环境与发展问题并通过了《进一步执行〈二十一世纪议程〉方案》。稍后不久，为应对全球变暖问题，第一份具有强制性减排目标的国际协议——《〈联合国气候变化框架公约〉京都议定书》（简称《京都议定书》），在1997年12月诞生。根据《京都议定书》，2008—2012年，发达国家二氧化碳、甲烷等六种温室气体的排放总量，要比1990年至少减少5%。作为温室气体排放大户的发达国家，应采取具体措施限制温室气体的排放，而发展中国家不承担有法律约束力的温室气体限控义务。中国已于1998年5月29日签署了该议定书。根据2007年在印度尼西亚巴厘岛举行的第13次缔约方会议通过的《巴厘路线图》的规定，2009年年底在丹麦哥本哈根举行的第15次缔约方会议应通过《哥本哈根议定书》，但最终《哥本哈根协议》草案未获通过，通过的《哥本哈根议定书》不具备法律约束力。

2015年9月，联合国193个会员国举行的历史性首脑会议上一致通过了颇具变革性的《2030年可持续发展议程》，为未来15年各国发展和国际发展合作指明了方向，成为全球发展进程中的里程碑事件。新议程于2016年1月1日正式启动，呼吁各国现在就采取行动，为今后15年实现17项可持续发展目标而努力。① 该议程的目标涉及发达国家和发展中国家人民的需求，并强调不会落下任何一个人。议程范围广泛且雄心勃勃，涉及可持续发展的三个层面（社会、经济和环境），以及与和平、正义和高效机构相关的重要方面。

在2015年12月联合国巴黎气候变化大会最后一次全会上达成的《巴黎协定》是人类历史上第一份全球减排协定，也是继《联合国气候变化框架公约》

---

① 2016年4月，中国发布了《落实2030年可持续发展议程中方立场文件》。同年9月，又发布了《中国落实2030年可持续发展议程国别方案》。

(1992年）和《京都议定书》(1997年）之后的第三个里程碑式的国际法律文件，该协定为2020年后全球应对气候变化行动作出安排，并于2016年11月4日正式生效。《巴黎协定》标志着全球应对气候变化迈出了历史性的重要一步。截至2017年11月叙利亚签署加入《巴黎协定》，除美国外所有国家均成为该协定的缔约方。① 2017年6月1日美国宣布退出《巴黎协定》，将终止《巴黎协定》的所有条款，其在气候问题上的立场遭到国际社会广泛批评。

从1972年的斯德哥尔摩人类环境会议到2017年《联合国气候变化框架公约》第23次缔约方大会，世界各国政府基本上认识到实现各国及全球经济可持续发展的重要性，都在创造各种条件、通过各种途径来实施可持续发展战略。

（二）世界经济可持续发展的内涵

世界经济可持续发展是一个包含经济、社会、文化、技术与自然环境协调发展的综合概念，其基本内涵可概括为以下三个方面。

1. 发展原则

可持续发展尤其突出强调的是发展，把消除贫困当作实现可持续发展的一项不可缺少的条件。特别是对发展中国家来说，发展权尤为重要。目前发展中国家正经受着贫困和生态恶化的双重压力，贫困是导致生态恶化的根源，生态恶化又更加剧了贫困。贫困和生态恶化把发展中国家拖进了一个十分艰难的困境。因此，可持续发展对于发展中国家来说，第一位是发展。发展是解决一切问题的基础和关键，“发展必须是科学发展，必须坚定不移贯彻创新、协调、绿色、开放、共享的发展理念”②。只有发展才能为解决生态危机提供必要的物质基础，也才能最终摆脱贫困和愚昧。可持续发展中的“发展”一词，又具有其特殊的含义，主要包含下列三个方面：

(1）经济发展。经济发展不等于经济增长。经济增长是指一个国家的人均收入和产出的增长。经济发展，除了人均收入的提高以外，还应含有经济结构的基本变化。其中两个最重要的结构性变化是：国民生产总值中农业比重下降

---

① 2017年8月4日，美国向联合国正式提交退出《巴黎协定》意向书。美国的退出行为不仅对人类应对气候变化的积极努力造成了巨大打击，而且对全球气候治理及其背景下的美欧关系、中美关系产生了重要影响。

② 习近平：《决胜全面建成小康社会　夺取新时代中国特色社会主义伟大胜利——在中国共产党第十九次全国代表大会上的报告》，人民出版社2017年版，第21页。

而工业比重上升，城市人口在总人口中的比重上升。除此之外，还有人口结构的变化和消费结构的转变。

（2）公众最大范围的参与。经济发展的另一重要的因素，是绝大多数人必须亲自参与这个经济发展过程，成为使经济结构发生上述重大变化的主要参与者。在《二十一世纪议程》中提到，实现可持续发展的一个基本的先决条件，是公众广泛地参与决策。参与经济发展过程是指：分享经济发展带来的好处，获得福利的增进，同时参与形成这些好处的生产活动。经济发展带来的福利应该被最广大的人民所享有，而不是仅仅使一小部分人获利。

（3）经济、社会、文化、教育等的共同发展。可持续发展以经济发展为中心，但可持续发展中的发展内涵却远远超过经济发展的范围。可持续发展中的“发展”不仅表现在经济的增长和人民生活水平与质量的提高，还表现在文学、艺术、科学的昌盛，社会道德水平的进步，国民素质的提高，以及生态环境的保护和改善等。

2. 可持续性原则

联合国将可持续性定义为一种可以长久维持的过程或状态。人类社会的可持续性由三个相互联系、不可分割的部分组成，即生态与资源可持续性、经济可持续性和社会可持续性。在可持续发展中，生态与资源可持续性是基础，经济可持续性是条件，社会可持续性是目的。三者相互依存、相互促进，最终目标是保证“自然—经济—社会”复合系统的可持续发展。

3. 公平性原则

公平是社会持续性的展现。它要求实现“资源在当代人群之间以及代与代人群之间公平合理的分配”。公平性原则主要包括三个方面：

（1）同代人之间的公平。这是一种横向的公平。当今世界贫富悬殊，两极分化极其严重，不可能实现可持续发展。同代人之间的公平要求经济发展必须满足全球所有人民的基本需要，并给予他们提高福利水平的机会，消除不同阶层之间、不同地域之间和不同国家之间在机会选择和成果占有上的两极分化现象，尤其是要把消除贫困作为经济发展最优先考虑的问题。

（2）代际间的公平。即世代之间的公平性，这是一种纵向的公平。它指的是经济发展在保证当代人福利增加的同时又不使后代人的福利减少。当代人享有的正当的权利，即在发展中合理利用资源和拥有清洁、安全、舒适的环境的权利，后代人也同样享有。代际公平原则强调，人类赖以生存的自然资源是有限的，当代人不能因为谋求自身福利的改善而掠夺式地使用资源，从而降低后代人的生存环境和条件，必须改善至少要保持自然环境以维护整个人类生存和发展的能力。当代人不能为了自己的消费和享乐，剥夺后代人理应享有的生存和发展的能力与机会。当代人要把环境权利和环境义务有机地统一起来，在维护自身环境权利的同时，给子孙后代以公平利用自然资源和环境的权利。

(3) 资源利用分配的公平。迄今为止，资源的利用分配是不公平的，占全球人口20%的发达国家消耗的能源、钢铁和纸张却占全球的80%。《关于环境与发展的里约热内卢宣言》指出，富国在利用资源上有优势，这一由来已久的优势取代了发展中国家利用地球资源合理的一部分来达到它们自己经济增长的机会。公平性原则还要求资源利用和环境保护的效益-费用的公平分配和负担。

在传统的发展观中，公平性并没有得到应有的重视。可持续发展三个方面的思想是可持续发展观与传统发展观的根本区别之一。

二、世界经济可持续发展的条件

(一) 保持经济增长，提高经济增长质量

可持续发展既反对无条件地抑制经济增长，也反对无条件地追求过度增长，它特别强调提高经济增长的质量。经济增长质量的提高，主要体现在连续不断地改善和提高新增财富的内在质量，具体体现为：产业结构日趋合理与优化，新增财富对资源和能源消耗越来越少，对生态环境的破坏程度越来越小，知识含量和非物质化程度越来越高，总体效益越来越好。这表明经济增长质量的提高依赖于经济增长方式的转变，即从传统的资源高消耗型的增长方式，向以知识创新和专业化人力资本为核心的经济收益递增型的增长方式的转变。经济增长质量的提高，无疑会对整个经济社会产生重大积极效应，它不仅可能形成资本收益的内部递增，而且能使传统的生产力要素也随之产生递增效益，从而带动整个经济规模效益递增。

(二) 满足人的基本生存需求

可持续发展把人的基本生存需求看成是一切发展的基石，因此该发展战略的目标之一就是较好地满足人的基本生存需求：要把全球、区域、国家的生存支持系统维持在规定的水平之上，较好地满足就业、粮食、能源、饮用水等人类的基本生存需求；通过基本资源的开发提供充分的生存保障；通过就业比例的确定与调整，使收入、储蓄等在结构上更加合理，由社会中的群体和个体共

同维护全体社会成员的身心健康。

(三) 控制人口数量增长，不断提高人口素质

可持续发展的目标是为了人，人又是可持续发展的主体，可持续发展战略的实施在很大程度上依赖于人。为此，实现全球经济可持续发展的条件和途径之一，就是控制人口数量，不断提高人口素质。1994 年在开罗举行的联合国人口与发展大会第一次将人口问题与可持续发展联系起来，提出应在实现经济持续增长、促进社会经济全面进步和保护环境的前提下解决人口问题。适度的人口规模、优良的人口素质和合理的人口结构，能够促进全球经济的可持续发展。在控制人口数量方面，首先要保证人口数量的年均增长率稳定地低于 GDP 的年均增长率，与此同时，要把人口素质的提高摆在宏观政策调控的重要位置上。可见，该战略目标的实质是把人口自身的再生产同物质再生产“同等地”保持在可持续发展的水平上。

(四) 维持和保护地球的资源基础

地球资源是人类生存与发展的唯一物质来源。既然可持续发展的战略目标包括保持经济增长和满足人类的基本生存需求，那么，它的实物基础仍然依赖于地球资源的维持、深度开发和合理利用以及废物的资源化。科学研究证明，地球上植物和动物的自然形态与习性在很大程度上是由环境塑造的，这就要求我们科学地认识地球，了解自然，掌握并遵守自然规律，加强环境保护，加大环境污染治理的力度，不断改善生态环境。只有这样，才能保护地球的资源基础，保证人类的生存与发展。

(五) 依靠科技进步突破发展瓶颈

人口、资源、环境是发展的瓶颈，在实施可持续发展战略的全过程中，必须始终关注并尽力消除这些瓶颈对发展的约束，而突破这些约束的动力和潜力就在于科技革命，只有依靠科技革命，并促进相关研究成果迅速转化为经济增长的推动力，才能克服发展过程中的各种瓶颈，达到可持续发展的总体要求。

(六) 促进经济发展与环境保护之间的平衡

通过灵活有效的宏观调控，维系经济发展与环境保护之间的平衡，即在经济发展水平不断提高的同时，对环境保护也要高度重视，积极采取措施治理污染、保护生态环境。正如习近平所指出的：“必须树立和践行绿水青山就是金山银山的理念，坚持节约资源和保护环境的基本国策，像对待生命一样对待生态环境，统筹山水林田湖草系统治理，实行最严格的生态环境保护制度，形成

绿色发展方式和生活方式，坚定走生产发展、生活富裕、生态良好的文明发展道路”。①

上述六方面实现全球经济可持续发展的条件之间相互制约、相互促进、相互关联，缺一不可。第一和第二方面条件的实现，可以满足人类不断增长的需求和生活质量的不断提高；第三和第六方面条件的实现，可以达到人与人之间以及人与自然之间的和谐；第四和第五方面条件的实现，可以既满足物质资源的储备，又满足知识资源的储备，更好地实现全球经济的可持续发展。

三、世界经济可持续发展的途径

人类社会发展史表明，经济发展必须在自然环境和人类自身可以承受的限度内实现，不能因盲目追求生产增长而造成社会分裂和生态危机，不能因大量消耗自然资源而使经济无法持续发展。所以，国际社会已达成共识，主张从社会及生态条件出发，建立一种“可承受的经济”——绿色经济②。上述资源、环境的严峻形势迫使人类必须走以高效利用资源和保护环境为基础的低碳经济之路。正如国际能源署（IEA）在《2008 年世界能源展望》中指出的，人类当前面临两大能源挑战：保障可靠的、廉价的能源供给，实现向低碳、高效、环保的能源供应体系的迅速转变。能否成功实现从传统经济向绿色经济的转型，将决定未来人类社会的繁荣与否。

（一）转变传统经济增长方式，发展绿色经济

绿色经济是以生态、经济协调发展为核心的可持续发展经济；是以维护人类生存环境、合理保护自然资源、有益于人体健康为特征的经济发展方式，是一种平衡式经济发展模式。可以说，发展绿色经济是对产业革命以来几个世纪的经济发展模式的根本调整，是进入 21 世纪以后世界经济发展的必然趋势。

当前，绿色经济正以其强大的力量推动全球经济转变，世界主要经济体普遍转向绿色经济，在传统经济向绿色经济的转变中实现产业结构调整和经济发展。尤其是在 2008 年国际金融危机后，绿色经济迅速升温成为世界主要经济体的发展战略和全球性的发展趋势。

---

① 习近平：《决胜全面建成小康社会 夺取新时代中国特色社会主义伟大胜利——在中国共产党第十九次全国代表大会上的报告》，人民出版社 2017 年版，第 23—24 页。

② 绿色经济概念由英国环境经济学家皮尔斯在 1989 年出版的《绿色经济蓝皮书》中首次提出，现在已成为一种全新的发展理念和发展目标。

2008 年年底，欧盟提出了帮助欧洲经济向绿色低碳经济转型的一揽子计划，要求欧洲各国温室气体排放量到 2020 年比 1990 年减少 20%，并通过 27 国各自不同的排放指标以及欧洲范围内的碳交易系统来实现协议目标。日本也在抓紧研究建立绿色经济的可行途径，凭借其长期积累的能源效率和技术优势以及在新能源和可再生能源开发利用方面拥有的雄厚技术，提出要把日本打造成全球第一个绿色社会的目标。欧盟与日本在绿色经济的发展及碳排放总量与交易等制度、体制构建上已取得领先地位。由日本和欧洲主导的《京都议定书》，更是成为人类为减轻温室效应的第一个行动纲领。2015 年 12 月在联合国巴黎气候变化大会上达成的《巴黎协定》是人类历史上第一份全球减排协定。《巴黎协定》标志着全球应对气候变化迈出了历史性的重要一步，奠定了 2020 年后全球气候治理格局。

为实现中国经济的可持续发展，在“十一五”期间，中国已经制定了一系列应对气候变化的政策，同时也在积极采取措施向绿色经济转型。“十二五”规划更是首次以绿色发展为主题，凸显绿色发展指标，堪称真正意义上的绿色发展规划，也标志着中国进入绿色发展时代。党的十九大报告中更是明确提出了“加快生态文明体制改革”“推进绿色发展”的基本要求。加快建立绿色生产与消费的法律制度和政策导向，建立健全绿色低碳循环发展的经济体系。构建市场导向的绿色技术创新体系，发展绿色金融，壮大节能环保产业、清洁生产产业、清洁能源产业。推进能源生产和消费革命，构建清洁低碳、安全高效的能源体系。推进资源全面节约和循环利用，实施国家节水行动，降低能耗、物耗，实现生产系统和生活系统循环链接。倡导简约适度、绿色低碳的生活方式，反对奢侈浪费和不合理消费，开展创建节约型机关、绿色家庭、绿色学校、绿色社区和绿色出行等行动。①

（二）明确发达国家和发展中国家“共同但有区别的责任”

《二十一世纪议程》指出，发达国家和发展中国家应享有以与自然和谐相处的方式过健康而富有的生活的权利，并公平地满足今世后代在环境和发展方面的需要。为此，发达国家和发展中国家应承担“共同但有区别的责任”。

---

① 习近平在中国共产党第十九次全国代表大会上的报告中关于“加快生态文明体制改革，建设美丽中国”思想的论述。

对发达国家来说，首先，必须认识到自身在全球可持续发展中的责任和义务。发达国家近代以来的殖民主义扩张和所追求的高生产、高消费模式以及由此造成的高污染，对发展中国家以及本国的生态环境造成了严重的危害。因此，发达国家对全球自然环境的恶化负有不可推卸的历史和现实的主要责任，应该承担向发展中国家提供资金和技术的责任与义务。其次，发达国家要充分理解和尊重发展中国家的生存权和发展权。生存权是人类最基本的权利，任何把民主、人权凌驾于生存权之上的做法都是毫无道理的。发展权是每个发展中国家的主权。发达国家不应该以保护环境、资源为借口，限制发展中国家的发展，更不能为了自身的私利向发展中国家转嫁生态危机。

对发展中国家而言，首先，发展是硬道理。发展经济，尽早消灭贫困，是发展中国家可持续发展的前提。国际经验表明，没有经济发展作为基础和大量的资金投入，没有技术进步和正确的政策指导，是不能解决环境问题的。例如，美国在 20 世纪 60 年代末 70 年代初着手大规模研究环境问题时，人均国民生产总值已达 11 000 美元（1980 年价格）；日本在大规模实施污染控制时，人均国民生产总值也已达 4 000 美元。而目前大多数发展中国家在人均国民生产总值只有几百美元的情况下，要完全解决经济、环境、资源问题是不现实的。其次，发展中国家在坚决维护自己的生存和发展权利的同时，也应该积极履行义务。要从本国的环境与发展的具体情况出发，正确处理人口、资源、环境与经济发展辩证统一的关系，做到“边发展、边治理，边利用、边保护”，而不能走西方国家“先污染、后治理”的老路。最后，发展中国家要自强自立。在保持本国稳定发展的同时，把握国际机遇，搞好本国的经济社会改革和对外开放。只有经济的发展才能促使环境保护水平的提高，并进一步巩固发展中国家的政治独立性。

中国政府高度重视应对气候变化工作，积极参与《联合国气候变化框架公约》下谈判进程，坚定维护公约的原则和框架，坚持公平、共同但有区别的责任和各自能力原则，遵循缔约方主导、公开透明、广泛参与和协商一致的多边谈判规则。2017 年 11 月，《联合国气候变化框架公约》第 23 次缔约方大会在德国波恩举行。这次大会制定了《巴黎协定》落实方针，主要内容包括为将全球气温控制在比工业革命前高 2 摄氏度以内，将分阶段地减少温室气体排放量。本次峰会的主要成果之一是推进“促进性对话”框架的制定，意指包容、参与和透明的对话，其目的是为公共物品建立经验分享、建立同理和明智决策的框架。鉴于农业受气候变化影响、农业土壤作为碳汇①等对气候变化的影响，本次峰会首次将有关农业和气候保护的工作计划纳入政治议程。

本章小结

1. 人口问题在所有世界经济发展的问题中处于核心地位，影响和制约着其他全球性问题的状况和解决。人口问题已成为一个严重的全球性问题，它不仅加剧了资源和环境问题，而且与资源和环境问题交织在一起，对世界经济的可持续发展产生了严重影响。

2. 自然资源是人类生存和发展的前提，是人类社会再生产得以顺利进行的物质基础。由于人们未能正确认识自然资源的相对稀缺性，长期采用粗放型的资源利用方式来追求经济增长，使全球有限的资源面临巨大的危机。

3. 世界经济发展中的环境问题是指由人类社会生活和生产活动所引起的周围环境、结构和状态发生的变化，这些变化反过来会对人的生存和发展条件产生影响的状况。环境问题包括环境污染和生态破坏等方面。

4. 世界经济发展中的人口、资源和环境问题，已严重威胁到世界经济的可持续发展。要解决这些问题，必须进行广泛、有效的国际合作，探寻世界经济可持续发展的条件与途径。转变经济增长方式、发展绿色经济已成为21世纪世界经济的发展趋势。

思考题：

1. 试述人口快速增长与资源利用之间的矛盾。
2. 简述世界经济高速增长中的能源问题。
3. 试述世界经济可持续发展的基本思想和条件。

① 碳汇，是指通过植树造林、森林管理、植被恢复等措施，利用植物光合作用吸收大气中的二氧化碳，并将其固定在植被和土壤中，从而减少温室气体在大气中浓度的过程、活动或机制。

4. 简述世界经济可持续发展的途径。

▶ 自测习题及参考答案

第四篇 中国与世界经济

改革开放是中国共产党在新的历史条件下带领中国人民进行的伟大实践。40 余年的改革开放历程表明，中国成功地走出一条与本国国情和时代特征相适应的发展道路，在世界经济中的地位和贡献日益提升。伴随着中国经济发展进入新常态，建设现代化经济体系和构建全面开放新格局成为新时代中国特色社会主义市场经济发展的必然要求。“一带一路”倡议的提出和实施，是中国构建全面开放新格局的重大举措，日益受到国际社会的广泛关注。作为负责任的发展中大国，中国所提出和倡导的构建人类命运共同体，为应对人类面临的共同挑战和全球性问题提供了中国智慧和中国方案。

第十三章　改革开放与中国经济的快速发展

改革开放是中国人民和中华民族发展史上的一次伟大革命，是决定当代中国命运的关键抉择。改革开放使中国成功实现了从高度集中的计划经济体制到充满活力的社会主义市场经济体制、从封闭半封闭到全方位开放的伟大历史转折。改革开放以来，中国经济发生了翻天覆地的变化，国民经济和对外经济总体上都保持了持续快速发展势头。

第一节　改革开放基本国策的确立

一、改革开放的背景

鸦片战争以后，中国逐步沦为半殖民地半封建社会。帝国主义、封建主义、官僚资本主义勾结在一起，严重束缚了生产力的发展，中国经济十分落后。1949 年新中国成立后，中国走上了国家独立、民族振兴的崭新道路。

新中国成立初期，党和政府带领人民迅速恢复国民经济，开展经济建设，并用几年时间在全国绝大部分地区完成了对生产资料私有制的社会主义改造，在借鉴苏联发展模式的基础上，通过独立自主的实践，逐步建立起全国集中统一的计划经济体制，对当时历史条件下中国的经济建设发挥了重要作用。特别是从“一五”时期起，由苏联援建的 156 项重点工程建设项目，就是通过计划经济体制的功能，从全国范围内调集人力、物力和财力进行建设，为中国国民经济的发展和现代工业体系的建立奠定了坚实的基础。在国内经济迅速恢复的同时，面对以美国为首的西方国家的封锁和禁运，中国还积极发展同苏联、东欧社会主义国家以及亚洲一些发展中国家的贸易，并积极对一些非洲国家提供了不附带任何政治条件的无偿援助。由于违背客观经济规律，1958 年开始的“大跃进”和 1966 年开始的“文化大革命”十年内乱，使中国经济遭到严重破坏，经济发展缓慢，甚至濒临崩溃的边缘。

总的来看，从新中国成立后到改革开放前，中国经济建设取得了巨大成绩，建立了独立的比较完整的工业体系和国民经济体系，农业生产条件也得到极大改善。同时，正如党的十九大报告所指出的："我们党团结带领人民完成社会主义革命，确立社会主义基本制度，推进社会主义建设，完成了中华民族有史以来最为广泛而深刻的社会变革，为当代中国一切发展进步奠定了根本政治前提和制度基础，实现了中华民族由近代不断衰落到根本扭转命运、持续走向繁荣富强的伟大飞跃。"但另一方面，由于中国的工业化进程仍处于起步阶段，加之"文化大革命"的冲击，没有抓住二战后世界科技革命和产业结构大力调整的历史性机遇，使得中国经济水平仍然落后，并且拉大了与发达国家的距离。在当时的中国，经济处于封闭半封闭状态，对外贸易规模极其有限，基本上没有外商直接投资。

二、改革开放的必要性

1978 年召开的党的十一届三中全会，顺应时代潮流和人民愿望，作出了把党和国家的工作中心转移到经济建设上来、实行改革开放这一决定当代中国命运的关键抉择。

首先，改革开放是解放和发展社会生产力的内在要求。马克思主义认为，生产力是最活跃最革命的因素，是社会发展的最终决定力量。中国在改革开放前的特殊历史条件下实施的高度集中统一的计划经济体制，对于当时恢复和发展国民经济，集中全国的人力、物力、财力进行工业化建设发挥了重要作用。但是，随着生产力的进一步发展和经济关系日趋复杂，这种体制的缺陷和弊端越来越明显，逐渐成为生产力发展的严重障碍。因此，不对这种体制进行改革，中国的社会主义建设就难以向前发展，社会生产力水平就难以提高。正如邓小平所指出的："为了发展生产力，必须对我国的经济体制进行改革，实行对外开放的政策。"①

其次，改革开放是中国顺应经济全球化历史发展趋势的必然选择。二战后科技革命的蓬勃发展，使经济全球化程度日益提高，世界各国逐步形成了相互依存的格局。当今世界是开放的世界，在各国经济联系日益紧密的现实状况下，任何一个国家要想发展经济就必须适应经济全球化的客观历史趋势。"开放带来进步，封闭必然落后。"② 只有不断进行改革开放，在坚持独立自主的前

---

① 《邓小平文选》第 3 卷，人民出版社 1993 年版，第 138 页。

② 习近平：《决胜全面建成小康社会 夺取新时代中国特色社会主义伟大胜利——在中国共产党第十九次全国代表大会上的报告》，人民出版社 2017 年版，第 34 页。

提下深入参与到国际经济体系中去，才能抓住经济全球化提供的机遇，趋利避害，共同分享经济全球化可能带来的经济利益。

再次，改革开放是中国应对国际竞争压力、巩固和发展社会主义制度的客观要求。二战后科技革命的不断深入提高了社会生产力水平，发达资本主义国家的经济得到较快发展，在 20 世纪 50—60 年代中期进入了经济增长的“黄金时期”。与此同时，以亚洲“四小龙”等为代表的一些发展中国家和地区，通过积极参与国际分工与贸易体系，也迅速实现了经济的腾飞。与这些国家和地区的快速发展相比，中国的经济实力和科技实力与国际先进水平的差距明显拉大，面临着巨大的国际竞争压力，社会主义制度的巩固和发展也面临着严峻的挑战。正如邓小平所指出的：“不坚持社会主义，不改革开放，不发展经济，不改善人民生活，只能是死路一条。”① 可以说，只有实行改革开放，才能推动中国社会主义制度自我完善和发展，不断增强中国的经济实力和综合国力，提高中国的国际竞争能力，赋予社会主义新的生机和活力。

最后，改革开放是顺应民意、实现强国富民和社会主义现代化的必由之路。新中国成立后到改革开放前，由于基础薄弱，特别是受到“大跃进”和“文化大革命”十年内乱的冲击，中国经济增长速度总体较慢且波动剧烈，经济总量和人均水平都很低，综合实力弱小。社会的贫穷落后使得广大干部群众强烈要求纠正“文化大革命”的错误，彻底扭转十年内乱造成的严重局势，使党和国家从危难中重新奋起。“只有改革开放才能发展中国、发展社会主义、发展马克思主义。”② 只有实行改革开放，才能走上强国富民、实现社会主义现代化和中华民族伟大复兴的正确道路。

自 1978 年党的十一届三中全会以来，从农村到城市、从经济领域到其他各个领域，全面改革的进程势不可挡地展开了；从沿海到沿江、沿边，从东部到中西部，对外开放的大门毅然决然地打开了。事实雄辩地证明，改革开放是决定当代中国命运的关键抉择，是坚持和发展中国特色社会主义、实现中华民族伟大复兴的必由之路。中国人民的面貌、社会主义中国的面貌、中国共产党的面貌，由此发生了历史性变化。

---

① 《邓小平文选》第 3 卷，人民出版社 1993 年版，第 370 页。

② 习近平：《决胜全面建成小康社会 夺取新时代中国特色社会主义伟大胜利——在中国共产党第十九次全国代表大会上的报告》，人民出版社 2017 年版，第 21 页。

第二节 改革开放的历史进程

改革开放是我国社会主义初级阶段基本路线的两个基本点之一。1978 年安徽省凤阳县小岗村家庭联产承包责任制的实行并在全国广大农村推广，拉开了中国对内改革的大幕，之后从农村到城市、从经济领域到其他领域，改革在实践探索中不断向前推进。① 中国的对外开放则是从沿海到内地，逐步形成了全面开放新格局。

一、社会主义市场经济体制的探索与建立

在新中国成立后的一段时期，中国学习苏联模式，实行了高度集中统一的计划经济体制。在当时的历史条件下，这种计划经济体制可以迅速动员和集中全国有限的人力、物力和财力等资源，对初步建立起独立的比较完整的工业体系和国民经济体系，进行大规模社会主义现代化建设发挥了至关重要的作用。但是，随着经济和社会的发展，计划经济体制的弊端逐渐显现出来，政企职责不分、缺乏激励约束机制、分配的平均主义等问题，不利于资源配置的优化，束缚了生产力的进一步发展。

1978 年，随着改革开放战略决策的实施，中国经济体制改革也拉开了帷幕。1982 年，党的十二大提出了“计划经济为主、市场调节为辅”的方针。1984 年 10 月，党的十二届三中全会突破了把计划经济与商品经济对立起来的传统观念，明确提出社会主义经济是“公有制基础上的有计划的商品经济”。1987 年 10 月，党的十三大进一步提出，社会主义有计划商品经济体制是“计划与市场内在统一的体制”，“计划和市场的作用范围都是覆盖全社会的”，新的经济运行机制总体上说应当是“国家调节市场，市场引导企业”的机制。

1992 年，邓小平发表南方谈话，从根本上解除了把计划经济和市场经济看作属于社会基本制度范畴的思想束缚，从而为社会主义市场经济体制的建立奠定了坚实的思想基础。1992 年 10 月，党的十四大明确提出，中国经济体制改革的目标是建立社会主义市场经济体制，使市场在国家宏观调控下对资源配置起基础性作用。1993 年 11 月，党的十四届三中全会勾画出了社会主义市场经

① 中国的对内改革包括经济、政治、科技、教育、文化等各个领域。本节主要阐释中国的经济体制改革历程，即由高度集中的计划经济体制向充满生机和活力的社会主义市场经济体制的转变。

济体制的基本框架，制定了继续深化改革的总体蓝图，从而使中国经济体制改革进入全局性整体推进的阶段。经过 20 世纪 90 年代改革的不断深化，至 20 世纪末，中国已初步建立了社会主义市场经济体制。

2002 年召开的党的十六大提出，到 2020 年将建成完善的社会主义市场经济体制这一改革目标。2003 年 10 月，党的十六届三中全会对完善社会主义市场经济体制作出全面部署，并提出了具体目标：按照统筹城乡发展、统筹区域发展、统筹经济社会发展、统筹人与自然和谐发展、统筹国内发展和对外开放的要求，更大程度地发挥市场在资源配置中的基础性作用，增强企业活力和竞争力，健全国家宏观调控，完善政府社会管理和公共服务职能，为全面建设小康社会提供强有力的体制保障。2007 年召开的党的十七大和 2010 年召开的十七届五中全会强调，在新的历史发展阶段要进一步完善社会主义市场经济体制，推进各方面体制改革创新，加快重要领域和关键环节改革步伐，着力构建充满活力、富有效率、更加开放、有利于科学发展的体制机制，为发展中国特色社会主义提供强大动力和体制保障。

2012 年召开的党的十八大指出："全面深化经济体制改革。深化改革是加快转变经济发展方式的关键。经济体制改革的核心问题是处理好政府和市场的关系，必须更加尊重市场规律，更好发挥政府作用。""要加快完善社会主义市场经济体制，完善公有制为主体、多种所有制经济共同发展的基本经济制度，完善按劳分配为主体、多种分配方式并存的分配制度，完善宏观调控体系，更大程度更广范围发挥市场在资源配置中的基础性作用，完善开放型经济体系，推动经济更有效率、更加公平、更可持续发展。"2013 年召开的党的十八届三中全会提出，经济体制改革是全面深化改革的重点，其核心问题是如何处理好政府和市场的关系，使市场在资源配置中起决定性作用和更好地发挥政府作用。2017 年党的十九大进一步指出："加快完善社会主义市场经济体制。经济体制改革必须以完善产权制度和要素市场化配置为重点，实现产权有效激励、要素自由流动、价格反应灵活、竞争公平有序、企业优胜劣汰。""必须坚持和完善我国社会主义基本经济制度和分配制度，毫不动摇巩固和发展公有制经济，毫不动摇鼓励、支持、引导非公有制经济发展，使市场在资源配置中起决定性作用，更好发挥政府作用，推动新型工业化、信息化、城镇化、农业现代化同步发展，主动参与和推动经济全球化进程，发展更高层次的开放型经济，不断壮大我国经济实力和综合国力。"

社会主义市场经济体制是社会主义基本制度与市场经济有机结合的经济体制，是充分发挥两者内在优势的新型经济体制。概括地说，中国建立和不断完善的社会主义市场经济体制有如下几个突出的特点：

第一，在所有制结构上，以公有制为主体，多种所有制经济共同发展。公有制为主体，多种所有制经济共同发展的基本经济制度，是中国特色社会主义制度的重要支柱，也是社会主义市场经济体制的根基。公有制经济和非公有制经济都是社会主义市场经济的重要组成部分，都是我国经济社会发展的重要基础。我国毫不动摇地巩固和发展公有制经济，毫不动摇地鼓励、支持、引导非公有制经济发展。公有制的主体地位保证着市场经济的社会主义性质，有利于经济的稳定和协调发展，有利于发挥国家在经济发展中的主导作用，推动经济结构的合理平衡与升级发展。发展多种所有制经济，形成多种独立的所有权主体，有利于提高市场经济的活力和效率，有利于发挥各种生产要素的作用，有利于调动各种所有制经济的积极性和创造性，有利于促进资源配置效率的优化。

第二，在市场和政府的关系上，坚持市场在资源配置中起决定性作用和更好地发挥政府作用相结合。市场决定资源配置是市场经济的一般规律，我国健全社会主义市场经济体制也必须遵循这条规律，大幅度减少政府对资源的直接配置，推动资源配置依据市场规则、市场价格、市场竞争实现效益最大化和效率最优化。但中国实行的社会主义市场经济，不是自由放任的市场经济，在充分发挥市场在资源配置中决定性作用的同时，也要更好地发挥政府的职责和作用，保持宏观经济稳定，加强和优化公共服务，保障公平竞争，加强市场监管，维护市场秩序，推动可持续发展，促进共同富裕，弥补市场失灵。市场在资源配置中起决定性作用和更好地发挥政府作用相结合，能够协调当前利益与长远利益、局部利益与整体利益，有效抑制市场的自发性、盲目性，保证市场经济的健康发展，更好地发挥计划与市场两种手段的长处。

第三，在分配制度上，以按劳分配为主体，多种分配方式并存，效率优先，兼顾公平，在促进经济发展中实现社会公平与公正。推动国民经济又好又快地发展，是实现任何社会经济目的的物质基础和前提条件。实行以按劳分配为主体，多种分配方式并存的分配制度，有利于调动市场经济主体的积极性，提高资源配置效率，促进国民经济的持续增长与发展。但也必须认识到，实现社会公平与公正是社会主义的核心价值观，也是其魅力所在。在发展社会主义市场经济中，在追求资源配置效率目标的同时，也必须重视社会公平与公正的原则。江泽民指出："社会主义应当创造比资本主义更高的生产力，也应当实现资本主义难以达到的社会公正。从根本上说，高效率、社会公正和共同富裕是社会主义制度本质决定的。"①

第四，在中国经济与世界经济的关系上，坚持在积极参与经济全球化过程中保持经济的自主性和独立性。市场经济是开放性的经济，它要求冲破国家和地区的限制，实现跨国和跨区域的商品生产与流通，实现资源在全球范围的优化配置。因此，发展社会主义市场经济意味着在更大范围、更广领域、更高层次上参与国际经济技术交流合作与竞争。但由于经济全球化的主导权被欧美发达国家控制，因此损害发展中国家利益的行径和规则客观上大量存在。有鉴于此，中国在发展社会主义市场经济的过程中，在实施对外开放战略的过程中，要坚持独立自主、自力更生的方针，把立足点放在依靠自身力量上，努力维护国家主权和经济安全，防范和化解国际风险的冲击，并努力推动建立更加公正合理的国际经济新秩序。

总的来看，社会主义市场经济体制的建立和不断完善，正确解决了关系整个社会主义现代化建设全局的一系列重大问题，极大地解放了生产力，为中国特色社会主义的发展带来了蓬勃生机。社会主义市场经济体制的建立也是人类社会发展道路的一种新探索。社会主义市场经济体制把社会主义基本原则和制度优势与市场经济的一般原则和配置资源的长处有机结合起来，既有助于实现市场经济运行的自发性和自觉性的统一，又有利于实现社会公平与经济效率的统一，具有重要的历史意义。

二、对外开放的历史进程

如前所述，新中国成立后，面对以美国为首的西方国家的封锁和禁运，中国积极发展同苏联、东欧社会主义国家以及亚洲一些发展中国家的贸易，并积极对一些非洲国家提供了不附带任何政治条件的无偿援助。但由于受国内外种种条件的限制，在当时的中国，经济总体上处于封闭半封闭状态，对外贸易规模极其有限，基本上没有外商直接投资。党的十一届三中全会作出改革开放的重大决策，中国开始了对外开放的历程。

---

① 江泽民：《论社会主义市场经济》，中央文献出版社 2006 年版，第 137 页。

（一）经济特区的设立与对外开放逐步扩大

1. 建立经济特区

中国的对外开放是从邻近港澳、华侨众多的广东和福建开始的。1979 年 7 月，国家决定对广东、福建两省的对外经济活动实行特殊政策和灵活优惠措施，充分发挥两省的优越条件，扩大对外贸易。1980 年 8 月，国家决定在深圳、珠海、汕头、厦门设立经济特区，实行不同于其他地区的优惠待遇、经济运行和管理体制以及特殊政策，发挥它们对全国改革开放和社会主义现代化建设的重要窗口和示范带动作用。事实证明，设立经济特区是一项具有历史远见的政策，为中国全面改革开放，探索具有中国特色的社会主义道路打下了基础。

2. 对外开放逐步扩大

在总结对外开放经验的基础上，国家决定进一步加快对外开放的步伐。1984 年 5 月，开放大连、秦皇岛、天津等 14 个沿海港口城市。1985 年 2 月，将长江三角洲、珠江三角洲、闽南厦漳泉三角地区开辟为沿海经济开放区。1988 年年初，又将辽东半岛和山东半岛全部对外开放。同年 4 月，设立海南经济特区。1990 年 4 月，开发和开放上海浦东新区，实行经济技术开发区和某些经济特区政策。1991 年，开放满洲里、丹东等 4 个北部口岸，并相继批准上海外高桥、深圳福田、天津港等沿海重要港口设立保税区，发展保税仓储、保税加工和转口贸易。至此，中国对外开放由点到线再到面全面展开，对外开放的范围也由经济特区逐步扩大到了沿海、沿江、沿边地区，并初步形成了经济特区—沿海开放城市—沿海经济开放区—内地这样一个多层次、有重点、点面结合的对外开放格局。

1992 年，邓小平视察南方并发表重要谈话，强调要进一步把握时机加快改革开放步伐。中国对外开放由此加速向纵深推进，逐步由沿海向沿江、沿边及内陆城市延伸。1992 年，以上海浦东为龙头，开放了芜湖、九江等 6 个沿江城市和三峡库区，同时开放哈尔滨、石家庄等 4 个边境和沿海地区省会城市，开放珲春、绥芬河、兴东等 13 个沿边城市，开放太原、合肥等 11 个内陆省会城市。2000 年，伴随着西部大开发战略的实施，对外开放进一步扩大到广大西部地区。至此，中国多层次、全方位的对外开放格局基本形成。

（二）中国加入世界贸易组织

随着改革开放的深入推进，中国经济与世界经济的联系日益紧密。作为一个发展中大国，中国的经济发展不可能脱离世界经济体系。为了给经济发展创造更加良好的国际环境，中国进一步加快改革开放的步伐，作出了加入世界贸易组织的决定，以便更好地协调中国同世界各国的经济贸易关系，争取和维护中国在国际经济舞台上的利益和发言权，为改革开放的深入推进和经济的长远发展创造机会和条件。

为了进一步发展国民经济、更好地参与世界经济，中国于1984年4月取得了关贸总协定观察员地位。1986年7月，中国政府正式向关贸总协定提出恢复缔约方地位的申请，从此开始了“复关”谈判征程。但是，由于美国等少数缔约方的阻挠，中国提出的在1994年年底完成“复关”实质性谈判并成为世界贸易组织创始成员的要求未能实现。此后，经过艰难曲折的谈判，中国终于在2001年12月11日正式成为世界贸易组织成员。

加入世界贸易组织标志着中国的改革开放进入了一个崭新的阶段：从自主、单边的对外开放变为以世界贸易组织为基础的相互、多边的对外开放；从政策导向型的开放逐步转变为以世界贸易组织协议与协定为基础的开放；由被动接受国际经贸规则的开放转变为主动参与制定国际经贸规则的开放。自加入世界贸易组织以来，中国切实履行“入世”承诺，积极参与世界贸易组织的各项活动，赢得了世界贸易组织成员和国际社会的广泛赞赏和肯定。中国平均关税水平从2001年加入世界贸易组织前的15.3%降到了2018年的7.5%。同时，中国的非关税贸易限制措施也大幅度减少，贸易与投资的自由化程度不断提高。中国还积极扩大服务贸易领域的开放程度，不断提高贸易政策的透明度，努力保护知识产权，深化汇率形成机制改革，增强人民币汇率弹性。截至目前，中国加入世界贸易组织的承诺已全部履行完毕，建立起了符合世界贸易组织规则要求的经济贸易体制，成为全球最开放的市场之一。在这一过程中，中国也充分利用了加入世界贸易组织形成的机遇，不断拓展国内国外两个市场、加强利用国内国外两种资源的能力，充分发挥比较优势和竞争优势，引进外资及先进技术与管理方法，加大“走出去”的步伐，扩大国际经济合作的范围和深度，进一步提高了对外开放水平。

事实证明，加入世界贸易组织为中国在更大范围和更高层次上参与国际经济合作和竞争，在更深程度上参与世界经济奠定了坚实的基础，中国经济也由此进入了全方位、多层次、宽领域的对外开放新阶段。

（三）互利共赢开放战略与全面开放新格局的形成

中国的发展离不开世界，世界的繁荣稳定也离不开中国，这已成为当代中国在世界存在的基本状态。中国同世界的关系已经发生了历史性变化，中国经济与世界经济也产生了前所未有的深刻互动。在这样的背景下，党的十六届五中全会明确提出了“实施互利共赢的开放战略”。党的十七大和十七届五中全会进一步强调，中国将始终不渝奉行和大力实施互利共赢的开放战略。2012 年党的十八大指出：“中国将始终不渝奉行互利共赢的开放战略，通过深化合作促进世界经济强劲、可持续、平衡增长。”“适应经济全球化新形势，必须实行更加积极主动的开放战略，完善互利共赢、多元平衡、安全高效的开放型经济体系。”2017 年党的十九大进一步强调指出：“必须统筹国内国际两个大局，始终不渝走和平发展道路、奉行互利共赢的开放战略”，“要以‘一带一路’建设为重点，坚持引进来和走出去并重，遵循共商共建共享原则，加强创新能力开放合作，形成陆海内外联动、东西双向互济的开放格局”。这是中国共产党以宽广的世界眼光，立足科学发展，根据中国面临的更为复杂深刻的国际环境，而作出的进一步提高对外开放水平的重大战略部署。

实施互利共赢的开放战略，就是要把既符合中国利益又能促进地区和世界共同发展，作为处理与各国经贸关系的基本准则。具体来说，互利共赢的开放战略包括以下几个要点：第一，以中国自身的发展促进地区和世界共同发展，扩大同各方利益的汇合点，在实现本国发展的同时兼顾对方特别是发展中国家的正当关切。第二，按照通行的国际经贸规则，扩大市场准入，依法保护合作者权益。第三，支持国际社会帮助发展中国家增强自主发展能力、改善民生，缩小南北差距。第四，支持完善国际贸易和金融体制，推进贸易和投资自由化、便利化，通过磋商协作妥善处理经贸摩擦。

中国通过实施互利共赢的开放战略，内外联动、互利共赢、安全高效的开放型经济体系不断得到完善，开放型经济迈上了新台阶，新时代全面开放的新格局逐步形成。首先，中国坚持扩大开放与区域协调发展相结合，协同推动沿海、内陆、沿边开放，形成优势互补、分工协作、均衡协调的区域开放格局。其次，中国加快转变外贸发展方式，外贸发展由出口为主转向进口和出口并重，推动外贸发展从规模扩张向质量效益提高转变，从成本优势向综合竞争优势转变。再次，中国坚持“引进来”和“走出去”相结合，利用外资和对外投资并重，提高安全高效地利用两个市场、两种资源的能力。最后，中国积极参与全球经济治理机制改革和区域合作机制建设，不断深化多边、双边经贸合作，共同营造和平稳定、平等互信、合作共赢的发展环境。中国持续在联合国、世界经济论坛、二十国集团首脑峰会等重要场合和平台清晰传递出坚定支持经济全球化进程、维护多边贸易体制的声音。2007 年党的十七大报告中明确提出要“实施自由贸易区战略，加强双边多边经贸合作”，将自由贸易区建设上升为国家战略，之后逐步构筑起了立足周边、面向全球的自由贸易区网络。2013 年，中国提出共建“一带一路”倡议，成为新的历史条件下引领各国合作共享发展的重要抓手和平台。同时，为进一步推动完善开放型经济体制机制，2013 年 9 月正式设立上海自由贸易试验区，2015 年设立广东、天津、福建自由贸易试验区，2016 年进一步在辽宁省、浙江省、河南省、湖北省、重庆市、四川省、陕西省新设立 7 个自由贸易试验区，2018 年开始在海南岛全岛建设自由贸易试验区，探索实行符合海南发展定位的自由贸易港政策。自由贸易试验区的建设为中国全面深化改革和扩大开放不断探索新途径、积累新经验。

总之，在互利共赢开放战略的指导下，中国实行了更加积极主动的对外开放举措，将“摸着石头过河”和加强顶层设计有机结合，不断拓展新的开放领域和空间，扩大和深化同各方利益的汇合点，完善更加适应发展开放型经济要求的体制机制，同时有效防范对外开放带来的风险，以开放促发展、促改革、促创新，从而形成了在经济全球化条件下参与国际经济合作和竞争的新优势。

第三节　改革开放以来中国经济的快速发展

一、改革开放以来国民经济的快速发展

改革开放是党在新的时代条件下带领全国各族人民进行的新的伟大革命，是当代中国最鲜明的特色。改革开放以来，中国经济发展进入一个新阶段，国民经济总体上保持了持续快速发展势头，主要体现在以下几个方面。

首先，中国经济总量和人均水平呈现加速增长态势。1980—2018 年，中国 GDP 年均增长 9.5%，不仅明显高于改革开放前 1953—1978 年年均 6.1%的增速，也远远高于 1980—2018 年同期世界经济年均 3.5%的增长速度。[①] 与此同时，中国人均 GDP 也由 1978 年的 381 元提高到 2018 年的 64 644 元，增长

① 根据国际货币基金组织发布的 World Economic Outlook Database（April 2019）中的数据计算。

168.7 倍。①

其次，改革开放极大地解放了中国的工农业生产力，促进了工农业生产的迅猛增长和工农业产品的极大丰富。中国农产品供给的显著增长不仅解决了世界近 1/5 人口的吃饭问题，还为加快工业化进程提供了重要支持。同时，改革开放后中国主要工业产品产量也成倍增长。可以说，中国工农业产品产量的迅猛增长正是中国经济持续快速发展的具体体现。

再次，随着改革开放后经济的快速发展和规模的扩大，中国财政收入加速增长，财政实力不断增强。1978 年，中国财政收入为 1 132 亿元，而到 2018 年则达到 183 352 亿元，增长 161 倍。国家财政收入的迅速增加，有效地提高了政府的宏观调控能力，社会主义集中力量办大事的优势得到充分发挥。

最后，城乡居民收入快速增长，生活水平明显改善。1978—2018 年，中国城镇居民年人均可支配收入由 343.4 元增加到 39 251 元，增长 113 倍；农村居民年人均可支配收入则由 133.6 元②增加为 14 617 元，增长 108 倍。中国城镇居民家庭的恩格尔系数由 1978 年的 57.5%下降为 2018 年的 27.7%，生活水平已经由温饱变为富足；中国农村居民家庭的恩格尔系数则由 1978 年的 67.7%下降为 2018 年的 30.1%，生活水平也已经由贫困转变为相对充裕。尤其需要指出的是，改革开放 40 余年来，我国有 7 亿多人摆脱了贫困，是第一个提前实现联合国千年发展目标中贫困人口减半目标的发展中国家，取得了举世瞩目的成就，创造了世界纪录。按我国现行农村贫困标准（2010 年价格水平年人均纯收入低于 2 300 元）测算，全国农村贫困人口由 2012 年年底的 9 899 万人减少至 2018 年年底的 1 660 万人，6 年累计减少 8 239 万人，平均每年减少 1 373 万人；贫困发生率由 2012 年的 10.2%下降至 2018 年的 1.7%，下降 8.5 个百分点，平均每年下降 1.4 个百分点。

二、改革开放以来对外经济联系日益深化

改革开放以来，随着中国国民经济的持续快速发展，对外经济联系也日益深化，主要体现在以下几个方面。

（一）对外贸易快速发展

改革开放前，中国经济基本上处在封闭半封闭状态，对外贸易规模很小。

---

① 第四篇中的统计数据除另有说明外，均来自中国国家统计局和商务部。

② 这一数字为农村居民人均纯收入。

1978 年以后，通过不断扩大对外开放领域，提高对外开放水平，中国的对外贸易得到快速增长。

从货物贸易的发展来看，1950—1977 年，中国货物贸易进出口额累计只有 1 606 亿美元。改革开放之后，中国货物贸易进出口总额从 1978 年的 206. 4 亿美元猛增到 2018 年的 46 230. 4 亿美元①，41 年中增长了近 223 倍。特别是 2001 年中国加入世界贸易组织之后，对外贸易更是高速增长。2001 年，中国货物贸易进出口总额为 5 096. 5 亿美元，2004 年突破 1 万亿美元，2007 年突破 2 万亿美元，2011 年突破 3 万亿美元，2013 年突破 4 万亿美元，成为世界第一货物贸易大国，并于 2014 年达到 43 015. 27 亿美元。之后由于国内外环境的变化，中国货物贸易进出口总额有所下滑，但在 2017 年又重新回到 4 万亿美元以上。随着对外贸易的发展，中国进出口商品结构不断优化升级：出口商品结构从以初级产品为主转变为以工业制成品为主，从以轻纺等劳动密集型产品为主转变为以机电产品和高新技术产品等资本技术密集型产品为主；进口商品结构中，资源、基础原材料等初级产品所占比重不断扩大，机电产品和高新技术产品也快速增长。

从服务贸易的发展来看，改革开放前，中国除了对外援建项目和少数外国友人来华旅游外，基本上没有对外服务。改革开放以来，中国在大力发展货物进出口贸易的同时，也积极发展服务贸易。1982 年，中国服务贸易进出口总额仅为 43 亿美元，到 2018 年则上升到 7 860 亿美元，在世界服务贸易中的排名上升到稳居第 2 位。② 同时，中国服务贸易结构逐步优化，高附加值服务贸易快速发展。改革开放初期，中国服务贸易出口以旅游、运输、建筑等传统服务为主，传统服务贸易出口占服务贸易出口的比重达 80%以上。随着改革开放的不断深入，金融、保险、通信、咨询、计算机和信息服务等高附加值服务贸易出口显现出强劲的增长势头，在服务贸易出口中的比重不断提高。中国已基本形成了以旅游、运输等传统服务为基础，以金融、保险、通信、计算机和信息服务、咨询和广告等新兴服务贸易为增长点的服务贸易全面发展格局，服务贸易已经成为中国对外贸易的重要组成部分，同时也成为中国发展与其他国家和地区的合作与交流、密切与世界经济联系的重要载体。

---

① 数据来源于海关总署统计快讯。

② 数据来源于 WTO。根据国家统计局发布的《中华人民共和国 2018 年国民经济和社会发展统计公报》，2018 年我国服务进出口总额为 52 402 亿元人民币，比上年增长 11. 5%。

（二）大力吸引外资与扩大对外投资

改革开放前，中国基本上没有利用外资，特别是外商直接投资。改革开放以来，中国敞开大门吸引外资，利用外资规模和领域不断扩大。改革开放初期，中国利用外资以对外借款特别是政府贷款为主，且外商投资总体上呈现出数量扩张的特征，形成了以劳动密集型加工贸易为主的外商投资格局。从总体上看，利用外资规模较小，质量较低；同时，利用外资总量少，单位项目投资量小。1979 年，中国吸引外商直接投资总量只有 8 万美元，1980 年也只有 0.57 亿美元。之后，随着改革开放的深入推进，中国投资环境不断改善，吸引外商直接投资逐年增加。特别是 20 世纪 90 年代后，中国确定了积极合理有效利用外资的方针，吸引外资进入高速发展时期。1990 年，中国实际利用外商直接投资金额上升到 34.87 亿美元，2000 年进一步提高到 407.15 亿美元，2018 年更是高达 1 350 亿美元。在吸引外商直接投资不断增长的同时，注重发挥利用外资在推动自主创新、促进产业升级等方面的积极作用，引资的重点从改革开放初期的轻纺、家电等行业逐步发展到目前的计算机、通信、集成电路等高新技术产业，以及金融、保险、信息咨询等现代服务业，外商在华设立地区总部、研发中心、营销中心等也已经成为中国吸引外资的新亮点。

从对外投资的发展来看，改革开放之前，中国基本上没有对外投资。改革开放初期，中国也只有少数国有企业主要是国有外贸企业走出国门，开办代表处或设立企业。随着对外开放步伐的加快，特别是加入世界贸易组织以来，中国企业对外投资进入快速发展时期。2018 年，中国企业非金融类对外直接投资达 1 205 亿美元。同时，中国对外投资的领域不断拓宽，形式逐步多样化，对外投资层次和水平不断提升。资源采掘业、电信及石油化工等行业成为中国对外投资的主要领域，商业服务业、制造业和金融业也成为中国对外投资的重要领域。中国对外投资的形式由单一的“绿地投资”向跨国并购、参股、境外上市等多种方式扩展，其中跨国并购已经成为对外投资的重要方式。

（三）积极拓展对外经济合作

改革开放以来，作为实施“走出去”战略的重要内容，中国对外经济合作的范围和领域不断扩大，进一步提高了中国对外开放的水平，密切了与世界各国的经济联系。

改革开放之前，对亚非拉等第三世界国家的援建项目是中国参与对外经济合作的重要形式，中国先后向朝鲜、越南、阿尔巴尼亚、坦桑尼亚等几十个国家提供了成套项目援助。1976 年，中国第一次进行了对外承包劳务合作。改革开放之后，中国对外经济合作的数量逐年增多，规模不断扩大。据统计，1979 年，中国对外承包工程和对外劳务合作合同金额仅分别为 0.33 亿美元和 0.18 亿美元，而 2018 年中国对外承包工程完成营业额高达 1 690 亿美元。中国参与对外经济合作的企业已经从改革开放之初的仅有几家，发展成为一支由 1 000 多家企业组成的门类比较齐全、具有国际竞争力的队伍。

在对外经济合作规模不断扩大的同时，中国对外经济合作的领域也逐年拓展。从 1995 年起，中国开展了对外设计咨询服务。同时，在总结长期与第三世界国家合作经验的基础上，中国对援外工作进行了一系列合理调整和改革，援助方式更加灵活，援助项目更加务实，提高了成套项目和技术援助比重。经过 40 余年的发展，中国对外经济合作业务已经遍及全球 180 多个国家和地区，电力、冶金、石化、轨道交通和电子通信等资本和技术密集行业成为中国对外经济合作的主要领域。特别是近年来，中国与“一带一路”沿线国家的经济合作项目持续推进，从而不断打造国际合作新平台，增添共同发展新动力。

本章小结

1. 改革开放使中国成功实现了从高度集中的计划经济体制到充满活力的社会主义市场经济体制，从封闭半封闭到全方位开放的伟大历史转折。改革开放是解放和发展生产力的内在要求，是顺应经济全球化历史发展趋势的必然选择，是应对国际竞争压力、巩固和发展社会主义制度的客观要求，也是顺应民意、实现强国富民和社会主义现代化的必由之路。

2. 以 1978 年党的十一届三中全会为标志，中国开始了改革开放的历史性转变。社会主义市场经济体制在探索中逐步建立和完善。中国的对外开放也从建立经济特区到开放沿海、沿江、沿边、内陆地区再到加入世界贸易组织，由点到线再到面全面展开，基本形成了全方位、多层次、宽领域的对外开放格局。

3. 通过实施互利共赢的开放战略，中国内外联动、互利共赢、安全高效的开放型经济体系不断得到完善，从而形成了在经济全球化条件下参与国际经济合作和竞争的新优势，开放型经济迈上了新台阶，新时代全面开放的新格局逐步形成。

4. 改革开放以来，中国经济发展进入新阶段，国民经济总体上保持了持续快速发展势头，经济总量和人均水平加速扩张，城乡居民生活水平明显改善。同时，中国对外经济也快速发展，对外联系和交往日益加深，不断打造国际合作新平台。

思考题：

1. 试述中国改革开放的必要性。
2. 简述中国对外开放的主要历程。
3. 简述社会主义市场经济体制的探索历程及其特征。
4. 试述改革开放以来中国经济快速发展的主要表现。

▶ 自测习题及参考答案

第十四章 新时代全面开放新格局的构建

随着中国特色社会主义进入新时代，中国对外开放也面临着新形势。习近平指出："过去40年中国经济发展是在开放条件下取得的，未来中国经济实现高质量发展也必须在更加开放的条件下进行。"① 要不断发展和完善更高层次的开放型经济，推动形成全面开放新格局。同时，要坚持共商、共建、共享原则，以政策沟通、设施联通、贸易畅通、资金融通、民心相通为目标，扎实推进"一带一路"建设，开辟中国经济和世界经济发展新阶段。

第一节 中国对外开放面临的新形势

一、中国经济发展进入新常态

随着中国特色社会主义进入新时代，我国社会主要矛盾已经转化为人民日益增长的美好生活需要和不平衡不充分的发展之间的矛盾。改革开放以来，我国稳步解决了十几亿人的温饱问题，总体上实现了小康并即将全面建成小康社会，人民美好生活需要日益广泛，不仅对物质文化生活提出了更高要求，而且在民主、法治、公平、正义、安全、环境等方面的要求日益增长。同时，我国社会生产力水平总体上有了显著提高，社会生产能力在很多方面进入了世界前列，更加突出的问题是发展不平衡不充分，这已经成为当前满足人民日益增长的美好生活需要的主要制约因素。同时，我国经济发展也进入了新常态，经济增速、经济结构、经济发展方式和经济发展动力都正在发生重大变化。我国经济从高速增长转为中高速增长，经济结构不断优化升级，经济发展方式正从规模速度型粗放增长转向质量效率型集约增长，经济发展动力也正从传统的要素驱动、投资驱动转向创新驱动。

我国经济长期向好的基本面没有改变，但当前仍然面临一定的下行压力和不少困难，如产能过剩和需求结构升级矛盾突出，经济增长内生动力不足，金

---

① 习近平：《共建创新包容的开放型世界经济——在首届中国国际进口博览会开幕式上的主旨演讲》，人民出版社2018年版，第5页。

融风险有所积聚，部分地区困难增多，等等。我国仍然是世界上最大的发展中国家，有近14亿人口，人民生活水平还不高，但这也意味着巨大的发展潜力和空间。我们将在创新、协调、绿色、开放、共享的发展理念指引下，不断适应、把握、引领中国经济发展新常态，统筹抓好稳增长、促改革、调结构、惠民生、防风险工作，推动中国经济保持中高速增长、迈向中高端水平。从对外开放角度来看，我国经济发展进入新常态，劳动力成本持续攀升，资源约束日益趋紧，环境承载能力接近上限，开放型经济传统竞争优势不断受到削弱，传统发展模式遭遇瓶颈。但同时也要看到，我国人力资源丰富、市场规模庞大、基础设施比较完善、产业配套齐全，创新发展的制度环境和政策环境不断完善，开放型经济仍然具备较强的综合竞争优势。在严峻复杂的国内外环境倒逼下，我国加工贸易加快转型升级，服务贸易持续快速发展，外贸新产品、新业态、新模式不断涌现，企业国际化经营能力明显增强，在国际分工中的地位逐步提升。在这样的背景下，如何因势利导、乘势而上，推动开放型经济加快由要素驱动向创新驱动转变，由规模速度型向质量效益型转变，由成本、价格优势为主向以技术、标准、品牌、质量和服务等为核心的综合竞争优势转变，从而实现质量变革、效率变革、动力变革，加快培育我国开放型经济的竞争新优势，是当前我国对外开放工作必须把握的主攻和发展方向。

二、经济全球化在曲折中发展

如前所述，经济全球化为世界经济增长提供了强劲动力，促进了商品和资本流动、科技和文明进步、各国人民交往。但经济全球化是一把“双刃剑”，特别是当世界经济处于下行期的时候，增长和分配、资本和劳动、效率和公平的矛盾会更加突出，发达国家和发展中国家都会感受到其压力和冲击。近年来，世界经济复苏不稳定，发展失衡、治理困境、公平赤字等问题愈加突出。例如，当前全球最富有的1%人口拥有的财富量超过其余99%人口财富量的总和，收入分配不平等和发展空间不平衡问题加剧；随着新一轮科技和产业革命孕育兴起，国际分工体系加速演变，全球价值链深度重塑，但国际贸易和投资规则碎片化、机制封闭化现象十分突出；传统和非传统安全风险相互交织，恐怖主义、传染性疾病、气候变化等全球性挑战更加凸显，等等。在此背景下，近年来反全球化思潮涌动，贸易保护主义倾向有所抬头，使得经济全球化的速度有所放缓，规则有所改变，全球贸易、投资、金融等领域的发展面临的不确定性与日俱增。习近平指出："世界命运应该由各国共同掌握，国际规则应该由各国共同书写，全球事务应该由各国共同治理，发展成果应该由各国共同分享。"① 如何更好地适应和引导经济全球化，推动经济全球化朝着更加开放、包容、普惠、平衡、共赢的方向发展，是包括中国在内的世界各国当前面临的共同任务和责任。

三、新旧动能转换成为世界经济复苏繁荣的关键

2007年美国次贷危机的爆发引发了国际金融危机，在后危机时代，世界经济复苏艰难曲折，贫富差距、南北差距问题愈加突出。虽然世界主要国家和地区在国际金融危机爆发后都普遍采取了大规模的经济刺激措施，但总体来看这些短期性政策刺激效果不佳，各国深层次结构性矛盾并未有效解决，结构性改革尚需持续推进。2016年以来，世界经济呈现回暖向好态势，全球贸易和投资有所回升，国际金融市场基本稳定。同时，新一轮科技革命和产业变革蓬勃兴起，科学探索加速演进，新产业、新技术、新业态层出不穷。但是当前世界经济总体上尚未走出复苏增长的调整期，主要经济体潜在经济增长率不升反降，经济发展的不确定因素仍然较多。可以说，当前世界经济正处于动能转换的换挡期，传统引擎对经济增长的拉动作用在减弱，而人工智能、3D打印等新技术和共享经济、网络经济等新模式、新业态虽然不断涌现，但新的深层次经济增长点尚未形成，推动世界经济持续稳定增长的动力仍在孕育中，世界经济仍然未能开辟出一条新路。据国际货币基金组织预测，2019—2024年世界经济年均增长3.6%，不及2008年国际金融危机前10年间4.2%的平均增速。② 新旧动能能否顺利实现转换，成为决定世界经济复苏繁荣的关键。如何在错综复杂的世界经济形势下抓住机遇、化解风险、迎接挑战，是当前和今后一段时间我国对外开放工作面临的重要任务。

四、国际力量对比趋向平衡但全球经济治理滞后

过去数十年中，国际经济力量对比发生了深刻变化，特别是近年来新兴市场和发展中经济体对全球经济增长的贡献率已经达到80%，占全球经济的比重

---

① 《习近平谈治国理政》第2卷，外文出版社2017年版，第540页。

② 根据国际货币基金组织 World Economic Outlook Database（April 2019）中的数据计算。

也不断提高。随着新兴市场和发展中经济体群体性崛起，世界经济格局出现了深度调整，国际力量“东升西降”“南升北降”态势日益明显，力量对比趋向平衡。尤其是中国，近年来对世界经济增长的贡献率保持在30%以上，在全球经济治理体系中的制度性话语权显著提升，日益走近世界舞台中央。

但是，全球治理体系总体上未能充分反映国际经济力量对比和世界经济新格局的变化，仍然缺乏足够的代表性和包容性。这一点在国际货币基金组织、世界银行和世界贸易组织等主要的国际组织中体现得最为明显。例如，虽然国际货币基金组织和世界银行对发展中国家的经济发展和资金融通有一定的积极作用，但各成员国在参与决策方面的权力不是按国家的数目多少，而是按其认缴的份额和认购的股本多少确定。发达国家依靠其雄厚的资本和经济实力，在国际货币基金组织和世界银行占有大多数的份额和投票权。特别是美国，在国际货币基金组织和世界银行占有的投票权分别达16.53%和16.40%,① 实际上拥有了绝对的否决权，因为国际货币基金组织和世界银行重大问题的决策必须有85%以上的赞成票支持。这种状况使得国际经济和金融规则的制定主要维护发达国家特别是美国的政治经济利益，而发展中国家的意志和利益往往不能充分体现。这一点即使在世界银行投票权改革和国际货币基金组织份额改革之后，仍然没有根本性变化。同样，在世界贸易组织中，贸易规则的制定权也主要掌握在发达成员手中，美国、欧盟、日本等发达成员的态度往往决定着多边贸易谈判的进程，而发展中成员总体上缺乏话语权。这一点在世界贸易组织多哈回合谈判当前所处的停滞不前局面中得到了体现。

伴随着全球产业布局的不断调整，新的价值链、产业链和供应链日益形成，但全球贸易和投资规则却未能跟上新形势，机制封闭化、规则碎片化问题十分突出。同时，随着经济全球化特别是金融全球化的持续推进，全球金融市场需要增强抗风险能力，但全球金融治理机制也未能适应这种新需求，难以有效化解国际金融市场频繁动荡、资产泡沫不断积聚等问题。美国次贷危机引发的国际金融危机就是一个非常明显的例证。因此，在国际力量对比趋向平衡和中国日益走近世界舞台中央的背景下，如何推动全球经济治理体系加快变革，在国际事务和应对全球性挑战中发挥更大作用，承担与自身发展阶段相适应的

---

① 有关国际货币基金组织的数据截至2016年1月26日，有关世界银行的数据截至2017年3月16日。

责任并维护自身的发展利益，是当前中国对外开放面临的一项重要课题。

第二节　推动形成全面开放新格局

一、构建现代化经济体系

党的十九大报告指出，必须“贯彻新发展理念，建设现代化经济体系”，并把“推动形成全面开放新格局”作为建设现代化经济体系的重要内容。由于现代化经济体系本质上是开放的经济体系，而且这一目标的实现离不开高层次开放型经济发展的引领，因此，贯彻新发展理念，“推动形成全面开放新格局”，既是建设现代化经济体系的必由之路，也是我国发展更高层次开放型经济的重要方向。

（一）建设现代化经济体系的重大意义

建设现代化经济体系是我国发展的战略目标，既是紧扣我国社会主要矛盾转化、推进经济建设的客观要求，也是适应我国发展阶段转变的迫切要求，更是开启全面建设社会主义现代化国家新征程的必然要求。

第一，建设现代化经济体系是紧扣新时代我国社会主要矛盾转化、落实中国特色社会主义经济建设布局的内在要求。

如前所述，中国特色社会主义进入新时代，我国社会主要矛盾已经转化为人民日益增长的美好生活需要和不平衡不充分的发展之间的矛盾。从领域范围上看，我国各区域各领域各方面发展还不够平衡；从层级和质量上看，我国一些地区、一些领域、一些方面还存在发展不够充分的问题。主要表现在：部分行业产能过剩与优质供给不足并存，煤炭、钢铁等行业产能严重过剩，而机器人、临床创新药物等产品则大量依靠进口；城乡、区域、不同群体之间的居民收入差距依然较大；扶贫脱贫、农业农村、生态环保、公共服务等方面的短板亟待加强。这些发展不平衡不充分的问题相互交织、相互掣肘，已经成为满足我国人民日益增长的美好生活需要的主要制约因素。

第二，建设现代化经济体系是适应我国经济已由高速增长阶段转向高质量发展阶段、跨越发展关口的迫切需要。

从国内看，我国经济增速已由高速增长转为中高速增长，经济结构由中低端产业为主转为向中高端产业发力，增长动力由传统的投资、出口拉动转向创新驱动。但是，一些长期积累的深层次问题仍然突出，经济发展正处在转变发展方式、优化经济结构、转换增长动力的攻关期，面临“黑天鹅”现象、“灰犀牛”现象、“木桶”效应等风险，面临如何顺利跨越“中等收入陷阱”实现更好发展的考验。

从国际看，虽然近期世界经济表现出明显复苏迹象，但2008年国际金融危机的深层次影响还在继续显现，结构性矛盾还没有得到有效解决，贸易保护主义、民粹主义以及逆全球化思潮抬头，国际大宗商品市场、主要经济体宏观政策、地缘政治冲突都存在巨大变数，对我国发展的影响不可低估。

第三，建设现代化经济体系是决胜全面建成小康社会、开启全面建设社会主义现代化国家新征程的基本途径。

党的十九大科学把握世界发展的大势，提出了决胜全面建成小康社会、开启全面建设社会主义现代化国家新征程的战略目标。要实现宏伟蓝图，必须坚持以经济建设为中心，加快形成先进的生产力，构筑雄厚的经济基础。但目前我国经济发展不少领域“大而不强”“大而不优”，科学技术、人力资源、生产资本等要素的水平和创新能力与发达经济体相比还有较大差距。2018年，最能衡量核心技术能力和创新能力的国内发明专利申请受理量和授权量，占全部专利申请受理量和授权量的比重仅为31.9%和13.9%；目前每百万人口中研究人员数量为1 000人左右，远低于高收入国家平均4 000人左右的水平。我国许多产业仍处于全球价值链的中低端，关键领域核心技术受制于人的格局还没有得到实质性改善，企业的国际竞争力总体上还不够强，特别是在品牌、质量、标准上与发达国家相比差距仍然比较大。

（二）建设现代化经济体系的内涵

现代化经济体系，是由社会经济活动各个环节、各个层面、各个领域的相互关系和内在联系构成的一个有机统一整体。建设现代化经济体系，要切实贯彻“创新、协调、绿色、开放、共享”的新发展理念，坚持“质量第一、效益优先”原则，努力实现更高质量、更有效率、更加公平、更可持续的发展。

一是要建设创新引领、协同发展的产业体系，实现实体经济、科技创新、现代金融、人力资源协同发展，使科技创新在实体经济发展中的贡献份额不断提高，现代金融服务实体经济的能力不断增强，人力资源支撑实体经济发展的作用不断优化。

二是要建设统一开放、竞争有序的市场体系，实现市场准入畅通、市场开放有序、市场竞争充分、市场秩序规范，加快形成企业自主经营公平竞争、消费者自由选择自主消费、商品和要素自由流动平等交换。

三是要建设体现效率、促进公平的收入分配体系，实现收入分配合理、社会公平正义、全体人民共同富裕，推进基本公共服务均等化，逐步缩小收入分配差距。

四是要建设彰显优势、协调联动的城乡区域发展体系，实现区域良性互动、城乡融合发展、陆海统筹整体优化，培育和发挥区域比较优势，加强区域优势互补，塑造区域协调发展新格局。

五是要建设资源节约、环境友好的绿色发展体系，实现绿色循环低碳发展、人与自然和谐共生，牢固树立和践行绿水青山就是金山银山的理念，形成人与自然和谐发展的现代化建设新格局。

六是要建设多元平衡、安全高效的全面开放体系，发展更高层次开放型经济，推动开放朝着优化结构、拓展深度、提高效益方向转变。

七是要建设充分发挥市场作用、更好发挥政府作用的经济体制，实现市场机制有效、微观主体有活力、宏观调控有度。

（三）建设现代化经济体系的重点工作

建设现代化经济体系是一个系统工程，需要一体建设、一体推进，同时也必须做到点面结合，需要重点做好以下几方面工作：

第一，以供给侧结构性改革为主线大力发展实体经济，筑牢现代化经济体系的坚实基础。实体经济是一国经济的立身之本，是财富创造的根本源泉，是国家强盛的重要支柱。要以深化供给侧结构性改革为主线，以“三去一降一补”为重点，以市场化、法治化手段优化存量资源配置，减少无效和低端供给，坚决淘汰僵尸企业，促进资源合理有效配置，同时积极扩大优质增量供给，加快发展先进制造业，推动我国产业发展迈向全球价值链中高端，推动互联网、大数据、人工智能同实体经济深度融合，推动资源要素向实体经济集聚、政策措施向实体经济倾斜、工作力量向实体经济加强，营造脚踏实地、勤劳创业、实业致富的发展环境和社会氛围。

第二，加快实施创新驱动发展战略，强化现代化经济体系的战略支撑，加强国家创新体系建设，强化战略科技力量，推动科技创新和经济社会发展深度融合，塑造更多依靠创新驱动、更多发挥先发优势的引领型发展。加快建设创新型国家，是建设现代化经济体系的战略支撑。要抓住世界新一轮科技革命和产业变革的机遇，瞄准经济建设主战场和人民美好生活需求，补上基础研究、关键技术、体制机制、创新氛围方面的短板，加快形成以创新为主要引领和支撑的经济体系和发展模式。

第三，积极推动城乡区域协调发展，优化现代化经济体系的空间布局。“协调发展是制胜要诀”，只有“着力提高发展的协调性和平衡性”，才能保持经济平稳健康发展。要继续实施好西部开发、东北振兴、中部崛起、东部率先的区域协调发展总体战略和乡村振兴战略①，坚持世界眼光、国际标准、中国特色、高点定位规划建设雄安新区，推动京津冀协同发展和长江经济带发展，同时协调推进粤港澳大湾区发展和建设。

第四，着力发展开放型经济，提高我国现代化经济体系的国际竞争力，更好利用全球资源和市场。当前，全球范围内进行的产业重组、资本流动、要素转移、技术合作和人才流动，为我国利用外部资源加快调整经济结构、实施创新驱动提供了重大战略机遇。发展更高层次的开放型经济，有利于更好地利用国内国际两种资源和两种市场，全面提升我国经济的发展质量。比如通过“引进来”聚集更高端更先进的生产要素，通过“走出去”在全球范围内整合和利用优质资源，通过区域协调发展增强对创新要素的吸引力，通过融入全球创新链及时把握国际上科技创新前沿等，从而为现代化经济体系的建设提供强劲动力。

第五，继续深化经济体制改革，完善现代化经济体系的制度保障，加快完善社会主义市场经济体制，坚决破除各方面体制机制弊端，激发全社会创新创业活力。深化重点领域和关键环节改革，加快完善社会主义市场经济体制，是建设现代化经济体系的制度保障。必须继续在社会主义基本制度与市场经济的结合上下功夫，既要“有效的市场”，也要“有为的政府”，进一步激发市场主体的活力、增强发展的内生动力。

二、大力推进贸易强国建设

改革开放40余年来，我国对外贸易实现了历史性跨越，成为世界第一的贸易大国。但我国对外贸易大而不强的问题较为突出，主要表现在创新能力较

---

① 党的十九大作出了实施乡村振兴战略的重大决策部署。2018年2月4日，《中共中央 国务院关于实施乡村振兴战略的意见》发布，对实施乡村振兴战略进行了全面部署。

弱，出口产品质量、档次和附加值不高。而且长期以来，我国的外贸发展更侧重于促进出口，进口贸易的发展则相对不足。这在一定程度上使得我国进出口贸易顺差不断积累，我国的经济增长对出口也形成了较大依赖。虽然我国进出口贸易顺差占 GDP 的比重在 2007 年达到最高值后有所下降，但 2015 年我国进出口贸易顺差高达 5 932 亿美元，较上年增长 54.9%，为历史最高值；进出口贸易顺差占 GDP 的比重达 5.5%。2018 年我国进出口贸易顺差仍高达 3 518 亿美元，占同期 GDP 的 2.6%，虽然贸易顺差额比 2015 年的历史高位下降 40.7%，但仍显著高于 2014 年及以前各年度水平。我国的外贸依存度在 2006 年达到峰值后也有所下降，2018 年为 33.9%。依赖出口的增长模式可能符合原来我国所处的历史发展阶段，但在新形势下，这种增长模式的局限性不断显现。

近年来，我国在生产成本和资源等方面的优势正在减弱，环保、工人福利等方面的压力不断加大，同时对外贸出口的过度依赖会造成我国受到外部冲击而加剧经济波动的风险，而且长期大量的外贸顺差也容易引起与贸易伙伴的贸易争端和摩擦，对本币汇率及国内物价等宏观经济发展产生重要的影响和冲击。

经过改革开放 40 余年的发展，加工贸易已经成为我国对外贸易中举足轻重的力量，为推动我国外贸和经济发展发挥了重要的作用。但是，总体来看，我国当前的加工贸易仍处于国际分工产业链的低端，传统的劳动密集型行业仍然占据着主导地位，在核心技术、软件支持、产品设计、关键零部件配套、关键设备和模具以及品牌等环节上，多数被国外跨国公司的母公司所控制。同时，与货物贸易的发展相比，我国服务贸易发展相对滞后，2018 年我国服务贸易总额与货物贸易总额的比例仅为 17.2%。而且自 1995 年以来我国服务贸易一直处于逆差状态且逆差额不断扩大，发展水平与美国、英国等发达国家相比仍存在较大差距，当前我国服务贸易整体上仍缺乏比较优势和竞争优势。2015 年，我国服务贸易逆差达 1 824 亿美元；2016 年，我国服务贸易逆差上升为 2 442亿美元；2018 年我国服务贸易逆差进一步升至 2 560 亿美元。① 我国服务贸易逆差主要来自旅游、运输、知识产权使用费等项目。当前我国服务贸易出口以旅游、运输、建筑等传统服务贸易为主，高附加值服务行业有待进一步

① 数据来源于 WTO。

发展。

因此，要发展完善开放型经济，进一步拓展对外贸易，加快推进贸易强国建设，就需要进一步加快转变外贸发展方式，从以货物贸易为主向货物和服务贸易协调发展转变，从依靠模仿跟随向依靠创新创造转变，从大进大出向优质优价、优进优出转变。

第一，加快货物贸易优化升级。强化外贸转型升级基地、贸易平台、国际营销网络建设，鼓励高新技术、装备制造、品牌产品出口，加强贸易政策和产业政策之间的协调，形成以技术、品牌、质量和服务为核心的出口竞争新优势。通过推动出口市场多元化、鼓励发展新型贸易方式、发展出口信用保险以及强化贸易摩擦预警等措施促进出口贸易发展。同时，积极引导加工贸易转型升级。在发展加工贸易的过程中，要不断引进跨国公司的核心技术，逐步提升国内配套能力，通过加快模仿、联合开发实现技术进步，通过发挥政策引导和市场调节作用、推动加工贸易区域协调发展、建立支持服务体系、提升产业价值链等方式，不断促进加工贸易的转型升级和创新发展，实现加工环节较大的价值增值。

第二，实施更加积极的进口政策，优化进口结构，扩大先进技术设备、关键零部件和优质消费品等进口，促进进出口贸易双向协调平衡发展。通过举办好中国国际进口博览会，打造世界各国展示国家形象、开展国际贸易的开放型合作平台。

第三，促进服务贸易创新发展，确立一手抓货物贸易、一手抓服务贸易的战略思想。实现服务贸易与货物贸易的有机结合，充分发挥服务贸易高附加值、低能耗、低污染的优势，鼓励文化、旅游、金融、保险、软件、研发设计、计算机和信息咨询服务等高附加值服务贸易的出口，大力发展服务外包，打造“中国服务”国家品牌；并且要以发展服务贸易进一步提升货物贸易的发展质量，在货物贸易和服务贸易协调发展中带动国民经济可持续发展。

第四，不断培育贸易发展新业态新模式。坚持鼓励创新、包容审慎的原则，逐步完善监管制度、服务体系和政策框架，支持跨境电子商务、市场采购贸易、外贸综合服务等健康发展，不断打造新的外贸增长点。

三、“引进来”与“走出去”有机结合

发展完善开放型经济，需要坚持“引进来”与“走出去”的更好结合，拓

展我国国民经济发展空间。积极有效利用外资不是权宜之计，而是我国必须长期坚持的战略方针。虽然当前我国储蓄资金和外汇储备比较充裕，但不能因此忽视利用外资的作用。利用外资不是简单引进资金，更重要的是引进外资所搭载的先进技术、经营理念、管理经验和市场机会等，带动我国企业嵌入全球产业链、价值链、创新链。要坚持引资和引技引智并举，鼓励外商进行并购投资，引导跨国并购向优化产业结构方向发展，鼓励外资投向高端制造业、高新技术产业、现代服务业、新能源和节能环保产业等领域和中西部及东北地区，促进经济迈向中高端水平。目前，全球引资竞争日趋激烈，不少国家要素成本比我国更低，政策优惠力度比我国更大。培育引资竞争新优势，不是竞相攀比优惠政策，而是要营造稳定、公平透明、法治化、可预期的营商环境。

在进一步改善外商投资环境方面要关注以下几个方面：一是不断加强利用外资法律制度建设，加快统一内外资法律法规，贯彻落实新的外资基础性法律《中华人民共和国外商投资法》；清理涉及外资的法律法规和政策文件，与国家对外开放大方向和大原则不符的要限期废止或修订。二是不断完善外商投资管理体制。2018 年，我国 12 个自贸试验区试行准入前国民待遇加负面清单管理制度已经取得显著成效，设立外资企业的时间由过去的 1 个月减少到 3 天左右。要对外商投资管理体制进行根本性变革，全面实行准入前国民待遇加负面清单管理制度。三是营造公平竞争的市场环境。凡是在我国境内注册的企业，都要一视同仁、平等对待。在资质许可、标准制定、政府采购等方面，依法给予内外资企业同等待遇。四是切实保护外商投资合法权益。要认真落实《中共中央、国务院关于完善产权保护制度依法保护产权的意见》，不以强制转让技术作为市场准入的前提条件，加强知识产权保护，严厉打击侵权假冒等违法犯罪行为。

同时也应看到，从贸易大国到投资大国，是开放型经济转型升级的必由之路。我国拥有强大的产能、适用的技术和较为充裕的外汇储备，扩大对外投资合作的条件比较成熟。要按照坚持“引进来”和“走出去”并重的原则，在提高“引进来”质量和水平的同时，进一步支持企业积极稳妥“走出去”。这既有利于我国保障能源资源供应、带动商品和服务输出、获取创新资源和营销网络，助力国民经济提质增效升级，也有利于促进东道国经济和社会发展，实现互利共赢。

2008 年以来，我国对外投资年均增长 27.2%，已经跻身对外投资大国行列。但总体看，我国企业“走出去”仍处于初级阶段，利用两个市场、两种资源的能力不够强，非理性投资和经营不规范等问题仍然较为突出，一些领域潜藏着风险隐患。同时，与吸引外资相比，我国的对外投资仍然滞后，特别是投资收益率仍存在较大差距。据统计，2005—2018 年我国对外金融资产年平均投资收益率仅为 3.3%，而同期外国来华投资年平均收益率则达 6.0%。[①] 为此，我们要创新对外投资方式，进一步鼓励和加强引导对外投资，形成面向全球的贸易、投融资、生产、服务网络。一是进一步完善对外投资的法律法规和服务体系，简化各类审批手续，落实企业境外投资自主权，促进国际产能合作，带动我国装备、技术、标准和服务“走出去”。二是进一步健全风险防范机制，支持有条件的企业对外投资和跨国经营，特别是鼓励金融机构和企业在境外融资，开展跨国并购，有效提高企业在研发创新、生产、销售等方面的国际化经营能力和水平，深度融入全球产业链、价值链、物流链，在全球整合资源链，培育一批中国的具有世界水平的跨国公司和国际知名品牌，增强企业核心竞争力。三是鼓励企业开展境外加工贸易，建立境外经济贸易合作区和研发机构，积极搭建对外投资金融和信息服务平台，在政策、资金、配套服务等方面支持有条件的国内大企业与海外跨国公司结成战略联盟，更好地实施“走出去”战略。同时规范海外经营行为，引导企业遵守东道国法律法规、保护环境、履行社会责任，遏制恶性竞争。四是进一步健全服务保障，加强和改善信息、法律、领事保护等服务，保障海外人员安全，维护海外利益。五是稳妥有序推动我国对外间接投资，以国家外汇投资公司等方式不断拓展境外投资渠道，逐步扩大以企业和居民为主体的对外间接投资，最终形成“引进来”和“走出去”有机结合的双向对外开放格局。

四、优化对外开放布局

首先，坚持沿海开放与内陆沿边开放更好结合。我国对外开放从沿海起步，由东向西渐次推进。进入 21 世纪特别是党的十八大以来，中西部内陆地区和沿边地区开放取得了长足发展，但总体上还是对外开放的洼地。西部地区拥有全国 72%的国土面积、27%的人口、20%的经济总量，而对外贸易仅占全国

---

① 国家外汇管理局：《2018 年中国国际收支报告》，2019 年 3 月 29 日。

的7%，利用外资和对外投资也分别只占7.6%和7.7%。[①] 内陆和沿边地区劳动力充裕，自然资源丰富，基础设施不断改善，特别是随着“一带一路”建设加快推进，中西部地区逐步从开放末梢走向开放前沿，开放型经济发展空间广阔。在深化沿海开放的同时，推动内陆和沿边地区从开放的洼地变为开放的高地，形成陆海内外联动、东西双向互济的开放格局，进而形成区域协调发展新格局。为此要做到以下几点：一是进一步加大西部开放力度，坚持以开放促开发的思路，完善口岸、跨境运输等开放基础设施，实施更加灵活的政策，建设好自贸试验区、国家级开发区、边境经济合作区、跨境经济合作区等开放平台，打造一批贸易投资区域枢纽城市，扶持特色产业开放发展，在西部地区形成若干开放型经济新增长极。二是赋予自由贸易试验区更大改革自主权。2013年以来，我国自由贸易试验区建设取得了多方面重大进展，形成了一批改革创新重要成果。要进一步着眼于提高自由贸易试验区建设质量，对标国际先进规则，强化改革举措系统集成，鼓励地方大胆试、大胆闯、自主改，形成更多制度创新成果，进一步彰显全面深化改革和扩大开放的试验田作用。三是探索建设自由贸易港。自由贸易港是设在一国（地区）境内关外、货物资金人员进出自由、绝大多数商品免征关税的特定区域，是目前全球开放水平最高的特殊经济功能区。新加坡、鹿特丹、迪拜和中国香港等都是比较典型的自由贸易港。我国海岸线长，离岛资源丰富。探索建设中国特色的自由贸易港，打造开放层次更高、营商环境更优、辐射作用更强的开放新高地，对于促进开放型经济创新发展具有重要意义。

其次，坚持制造业领域开放与服务业领域开放更好结合，以高水平开放促进深层次结构调整。制造业是我国开放时间较早、程度较深的领域，也是发展较快、竞争力较强的领域。相比之下，我国服务业对外开放相对滞后，产业整体竞争力不强，仍是经济发展和结构升级的“短板”。要在深化制造业开放的同时，不断扩大服务业对外开放，大幅度放宽市场准入，重点推进金融、教育、文化、医疗等服务业领域有序开放，放开育幼养老、建筑设计、会计审计、商贸物流、电子商务等服务业领域外资准入限制。

再次，坚持向发达国家开放与向发展中国家开放更好结合，扩大同各国的利益交汇点。发达国家是我国主要经贸伙伴，2018年美国、欧盟、日本占我国

---

① 2016年数据。

外贸总额的比重达 35.6%，如果加上经我国香港等地的转口贸易，比重更高。巩固与发达国家的经贸合作，可以稳定我国开放型经济的发展基础。同时，我国与广大发展中国家的经贸联系也日益密切。2013—2018 年，我国同“一带一路”沿线国家进出口贸易总额超过 6 万亿美元，对“一带一路”沿线国家直接投资累计超过 900 亿美元。[①] 我们要坚持向发达国家开放和向发展中国家开放并重，积极发展全球伙伴关系，全面发展同各国的平等互利合作，稳步实现出口市场多元化、进口来源多元化、投资合作伙伴多元化。

最后，坚持多边开放与区域开放更好结合，做开放型世界经济的建设者和贡献者。世界贸易组织代表的多边贸易体制和自由贸易区代表的区域贸易安排，是驱动经济全球化发展的两个“轮子”。当前世界贸易组织有 164 个成员，涵盖全球 98%的贸易额，具有广泛代表性。世界贸易组织规则是经济全球化的重要制度保障，符合世界各国的共同利益。进入 21 世纪以来，以多哈回合谈判为代表的多边贸易体制发展进程受阻，开放水平更高、灵活性更强的区域贸易安排蓬勃发展，成为驱动经济全球化发展的主引擎。我们要积极参与全球治理体系改革和建设，支持多边贸易体制，促进自由贸易区建设，推动建设开放型世界经济。这既是拓展我国自身开放空间的需要，也体现了维护国际经济秩序的责任担当。我们要进一步促进贸易和投资自由化、便利化，实行高水平的贸易和投资自由化、便利化政策。这不仅要求我国不断提高自身开放水平，也要求更加主动塑造开放的外部环境。为此，一是要大力支持多边贸易体制，落实世界贸易组织《贸易便利化协定》，推动部长级会议取得积极成果，推进多哈回合剩余议题谈判，积极参与服务贸易协定、政府采购协定等谈判。二是要稳步推进自由贸易区建设，推动《区域全面经济伙伴关系协定》早日达成，推进亚太自贸区建设，逐步构筑起立足周边、辐射“一带一路”、面向全球的高标准自由贸易区网络。三是要进一步提高双边开放水平，继续与有关国家商谈高水平的投资协定以及各种形式的优惠贸易安排，妥善应对贸易摩擦。

五、在参与国际经济合作与竞争中维护国家经济安全

改革开放以来，我国积极参与了双边和多边经贸合作。在当前形势下，为

---

① 推进“一带一路”建设工作领导小组办公室：《共建“一带一路”倡议：进展、贡献与展望》，2019 年 4 月 22 日。

进一步发展和完善开放型经济，提高对外开放水平，我国应在更大范围、更广领域和更高层次上参与国际经济合作和竞争。

第一，扩大同发达国家的交流合作，加强战略对话，增进相互信任，提高合作水平；深化同周边国家的睦邻友好和务实合作，维护地区和平稳定，促进共同发展繁荣；加强同发展中国家的团结合作，深化传统友谊，维护共同利益，增加对发展中国家民生福利性项目、社会公共设施、自主发展能力建设等领域的经济和技术援助。

第二，继续加强与国际货币基金组织、世界银行、世界贸易组织以及亚洲基础设施投资银行成员的经济合作和交流，积极推动国际金融体系改革，促进国际货币体系合理化，推动建立均衡、普惠、共赢的多边贸易体制，反对各种形式的保护主义，积极参与国际规则和标准的制定与修订，在国际经济和金融组织中发挥更大作用。

第三，充分利用二十国集团领导人峰会、亚太经合组织、“金砖国家”领导人会晤、中非合作论坛、东亚峰会、“10+1”、“10+3”和上海合作组织等合作框架和机制，积极参与全球经济治理机制改革，妥善处理合作和竞争过程中涉及的重大热点敏感问题，不断增强共识，加强同相关国家的交流合作和经济政策协调。

第四，进一步拓展区域和次区域经济合作，大力推进“一带一路”建设，积极实施自由贸易区战略，不断加强双边和多边经贸合作。

经济全球化是一把“双刃剑”。在经济全球化条件下，参与国际经济合作和竞争、发展完善开放型经济，需要正确处理对外开放和维护国家经济安全的关系。我们一方面要坚定不移地实行对外开放的国策，另一方面又要树立国家经济安全新观念、增强经济安全意识，切实维护国家经济安全。党的十六大报告明确提出：“在扩大对外开放中，要十分注意维护国家经济安全。”党的十七大报告和十八大报告进一步提出要“完善内外联动、互利共赢、安全高效的开放型经济体系”和“完善互利共赢、多元平衡、安全高效的开放型经济体系”。党的十九大报告则强调要坚持总体国家安全观，“必须坚持国家利益至上，以人民安全为宗旨，以政治安全为根本，统筹外部安全和内部安全、国土安全和国民安全、传统安全和非传统安全、自身安全和共同安全，完善国家安全制度体系，加强国家安全能力建设，坚决维护国家主权、安全、发展利益”。具体来说，在参与经济全球化、发展完善开放型经济过程中切实维护国家经济安全，需要采取以下措施：

第一，保护关系国计民生的重要经济资源和领域的安全。主要包括：确定粮食安全指标，制定粮食安全政策；建立粮食、石油、稀有金属、重要物资等各种战略物资的储备制度，制定战略资源的发展战略；鼓励重要关键技术的研究开发，努力培育民族的无形资本；优化石油等战略物资进口结构，开拓多元化市场，减少国外经济波动对我国经济的影响和冲击。

第二，加强对外资的引导和监管。外资进入对我国国家经济安全的影响取决于外资进入的规模和部门、外资的控制力以及政府防范外资危害国家经济安全的措施等。政府合理管理和利用外资可以减轻或者避免外资对于国家经济安全的影响。一方面，应该通过产业政策引导外资流向，使其适应我国经济结构和产业结构调整优化的需要；另一方面，也要正确评估外资的产业安全，建立与负面清单管理模式相适应的外商投资国家安全审查制度，完善外资并购的审查机制和监管机制，避免外资在关系国计民生的关键领域和部门形成控制权，威胁国家经济安全。

第三，完善金融市场监管，防范化解金融风险。必须完善金融市场管理体制和信息体系，稳妥推进重要领域和关键环节金融改革，审慎、渐进、有序地开放资本市场，稳步推进人民币国际化；建立完善的金融风险监管体系和防范机制，加强影子银行、房地产金融等的宏观审慎管理；密切关注国际资本市场动向，提高对金融市场风险和冲击的应变能力，确保金融和经济安全。

第四，建立健全国家经济安全监测预警机制和及时灵活反应决策机制。设计国家经济安全监测指标，随时监测各项指标并及时调整国内政策；改革统计工作体制机制，实现统计多元化和成果公开共享；建立健全维护经济安全的应急管理体系，增强应对突发事件和危机的迅速反应能力与处理决策能力，确保国家经济不受重大损失。

第五，加强国际经济安全合作。经济全球化使得世界各国的相互依赖不断加深，因此在维护国家经济安全中需要积极参与国际经济安全合作，构建国际经济安全合作体系，与世界各国加强和改善经贸合作关系，充分交流共享信息；充分利用各种多边和双边合作机制，合理利用世界贸易组织规则保护本国产业，维护国家经济安全。

在和平、发展、合作、共赢成为时代潮流的背景下，经济全球化既为我国发展提供了良好机遇，也带来了严峻的冲击和挑战。正如习近平所指出的：

"面对经济全球化带来的机遇和挑战，正确的选择是，充分利用一切机遇，合作应对一切挑战，引导好经济全球化走向。"① 在参与国际经济合作与竞争、发展完善开放型经济过程中要充分利用经济全球化提供的机遇，分享经济全球化的利益，同时也需要采取措施来防范和化解经济全球化带来的风险，积极应对挑战，切实维护国家经济安全。

第三节 "一带一路"建设开辟中国经济和世界经济增长新阶段

一、"一带一路"倡议提出的时代背景及建设进展

(一)"一带一路"倡议提出的时代背景

当今世界正发生复杂深刻的变化，国际金融危机的深层次影响继续显现，世界经济缓慢复苏、各经济体发展分化，国际贸易投资格局和多边贸易投资规则酝酿深刻调整，保护主义、孤立主义等与全球化背道而驰的"逆全球化"思潮有所抬头，全球价值链分工结构调整和重塑的压力增大，各国面临的发展问题依然严峻。同时，和平、发展、合作、共赢仍然为时代主题，世界多极化和经济全球化深入发展，各国之间的经济联系愈发紧密。为顺应世界多极化、经济全球化、文化多样化和社会信息化的潮流，秉持开放的区域合作精神，致力于维护全球自由贸易体系和开放型世界经济，习近平于2013年出访中亚和东南亚国家期间先后提出共建"丝绸之路经济带"和"21世纪海上丝绸之路"（简称"一带一路"）的重大倡议，受到国际社会广泛关注。"一带一路"建设既是我国扩大和深化对外开放、构建全方位开放新格局、深度融入世界经济体系的需要，同时也符合国际社会的根本利益，彰显了人类社会共同理想和美好追求，是对国际合作以及全球治理新模式的积极探索，将为世界和平发展增添新的正能量，开辟世界经济和我国经济发展新阶段。

"一带一路"倡议旨在促进经济要素有序自由流动、资源高效配置和市场深度融合，推动沿线各国实现经济政策协调，开展更大范围、更高水平、更深层次的区域合作，共同打造开放、包容、均衡、普惠的区域经济合作架构，建立一个包括欧亚非大陆在内的陆海内外联动、东西双向开放，世界各国政治互

---

① 《习近平谈治国理政》第2卷，外文出版社2017年版，第478页。

信、经济融合、文化包容的利益共同体、命运共同体和责任共同体。

（二）“一带一路”的建设进展

2015年3月，中国国家发展和改革委员会、外交部、商务部联合发布了《推动共建丝绸之路经济带和21世纪海上丝绸之路的愿景与行动》，明确提出了“一带一路”的共建原则、框架思路、合作重点以及合作机制等倡议，为“一带一路”建设提供了行动指南。之后，我国政府有关部门相继发布了《共建“一带一路”：理念、实践与中国的贡献》《推动“一带一路”能源合作愿景与行动》《共同推进“一带一路”建设农业合作的愿景与行动》《关于推进绿色“一带一路”建设的指导意见》《“一带一路”建设海上合作设想》《“一带一路”生态环境保护合作规划》《“一带一路”融资指导原则》《标准联通共建“一带一路”行动计划（2018—2020年）》以及《共建“一带一路”倡议：进展、贡献与展望》等文件，不断完善“一带一路”建设的顶层规划和设计。2017年5月，我国在北京成功举办了第一届“一带一路”国际合作高峰论坛，成为新中国成立以来由中国首倡、中国主办的层级最高、规模最大的多边外交活动。习近平在论坛开幕式发表了题为《携手推进“一带一路”建设》的主旨演讲，指出要坚持共商、共建、共享原则，以政策沟通、设施联通、贸易畅通、资金融通、民心相通为目标，将“一带一路”建成和平之路、繁荣之路、开放之路、创新之路、文明之路。本届高峰论坛举行了“政策沟通”“加快设施联通”“推动贸易畅通”“促进资金融通”“增进民心相通”以及“智库交流”六场平行主题会议，发布了《“一带一路”国际合作高峰论坛圆桌峰会联合公报》，论坛成果清单涵盖了政策沟通、设施联通、贸易畅通、资金融通、民心相通5大类，共76大项、270多项具体成果。2019年4月25—27日，第二届“一带一路”国际合作高峰论坛在北京举行，与会各方就进一步高质量共建“一带一路”达成广泛共识，取得了丰硕成果。“一带一路”国际合作高峰论坛的成功举办加深了全球对“一带一路”的理解，为进一步推动我国和沿线国家开展全方位务实合作奠定了坚实基础。

自“一带一路”倡议提出以来，我国实施了一系列政策措施积极推动“一带一路”建设并已取得初步成效。丝路基金和亚洲基础设施投资银行分别于2014年和2015年正式成立，中巴经济走廊、渝新欧大动脉、巴基斯坦瓜达尔港、希腊比雷埃夫斯港、印度尼西亚雅万高铁、马尔代夫中马友谊大桥、中老铁路、肯尼亚蒙巴萨—内罗毕铁路等一大批惠及长远的重大互利合作项目已陆续启动开工建设或完成。2013 年以来，我国与“一带一路”沿线国家的贸易投资合作稳步推进。2019 年 1—9 月，我国与“一带一路”沿线国家货物贸易进出口总额合计达 6.65 万亿元，增长 9.5%，高出全国外贸整体增速 6.7 个百分点，占我国外贸总额的比重达到 29%。① 我国企业在“一带一路”沿线对 56 个国家非金融类直接投资 100.4 亿美元，占同期总额的 12.4%；在“一带一路”沿线的 61 个国家新签对外承包工程项目合同 4 906 份，新签合同额 868 亿美元，占同期我国对外承包工程新签合同额的 59.2%，同比增长 18.4%；完成营业额 558.9 亿美元，占同期总额的 54.7%。②

“一带一路”框架下，我国已同 80 个国家和组织签署共建合作协议，同 30 多个国家开展了机制化产能合作，在沿线国家推进建设 80 多个境外经贸合作区，大大推动了贸易和投资自由化便利化，将沿线各国紧密地联系在一起。据国际货币基金组织预测，到 2020 年，“一带一路”沿线国家和地区货物贸易总额将达到 19.6 万亿美元，占全球货物贸易总额的 38.9%。共建“一带一路”合作倡议还先后于 2016 年 11 月、2017 年 3 月和 2017 年 5 月被载入联合国决议、联合国安理会决议和联合国亚太经社会决议。可以说，“一带一路”建设是我国引领各国合作共享发展的积极探索，通过秉持“和平合作、开放包容、互学互鉴、互利共赢”的丝绸之路精神，我国不断扩大与“一带一路”沿线国家的合作共识，已经推动共建“一带一路”由规划设计蓝图方案变为了各方积极参与的实际合作行动。“一带一路”已取得的一系列丰硕成果表明，“一带一路”倡议顺应时代潮流，适应发展规律，符合各国人民利益，具有广阔的发展前景。

二、新时代推进“一带一路”建设的目标和战略举措

（一）新时代推进“一带一路”建设的目标

“一带一路”建设是我国扩大对外开放的重大战略举措，也是今后一段时期对外开放的工作重点。在各方共同努力下，“一带一路”建设逐渐从理念转化为行动，从愿景转变为现实。新时代要继续遵循共商共建共享原则，积极促进“一带一路”国际合作，努力将“一带一路”建设成为和平之路、繁荣之

① 海关总署：“海关总署 2019 年第三季度进出口情况新闻发布会”，2019 年 10 月 14 日。

② 商务部对外投资和经济合作司：“2019 年 1—9 月我对‘一带一路’沿线国家投资合作情况”，2019 年 10 月 25 日。

路、开放之路、创新之路、文明之路、廉洁之路，从而开辟世界经济和我国经济发展新阶段。

第一，将“一带一路”建设成为和平之路。“一带一路”建设离不开和平安宁的环境。要构建以合作共赢为核心的新型国际关系，打造对话不对抗、结伴不结盟的伙伴关系。加强沿线国家发展战略对接，增进战略互信，寻求合作的最大公约数。各国应该尊重彼此主权、尊严、领土完整，尊重彼此发展道路和社会制度，尊重彼此核心利益和重大关切。要树立共同、综合、合作、可持续的安全观，营造共建共享的安全格局。要着力化解热点，坚持政治解决；要着力斡旋调解，坚持公道正义；要着力推进反恐，标本兼治，消除贫困落后和社会不公。

第二，将“一带一路”建设成为繁荣之路。发展是解决一切问题的总钥匙。推进“一带一路”建设，要聚焦发展这个根本性问题，释放各国发展潜力，实现经济大融合、发展大联动、成果大共享。要深入开展产业合作，推动各国产业发展规划相互兼容、相互促进，抓好大项目建设，加强国际产能和装备制造合作，抓住新一轮产业革命的发展机遇，培育新业态，保持经济增长活力。要建立稳定、可持续、风险可控的金融保障体系，创新投资和融资模式，推广政府和社会资本合作，建设多元化融资体系和多层次资本市场，发展普惠金融，完善金融服务网络。要以“六廊六路多国多港”为主体框架，着力推动陆上、海上、天上、网上四位一体的联通，聚焦关键通道、关键城市、关键项目，联结陆上公路、铁路道路网络和海上港口网络。要抓住新一轮能源结构调整和能源技术变革趋势，建设全球能源互联网，实现绿色低碳发展。要完善跨区域物流网建设。要促进政策、规则、标准三位一体的联通，为互联互通提供机制保障。

第三，将“一带一路”建设成为开放之路。“一带一路”建设要以开放为导向，解决各国经济增长和平衡问题。要打造开放型合作平台，维护和发展开放型世界经济，共同创造有利于开放发展的环境，推动构建公正、合理、透明的国际经贸投资规则体系，促进生产要素有序流动、资源高效配置、市场深度融合。各国要结合自身国情，积极发展开放型经济，参与全球治理和公共产品供给，携手构建广泛的利益共同体。要维护多边贸易体制，推动自由贸易区建设，促进贸易和投资自由化、便利化，全面加强海关、检验检疫、运输物流、电子商务等领域合作。同时也要着力解决发展失衡、治理困境、数字鸿沟、分配差距等问题，建设开放、包容、普惠、平衡、共赢的经济全球化。

第四，将“一带一路”建设成为绿色之路。共建“一带一路”倡议践行绿色发展理念，倡导绿色、低碳、循环、可持续的生产生活方式，致力于加强生态环保合作，防范生态环境风险，增进沿线各国政府、企业和公众的绿色共识及相互理解与支持，共同实现《2030年可持续发展议程》的目标。

第五，将“一带一路”建设成为创新之路。创新是推动发展的重要力量。“一带一路”建设本身就是一个创举，搞好“一带一路”建设也要向创新要动力。要抓住新一轮科技革命和产业变革的机遇，坚持创新驱动发展，加强在数字经济、人工智能、纳米技术、量子计算机等前沿领域合作，推动大数据、云计算、智慧城市建设，连接成21世纪的数字丝绸之路。要促进科技同产业、科技同金融深度融合，优化创新环境，集聚创新资源。

第六，将“一带一路”建设成为文明之路。“一带一路”建设要以文明交流超越文明隔阂、文明互鉴超越文明冲突、文明共存超越文明优越，推动各国相互理解、相互尊重、相互信任。要建立多层次人文合作机制，搭建更多合作平台，开辟更多合作渠道。要推动教育合作，扩大互派留学生规模，提升合作办学水平。要发挥智库作用，建设好智库联盟和合作网络。在文化、体育、卫生领域，要创新合作模式，推动务实项目。要用好历史文化遗产，联合打造具有丝绸之路特色的旅游产品和遗产保护。要加强各国议会、政党、民间组织往来，密切妇女、青年、残疾人等群体交流，促进包容发展，夯实民意基础。

第七，将“一带一路”建设成为廉洁之路。廉洁是共建“一带一路”的道德“底线”和法律“红线”。沿线国家需协力打造廉洁高效的现代营商环境，加强对“一带一路”建设项目的监督管理和风险防控，建立规范透明的公共资源交易流程。在项目招投标、施工建设、运营管理等过程中严格遵守相关法律法规，消除权力寻租空间，构建良性市场秩序。各国应加强反腐败国际交流合作，以《联合国反腐败公约》等国际公约和相关双边条约为基础开展司法执法合作，推进双边引渡条约、司法协助协定的签订与履行，构筑更加紧密便捷的司法执法合作网络。各国需推动企业加强自律意识，构建合规管理体系，培育廉洁文化，防控廉洁风险，坚决抵制商业贿赂行为。政府、企业、国际社会三方需共同努力，采取有效措施，建立拒绝腐败分子入境、腐败资产返还等合作机制，通力协作斩断腐败链条，构筑反腐败防线。

（二）推进“一带一路”建设的重点举措

“一带一路”沿线各国资源禀赋各异，经济互补性较强，彼此合作潜力和空间很大。新时代推进“一带一路”建设要继续以政策沟通、设施联通、贸易畅通、资金融通、民心相通为主要内容，打造国际合作新平台，增添共同发展新动力。重点在以下方面加强合作。

1. 政策沟通

加强政策沟通是“一带一路”建设的重要保障。“一带一路”沿线国家提出了各种不同的发展战略和规划，如俄罗斯提出的欧亚经济联盟、印度提出的“季风计划”、东盟提出的互联互通总体规划、哈萨克斯坦提出的“光明之路”、土耳其提出的“中间走廊”、蒙古提出的“发展之路”、越南提出的“两廊一圈”、英国提出的“英格兰北方经济中心”、波兰提出的“琥珀之路”等。沿线各国应该就经济发展战略和对策进行充分交流对接，共同制定推进区域合作的规划和措施，协商解决合作中出现的问题，共同为务实合作及大型项目的实施提供政策支持。

2. 设施联通

基础设施互联互通是“一带一路”建设的优先领域。在尊重相关国家主权和安全关切的基础上，沿线国家要加强基础设施建设规划、技术标准体系的有效对接，共同推进国际骨干通道建设，逐步形成连接亚洲各次区域以及亚欧非之间的基础设施网络。抓住交通基础设施的关键通道、关键节点和重点工程，优先打通缺失路段，畅通瓶颈路段，配套完善道路安全防护设施和交通管理设备设施，提升道路通达水平。推进建立统一的全程运输协调机制，促进国际通关、换装、多式联运有机衔接，逐步形成兼容规范的运输规则，实现国际运输便利化。加快推进双边跨境光缆等建设，规划建设洲际海底光缆项目，完善空中卫星信息通道，扩大信息交流与合作，畅通信息丝绸之路。

3. 贸易畅通

贸易投资合作是“一带一路”建设的重点内容。“一带一路”沿线国家要着力研究解决贸易投资便利化问题，消除贸易和投资壁垒，构建区域内和各国良好的营商环境，积极同沿线国家和地区共同商建自由贸易区，激发释放合作潜力，做大做好合作“蛋糕”。沿线国家要加强信息互换、监管互认、执法互助的海关合作，以及检验检疫、认证认可、标准计量、统计信息等方面的双边和多边合作，推动世界贸易组织《贸易便利化协定》生效①后的实施和履行。改善边境口岸通关设施条件，加快边境口岸“单一窗口”建设，降低通关成本，提升通关能力。加强供应链安全与便利化合作，推进跨境监管程序协调，推动检验检疫证书国际互联网核查，开展“经认证的经营者”（AEO）互认。降低非关税壁垒，共同提高技术性贸易措施透明度，提高贸易自由化便利化水平。把投资和贸易有机结合起来，以投资带动贸易发展。加快投资便利化进程，消除投资壁垒。加强双边投资保护协定、避免双重征税协定磋商，保护投资者的合法权益。探索投资合作新模式，鼓励合作建设境外经贸合作区、跨境经济合作区等各类产业园区，促进产业集群发展。在贸易和投资活动中突出生态文明理念，加强生态环境、生物多样性和应对气候变化合作，共建绿色丝绸之路。

4. 资金融通

资金融通是“一带一路”建设的重要支撑。深化金融合作，推进亚洲货币稳定体系、投融资体系和信用体系建设。扩大沿线国家双边本币互换、结算的范围和规模。推动亚洲债券市场的开放和发展。共同推进亚洲基础设施投资银行、金砖银行健康运营，有关各方就建立上海合作组织融资机构开展磋商。加强金融监管合作，推动签署双边监管合作谅解备忘录，逐步在区域内建立高效监管协调机制。完善风险应对和危机处置制度安排，构建区域性金融风险预警系统，形成应对跨境风险和危机处置的交流合作机制。充分发挥丝路基金以及各国主权基金作用，有效引导商业性股权投资基金和社会资金共同参与“一带一路”重点项目建设。

5. 民心相通

民心相通是“一带一路”建设的社会根基。传承和弘扬丝绸之路友好合作精神，广泛开展文化交流、学术往来、人才交流合作、媒体合作、青年和妇女交往、志愿者服务等，为深化双边和多边合作奠定坚实的民意基础。沿线国家间互办文化年、艺术节、电影节、电视周和图书展等活动，合作开展广播影视剧精品创作及翻译，联合申请世界文化遗产，共同开展世界遗产的联合保护工作。深化沿线国家间人才交流合作。加强旅游合作，扩大旅游规模，互办旅游推广周、宣传月等活动，联合打造具有丝绸之路特色的国际精品旅游线路和

① 世界贸易组织《贸易便利化协定》于2017年2月22日正式生效。

旅游产品，提高沿线各国游客签证便利化水平。积极开展体育交流活动，支持沿线国家申办重大国际体育赛事。强化与周边国家在传染病疫情信息沟通、防治技术交流、专业人才培养等方面的合作，提高合作处理突发公共卫生事件的能力。加强科技合作，共建联合实验室（研究中心）、国际技术转移中心、海上合作中心，促进科技人员交流，合作开展重大科技攻关，共同提升科技创新能力。充分发挥政党、议会交往的桥梁作用，加强沿线国家之间立法机构、主要党派和政治组织的友好往来。鼓励沿线国家智库之间开展联合研究、合作举办学术论坛等活动。加强沿线国家民间组织的交流合作，重点面向基层民众，广泛开展教育医疗、减贫开发、生物多样性和生态环保等各类公益慈善活动，促进沿线贫困地区生产生活条件改善。加强文化传媒的国际交流合作，积极利用网络平台，运用新媒体工具，塑造和谐友好的文化生态和舆论环境。

本章小结

1. 中国特色社会主义进入新时代，我国对外开放也面临着新形势，主要表现为我国经济发展进入了新常态，经济全球化在曲折中深入发展，世界经济正处于动能转换的换挡期，国际力量对比更趋平衡但全球经济治理滞后等方面。同时，要不断发展和完善更高层次的开放型经济，推动形成全面开放新格局。

2. 新时代要通过以供给侧结构性改革为主线构建现代化经济体系、加快推进贸易强国建设、“引进来”与“走出去”更好结合、优化对外开放布局等措施不断发展和完善更高层次的开放型经济。

3. 在发展完善开放型经济、参与国际经济合作与竞争过程中要充分利用经济全球化提供的机遇，分享经济全球化的利益，同时也要采取有效措施防范和化解经济全球化带来的风险，积极应对挑战，切实维护国家经济安全。

4. “一带一路”建设既是我国扩大和深化对外开放、构建全方位开放新格局、深度融入世界经济体系的需要，同时也符合国际社会的根本利益，是对国际合作以及全球治理新模式的积极探索。要坚持共商、共建、共享原则，以政策沟通、设施联通、贸易畅通、资金融通、民心相通为目标，扎实推进“一带一路”建设，开辟世界经济和我国经济发展新阶段。

思考题：

1. 试述新时代我国对外开放面临的新形势。
2. 试述发展和完善我国更高层次的开放型经济需要采取的主要措施。
3. 简述建设现代化经济体系的内涵和重点工作。
4. 简述在发展完善开放型经济过程中如何维护国家经济安全。
5. 简述新时代推进“一带一路”建设的目标和主要举措。

▶ 自测习题及参考答案

第十五章　中国经济对世界经济的影响

改革开放以来，随着中国经济的持续快速发展，中国综合国力和国际竞争力不断提高，中国与世界经济的关系发生了历史性变化，中国在世界经济中的地位也由此发生了根本性转变。中国成功地走出了一条与本国国情和时代特征相适应的发展道路。中国发展道路产生了深远影响，日益受到国际社会的广泛关注。中国所提出的构建人类命运共同体倡议，为应对人类面临的共同挑战和全球性问题提供了中国智慧和中国方案。

第一节　中国经济与世界经济关系的历史性变化

一、中国经济成为世界经济的重要组成部分

（一）中国经济总量和人均水平居世界的位次明显提升

1978 年，中国 GDP 占世界的比重只有 1.8%，居世界第 11 位。改革开放以来，随着中国经济持续快速发展，中国经济总量占世界的比重不断提高。2000 年，中国 GDP 超过意大利，居世界第 6 位；之后相继超过英国、法国和德国。2010 年，中国 GDP 达 5.88 万亿美元，超过日本跃居世界第 2 位，占世界 GDP 的比重也提高到 9.5%。之后，中国 GDP 一直稳居世界第二位，占世界的比重继续逐年上升。2018 年，中国 GDP 达 13.4 万亿美元，占世界总量的 15%左右。①

根据世界银行的数据，1978 年，中国人均国民总收入（GNI）只有 200 美元。改革开放后，随着中国国民经济持续快速增长，中国人均国民总收入水平也大幅提升，2018 年达到 9 460 美元，比 1978 年增长了 46 倍。同时，中国人均国民总收入水平与世界平均水平的差距也在逐步缩小，1978 年相当于世界平均水平的 10.1%，而 2018 年则相当于世界平均水平的 85.0%，比 1978 年大幅提高了 74.9 个百分点。②

---

① 国际货币基金组织：World Economic Outlook Database（April 2019）。

② 世界银行 WDI 数据库。

（二）中国制造和中国市场在世界经济中的地位日益凸显

改革开放极大地解放了生产力，促进了中国工农业生产迅猛增长，主要工农业产品产量在世界的位次明显提升。近年来，中国的谷物、肉类、花生和茶叶等农产品产量以及水泥、化肥、粗钢和煤等工业品产量和发电量一直稳居世界第一位。随着工业生产能力的不断扩张，中国已经由一个只能制造初级工业产品的国家发展成为世界制造业大国。中国制造业在世界制造业中所占的份额持续扩大。根据世界银行统计，中国于2010年超过美国成为全球制造业第一大国，近年来中国制造业规模继续壮大，制造业增加值占世界制造业增加值的比重进一步提高。经过几十年的快速发展，中国建立起了门类齐全、独立完整的制造业体系，成为支撑经济社会发展的重要基石和促进世界经济发展的重要力量。同时，持续的技术创新大大提高了中国制造业的综合竞争力。载人航天、载人深潜、大型飞机、北斗卫星导航系统、超级计算机、高铁装备、百万千瓦级发电装备、万米深海石油钻探设备等一批重大技术装备取得突破，形成了若干具有国际竞争力的优势产业和骨干企业，中国正在逐步由制造大国向制造强国迈进。

随着中国逐步成为制造业大国，以及经济快速发展带来的生活水平提高，中国对外贸易、引进外资和对外投资的国际地位不断提升。从中国货物贸易进出口额占世界贸易总额的比重和位次来看，1978 年仅占 0.8%，居世界第 29 位，2000 年提升到第 8 位，中国加入世界贸易组织后更是一年一个新台阶，至 2009 年超过德国成为世界第一货物贸易出口大国，2013 年，中国货物贸易进出口总额超越美国跃居世界第 1 位。2018 年，中国货物贸易进出口总额为 4.6 万亿美元，居世界第 1 位，其中货物贸易出口额和进口额在世界货物贸易出口总额和进口总额中的比重分别上升到 12.8% 和 10.8%。① 从服务贸易在世界的地位来看，改革开放后，中国服务贸易获得了巨大发展。1982 年，中国服务贸易进出口额为 43 亿美元，居世界第 34 位，占世界服务贸易进出口额的比重仅为 0.6%；到 2018 年，中国服务贸易进出口额增加到 7 860 亿美元，居世界第 2 位，其中服务贸易出口额和进口额在世界服务贸易出口总额和进口总额中的比重分别上升到 4.6% 和 9.4%。② 随着经济的快速发展，庞大的国内市场使得中

---

① 根据 WTO 发布的数据计算。

② 根据 WTO 发布的数据计算。

国成为世界最具吸引力的外商直接投资目的国之一。自1993年起，中国已成为发展中国家最大的外商直接投资吸收国。2012—2016年，中国吸引外商直接投资稳步增长，年均增长3.5%。2018年，中国实际使用外资总额达到1 350亿美元，连续七年居世界前三位。随着中国对外开放步伐的加快，特别是加入世界贸易组织以来，中国企业对外投资也进入快速发展时期。2012—2015年，中国对外直接投资快速增长，年均增长率达18.4%。2015年，中国对外直接投资额达1 457亿美元，首次跃居世界第二位。2017年，中国非金融类对外直接投资额虽有所下降，仍仅次于美国和日本居世界第三位。2018年，中国企业非金融类对外直接投资回升至1 205亿美元。

中国对外贸易和吸引外资的快速发展使得中国外汇储备规模不断扩大，2014年达3.8万亿美元。近年来虽然由于中国外贸出现下滑以及中国企业对外投资的加速发展，中国外汇储备规模有所下降，但截至2019年年底仍然达3.1万亿美元。① 可以说，充足的外汇储备既是中国对外经济贸易快速发展的体现和结果，同时也为中国发展对外经济贸易提供了重要条件和保障。

总之，改革开放以来中国制造与对外贸易、吸引外资和对外投资快速发展所彰显的中国市场已成为影响世界经济发展的重要因素，同时也反映了中国在世界经济中地位的不断提升。

（三）中国广泛参与国际经济合作

参与国际经济合作是中国对外开放的重要组成部分，有利于中国在更大范围、更广领域和更高层次上参与经济全球化进程，实现中国与世界各国的互利共赢和共同发展。20世纪90年代以来，中国积极参与了亚太经合组织、上海合作组织、亚欧会议和大湄公河次区域经济合作等区域性合作，发挥了重要作用。另外，中国与有关国家和地区的自由贸易区建设也取得了重大进展。截至2019年10月，中国已与亚洲、大洋洲、拉丁美洲、欧洲、非洲的30多个国家和地区建设30多个自由贸易区，其中已签署自由贸易协定19个，正在谈判或升级谈判的有12个。中国还与100多个国家和地区签订了双边投资保护协定，建立双边经贸合作机制以及战略经济对话机制，加强与主要经贸伙伴的政策协调与沟通。近年来，中国还成功主办“一带一路”国际合作高峰论坛、二十国集团领导人峰会、“金砖国家”领导人会晤、亚太经合组织领导人非正式会议、

---

① 数据来源于国家外汇管理局网站。

中非合作论坛、中国共产党与世界政党高层对话会等。总之，通过积极参与国际经济合作，中国日益密切了与世界各国的经济联系和交往。

二、中国经济发展有力地促进了世界经济增长

改革开放以来，中国经济总量和人均收入在世界的排名不断提高，中国对世界经济的贡献率也大幅提升，对世界经济增长的拉动作用日益明显。

从中国对世界经济的贡献率来看，1978 年，中国经济对世界经济增长的贡献率①仅为 2.3%，与美国相差 35 个百分点，与日本相差 15.9 个百分点；到 2006 年，中国经济对世界经济增长的贡献率已上升到 14.5%，仅次于美国（22.8%）居第 2 位，比欧元区高 1.4 个百分点，比日本高 6.7 个百分点；而到 2007 年，中国经济对世界经济增长的贡献率进一步上升到 19.2%，超过世界所有国家居第 1 位，其中比美国高 3.5 个百分点，比欧元区高 6.3 个百分点，比日本高 11.7 个百分点。之后，在世界主要经济体受国际金融危机冲击而陷入经济衰退或停滞困境时，中国经济依然保持了较高的增速并率先企稳回升，对世界经济的贡献率进一步提高，为世界经济复苏作出了重大贡献。根据世界银行数据测算，2012—2016 年主要国家和地区对世界经济增长的贡献率，美国为 10%，欧盟为 8%，日本为 2%，中国则高达 34%，远远超过美、欧、日贡献率之和。2018 年，中国对世界经济增长的贡献率仍然达到 30%左右。近年来中国经济稳定增长，成为全球经济增长的主要推动力，在世界经济稳步复苏的进程中，持续发挥着“压舱石”和“助推器”的作用。

同样，从中国对世界经济增长的拉动作用来看，1978 年，中国经济对世界经济增长的拉动②只有 0.1 个百分点，同期美国经济对世界经济增长的拉动则达到 1.7 个百分点；2006 年，中国经济对世界经济增长的拉动作用已提高到 0.55 个百分点，仅次于美国（0.86 个百分点）居世界第 2 位；2007 年，中国经济对世界经济增长的拉动进一步提高到 0.7 个百分点，高于所有国家位居第 1 位，已经成为拉动世界经济增长的最重要引擎。2016 年，中国拉动世界经济增长 0.8 个百分点，连续 10 年成为世界经济增长的第一引擎。特别是作为世界制造业第一大国，随着国际竞争力和影响力稳步提升，中国制造业近年来一直

① 贡献率是指中国 GDP 增量与世界 GDP 增量之比。

② 拉动是指中国经济对世界经济增长的贡献率与世界经济增长率的乘积。

担当拉动世界制造业增长的重要引擎。根据联合国工业发展组织数据，2013—2016 年，世界制造业年度增速在 2%～4%，主要发达经济体增速仅在0～2%，发展中国家和新兴工业经济体增速也大多在 4%～6%，而中国工业经济年均增速达 6.7%，在世界主要经济体中位居前列，是拉动全球制造业持续增长的重要力量。①

从中国对世界贸易增长的贡献来看，改革开放以来，随着中国对外贸易的迅速发展，中国对世界贸易增长的贡献率也不断提高。2006 年，中国对世界贸易增长的贡献率达 10.8%，超过美国（10.1%）和德国（8.6%）的贡献率，位居世界第一位；2007 年，中国对世界贸易增长的贡献率进一步上升为 11%。近年来，随着中国国内经济稳中向好、稳中有进的发展态势不断巩固，带动了对外贸易特别是进口贸易持续快速增长，中国作为世界贸易增长第一贡献国的地位不断得到巩固，从而为促进全球经济复苏和贸易增长作出了越来越大的贡献。正如习近平所指出的：“中国不断扩大对外开放，不仅发展了自己，也造福了世界。”②

三、中国对全球经济治理的贡献不断提升

改革开放以来，随着中国经济快速发展和实力增强，中国的综合国力和国际竞争力也稳步提升。联合国开发计划署在 1990 年《人类发展报告》中提出了人类发展指数（human development index，HDI）指标，用以衡量联合国各成员国经济社会发展水平和质量。2018 年《人类发展报告》以健康长寿、教育获得和生活水平三项基础变量，按照一定的计算方法计算得出人类发展指数这一综合指标。其中，健康长寿用出生时预期寿命来衡量；教育获得用预期受教育年限和平均受教育年限衡量；生活水平则用人均国民总收入来衡量。根据联合国开发计划署发布的最新数据，2017 年中国人类发展指数为 0.752，属于高人类发展指数组，超过世界平均水平（0.728）和发展中国家的平均水平（0.681）。1990—2017 年，中国人类发展指数年均增长率达 1.51%。③ 这在一

① 国家统计局：“工业经济保持稳定增长，新动能引领结构调整——党的十八大以来经济社会发展成就系列之五”。

② 习近平：《共建创新包容的开放型世界经济——在首届中国国际进口博览会开幕式上的主旨演讲》，人民出版社 2018 年版，第 5 页。

③ UNDP：*Human Development Indices and Indicators*：*2018 Statistical Update*，pp. 26-29.

定程度上反映了近年来中国综合国力的持续提高。

世界经济论坛发布的《2017—2018 年度全球竞争力报告》，从基础条件、效能提升和创新成熟度 3 个层面的 12 项指标对 137 个经济体的全球竞争力进行了排名，中国位列第 27 位，在发展中国家名列前茅。一定程度上反映了中国近年来在促进经济发展质量和竞争力提高方面所取得的进步和成绩。①

根据联合国工业发展组织发布的工业竞争力指数最新结果，中国、德国、日本、韩国、美国为全球最具工业竞争力的国家。2016 年，中国、美国和德国被列为世界最具制造业竞争力国家的前三位。② 另外，2019 年《财富》世界 500 强企业排名中，中国企业数量达到 129 家，排名首次超过美国（121 家），跃居世界第一位。这些都在一定程度上显示了中国经济国际竞争力的稳步提升。

随着综合国力和国际竞争力的提升，中国对全球经济治理的贡献也不断增强。这突出表现在以下几个方面：

第一，中国在国际经济组织中的地位不断提升。改革开放前，中国基本被排斥在主要的国际经济组织之外。改革开放后，中国分别于 1980 年 4 月和 5 月恢复了在国际货币基金组织和世界银行的合法席位，在 2001 年 12 月成为世界贸易组织的成员。随着中国经济贸易迅速发展和综合国力的增强，中国在国际货币基金组织、世界银行和世界贸易组织中的地位不断提高，影响力逐步扩大。2010 年 4 月，世界银行通过了发达国家向发展中国家转移 3.13 个百分点投票权的改革方案，这次改革使中国在世界银行的投票权由 2.77%提高到 4.42%，成为世界银行第 3 大股东国。2010 年 11 月，国际货币基金组织执行董事会通过了份额改革方案，中国在国际货币基金组织的份额从 3.72%上升至 6.39%，投票权也从 3.65%上升至 6.07%，从而超越德国、法国和英国，位列美国和日本之后。截至 2017 年年底，中国在国际货币基金组织和世界银行的投票权已分别提升为 6.09%和 4.54%。同样，随着中国经贸实力的增强，在世界贸易组织推动的多边贸易谈判中，中国的声音也不断增强。特别是作为一个发展中国家成员和新加入成员，中国积极参与了世界贸易组织于 2001 年发起的多哈回合谈判，在 2008 年 7 月世界贸易组织小型部长会议上首次进入多边贸易谈

① World Economic Forum：*The Global Competitiveness Index 2017-2018*, pp. 326-327.

② 国家统计局："工业经济保持稳定增长，新动能引领结构调整——党的十八大以来经济社会发展成就系列之五"。

判核心决策圈。2017—2019年，面对逆全球化思潮盛行，保护主义、民粹主义抬头的复杂形势，中国积极推动世界贸易组织《修改〈与贸易有关的知识产权协定〉议定书》和《贸易便利化协定》正式生效，并且在二十国集团领导人峰会、亚太经合组织领导人非正式会议、“金砖国家”领导人会晤、世界经济论坛等各种高层会晤机制和治理平台持续发出坚定支持多边贸易体制、反对贸易保护主义、争取推动多哈回合谈判尽快取得平衡和全面成果的中国声音，受到国际社会高度评价。

第二，中国在国际货币金融领域的话语权逐渐提升。2015年11月30日，国际货币基金组织正式宣布将人民币纳入SDR货币篮子，SDR货币篮子相应扩大至美元、欧元、人民币、日元、英镑五种货币，这五种货币在SDR货币篮子中的权重分别为41.73%、30.93%、10.92%、8.33%和8.09%。新的SDR货币篮子于2016年10月1日生效。人民币加入SDR货币篮子，是IMF首次将一个发展中国家的货币作为国际储备货币，这一方面大大提升了人民币在国际货币舞台的地位，促进了人民币国际化，另一方面也有助于提升包括中国在内的新兴市场和发展中国家在国际货币金融领域的话语权，改变美、欧、日等发达国家和地区垄断国际货币金融体系的格局，促进国际货币金融体系改革朝着更加公平、公正、包容、有序的方向发展。

第三，积极探索全球经济治理新模式。中国提出的共建“一带一路”倡议，是对国际合作以及全球治理新模式的积极探索，受到国际社会广泛关注。“一带一路”已经成为中国开展更大范围、更高水平、更深层次的区域合作，推动建立一个包括欧亚非大陆在内的世界各国政治互信、经济融合、文化包容的利益共同体、命运共同体和责任共同体的重要抓手和平台。2015年，亚投行正式成立。亚投行是全球首个由中国倡议设立的多边金融机构，是一个政府间性质的亚洲区域多边开发机构，其创始成员为57个，其中域内成员37个，域外成员20个。[①] 亚投行重点支持能源、交通、农村发展、城市发展和物流等基础设施建设，旨在促进亚洲区域基础设施的互联互通和经济合作。实际上，亚投行的建立不仅有利于亚洲地区的基础设施建设和经济发展，也在一定程度上有利于继续推动国际货币基金组织和世界银行等国际组织的进一步改革，有助于提高包括中国在内的新兴市场和发展中国家在国际金融体系中的

① 截至2019年4月22日，亚投行成员已扩大至97个。

话语权。

四、中国成为世界经济开放合作的坚定维护者

2008年国际金融危机爆发后，全球经济复苏迟缓，国际贸易和投资增长乏力，收入与财富分配不均状况日益严重，导致逆全球化思潮和形形色色的贸易保护主义抬头，世界经济面临的不确定性和潜在风险不断增加。面对这种复杂多变的国际环境，中国积极引领经济全球化的潮流，维护世界经济的开放性，不断增强全球经济应对挑战和走出困境的信心，从而为世界发展不断注入正能量。

2016年9月，中国在杭州举办了二十国集团领导人第十一次峰会。这次峰会主题为“构建创新、活力、联动、包容的世界经济”，围绕“加强政策协调、创新增长方式”“更高效的全球经济金融治理”“强劲的国际贸易和投资”“包容和联动式发展”以及“影响世界经济的其他突出问题”等重点议题展开讨论。会议取得了丰硕成果，通过了《二十国集团创新增长蓝图》《二十国集团全球贸易增长战略》以及全球首个多边投资规则框架《二十国集团全球投资指导原则》，重申支持多边贸易体制，反对贸易保护主义，以释放全球经贸合作潜力，通过重振国际贸易和投资这两大引擎的作用来构建开放型世界经济。①

2017年1月，习近平在世界经济论坛2017年年会发表了题为《共担时代责任，共促全球发展》的主旨演讲。他强调指出，经济全球化是一把“双刃剑”，面对经济全球化带来的机遇和挑战，正确的选择应当是充分利用一切机遇，合作应对一切挑战，引导好经济全球化的走向。2008年国际金融危机爆发后，世界经济复苏迟缓、增长乏力，贫富差距、南北差距问题愈加突出，世界经济领域存在着尚未得到有效解决的三大突出矛盾：全球增长动能不足，全球经济治理滞后，全球发展失衡。而把这些困扰世界的问题简单归咎于经济全球化，既不符合事实，也无助于问题解决。要适应和引导好经济全球化，化解经济全球化的负面影响，使全球化更具活力、包容性和普惠性。要解决世界经济增长、治理和发展模式存在的突出问题，必须要坚持创新驱动，打造富有活力的增长模式；坚持协同联动，打造开放共赢的合作模式；坚持与时俱进，打造

---

① 习近平于2017年7月在德国汉堡二十国集团领导人第十二次峰会上发表讲话，进一步强调“要坚持建设开放型世界经济大方向”，“要坚持走开放发展、互利共赢之路，共同做大世界经济的蛋糕”。

公正合理的治理模式；坚持公平包容，打造平衡普惠的发展模式。

2017 年 3 月，中国主办的博鳌亚洲论坛 2017 年年会主题为“直面全球化与自由贸易的未来”。论坛发布的《博鳌亚洲论坛关于促进经济全球化的宣言》指出，经济全球化是科技进步的必然结果，经济全球化带来的新问题并不在于经济全球化本身，而是由于现行全球治理体制同世界经济格局深刻变化不相适应所造成的。世界各国政府应视经济全球化为积极力量，主动顺应经济全球化，在经济主权以及权利与义务公平对等的原则基础上，通过加强对话与合作，不断改革完善国际经济秩序和全球治理体系，同时通过进一步推动贸易投资自由化和便利化进程，确保世界各国经济的共同繁荣和可持续增长。

2017 年 11 月和 2018 年 11 月，习近平在亚太经合组织工商领导人峰会上进一步指出，过去数十年，经济全球化对世界经济发展作出了重要贡献，已成为不可逆转的时代潮流。同时，面对形势的发展变化，经济全球化在形式和内容上都面临新的调整，理念上应该更加注重开放包容，方向上应该更加注重普惠平衡，效应上应该更加注重公正共赢。经济全球化是人类社会发展必经之路，在各国相互依存日益紧密的今天，全球供应链、产业链、价值链紧密联系，各国都是全球合作链条中的一环，日益形成利益共同体、命运共同体。走保护主义、单边主义的老路，不仅解决不了问题，还会加剧世界经济的不确定性。只有坚持开放合作才能获得更多发展机遇和更大发展空间。

2018 年 11 月，习近平在首届中国国际进口博览会开幕式上再一次充分表达了中国坚定维护经济全球化进程、通过积极推动各国开放合作共同建设开放型世界经济的立场。习近平指出：“经济全球化是不可逆转的历史大势，为世界经济发展提供了强劲动力。”“回顾历史，开放合作是增强国际经贸活力的重要动力。立足当今，开放合作是推动世界经济稳定复苏的现实要求。放眼未来，开放合作是促进人类社会不断进步的时代要求。”习近平进一步提出，面对世界经济格局的深刻变化，为了共同建设一个更加美好的世界，各国都应该拿出更大勇气，积极推动开放合作，实现共同发展。

在 2018 年举行的二十国集团领导人第十三次峰会上，习近平明确提出了从历史大势中把握规律、引领世界经济正确方向的四点倡议：坚持开放合作，维护多边贸易体制；坚持伙伴精神，加强宏观政策协调；坚持创新引领，挖掘经济增长动力；坚持普惠共赢，促进全球包容发展。在 2019 年 6 月举行的二十国集团领导人第十四次峰会上，习近平进一步为携手共进，合力打造高质量世界经济提出了四点建议：坚持改革创新，挖掘增长动力；坚持与时俱进，完善全球治理；坚持迎难而上，破解发展瓶颈；坚持伙伴精神，妥善处理分歧。

2019 年 11 月，在第二届中国国际进口博览会开幕式上，习近平再次提出共建开放合作、开放创新、开放共享的世界经济的倡议，并重申了中国继续扩大市场开放、继续完善开放格局、继续优化营商环境、继续深化多双边合作、继续推进共建“一带一路”等持续推进更高水平对外开放的重要举措。

可以说，在当前全球化遭遇质疑、逆全球化思潮涌动和贸易保护主义抬头的背景下，中国在二十国集团领导人峰会、世界经济论坛、博鳌亚洲论坛、亚太经合组织领导人非正式会议、上海合作组织青岛峰会以及中国国际进口博览会等重要场合和平台，不断清晰传递出坚定支持经济全球化进程、维护世界经济开放性的声音，彰显了中国作为世界大国引领各国合作发展的责任和担当，提振了人们对世界经济未来发展的信心和希望。

第二节　中国发展道路为世界经济发展提供了新选择

一、中国发展道路的内涵

中国发展道路就是中国特色社会主义道路。中国特色社会主义道路，就是在中国共产党领导下，立足基本国情，以经济建设为中心，坚持四项基本原则，坚持改革开放，解放和发展社会生产力，建设社会主义市场经济、社会主义民主政治、社会主义先进文化、社会主义和谐社会、社会主义生态文明，促进人的全面发展，逐步实现全体人民共同富裕，建设富强民主文明和谐美丽的社会主义现代化国家。党的十九大报告进一步强调：“中国特色社会主义道路是实现社会主义现代化、创造人民美好生活的必由之路，中国特色社会主义理论体系是指导党和人民实现中华民族伟大复兴的正确理论，中国特色社会主义制度是当代中国发展进步的根本制度保障，中国特色社会主义文化是激励全党全国各族人民奋勇前进的强大精神力量。全党要更加自觉地增强道路自信、理论自信、制度自信、文化自信，既不走封闭僵化的老路，也不走改旗易帜的邪路，保持政治定力，坚持实干兴邦，始终坚持和发展中国特色社会主义。”习近平在世界经济论坛 2017 年年会上指出：“道路决定命运。中国的发展，关键在于中国人民在中国共产党领导下，走出了一条适合中国国情的发展道路。”

他进一步阐释了中国发展道路的内涵和本质。

首先，中国发展道路是一条从本国国情出发确立的道路。中国立足自身的国情和实践，从中华文明中汲取智慧，博采东西方各家之长，坚守但不僵化，借鉴但不照搬，在不断探索中逐步形成了自己的发展道路。

其次，中国发展道路是一条把人民利益放在首位的道路。中国秉持以人民为中心的发展思想，把改善人民生活、增进人民福祉作为出发点和落脚点，在人民中寻找发展动力，依靠人民推动发展，使发展造福人民。

再次，中国发展道路是一条改革创新的道路。中国坚持通过改革破解前进中遇到的各种困难和挑战，敢于啃硬骨头、涉险滩，勇于破除妨碍发展的体制机制障碍，不断解放和发展社会生产力，不断解放和增强社会活力。

最后，中国发展道路是一条在开放中谋求共同发展的道路。中国坚持对外开放基本国策，奉行互利共赢的开放战略，不断提升发展的内外联动性，在实现自身发展的同时更多惠及其他国家和人民。

在改革开放的历史进程中，中国始终坚持解放思想、实事求是、与时俱进、求真务实，坚持马克思主义指导地位不动摇，坚持科学社会主义基本原则不动摇，勇敢推进理论创新、实践创新、制度创新、文化创新以及各方面创新，不断赋予中国特色社会主义以鲜明的实践特色、理论特色、民族特色、时代特色，形成了中国特色社会主义道路、理论、制度、文化。可以说，中国特色社会主义道路的创立、发展和不断完善，使得中国人民迎来了从温饱不足到小康富裕的伟大飞跃，也使中华民族迎来了从站起来、富起来到强起来的伟大飞跃。

二、中国发展道路所取得的重大成就

改革开放以来，中国成功地走出了一条与本国国情和时代特征相适应的发展道路。通过这条道路，中国逐步实现了从站起来、富起来到强起来的伟大飞跃，正努力把自己建设成富强、民主、文明、和谐、美丽的社会主义现代化强国，同时又以自身的发展不断为世界经济发展和人类文明进步作出新的更大贡献。

第一，中国发展道路坚持把马克思主义基本原理同推进马克思主义中国化相结合，坚持把社会主义基本制度同发展市场经济相结合，丰富了人类对于社会发展规律和道路的认识。在对现代化发展道路的艰辛探索中，中国努力学习和借鉴外国的经验，但决不盲目照搬外国模式，而是坚持走自己的路，建设中国特色社会主义。正是由于中国发展道路既坚持了科学社会主义的基本原则，又根据中国实际和时代特征赋予了其鲜明的中国特色，所以实践证明它是完全正确的，能够引领中国不断发展进步。中国成功的发展道路充分说明，一个国家要实现经济社会又好又快发展，必须找到一条既适合本国国情、又符合时代要求的发展道路。因此，中国发展道路及其实践经验极大地丰富了人类对于社会发展规律和道路的认识，为人类文明进步事业作出了历史性贡献，从而为其他国家，特别是一些发展中国家寻求经济社会发展进步提供了可资借鉴的宝贵经验。

第二，中国和平的发展道路有利于促进世界和平。中国发展的过程同以往其他大国崛起的过程相比，最大的不同就是中国的发展是和平发展，对外没有发动战争，对内保持安定团结，和平成为中国发展的基本前提。中国奉行独立自主的和平外交政策，始终是维护世界和平的坚定力量。中国的发展壮大本身就是世界和平力量的发展壮大，有力地推动世界向多极化方向发展，从而大大增强了国际社会中的和平因素。中国的发展道路表明，任何国家都不应该谋求经济霸权，要消除冷战思维在国际经济生活中的影响，通过双边、多边等谈判与协商的和平方式，解决国际经济领域的矛盾与争端。

第三，中国开放的发展道路为世界经济发展作出了重大贡献。开放是中国发展的强大动力。中国把改革开放作为一项基本国策，不断扩大对外开放，加快发展开放型经济。从建立经济特区到开放沿海、沿江、沿边、内陆地区，再到加入世界贸易组织，从大规模“引进来”到大踏步“走出去”，利用国内国际两个市场、两种资源的水平显著提高，国际竞争力不断增强。与此同时，中国的繁荣富强极大地推动了世界经济发展。特别是在世界经济受国际金融危机影响波动幅度加大的情况下，中国经济成为促进世界经济复苏、拉动世界经济增长的重要引擎，为世界经济发展带来了新的动力。开放的发展道路既加快了中国经济发展，也为世界经济发展作出了重大贡献。

第四，中国合作、和谐、共赢的发展道路为世界发展提供了更多机遇。中国的发展不以牺牲别国利益为代价，合作、和谐、共赢是中国发展的鲜明特征。中国始终高举和平、发展、合作、共赢的旗帜，在对外交往中坚持互利共赢原则，在实现本国发展的同时兼顾合作伙伴的正当关切，不断扩大利益汇合点，努力同各国一道实践建立和谐世界和人类命运共同体的崇高目标。中国的发展离不开世界也惠及世界，中国的前途命运同世界的前途命运日益紧密地联系在一起，中国也为世界的发展带来更多的机遇。

第五，中国改革创新和有利于可持续发展的道路为世界经济发展开辟了广阔空间。改革创新和可持续是中国发展的有力保证。中国通过总结以往发展经验，借鉴人类现代文明成果，以中国特色社会主义理论为指导，坚定不移贯彻创新、协调、绿色、开放、共享的发展理念，不断转变发展观念，创新发展模式，提高发展质量。多年来，中国坚持统筹推进“五位一体”总体布局，协调推进“四个全面”战略布局，积极探索一条科技含量高、经济效益好、资源消耗低、环境污染少、人力资源优势得到充分发挥的中国特色新型工业化道路，努力推动整个社会走上生产发展、生活富裕、生态良好的可持续文明发展道路。中国经济通过改革创新实现全面协调可持续发展，也为世界经济发展开辟了更加广阔的空间。

中国发展道路之所以能不断取得历史性成就，根本上在于建立和不断完善以马克思主义为指导、植根中国大地、具有深厚中华文化根基、深得人民拥护的中国特色社会主义制度和国家治理体系。正如党的十九届四中全会所指出的，中国特色社会主义制度和国家治理体系具有强大生命力和巨大优越性，其所具有的多方面显著优势是我们坚定中国特色社会主义道路自信、理论自信、制度自信、文化自信的基本依据。

三、中国发展道路日益受到广泛关注

在世界发展史上，还没有十几亿人口的大国实现快速发展的先例。而社会主义中国则在广泛而深刻的变革中，探寻出了一条生机勃勃的现代化发展道路，创造了人类发展史上的奇迹。特别是改革开放 40 余年来，中国经济高达 9.6%的年均增长速度令世界惊叹，在 1997 年亚洲金融危机、2001 年美国经济衰退和 2008 年国际金融危机期间，中国经济的优异表现，使得国际社会开始关注研究中国经济奇迹般的发展道路。

2004 年，国外就有学者指出，中国已经探索出了一条适合中国国情和社会需要、寻求公正与高质量增长的发展道路，主要包括三方面内容：艰苦努力、主动创新和大胆试验；坚决捍卫国家主权和利益；循序渐进，积聚能量。其中，创新和试验是灵魂，强调解决问题应因事而异，灵活应对，不强求统一标准。在中国经济发展过程中，创新是中国经济发展的发动机和持续进步的手段，知识推动创新，创新提高劳动生产率，并进而促进经济的持续发展。中国发展经验和道路不仅适合中国，而且为一些发展中国家如何寻求经济社会发展提供了可资借鉴的经验。①

在2008年国际金融危机爆发后，中国发展道路更是引起了世界的空前关注，很多国家力图从中国发展道路中寻求促进自身发展的可资借鉴的经验。奈斯比特在《中国大趋势》一书中总结了中国发展的大趋势：中国在创造一个崭新的社会、经济和政治体制，中国的发展道路“将以难以令人置信的力量影响整个世界”。约瑟夫·奈认为：“中国的经济增长不仅让发展中国家获益巨大……更重要的是将来，中国倡导的政治价值观、社会发展模式和对外政策，会进一步在世界公众中产生共鸣和影响力。”② 曾经断言“历史终结”的弗朗西斯·福山也认为：“近30年来，中国经济令人惊异的快速发展体现了中国模式的有效性，一般认为有望再保持30年的增长。”“客观事实证明，西方自由民主可能并非人类历史进化的终点。随着中国崛起，所谓‘历史终结论’有待进一步推敲和完善。人类思想宝库需为中国传统留有一席之地。”③ 2017年，美国《时代》周刊在中英双语封面刊登“中国赢了”（China won）的标题，并在内页刊登《中国经济是如何赢得未来的》一文。文章作者布雷默指出：“今天，中国的政治经济体制比二战后主导国际秩序的美国模式更加完备，甚至更可持续。在这个支离破碎的世界里，没有哪个政府有足够的国际影响力来继续制定管理全球体系的政治和经济规则。但是，如果一定要押注于一个能同时对合作伙伴和竞争对手施加最大影响力的国家，那么中国会是比美国更明智的选择。”马丁·雅克也认为：“中国提供了一种‘新的可能’，这就是摒弃丛林法则、不搞强权独霸、超越零和博弈，开辟一条合作共赢、共建共享的文明发展新道路。这是前无古人的伟大创举，也是改变世界的伟大创造。”④

当然，也有一些习惯于冷战思维的人提出了“中国威胁论”，认为中国发

---

① 2004年5月，美国《时代》周刊高级编辑雷默在英国伦敦外交政策中心发表了论文《北京共识》（The Beijing Consensus），文中指出中国已经探索出了一条适合本国国情的发展道路。他把中国的发展道路概括为“北京共识”。

② 任仲平：《走向复兴的“中国道路”——写在新中国成立60年之际（下）》，《人民日报》2009年9月29日。

③ 弗朗西斯·福山：《美国政治制度的衰败》，《理论导报》2014年第6期。

④ 吴绮敏、裴广江等：《让思想之光引领世界前行之路——习近平主席二〇一七年达沃斯、日内瓦主旨演讲的世界意义》，《人民日报》2018年1月25日。

展带给世界的是挑战而非机遇。他们希望中国成为“负责任的利益攸关方”，遵循他们制定的游戏规则，避免损害其既得利益和优势地位，同时帮助他们维护现行的国际秩序。

事实上，中国所走的和平发展、和谐发展、科学发展之路，是与以往大国崛起道路完全不同的，事实也雄辩地证明中国的和平发展有力地促进了世界各国共同发展。当然，必须清醒地认识到，尽管自新中国成立特别是改革开放以来，中国取得了举世瞩目的发展成就，中国社会的主要矛盾已经转化为人民日益增长的美好生活需要和不平衡不充分的发展之间的矛盾，但目前仍处于并将长期处于社会主义初级阶段的基本国情没有发生改变，中国仍然是世界上最大发展中国家的国际地位没有发生改变。因此，对于中国这样一个人口众多的发展中社会主义大国，改革发展仍然任重道远。

可以预见，随着中国经济持续稳定发展和国际经济地位的进一步提升，中国发展道路将会继续受到国际社会更加广泛的关注，同时也必将产生更加广泛而深远的影响。

第三节 推动构建人类命运共同体

一、人类命运共同体倡议的提出与影响

当前，人类社会正处于大发展大变革大调整时期，世界多极化和经济全球化深入发展，各种挑战和风险与日俱增，需要人类社会共同面对、共同应对。正是基于此背景，中国提出建立共商共建共享的“人类命运共同体”倡议，从而为应对人类面临的共同挑战和全球性问题提供了中国智慧和中国方案。

2013 年 3 月，习近平在当选中国国家主席后首次出访俄罗斯时指出：“这个世界，各国相互联系、相互依存的程度空前加深，……越来越成为你中有我、我中有你的命运共同体。”这是构建人类命运共同体倡议的首次提出。2015 年在以“亚洲新未来：迈向命运共同体”为主题的博鳌亚洲论坛上，习近平在演讲中主张“共同营造对亚洲、对世界都更为有利的地区秩序，通过迈向亚洲命运共同体，推动建设人类命运共同体”。2015 年 9 月，在第七十届联合国大会一般性辩论时，习近平再次强调：“我们要继承和弘扬联合国宪章的宗旨和原则，构建以合作共赢为核心的新型国际关系，打造人类命运共同体。”

人类命运共同体，顾名思义，就是每个民族、每个国家的前途命运都紧紧联系在一起，应该风雨同舟，荣辱与共，努力把我们生于斯、长于斯的这个星球建成一个和睦的大家庭，把世界各国人民对美好生活的向往变成现实。

2017 年 1 月，习近平在联合国日内瓦总部发表了题为《共同构建人类命运共同体》的主旨演讲，全面系统阐述了人类命运共同体倡议。习近平指出："世界命运应该由各国共同掌握，国际规则应该由各国共同书写，全球事务应该由各国共同治理，发展成果应该由各国共同分享。"他强调，在构建人类命运共同体倡议的引领下，国际社会关键要采取"五个坚持"的实际行动：坚持对话协商，建设一个持久和平的世界；坚持共建共享，建设一个普遍安全的世界；坚持合作共赢，建设一个共同繁荣的世界；坚持交流互鉴，建设一个开放包容的世界；坚持绿色低碳，建设一个清洁美丽的世界。

中国所倡导的构建人类命运共同体、实现共赢共享的中国方案，引起了世界范围的广泛关注，日益得到国际社会普遍认同。联合国秘书长古特雷斯表示："中国已成为多边主义的重要支柱，而我们践行多边主义的目的，就是要建立人类命运共同体。"① "联合国愿同中国共同推进世界和平与发展事业，实现构建人类命运共同体的伟大理想。"② 2017 年 2 月，联合国社会发展委员会第 55 届会议通过了"非洲发展新伙伴关系的社会层面"决议，呼吁国际社会本着合作共赢和构建人类命运共同体的精神，加强对非洲经济和社会发展的支持。构建人类命运共同体倡议首次被写入了联合国决议。2017 年 3 月，联合国安理会一致通过关于阿富汗问题的第 2344 号决议。该决议强调，应本着合作共赢精神推进地区合作，以有效促进阿富汗及地区安全、稳定和发展，构建人类命运共同体。构建人类命运共同体倡议被首次载入了联合国安理会决议。同月，联合国人权理事会第 34 次会议通过了关于"经济、社会、文化权利"和"粮食权"两个决议，决议明确表示要"构建人类命运共同体"，这标志着构建人类命运共同体倡议成为国际人权话语体系的重要组成部分。2017 年 11 月，关于构建人类命运共同体的倡议被写入第 72 届联大负责裁军和国际安全事务第一委员会（联大一委）会议通过的"防止外空军备竞赛进一步切实措施"和

---

① 转引自王政淇：《习近平日内瓦演讲一周年：世界为何青睐"人类命运共同体"》，人民网，2018 年 1 月 17 日。

② 转引自吴绮敏、裴广江等：《让思想之光引领世界前行之路——习近平主席二〇一七年达沃斯、日内瓦主旨演讲的世界意义》，《人民日报》2018 年 1 月 25 日。

“不首先在外空放置武器”两份安全决议中。联合国决议相继载入构建人类命运共同体的倡议，说明国际社会对这一倡议的重要意义和价值形成了共识，同时也彰显了中国对人类社会合作发展和全球治理的理念引领已经产生了重要影响。

二、推动构建人类命运共同体的路径选择

党的十九大报告指出：“构建人类命运共同体，建设持久和平、普遍安全、共同繁荣、开放包容、清洁美丽的世界。”各国人民要同心协力，从政治和伙伴关系、安全格局、经济发展、文化和文明交流、生态建设五个方面共同推动构建人类命运共同体。

第一，在政治和伙伴关系方面，要坚持对话协商，建设一个持久和平的世界。国与国之间要相互尊重、平等协商，坚决摒弃冷战思维和强权政治，走对话而不对抗、结伴而不结盟的国与国交往新路。建设一个持久和平的世界，根本要义在于国家之间要构建平等相待、互商互谅的伙伴关系。大国往往是决定战争与和平的关键因素，也对地区和世界和平与发展负有更大责任。大国要尊重彼此核心利益和重大关切，管控矛盾分歧，努力构建不冲突不对抗、相互尊重、合作共赢的新型关系。大国对小国要平等相待，不搞唯我独尊、恃强凌弱的霸道。国家间出现矛盾和分歧，要通过平等协商处理，以最大诚意和耐心，坚持对话解决分歧。要秉持和平、主权、普惠、共治原则，把深海、极地、外空、互联网等领域打造成各方合作的新疆域，而不是相互博弈的竞技场。只有各国都走和平发展道路，各国才能共同发展，国与国才能和平相处。

第二，在安全格局方面，要坚持共建共享，建设一个普遍安全的世界。当前，国际安全形势动荡复杂，传统安全威胁和非传统安全威胁相互交织，安全问题的内涵和外延都在进一步拓展，同时人类越来越利益交融、安危与共。在这种新形势下，冷战思维、军事同盟、追求自身绝对安全等老一套做法已经行不通了，各方应树立共同、综合、合作、可持续的新安全观。要坚持以对话解决争端、以协商化解分歧，统筹应对传统和非传统安全威胁，反对一切形式的恐怖主义。国家不论大小、强弱、贫富以及历史文化传统、社会制度存在多大差异，都要尊重和照顾其合理安全关切。要恪守尊重主权、独立和领土完整、互不干涉内政等国际关系基本准则，统筹维护传统和非传统安全。各国都有平

等参与地区安全事务的权利，也都有维护地区安全的责任，要以对话协商、互利合作的方式解决安全难题。

第三，在经济发展方面，要坚持合作共赢，建设一个共同繁荣的世界。各国要同舟共济，促进贸易和投资自由化便利化，推动经济全球化朝着更加开放、包容、普惠、平衡、共赢的方向发展。发展是第一要务，适用于各国，而人类命运共同体追求的是共同发展。要增强各国发展能力，发展归根到底要靠本国自身努力，各国要根据自身禀赋特点，制定适合本国国情的发展战略。要改善国际发展环境，各国要共同维护国际和平，以和平促进发展，以发展巩固和平。要抓住新一轮科技革命和产业变革的历史性机遇，转变经济发展方式，坚持创新驱动，进一步发展社会生产力、释放社会创造力。要创造良好外部制度环境，加强全球经济治理，健全发展协调机制，各国特别是主要经济体要加强宏观经济政策协调。要维护世界贸易组织规则，支持开放、透明、包容、非歧视性的多边贸易体制，推动建设开放型世界经济。要优化发展伙伴关系，最大限度解决南北之间数字鸿沟和地区内部发展失衡、公平赤字等问题，让发展成果更多惠及全体人民，为世界经济全面可持续增长提供新动力。

第四，在文化和文明交流方面，要坚持交流互鉴，建设一个开放包容的世界。要尊重世界文明多样性，以文明交流超越文明隔阂、文明互鉴超越文明冲突、文明共存超越文明优越。人类文明多样性是世界的基本特征，也是人类进步的源泉，多样带来交流，交流孕育融合，融合产生进步。不同文明凝聚着不同民族的智慧和贡献，没有高低之别，更无优劣之分。文明差异不应该成为世界冲突的根源，而应该成为人类文明进步的动力。要促进和而不同、兼收并蓄的文明交流对话，在竞争比较中取长补短，在交流互鉴中共同发展，使文明交流互鉴成为增进各国人民友谊的桥梁、推动人类社会进步的动力、维护世界和平的纽带。

第五，在生态建设方面，要坚持绿色低碳，建设一个清洁美丽的世界。要坚持环境友好，合作应对气候变化，保护好人类赖以生存的地球家园。人类可以利用自然、改造自然，但归根结底是自然的一部分，必须呵护自然，不能凌驾于自然之上。建设生态文明关乎人类未来。要解决好工业文明带来的矛盾，以人与自然和谐相处为目标，实现世界的可持续发展和人的全面发展。要牢固树立尊重自然、顺应自然、保护自然的意识，绿水青山就是金山银山。要坚持走绿色、低碳、循环、可持续发展之路，平衡推进《2030 年可持续发展议程》，采取行动应对气候变化等新挑战，不断开拓生产发展、生活富裕、生态良好的文明发展道路，构筑尊崇自然、绿色发展的全球生态体系。

构建人类命运共同体倡议是中国所贯彻的创新、协调、绿色、开放、共享理念在国际领域的集中体现，为维护世界和平、建立公正合理的国际秩序、完善全球治理体系、实现共同繁荣贡献了中国方案和中国智慧。构建人类命运共同体倡议，适应新时代中国与世界关系的历史性变化，顺应了历史潮流，回应了时代要求，反映了中外优秀文化和全人类共同价值追求，凝聚了各国共识，指明了世界发展和人类未来的前进方向，为人类社会实现共同发展、持续繁荣、长治久安绘制了美好蓝图，已经成为推动全球治理体系变革、构建新型国际关系和国际新秩序的共同价值规范。

本章小结

1. 随着中国综合国力和国际竞争力不断提高，中国与世界经济的关系发生了历史性变化。中国经济成为世界经济的重要组成部分，中国的经济发展有力地促进了世界经济增长。中国对全球经济治理的贡献不断提升，并成为世界经济开放合作的坚定维护者。

2. 中国成功地走出一条与本国国情和时代特征相适应的发展道路。中国发展道路就是中国特色社会主义道路。中国发展道路把坚持马克思主义基本原理同推进马克思主义中国化结合起来，把社会主义基本制度同发展市场经济结合起来，丰富了人类对于社会发展规律和道路的认识。中国发展道路产生了深远影响，日益受到国际社会的广泛关注。

3. 构建人类命运共同体的倡议，日益得到国际社会的普遍认同。构建人类命运共同体，正在成为建设持久和平、普遍安全、共同繁荣、开放包容、清洁美丽世界的共同愿景。

思考题：

1. 试述中国与世界经济关系发生历史性变化的主要表现。
2. 试述中国发展道路的具体内涵及其影响。

3. 简述中国对全球经济治理贡献的主要表现。

4. 简述推动构建人类命运共同体的路径选择。

▶ 自测习题及参考答案

阅读文献

■《马克思恩格斯文集》第1—10卷，人民出版社2009年版。

■《马克思恩格斯全集》第30卷，人民出版社1995年版。

■《马克思恩格斯全集》第31卷，人民出版社1998年版。

■《马克思恩格斯选集》第4卷，人民出版社1995年版。

■《列宁专题文集　论资本主义》，人民出版社2009年版。

■《列宁专题文集　论社会主义》，人民出版社2009年版。

■《列宁全集》第22、58卷，人民出版社1990年版。

■《毛泽东文集》第6—8卷，人民出版社1999年版。

■《邓小平文选》第3卷，人民出版社1993年版。

■江泽民：《论社会主义市场经济》，中央文献出版社2006年版。

■胡锦涛：《在纪念党的十一届三中全会召开30周年大会上的讲话》，人民出版社2008年版。

■《习近平关于社会主义经济建设论述摘编》，中央文献出版社2017年版。

■《习近平谈治国理政》，外文出版社2014年版。

■《习近平谈治国理政》第2卷，外文出版社2017年版。

■世界银行：《世界发展报告》《世界发展指标》有关各期。

■联合国贸易和发展会议：《世界投资报告》有关各期。

■［美］阿尔温·托夫勒：《第三次浪潮》，朱志焱、潘琪、张焱译，生活·读书·新知三联书店1983年版。

■［美］丹尼尔·贝尔：《后工业社会的来临——对社会预测的一项探索》，高铦等译，商务印书馆1984年版。

■［英］阿兰·鲁格曼：《全球化的终结》，常志霄等译，生活·读书·新知三联书店 2001 年版。

■ 宋则行、樊亢主编：《世界经济史》上、中、下卷，经济科学出版社 1994 年版。

■ 李琮主编：《世界经济学新编》，经济科学出版社 2000 年版。

■ 池元吉、李晓主编：《世界经济概论》第 4 版，高等教育出版社 2019 年版。

■ 杜厚文、朱立南主编：《世界经济学——理论、机制、格局》，中国人民大学出版社 1994 年版。

人名译名对照表

[美]	布鲁默	Ian Bremmer
[委内瑞拉]	玻利瓦尔	Simon Bolivar
[德]	恩格斯	Friedrich Engels
[美]	杜鲁门	Harry S. Truman
[美]	福山	Francis Fukuyama
[苏]	戈尔巴乔夫	Mikhail Sergeyevich Gorbachev
[美]	汉密尔顿	Alexander Hamilton
[美]	基钦	Joseph Kitchin
[英]	凯恩斯	John Maynard Keynes
[苏]	康德拉季耶夫	Nikolai Dmitrievich Kondratieff
[德]	库钦斯基	Thomas Kuczynski
[美]	库兹涅茨	Simon Smith Kuznets
[美]	里根	Ronald Wilson Reagan
[英]	李嘉图	David Ricardo
[德]	李斯特	Friedrich Liszt
[苏]	列宁	Vladimir Ilyich Lenin
[美]	雷默	Joshua Cooper Ramo
[美]	罗斯福	Franklin Delano Roosevelt
[英]	雅克	Martin Jacques
[德]	马克思	Karl Marx
[英]	马歇尔	Alfred Marshall
[美]	奈斯比特	John Naisbitt
[美]	尼克松	Richard Milhous Nixon
[俄]	普京	Vladimir Vladimirovich Putin
[英]	撒切尔	Margaret Hilda Thatcher
[苏]	斯大林	Joseph Vissarionovich Stalin
[英]	斯密	Adam Smith
[美]	特里芬	Robert Triffin
[苏]	瓦尔加	Evgeny Varga

[英]	威廉森	John Williamson
[美]	熊彼特	Joseph Alois Schumpeter
[俄]	叶利钦	Boris Nikolayevich Yeltsin
[美]	奈	Joseph Samuel Nye, Jr.
[法]	朱格拉	Clement Juglar
[日]	作田庄一	Sakuta Souichi

第一版后记

《世界经济概论》教材是马克思主义理论研究和建设工程重点教材。在编写过程中，得到了马克思主义理论研究和建设工程咨询委员会的指导，得到了中央有关部门和有关专家学者的帮助和支持。同时，广泛听取了高校世界经济概论课程教师和大学生的意见和建议。

本教材由首席专家池元吉、杜厚文、薛敬孝主持编写。池元吉、杜厚文、薛敬孝、周茂荣、庄宗明、李俊江、庄起善、李晓、关雪凌、李坤望、田中景、黄梅波、张兵、张彬、陆寒寅等参加了本教材的撰写和修改工作。对大纲提出修改意见的有：佟家栋、华民、程极明、赵春明、雷达、刘力臻等。张磊主持了工程办公室组织的审改和统稿工作。邵文辉、何自力、宋凌云、何成、田岩、冯静、李海青、宋义栋、王燕燕、张造群、武斌等参加了具体审改和统稿工作。参加集中阅看并提出修改意见的有：王跃生、张二震、张宇、李健、雷达、卢进勇、李天德、余立国、张作荣、黄迪问、周申、刘洪钟、王健、王生升、于明、刘清田、查朱和、赵鹏等。

2011 年 8 月

第二版后记

组织全面修订马克思主义理论研究和建设工程重点教材，是推动习近平新时代中国特色社会主义思想和党的十九大精神进教材、进课堂、进头脑的重要举措。《世界经济概论》（第二版）是在第一版教材基础上修订而成的。在教材修订过程中，得到了马克思主义理论研究和建设工程咨询委员会的指导，得到了中央有关部门和有关专家学者的帮助和支持。同时，也广泛听取了高校专业课程教师和学生的意见和建议。

教材修订课题组由关雪凌、李晓、李坤望任首席专家，关雪凌主持修订，庄宗明、盛斌、张兵、程大为、黄梅波、门淑莲作为主要成员参加修订，王娜作为学术助手做了辅助性工作。何成主持了工程办公室组织的审改定稿工作。田岩、冯静、吴学锐、王昆、王勇、曹守亮、张文君、徐立恒等参加了审改。参加集中审阅并提出修改意见的有：张宇燕、黄卫平、程伟、雷达、孙杰、张二震、项卫星、黄一兵、朱安东、庄芮等。

2020 年 5 月

郑重声明

高等教育出版社依法对本书享有专有出版权。任何未经许可的复制、销售行为均违反《中华人民共和国著作权法》，其行为人将承担相应的民事责任和行政责任；构成犯罪的，将被依法追究刑事责任。为了维护市场秩序，保护读者的合法权益，避免读者误用盗版书造成不良后果，我社将配合行政执法部门和司法机关对违法犯罪的单位和个人进行严厉打击。社会各界人士如发现上述侵权行为，希望及时举报，我社将奖励举报有功人员。

反盗版举报电话　(010)58581999　58582371

反盗版举报邮箱　dd@hep.com.cn

通信地址　北京市西城区德外大街4号
　　　　　高等教育出版社法律事务部

邮政编码　100120

读者意见反馈

为收集对教材的意见建议，进一步完善教材编写并做好服务工作，读者可将对本教材的意见建议通过如下渠道反馈至我社。

咨询电话　400-810-0598

反馈邮箱　gjdzfwb@pub.hep.cn

通信地址　北京市朝阳区惠新东街4号富盛大厦1座
　　　　　高等教育出版社总编辑办公室

邮政编码　100029

防伪查询说明

用户购书后刮开封底防伪涂层，使用手机微信等软件扫描二维码，会跳转至防伪查询网页，获得所购图书详细信息。

防伪客服电话　(010)58582300